無錫地方志叢書

無錫史志辦公室編

無錫藝文志長編

【民國】辛幹 撰　李廣揚 點校

書名題簽：黄寧一

無錫藝文志長編序

嗚呼中日軍事往矣朔自蘆溝橋啟釁寇勢益趨

猖狂北則襲平津南暑黃海京滬既相次告陷其間

諸縣城悉遭蹂躪人民多被凌辱而寇火燹之劫灰

漫天致文物飄零無存未有若我無錫之甚者回顧

曩日不禁有餘痛焉民國二十六年十一月二十〇日敵寇既破

各居戶以及各工廠俱無一免者繼乃縱火燹自北門塘之三里橋至

北大街迄老北門直抵大市橋土市場繁榮之區竟成片

瓦存焉其神燬之工廠南不在此地玉各街巷居戶之富藏書而不及

搶護者尤為燬之目標煙霧蔽天數日而盡其被燬之工廠

序

一

《無錫藝文志長編》手稿

離不在乃天相中國八年苦戰終獲報捷河山再造國府內也

奏凱我邑人士三辟地長江大河之上游者亦皆翩三歸

於鄉修禊二泉話舊志麓麗蓋有感唏涕泗而不能

自已者慨然曰劫後重光風景如昨雖燃文獻無徵自古

悼歎邑乘重修其可後也於是相與明起以吾縣府縣府

循其諸遂聘定委員十有文人諸委員後公推孫諸竹子遠

錢基博子泉許同華湖伊三人為總纂而設委會於

邑之圖書館中蕅時主任館席粿以菲才兼治其事三

《無錫藝文志長編》手稿

序

  《無錫藝文志長編》凡十三册，爲先祖父辛幹（柏森）先生在民國時期所撰，現經李廣揚君點校，由上海古籍出版社出版。

  先祖父本名柏生，更名幹，字柏森，後以字行，無錫北鄉辛巷人，生於公元一八八六年，卒於公元一九五六年。早年雖遭喪父之痛，且苦於母親雙目失明，仍往返城鄉求學，畢業於錫金師範學堂。辛亥革命時爲無錫北鄉剪去髮辮第一人。民國初任無錫東林學校校長十餘年，因主辦地方教育成績斐然，獲中央政府教育總長馬敘倫簽署頒發的獎章。又先後執教於私立無錫中學、省立常州中學、省立無錫師範學校等。尤擅古文辭，其爲文近歐、曾，詩善五古，著有《貧廬文存》一部。一九三七年十一月無錫淪陷，避難鄉間，城中寓所及屋内全部物品爲日軍焚燬，多次堅拒日僞政權辦學之請。抗戰勝利後復出，一九四七年四月起任無錫圖書館館長。後因内戰中保全藏書有功，受新政府表彰。一九五〇年以病弱體衰歸老於先父辛一心先生上海寓所。

  關於本書的成因及旨要，趙承中先生爲原手稿縮印本所撰之《提要》已有概述，特照録如下：“是編始撰於一九四七年暮春。其時，無錫縣修志委員會初設，孫靖圻、錢基博、許同莘受聘爲總纂。錢氏以舊縣志《藝文》門所録邑獻，僅載書名，其原委存佚，不易稽考，屬辛幹倣《四庫全書總目》體例，盡發館中舊藏，撰寫提要，以備新修縣志之用。未幾，因經費不繼，志局解散，是編遂成單行。復益以本邑孫祖基《玉鑒堂》及諸士紳所藏鄉賢著述。入選之書，止於一九四八年十二月，凡得見者悉數囊括。提要都六百九十篇，分經史子集四部，叢書四種附見集部，部各以類相從，再按時代先後編次，尚健在之著者，專設‘生存著述’一目置於類末。每題標註版本，敘著者生平或行實，酌採序跋原文，間以心得己見，申詳其書旨要，具述源流得失。退休後，旅居滬上，猶孜孜修訂，直至去世。是編爲一部地方文獻傳本之總目提要，不惟採摭網羅堪稱齊備，且闡揚潛幽，於史乘失載與民國間新起之著作諸家事跡，訪求不遺餘力，足資後人考徵。”

  先祖父逝世於一九五六年，先父逝世于一九五七年，此長編手稿一直由姑母辛品蓮先生保存。承蒙黃寧一表兄悉心整理托裱，分册裝訂，並會同黃定一表兄於二〇一〇年將手稿奉贈無錫歷史文獻館，後再以手稿縮印本形式刊行，此珍貴史料遂得以公諸於世。

  我學友李廣揚君精研古籍，不拘於時。得悉《無錫藝文志長編》手稿影印問世，喜不自勝，欲爲之點校，以待日後另作學術著作出版，以廣流傳。余知其多年博覽文史經典，甚具古文功力，足以勝任，即欣然應諾，並樂見其成。手稿一經方家點校，諒必更具文獻價值。此舉可謂兩全其美，撰者校者相得益彰。

　　兼顧文章的古典性質與今人的閱讀習慣，本書文字采用繁體橫排，同時在扉頁保留手稿縮印本的封面題籤，影印本之《跋》則加標點後橫排印出。希望上述安排能得到本書讀者認同。

　　本書的出版發行，承蒙江蘇省無錫市史志辦公室給予大力支持和慷慨贊助，特此謹致誠摯的謝意！

辛亨復謹識於滬上

二〇一四年四月九日

點校説明

辛柏森先生撰寫的《無錫藝文志長編》，是一部地方目録學著作，對於無錫地方文獻的研究有重要意義。無錫是華夏文明發源地之一，數千年來，文脈綿延，代有才人。辛先生撰寫這部書，"意在囊括一邑見存之編，勒成一考，以備史氏之采"（引自《自序》）。此書也是抗戰勝利以後，無錫一九四七年修縣志之僅存碩果。

本書分四部、三十一類，計二十六萬字。其中有目無文的有《經部·經解類》全部六種，《史部·傳記類》中《病驥五十無量劫反省詩草》、《孫菴年譜》兩種，《史部·奏議公牘類》中《思沖齋文別鈔》、《錫山學務文牘前編》、《讜言集》三種，《史部·地理類卷二》中《四川通志》、《福建通志》兩種，《史部·地理類卷三》中《貫華叢録》一種，《史部·地理類卷五》中《出使日記》一種，《史部·目録類卷一》中《無錫縣新志目説明書》、《敘文彙編》、《無錫縣志目録》三種，《子部·兵家政治家類》中《徐家寶譯述》一種，《子部·醫家類》中《沈氏尊生書》一種，《集部·總集類卷一》中《全漢三國晉南北朝詩》一種，《集部·詩文評類》中《歷代詩話續編》、《清詩話》、《現代中國文學史長編四編》、《中國文學史》四種，《附·閨秀卷一》中《夢梅仙館吟草》一種，共計二十六種，在各部目録中均保留并註明。

手稿中的異體字，均按照《新華字典》的標準，改爲正體字。

手稿中凡引述《四庫全書總目》的文字，均根據中華書局1965年6月出版的《四庫全書總目》校正，不另作脚註。書中其它引文，校正所根據的圖書版本，見脚註。

本書手稿輸入電腦的工作，承許花女士協助，特此致謝。

限於水平，點校中如有疏漏失當之處，尚祈讀者指正。

點校者　李廣揚

二〇一四年四月

總　目　録

自　序

　　嗚呼，中日軍事往矣。溯自盧溝橋啟釁，寇勢益趨猖狂，北襲平津，南畧黃海，京滬既相次告陷，其間諸縣城悉遭蹂躪，人民多被凌辱。而寇火熒熒，劫灰漫天，致文物飄零無存，未有若我無錫之甚者。回顧曩日，不禁有余痛焉。民國二十六年十一月二十四日，敵寇既破無錫，遂大肆劫掠。凡城廂內外、各街巷、各居戶以及各工廠俱無一免者。繼乃縱火焚燬，自北門塘之三里橋，至北大街，進老北門，直抵大市橋，悉成焦土。市場繁榮之區，竟無片瓦存焉。至各街巷居戶之富藏書而不及掩護者，尤爲焚燬之目標，煙霧蔽天，數日而盡。其被燬之工廠尚不在內也。

　　乃天相中國，八年苦戰，終獲報捷，河山再造，國府奏凱。我邦人士之避地長江大河之上游者，亦皆翩翩歸於鄉，修禊二泉，話舊惠麓，蓋有感唏淋漓而不能自已者，慨然曰："劫後重光，風景如昨。雖然，文獻無徵，自古悼歎，邑乘重修，其可緩也？"於是相與興起，以告縣府，縣府循其請，遂聘定委員十有七人。諸委員復公推孫靖圻子遠、錢基博子泉、許同莘溯伊三人爲總纂，而設委會於邑之圖書館中。幹時主任館席，猥以菲才，兼治其事。三人者雖各以所事，羈旅他邦，而孫先生矻矻編摩，首草《志目》，與錢、許二先生暨諸委員，數以翰牘相商兌，復由委會集而論校之者至三四，稿凡數易而始定焉。修志委員會於民國二十六年農曆暮春成立。最後一次討論修正志目時，錢先生適自武昌歸，亦出席。推定委員朱烈夢華依據議定原則，逐門修潤，墨稿存縣圖書館。嗣擬延攬采訪，分任編纂。方幸其事之有進矣，而遽以經費無源，所事遂輟。嗚呼，吾邑文獻殆終有以致其不足徵歟。民國七年，無錫縣知事楊夢齡擬設局重修《縣志》，延聘裘可桴爲總纂。可桴以身體不健辭，並推薦吳敬恒華暉爲總纂，錢基博子泉爲副。敬恒辭不就，夢齡遂聘基博爲總纂。基博請楊知事加聘邑人嚴毓芬、徐彥寬爲分纂，並謂不設局可節經費，所撰稿援書局通例，按字數給俸。所訂《無錫縣新志目說明書》一卷，上海商務書館東方雜誌社曾采收刊載行世，縣圖書館尚藏有單本。所成稿數門，有《兵事志》，刊登邑報；《風俗志》，刊登縣教育會年刊，後因故停止。迨民國十八年，邑人孫祖基爲縣長，又擬重修《縣志》，設辦事處於縣圖書館，聘定編纂如干人，無何又停止，到於今三次矣。

　　先是錢先生以舊《縣志》是編所引《縣志》悉指《光緒志》而言，如爲他志則必稱某某志。藝文門所錄邑獻著述，僅載書名，不著解題，其源流得失，後之人未易稽考，茲擬畧倣清《四庫總目》體例，每書掇著提要，是編所錄，分經、史、子、集四部。而集部別集類以詩集爲最多，用分詩集、詩集之註釋、文集、詩文集、全集五類。全集類亦以詩集列於前，與普通集部分類容有不同，尚幸閱者諒之。每人初見，詳其仕履，以見梗概。子泉先生云：著書人事跡既備，可省人物傳記篇幅。縣圖書館所藏鄉獻之典籍甚富，遂以編錄藝文之志屬於幹。而幹也雖謭陋無文，於鄉邦文獻，未嘗不低徊慨慕。乃就館中所藏之本，彙而錄之。民國二十六年十一月，邑城將告陷，縣圖書館館長邑人陳然獻可，以所藏善本書暨鄉賢著述，運往某鄉村密藏之。且復廣搜放佚，期鮮疏漏。邑城孫氏玉鑒堂藏鄉賢著述甚富。是編初擬就縣圖書館藏本著錄，外再從孫氏所藏者，著錄館藏所闕之籍。後其書寄存海上，僅從其主人祖烈所著《書目提要》中采選之。餘復從親故所藏，收采圖書館及玉鑒堂所闕之本。而孫氏繼續搜羅，所得尚不及焉。意在囊括一邑見存之編，勒成一考，以備史氏之采。凡鄉獻遺編之爲清《四庫》及清《續通考》所采收，並近代叢書所著錄，而據其所知者於提要中記明之。有爲藝文漏載者亦附記之。昔者俞是堂先生纂輯《盛明百家詩》，所錄生存著述，雖子弟之作，亦爲采收。茲亦倣其體例，並錄生存所著者焉。是編修至民國三十七年十二月止，其時著者尚在，即作生存著述論。顧小子文質無底，又乏知人論世之識，夙夜懷懼，愧無以報錢先生暨諸委員屬望之雅。而載筆未久，驟以衰病去職，倉卒成稿，未暇校讐，既從事編纂，兩病右腕，肩背酸痛甚劇，因辭職去。統計屬稿，爲時僅數閱月，潦草以畢其事，竟未校讐也。其舛謬蕪雜，豈可以僂指哉！且夫修志委會既輟其所司事矣，而茲所錄千數百年來邑鄉遺編，往往又爲《縣志》所紀傳之人，雖易體例爲單行，然有須與縣志相輔而行者。乾坤蒼茫之中，而我無錫新志，終無所成，其爲慨悵何如也。

　　是編因錢先生所定體例，以時代先後，分經、史、子、集四部，部各以類相從。而每書提要，節采序跋原文，以見其書要旨。甄采諸書序跋，力求簡約，以省篇幅。後既改單行體例，則序跋原文必酌采其要，繁簡失當，自知不免，幸閱者諒之。若有裨文獻考徵者，或且錄其全文。而後生小子，仰止鄉邦文獻，意在表彰潛美。雖間有論列，亦僅承其所采之辭，以申其旨；或貢管窺所得，以備學者之所考，初未敢僭加論定也。

　　誦其詩，讀其書者，必欲知其人。顧著作諸家，顯晦不同，而是編傳其行事，則亦有異。凡其人已備載史乘者，凡於正史或《縣志》何目立傳者，則本傳中記明之。則茲所錄，以署其所詳焉。若爲史乘未及采收，或載而未詳者，則必搜訪其事，以求賅備無遺，蓋所以詳其所署，並輔其闕佚焉。凡志乘所遺漏，或載而未具者，茲必搜訪其事，以補其署。若所載有舛訛者，則改訂之。又所引者爲同縣人，若已入縣志，必據以夾註；其未爲采收，則必搜訪出處事跡，以夾註之。其有不知者，蓋闕如焉。鄉獻王子擎先生云："在新、舊志之前，凡所遺漏者，宜廣搜而增入之；在新、舊志之後，當爲續修者，亦訪求而增補之。"竊嘗誦之，以爲名言，用據其說以從事於斯。《縣志》失修已六十餘年，人物之宜增輯者，已不勝枚舉。是編所載，僅就著錄其書及之。款款私衷，寧止所謂誦其詩，讀其書，欲知其人已乎。

　　茲約舉之。有《縣志》未與論列，而須汲汲以補，爲之傳者，如明之高世觀、辛陛；清之李天根、孫洙、鄭繼善、嵇文駿是也。抑世觀抱道自重，以遺民終其身，其詩篇雖爲顧氏《梁谿詩鈔》所采錄，然其名不見於志乘，不錄於野史，孫氏《明遺民錄》亦漏載。則將何以徵其孤芳之志哉。陛則以一諸生，遭際鼎革，痛故國泯淪，卻徵召之檄者三，其名姓不見於世，且三百年矣。天根世其家學，惜所著書，流播未廣，《縣志》雜識門雖附見其名氏，按：《乾隆志》雜識門載薛瓊事，附見天根。然據《浦二田尺牘》所載《與李雲噓書》所述云云，其時天根尚存，《嘉慶志》則未爲補傳。似尚未足以激揚之耳。洙名作燦然，海內士林，靡不奉爲軌範，而其作宰冀魯，爲政必以德，逮退歸林泉，曾舉鄉飲，而蔬水常不給，豈知數十年來，雖江湖耆老，尚有據竈觚而諷誦其詩，然將不解所署蔚退士爲何人也。繼善以諸生主講昆陽書院，文駿以國子生主講濟南書院，二者學行兼粹，齊驅有聲。而文駿以俊秀主講，尤爲成例所無有者，況值譽著壇坫，果復捷登賢書。繼善家故貧甚，止青一衿，無以晉階。兩人家境不同，而任主講，胥及三十年，其地文風蔚起，學者皆翕然敬服。君子疾没世而名不稱，則夫六君子者，烏可不采摭其事以闡揚之哉！所謂補其闕佚者，蓋亦王先生云"凡所遺漏，宜廣搜而增入之耳"。

又如明之李庶、華啟直、秦璠、黄家舒、堵胤錫、顧杲；清之顧祖禹、顧貞觀、嚴繩孫、王史鑑、華希閔、顧奎光、浦起龍、蔣衡、秦震鈞、周鎬、秦炳文、余治、孫希朱、榮光世、侯晸者，《縣志》雖曾各爲之傳矣，兹復記其行誼之焯然矯世，或有關名教，並有裨考徵者，以增益各傳之未備具，所謂詳其所畧也。

至如清之秦緗業、秦臻、涂廉鍔、施建烈、華翼綸、徐壽、建寅父子、華衡芳、徐澂、沈梧、薛福成、福保兄弟、丁紹儀、鄧乃溥、余一鼇、劉繼增、伊熙績、嚴金清、陶繡昇、秦寶璈、許珏、梁谿七子；民國之秦歧農、廉泉、吳芝瑛夫婦、蔣士棟、士榮兄弟、胡雨人、徐彦寬、秦毓鎏、孫揆均、孫靜菴、侯學愈、胡汀鷺者，或以學行播芳，或以事業著稱，或以藝文名世。則兹所録，正不厭求詳，以求賅備無遺，蓋正王先生云"當爲續修，宜訪求而增補之"也。

然如明之李黼、秦植、華復蠡；清之計六奇、周魯、吳綏，其著述雖卓卓可傳，而志乘僅見其名氏，或並名氏而未著者，吾嘗訪其遺事，而故老皆悵然無以告焉。又清之秦賡彤、秦焕、秦祖永、朱福基、孫鼎烈；民國之楊志濂、嚴懋功，雖嘗畧書其事跡，而未獲備列其行誼，徵獻之士，倘亦有以教益之乎。

他如生存之人，有備書其事者，則必歸於信。亦有僅記梗概，而未備列其行誼者。雖詳畧各異，然皆無所阿私焉。

闡揚潛幽，後生之責。今兹不有所記，異日則將何徵？覽考名製，郁郁具在；彙録成帙，名曰長編。所以備史氏要删焉。疏列義例，以當發凡。邦人君子，其辱教之。

經部目録

易類

周易孔義三卷　明高攀龍撰

周易像象述十卷　明吳桂森撰

統天易説一卷　清費國璜撰

周易大衍辨一卷　清吳鼐撰

易問　附中爻考　卦變考　清吳鼎撰

爻辭玩占録無卷數　清秦棠撰

先後天卦象交變圖説一卷　附易學源流考　今人楊聖撰

詩類

毛詩日箋六卷　清秦松齡撰

毛詩訂詁八卷　附録二卷　清顧棟高撰

詩經比義述八卷　清王千仞撰

讀詩管見無卷數　清龔灼撰

書類

禹貢註解一卷　明胡之竑撰

禹貢譜二卷　清王澍撰

尚書質疑三卷　清顧棟高撰

禹貢古今註通釋六卷　清侯楨撰

禮類　樂　孝經附

二禮集解十二卷　明李黼撰

禮樂合編二十卷　明黃廣撰

周禮集解六卷　清高愈撰　張良弼選輯　鄧愷參訂

五禮通考二百六十二卷　清秦蕙田撰

禮經學述一卷　清秦麗昌撰

附録

考律緒言四卷　清吳鼎撰

硃批圈點孝經集註一卷　清侯楨考訂

春秋類

四書類

經解類（全類有目無文）

小學類

經　部

易　類

周易孔義三卷　民國十三年三原王氏重刊本

　　明高攀龍撰。攀龍字存之，號雲從，又號景逸，萬曆十七年己丑進士。出吏部員外郎趙南星之門。授行人未幾，當國者頗持異同，部院大臣多以不合去國，南星等亦被謫。攀龍疏稱：“中外羣言，皆曰輔臣除不附己，近侍不用正人。”並謂鄭材、楊應宿輩讒詔，宜黜。而應宿亦訐攀龍。謫揭陽典史。既歸，築水居於漆湖，顏其樓曰“可樓”。居敬存仁，以自潛修。會顧憲成亦以言事罷，因相與修復東林書院，讀書講學垂三十年。天啟初，起光禄丞，進少卿，轉太常寺，遷太僕寺卿。都御史鄒元標、馮從吾建首善書院於京師，攀龍時與講會。給事朱童蒙因疏訐爲朋黨，於是元標等皆去位。攀龍乞休，不許，進刑部右侍郎，尋擢左都御史。時趙南星爲吏部尚書，攀龍謂師弟子不當分掌部院，力辭不得。既就職，則劾罷魏忠賢私人御史崔呈秀，遂與南星俱罷。明年，盡毀天下書院，戍南星，逮楊漣、魏大中等，殺之，而削攀龍職。既又逮周順昌等，並攀龍七人。收者至，攀龍先一日拜遺表，自沈園池考：今私立江南中學後西南隅，有石碑覆地，即其遺址。以死。崇禎初，贈太子少保、兵部尚書，謚忠憲。初，海内學者率宗王守仁，攀龍心非之，著《無善無惡辨》。其學本於靜，而以真知實踐爲立，粹然一出於正。進修次第，詳所著《困學記》中。事跡具載《明史》本傳及《縣志·儒林傳》。

　　是書明刻本久鮮流傳。迄乎民國之初，三原王典章權邑之税務，留心地方文獻，而尤服膺顧高之學，嘗手録斯帙。後赴金陵圖書館，假得錢塘丁氏八千卷樓所鈔善本，校讎補闕。乃以華允誠所纂《高忠憲公年譜》載著書總記，有《周易孔義》三卷；而清《四庫全書》著録，有《周易易簡説》三卷，與《孔義》卷數相同，是一是二，疑莫能明。既而謀付重刊，請太倉唐文治爲之折衷。文治謂：“《孔義》與《易簡説》爲一爲二？按朱竹垞先生《經義考》，列作二書，而以《孔義》爲一卷，顯係歧誤；按忠憲十一世從孫映川先生名汝淋，清光緒二十年甲午副貢。所述，謂《易簡説敍》云‘五經註於後儒，易註於夫子’；《孔義敍》云‘《周易孔義》何？孔子之義也’，厥詣若合符節。竊意著書時，有此二敍，而刻書者未敢臆斷，姑與並存。或因述年譜者有《周易孔義敍》一首，故總記名以《孔義》。采收《四庫》者，以《易簡説》在前，故著録名以

《易簡説》。名雖錯見，實則一書。由是決之，蓋無疑義"云①。

周易像象述十卷　　民國廿四年上海商務書館影印四庫全書珍本

　　明吳桂森撰。桂森字叔美，號覲華，萬曆四十四年丙辰歲貢。東林之興，每居講席。天啟元年，高攀龍赴臺，乃以會講事拜囑桂森，其見重如此。自署曰"東林素衣"。崇禎初，有旨修復東林書院。桂森乃建麗澤堂，又築小齋，名"來復"，日講《易》其中。嘗言："有善無惡心之體，有善有惡意之動，知善知惡是格物，知善無惡是致知。"事具《縣志·儒林傳》。

　　是書本其師承推闡而成。按：桂森初從武進錢一本學《易》，一本嘗著《像象管見》諸書，桂森本其意而廣之，以成是書，故曰《像象述》。清《四庫全書》著錄之，《提要》稱："桂森是書，具有淵源。""卷首列《像象金鍼》一篇，標舉大旨。卷中所註皆一字一句，究尋義理，頗有新意可參。"云云。是可徵儒林之推重矣。

統天易説一卷　　縣圖書館繕寫本

　　清費國瑄撰。國瑄字子復，號松崖，順治六年己丑進士。幼時資極鈍，後忽開悟，過目不忘，博極羣書，尤精《易》數。據已往成敗之故，能推究未來治亂之道。既登第，知餘杭縣。值山寇亂，審虛實，決勝負，身先士卒，竟討平之。又捐竹稅，免絹解，民歌頌焉。擢兵部主事，竟以强項不能與時俯仰，自劾歸。民攀留不得，立祠尸祝之。事具《縣志·宦望傳》。

　　是書要旨，自謂："先天言，易之體；後天言，易之用。……邵子就先天指其用，體中之用也。愚從後天闡其用，而體在其中，用未嘗離乎體也。"②據縣志藝文載，是書四卷。同縣劉繼增從舊鈔本摘録其要，得十之四，謂全書大旨畧具於此。縣圖書館復據劉本繕録之。

周易大衍辨一卷　　昭代叢書本

　　清吳鼐撰。鼐字大年，號拙菴，乾隆元年丙辰進士。幼而嗜學，穿穴宋、元、明儒之書，而沈酣六經，尤深於《易》、三《禮》，與同縣秦蕙田、蔡德晉、字宸錫，雍正四年丙午舉人。年十五即覃精三《禮》，著有《禮經本義》三十九卷、《禮傳本義》二十卷、《通禮》五十六卷、《詩經集義》十六卷，《縣志》藝文門著錄之，今俱無傳本，《縣志·儒林》有傳。龔燦字繩中，早卒，《縣志·儒林》附鼐傳。及仲弟鼎爲經會。考：秦氏味經窩五子談經會即指此。雍正十三年乙卯，尚書楊名時以經學薦，未受官。既成進士，授工部主事。聞父訃，歸，尋歿。事具《縣志·儒林傳》。

　　是書謂《易》大衍之義，諸家立説無當，獨元儒石澗老人深明其義。乃取其説而爲推闡，以成斯帙。吳江沈楙惪輯《昭代叢書》，乃著録之而爲之跋，稱："孔子之論大衍詳矣。……元儒石澗老人深明其義而説有未暢。吳拙菴先生歷舉十三家之説，一一駁正之，折衷於夫子之言，著《周易大衍辨》，以暢石澗老人之旨，至爲精確。是非讀破萬卷，豈能到此境地"

---

　　①　引文據上海書店 1989 年版《民國叢書》第五編《茹經堂文集》卷四《周易孔義序》校改。

　　②　引文據 1927 年蘭陵素心鈔本《統天易説》校。

云①。按：斯編《縣志》藝文門未載。

易問　附中爻考　卦變考　鄒氏延喜樓舊寫本

清吳鼎撰。鼎字尊彝，乾隆九年甲子舉人。自少至老，造次必於儒。其學醞釀深醇，治經博而能約，尤邃於《易》。家塾名易堂，學者因稱易堂先生。乾隆十五年庚午，侍郎秦蕙田薦舉經學，授國子監司業，陞侍讀學士。《縣志·儒林》附兄鼐傳。

是書就《上經》、《下經》、《繫辭傳》、《説卦傳》，每提一語爲問，列鄭、馬以及諸儒之説，推衍其義，折衷己意解釋之，以爲指歸。附《中爻考》、《卦變考》，於研究卦爻者，俾推吉凶悔吝之由，以知進退存亡之道，殊多裨益。按：《四庫全書總目·易類存目》，鼎有《易例舉要》二卷，不附《中爻》、《卦變》二考。《提要》謂："上卷多輯先儒之説，下卷多出己意。……惟不及互卦、卦變二義。其《自序》云：'已詳《中爻考》、《卦變考》中。'今書中不載，……或別有成書。"云云。而是書先列諸儒之説，後出己意爲解，不分卷數，並附《中爻》、《卦變》二考，則較《四庫存目》者爲完善，庶幾可窺其全。鄒氏此本，據何本繕録，亦未備註，但《四庫存目》者，與《縣志》藝文門所載書名相同。

爻辭玩占録無卷數　縣圖書館繕寫本

清秦棠撰。出處事跡無考。

是書就《上經》、《下經》以析其義。自謂以象數爲宗，以繫辭爲則，爰述數語，務求聖人命意之所在，不敢自附於註釋之流。取夫婦之愚可以與知之義，名之曰《爻辭玩占録》云。其書不署著述年月，又無所居書齋等名，兹録之，以待後來者稽考。

先後天卦象交變圖説一卷　附易學源流考　邑人俞家捐贈江左俞氏萬卷樓藏本

今人楊聖撰。聖號踐形，學者稱中一先生。母侯氏，夢感瑞雲環身，宸斗隕懷，龍負圖象，矯首天中，麟吐玉書，光耀地上，聞空際語云："羣聖擁護，送一玉麒麟來。"遂生聖。韶齡穎悟強記，及長，博學多能，經、子而外，兼通科哲技術之書。太倉唐文治稱"楊君經學理學家，非文學家"，即聖也。平生治《易》學最力，家人謂"不合時宜，非緩急需"，而聖不之顧。民國肇建，聖講學海上，而《易》學因以大盛。所講輒登《國際公報》，《紅卍字報》亦轉載之。就所搜歷代《易》學專書六百餘種，濡染既久，而能條貫今古。因以漢之象數，宋之義理，以及清之體例之學，融會一體，以爲治《易》之準，遂成《易學叢書》三十六種。南海康有爲築廬於茅山母氏墓側，炎暑之日，輒往居之。聖持以相質，曾談孔《易》微言，有爲亦頷之。

是書即據漢之象數、宋之義理、清之體例三者，既精密究討，而復旁搜博覽，得《易》之尚變之微旨，因發明所謂先後天卦象之交變，爲圖十有八，爲説三十有一，因名其書曰《先後天

---

① 引文據吳江沈氏世楷堂藏板光緒二年重印本《昭代叢書》甲集補卷二《周易大衍辨跋》校改。

卦象交變圖説》。何謂先天？指定象八卦方位。邵康節云："此即伏羲八卦方位，所謂先天之學也。"何謂後天？指本象八卦方位。邵康節云："此文王所定卦位，所謂後天之學也。"此卷中所載先後天之説也。何謂卦象？卦謂卦位，指小成三畫八卦言，所謂先天圓圖方圖也。象謂圖象，鄭康成所謂《易》含三義：先天定位不易之象，是謂定象之體；後天流行變易之象，是謂本象之用；而其造化之樞機，尤在簡易之象，所謂總象也。何謂交變？交者交易也，變者變化也。交易，指爻象言；變化，指卦象言。圖者，謂交變之圖，分合相示，以明體用一源，顯微無間，止此交變圖耳。此卷中所載卦象交變之説也。學者稱其究心尚變之道，精微深刻，而先後天説，尤視前賢所得者詳備，蓋非虛譽也。卷末附載《易》學源流，上溯伏羲，下迄三國，歷敘《易》之流傳，以明世之最古之哲學，尚能完存原作，歷經闡發，得以流播；俾天人感應之理，垂教後世，非偶然事也。自晉以後，具見所爲《中一楊氏易藏書目提要》，兹不備載。卷首載有沈恩孚、胡樸安、召國棠三人之序言。又聖自序，備述《易》學爲楊氏家寶，"宋楊氏得二程之真傳，吾道南矣，遂爲洛閩中樞。乃祖某教以時之《易》説，謂克傳家學，庶道南有繼人"云。

詩　　類

毛詩日箋六卷　　邑人許修直捐贈舊藏清康熙庚辰刊本

　　清秦松齡撰。松齡字留仙，號對巖。自少穎悟，未冠，嘗以諸生中順治十一年甲午科舉人；乙未，聯捷進士，授檢討。以逋糧案削籍。康熙十八年己未，舉博學鴻儒，復原官。歷左諭德，再典鄉試，又以磨勘落職。至四十二年癸未，聖祖南巡，給還原品。嘗以薦從軍荆襄，督師蔡毓榮請於軍中講學，松齡爲陳説忠孝大義，介胄之士無不悚聽。侍從講幄，纂修明史。工詩、古文詞，與同縣嚴繩孫齊名。晚益耽研經訓，尤深於《詩》，自毛鄭以下，旁及歐、蘇、呂、嚴諸家，參以己意，補朱《傳》所未備。有《毛詩日箋》六卷《縣志》本傳作四卷，藝文門著錄作八卷。行世。別有《書經》、《春秋日箋》，未成而卒。《縣志·儒林》有傳。

　　是書王阮亭士禎稱其"折衷盡善，既正紫陽之悞，亦通毛鄭之郵，兼去楚望之矯。向欲有所論述，《日箋》出，可無事枝贅矣"。① 商丘宋犖序之，謂"梁谿秦太史留仙先生著《毛詩日箋》六卷，屬余論定而弁以序。余卒讀其書，大善之。其間雖不盡取《小序》，然能精擇毛鄭舊説，以會稡……諸儒之言，而折衷於朱子，間發己意，必協於義理之正。而於近儒説詩，若郝敬、何楷、顧炎武諸家，皆取節焉"云②。清《文獻通考》著錄之。邑人許修直捐贈此本，爲康熙間原槧，今所難覓者耳。

---

　　① 據上海古籍出版社 2002 年版《續修四庫全書》第 061 册《毛詩日箋·王士禎手柬》第 415 頁校。
　　② 據《續修四庫全書》第 061 册《毛詩日箋·宋犖序》第 416 頁校改。

毛詩訂詁八卷　附録二卷　清光緒丙申江蘇書局重刊本

　　清顧棟高撰。棟高字復初，號震滄。康熙六十年辛丑進士，授内閣中書，以奏對越次罷官。乾隆十六年辛未，詔舉經學，侍郎鄒一桂以棟高薦，授國子監司業銜。召見奏對，首舉三吴鄙俗，請以節儉風示海内，高宗嘉之，賜七律二章。二十二年丁丑，南巡，晉祭酒銜，又賜傳經耆碩額，以示褒寵。棟高少嘗受經於舅氏華學泉字天沐，與兄學瀚、學潛並敦孝友，學泉尤以經學著。《縣志·儒林》有傳。暨高愈，於諸經往復旁通，鉤貫有會。久之，用史遷諸表例，著《春秋大事表》一書，又著《毛詩訂詁》五十餘卷，並經進呈。事具《縣志·儒林傳》。

　　是書訂毛公之《詁訓傳》。所載棟高原序，謂"《詩》有齊魯韓毛四家。厥後三家之學絶，而《毛詩》獨盛行。……嗣是談《詩》者，奉《毛傳》如金科玉律，莫敢異義。歷二千餘年，而歐陽公首闢之，經蘇子由、王介甫、吕東萊諸子，互加駁正，而《詩》學漸明。晦菴朱子後出，乃盡去《小序》，而獨爲《集傳》。《小序》世傳爲子夏、毛公合作，而《詁訓傳》之所從出也。明祖列朱《傳》於學宫，而《小序》又廢。顧好學之士，猶斷斷焉祖《序》説以攻朱子。嗣是朱《傳》與《序》説兩家，恒角立而互持其勝。余病之久矣。……余遍覽諸家之説，參其異同，酌以時勢，間附鄙見。有斷宜從朱子者，而非從功令起見也；有斷宜從《序》説者，而非好與朱子立異也。……非隨人傅會，亦不與人立異，輒不自揆，謹著論二十四首，附於各篇之後"云①。考：是書經咸豐兵燹，世鮮見傳本，承學之士，欲求其書而不可得。同縣廉泉搜訪得之，時鄧濂方佐理蘇州官書局事，遂共謀剞劂，以廣流傳。

詩經比義述八卷　清乾隆壬子原刊本

　　清王千仞撰。千仞字啓丹，號涵齋，諸生。雍正十一年癸丑歲案。通毛鄭《詩》，與兄一峯教授鄉里，人推老宿。及門孫永清於千仞經訓，拳拳服膺之。乾隆五十八年癸丑，重遊泮水。《縣志·耆碩》附一峯傳。

　　是書博采漢、唐、宋、元、明、清諸家之説，凡有關於比義，及與之近於比者，彙而録之，逐條折衷己意，次爲八卷。休寧戴震爲之序，稱："欲學者引伸觸類，知德行，達政體。孔子兩許門弟子，可與言《詩》，意實在此。"②然則此編裨益學者，殆非淺鮮。

讀詩管見無卷數　邑人龔志遠捐贈家藏舊寫本

　　清龔灼撰。灼字存之，咸豐五年乙卯恩貢。桐之子。濡家學，性好讀書，端居不染時下氣，儕輩多景仰之。

　　是書分總讀、讀風、讀雅、讀頌四類，類各列其章。以己所得列於後，堪爲讀《詩》者之助。其並無新意詮發者，則註明某章從舊解。蓋抒其讀《詩》心得語，故曰管見。無刻本行世。

---

　　①　引文據四川大學圖書館藏江蘇書局光緒丙申刊版《毛詩訂詁·顧棟高自序》校改。
　　②　引文據上海古籍出版社 2002 年版《續修四庫全書》第 1434 册《戴東原集》卷十《詩比義述序》第527 頁校。

書　類

禹貢註解一卷　通行本

明胡之竑撰。之竑字翼在，崇禎元年戊辰進士，仕至山東副使。嘗榷稅九江，以例得羨餘三千金，賑恤饑貧，民德之。既卒，長洲徐枋誌其墓。所著有《禹貢註解》一卷行於世，事具《縣志‧宦望傳》。

是書就經文、讀音、字義，既爲之註，而復釋其精微，逐句或逐節解之，讀者稱便焉。

禹貢譜二卷　清康雍間原刊本

清王澍撰。澍字若霖，亦或自書篛林，號良常，康熙五十一年壬辰進士，仕至吏部員外郎。原籍金壇，悅梁谿山水，買屋金匱山旁，自號二泉寓客，善行楷書，兼工篆隸，喜成就後學。《縣志‧流寓》有傳。

是書各著經文於前，而附圖於後。州爲二圖，一言疆界，一言貢道。導山、導水及山川、田賦，亦各有圖，凡四十圖。惟是本卷尾漫漶不全，闕甸服、侯服、綏服、要服、荒服、五服總圖、釋同等七圖。《四庫全書》爲之存目。《提要》稱"大抵皆本《蔡傳》，而參以諸家之説，條理简明，颇易尋覽"云。按：縣圖書館藏本，卷首亦闕而不全，撰人姓氏，闕而無存。但與《四庫》存目者，內容、卷數，核俱相符，其書又屬清初刊式，故定爲澍著無疑。後之考鑑者，有以正之乎？

尚書質疑三卷　縣圖書館繕寫本

清顧棟高撰。棟高有《毛詩訂詁》已著錄。

是書不載經文，亦不訓釋經義，惟標舉疑義，每條撰論一篇。爲數凡四十有二，分上、中、下三卷。《四庫全書》爲之存目，《提要》論列得失甚備，不贅焉。按：《四庫》存目作二卷，撰論凡四十有一，茲據縣圖書館寫本著錄之，惟據何本繕寫，未加備註。

禹貢古今註通釋六卷　清光緒庚辰聚珍本

清侯楨撰。楨字子勤，別號二梅，道光二十六年丙午順天舉人。性耽經史，以古人自期，不屑屑爲章句儒。應試京兆，以通《説文》受知壽陽祁寯藻。時上元梅曾亮以古文倡京師，楨與同縣張岳駿、秦湘業先後著錄，稱弟子。爲文章，以桐城爲矩矱。而楨既致力於古文，復有志於身心性命之學。所爲書，非實可見之施行，及無與於世道人心者，皆屏弗道。迨三試春闈不第，乃憮然南歸。時方咸豐兵燹，家室仳離，乃客死於常熟之滸浦。《縣志‧文苑》有傳。

　　是書槙在京師時所著，而自書於端曰："槙幼即喜讀胡渭、閻若璩、顧棟高三家之書。初未得其要領，後從吳江迮青厓先生遊，相與討索，因取歷代史地志、山經、輿圖，辨其異同，參互考訂，纂成《禹貢注》六卷。姚師時在姚吏部湘坡師寓所。見而善之，命授公子似亭，顏曰：《古今注通釋》，不敢過信古註，惟其是而已。"其自述如此。而緗業序之，亦稱其書於"方州分合、山水原委、今昔同異之故，皆能爲之討索、辨難、折衷，以定一是。而於水利河防，尤三致意焉。……吾鄉先輩若王鑑、華玉淳於《禹貢》俱有撰述，而不甚著稱。是書出，吾知前賢當畏後生"云①。

禮　　類　樂　孝經附

二禮集解十二卷　明嘉靖戊子原刊本

　　明李黼撰。黼字德威，成化間人，出處事跡《縣志》無考。

　　是書以陳友仁《周禮集說》、楊復《儀禮圖》爲藍本，纂集諸解，參以己意，因成《集解》十二卷。清《四庫全書》存目。其自序謂："慨自三代之後，遭秦滅學，禮樂先壞，其幸存者，《周官》五篇，《儀禮》十七篇而已。……吳興陳君復《周禮集說》、秦谿楊信齋《儀禮圖》頗得其詳，亦非成書。黼自蚤歲竊有志於是，而未有所得。研精覃思，竭平生之力，粗知一二。敢於是書，重加訂正，凡《周禮·五官》之全文、《考工記》之補亡、《儀禮》十七篇與夫《記》者之先後次第，一復註疏之舊，合二經爲一，總名之曰《二禮》。而所集之解，更考註疏，及求先儒議論。間有文義之未屬者，竊以己意通之。仍從《周禮陳氏集說》，以官名各置本章之首；《儀禮楊氏圖》以逐節各分逐章之後，庶是《經》無淆亂之病，學者無難讀之患"云②。按：此本爲嘉靖原刊，古色古香，令人可愛。舊爲邑人丁福保所藏，迨縣圖書館既創建，遂爲捐贈，與邑人士共寶之。

禮樂合編二十卷　明崇禎癸酉原刊本

　　明黃廣撰。廣字龍冠，號無蛙，又自號九龍主人，崇禎二年己巳歲貢，除安遠知縣。與同縣馬世奇、華琪芳、天啓五年乙丑進士一甲第二，詹事府少詹事。婁東張溥、毘陵鄭鄤輩友善。世奇嘗與選集邑中名賢，締社論文，前後可十寒暑。廣每一義出，社人士多以鳴躍遜之。廣平居於書靡所不窺，尤精禮樂。世奇稱爲"闇修千秋，不願徼一日之知"者。高攀龍赴止水死，有旨詰問洩漏之由，有司責保狀甚亟，無應者，而廣慨然署狀。事具《縣志·儒林傳》。

　　是書搜羅經傳子史之所以合乎道、彰乎德者，彙爲鉅觀，而名之曰《禮樂合編》。其凡例

---

　　①　所引侯槙、秦緗業言均據北京出版社 2000 年版《四庫未收書輯刊》四輯·三冊第 468—469 頁校改。

　　②　據齊魯書社 1997 年版《四庫全書存目叢書》經部一〇七《二禮集解序》第 433 頁校改。

謂："原稱禮樂而網羅記載者何？蓋天下萬世之事盡於吉凶軍賓嘉。而此纂述……尚不足盡，然精微已存，……自附舉一反三之義。"又謂："本諸經，其道尊；參諸史，其事核；旁通諸子百家，其説詳。要之，事理即甚紛披，有越'中'、'和'兩者哉！"蓋其汲汲於人心世道者滋切。鄒序之，又稱："繁而不厭，賾而有章。其情深，其文核，其體該，其用廣，讀之者可燦若於禮樂之情矣。"①然清《四庫全書》存目，《提要》謂所采諸文"不詳其源流本末。……所立門目，……亦皆漫無體例"。春秋責備，殆自有説。而又謂鄒等九人所序"皆明末人標榜之辭"云云。凡所論列，蓋亦未免過當歟。

周禮集解六卷　　清雍正間原刊本

　　清高愈撰，張良弼選輯，鄧愷參訂。愈字紫超，康熙四十三年甲申歲貢，攀龍從孫。十歲讀攀龍遺書，即有志聖賢之學。既長，熟讀諸儒語録，務躬行實踐，不尚議論。家貧，父性豪嗜酒，愈委曲承奉之。居親喪，不飲酒食肉，不内寝。時山西姜橚主文幕，於江南之士，獨賞愈與桐城方苞。康熙三十八年，橚来典試，苞以第一領鄉薦。而愈已不與試，橚歎息而已。巡撫湯斌舊識愈，雅重之，屬縣官致意者三。卒不往謁。生平覃精經術，同縣顧棟高從受業，亦往往宗其説。《縣志·儒林》有傳。良弼字靜培，康熙五十年辛卯舉人。愷字濟美，亦作濟嵋，號秋園，又號末園，乾隆三年戊午副貢，選旌德教諭。勤學好古，能詩，而尤湛深經術。《縣志·文苑》附華純曾傳。

　　是書良弼因愈所著《周禮集解》，摘其精華，輯録成帙。愷乃復加參采釐訂之，爲六卷，蓋便於帖括家取裁之編也。同縣黃天球字璋五，康熙五十一年壬辰進士，官禮部主事，《縣志·宦望》有傳。爲之序。按：愈舊著《周禮集解》，薈萃諸家精義，而條貫之處，多以己意發明。《四庫全書》存目有《高註周禮》二十二卷，《提要》稱"《江南通志》載愈著《周官集解》十六卷，當即是書，其分卷各異，殆傳寫者不同"云云，然則斯編，殆又删繁就簡之本歟？

五禮通考二百六十二卷　　清光緒初年江蘇書局重刊本

　　清秦蕙田撰。蕙田字樹峯，乾隆元年丙辰進士，一甲第三，累官刑部尚書。少承家學，以經術篤行著。本生父道然以藩邸事，久繫縣獄，蕙田既通籍，伏闕陳情，乞以身贖父罪，道然竟得釋。領西曹最久，遇事沈毅果斷，退則閉户著書。其學以窮經爲主，生平精力，尤萃於《五禮通考》一書。又奏請刊正韻書，頗有建議。時雖已遘疾，猶往復辨論不輟也。又所著《味經窩集》，亦多説經文字，今無傳本。卒謚文恭，學者稱味經先生。《縣志·儒林》有傳。

　　是書因昆山徐乾學《讀禮通考》，增吉、軍、賓、嘉四禮，及補其喪禮之未備者，凡閱三十八年而後成書。《四庫全書》著録之。其凡例謂："近代昆山徐氏乾學著《讀禮通考》一百二十卷，古禮則倣《經傳通解》，兼采衆説，詳加折衷；歷代則一本正史，參以《通典》、《通考》，廣

---

　　① 　三段引文均據齊魯書社 1997 年 7 月版《四庫全書存目叢書》經部一〇九第 11、26、30 頁校改。

爲搜集。庶幾朱子遺意，所關經國善俗，厥功甚鉅。惜乎吉、嘉、賓、軍四禮，屬草未就。是書因其體例，依《通典》五禮次第，編輯《吉禮》如干卷，《嘉禮》如干卷，《賓禮》如干卷，《軍禮》及《凶禮》之未備者如干卷。……合徐書，而大宗伯之五禮，古今沿革、本末源流、異同失得之故，咸有考焉。"①其友人桐城方觀承參訂，而題於卷首，稱："吾友味經先生以博達之材，粹於《禮經》。官秩宗，日侍內廷，值聖天子修明禮樂，乃益好學深思，研綜墳典。上自六經，下迄元明，凡郊廟禋祀、朝覲會同、師田行役、射鄉食饗、冠昏學校，各以類附。於是五禮條分縷析，皆可依類以求其義。"②而德州盧見曾又稱："今大司寇味經秦先生，辱示《五禮通考》全書。……苞括百氏，裁剪衆説，舉二十二史之記載，悉以《周禮》、《儀禮》提其綱，上自朝廷之制作，下逮諸儒之議論，靡不搜抉，……令讀者一覽易曉。"③綜諸家論列，及其凡例所載，是可見蕙田之學，並生平精力之所萃矣。

禮經學述一卷　清道光癸巳昭代叢書本

清秦麗昌撰。麗昌，初名勳，道光五年乙酉科案，補學官弟子，後更其名。二十三年癸卯既登賢書，復更名賡彤，字臨士。咸豐六年丙辰進士，選翰林院庶吉士，改刑部主事，遷員外郎，記名御史，以疾歸。主講東林書院十餘年，勤於訓迪，並有能名，學者俱仰服之。蓋秦氏自松齡以經學知名，其後蕙田以《五禮通考》傳播儒林，而承學之士皆以《味經窩》爲學禮之淵藪。麗昌繼起，博雅好古，有志紹述，故早歲即致力禮經，所著説經文字，多未成而卒。

是書爲諸生時所著，名曰《禮經學述》。吳江沈氏采入《昭代叢書》，而跋其尾，稱"臨士係對巖先生之後，淵源家學，恂恂自好。年未逾三十，而經解、詞賦、書法無一不臻精妙。即其釋《大學》，謂'傳者解經，悉以格致之義貫之，故於致知在格物，獨無傳'。此一言也，可以解象山姚江之惑，他人安能見及此哉。末附《味經窩類稿》六條，是臨士所手鈔者，今亦悉仍其舊"云④。

附　　錄

考律緒言四卷　鄒氏延喜樓舊鈔本

清吳鼎撰。鼎有《易問》，已著録。

是書具述律吕原始，及其爲用之道，編次爲四卷。不知有無刻本。首尾亦無序跋，並無例言。《縣志》藝文門未載。

---

①　引文據武漢大學出版社 1997 年電子版《文淵閣四庫全書(113/1395)・五禮通考》第二册第 66 頁校改。

②　引文據早稻田大學圖書館藏光緒六年江蘇書局重刊本《五禮通考・方觀承序》校改。

③　引文據早稻田大學圖書館藏光緒六年江蘇書局重刊本《五禮通考・盧見曾序》校改。

④　引文據吳江沈氏世楷堂藏板清道光沈楙惪世楷堂刊光緒二年重印本《禮經學術》校改。

硃批圈點孝經集註一卷　民國六年吳禮讓堂精刊本

清侯楨考訂。楨有《禹貢古今註通釋》，已著錄。

是書於乾隆間，休寧程炎采集各註，並爲貫穿，以爲讀者之助。楨乃加以硃色評註、圈點，俾讀者益易通曉。稿本藏邑中華氏，未經刊行。其外孫吳日永日永以字行，上海聖約翰大學文學士，好表彰文獻，早卒。搜求之，乃鐫板套印，以永其傳。一展卷，則楨之手澤，燦然如新焉。同縣裘可桴序之。闡發《孝經》義蘊，至矣。

春　秋　類

春秋孔義十二卷　縣圖書館繕寫本

明高攀龍撰，攀龍有《周易孔義》，已著錄。

是書明刻本，世鮮流傳。孔義者何？蓋謂孔子之義，而非諸儒之臆説也。清《四庫全書》著錄之。《提要》稱"雖持論稍拘，較之破碎繳繞，橫生異議，猶説經之謹嚴者矣。朱彝尊《經義考》：'此書外，又有李攀龍《春秋孔義》十二卷。'註曰'未見'。今案書名、卷數并同，攀龍之名又同，不應如是之巧合。……彝尊未及考核，誤分爲二歟"云。

春秋大事表五十卷　附輿圖一卷　邑人丁福保捐贈清乾隆丁卯萬卷樓原刊本

清顧棟高撰。棟高有《毛詩訂詁》，已著錄。

是書集春秋列國大事，用史遷諸表體例，比而爲表。自謂覃精研思，廢寢與食。家貧，客遊燕、齊、宋、魯、陳、衛、吳、楚、越之墟，所至訪求春秋地理，足所不至，則詢之遊人過客與夫廝隸，乃始創意爲表。且曰："余之於此，氾濫者三十年，覃思者十年，執筆爲之者又十五年。"是可見棟高之致力於此者矣。《四庫全書》著錄之。《提要》備論得失，茲不復贅。按：是本卷首，冠以乾隆御筆詩章，稱爲"文章風雅，東吳誰似"，殆極一時寵榮云。此本舊爲邑人丁福保之籍，厥爲邑中難覓者耳。

春秋隨筆二卷　縣圖書館按清四庫全書繕寫本

清顧奎光撰。奎光字星五，號雙谿，乾隆十年乙丑進士。歷官瀘谿、桑植知縣，卒桑植任，而俱著循聲。平江李元度《湖南通志》所稱"兩邑之人，至今稱道不衰者焉"。其弟斗光嘗曰："吾兄爲人有三不惑，酒、色、財也；居官有三不愧，清、慎、勤也。"曾以房考入闈，所衡文，輒獲名元，主司深服其有特識。奎光九歲能屬文，年十八，撫軍高其倬舉應博學鴻詞科，辭不赴，癸酉始就銓。博學多識，詩、古文俱有名。於諸經皆有論述，而尤長於《春秋》。所著《然疑録》、《春秋隨筆》采入四庫書，又有《金元詩選》，足資學者，得自宋及明詩學之統。

乾隆十五年庚午，重修縣志，奎光任分纂。《縣志・文苑》有傳。

是書不載經文，偶有所得則録之，故名隨筆。《四庫全書》著録之。《提要》稱其"皆深中《春秋》家苛刻迂谬之弊，故其所论多能得笔削之旨"云。歷舉書中所著者爲證，斯蓋其書精義之所萃。

三正考二卷　縣圖書館精寫本

清吴鼐撰。鼐有《周易大衍辨》，已著録。

是書考建子、建丑、建寅三正，故名《三正考》。《四庫全書》著録之。卷一備列黄帝建子、唐虞建寅、夏正建寅、商正建丑、周正建子、秦正建亥，以及三代改時改月之證，引據諸儒之論，補所未備，駁所譌訛，以明左氏王周正月之旨。又三正通於民俗一條，所引陳、蔡諸説，於三代諸書所紀年月差互之處，一一剖析其微，更足以破疑似之見。卷二具列各家説經之誤，而下附己説，辯證有據，亦殊足裨考證。故《四庫提要》稱其"引證詳明，判百年紛紜轇轕之論，於經學亦爲有功"云。

四書類

四書講義一卷　清同治甲戌小石山房叢書本

明顧憲成撰。憲成字叔時，世稱涇陽先生，萬曆八年庚辰進士。自少穎異，家貧，不能延師，父學，命就鄰塾。晚歸，篝燈讀，輒午夜不休。嘗自題其壁曰："讀得孔書便是樂，縱居顔巷不爲貧。"蓋其意嘐嘐然不可一世焉。季弟允成亦奇慧，頗好弄學，乃誡之毋驕大，必就繩墨以劬學，於是憲成兄弟以學行相砥礪。迨學卒，而憲成先以第一人捷鄉闈，有聲大江南北矣。既成進士，遷處州府推官。萬曆二十年吏部尚書陸某舉天下廉吏二十餘人，用示風勵，而憲成獲首旌。累擢至吏部員外郎。所議與執政牴牾，坐削籍。既廢，名益高。歸，修復東林書院，與高攀龍輩講學其中。獨排無善無惡之説，以發明性善爲宗。嘗論本體祇性善二字，論功夫祇小心二字。講學久，應和遂廣，以操持國是，激揚清濁，乃率目其人爲東林。而羣邪害政者，遂益以東林爲的，致類東漢黨人之禍。既卒，至崇禎初，贈吏部右侍郎，謚端文。事跡具《明史》本傳，及《縣志・儒林傳》。

是書爲講學時所著四書講義，都二十有二章。其學要指，殆於斯編可概見焉。

四書總字釋義類編二卷　清乾隆丁亥粤東刊本

清王士崧撰。士崧字林仙，出處事跡無考。

是書列《四書總字》爲一卷。後以總字各列於端，而集其同聲之字，繫於每總字下，每字俱列釋義，此又爲一卷。首尾殘破不全。自註謂"《四書》、《五經》、《字彙》、《詩韻》、《玉篇》、

《海篇》、《雜字》諸書,俱編在內,以爲啟蒙識字捷徑"。其門人吳澍序,謂"是書裨益學者固不小。而同縣周懋功識語稱'王君昔日,編輯此書,廿載苦心,書成而卒,竟無刻本'。余攜至粵東,友人某見而稱善,遂爲捐貲付刻,周炳爲之校刊"云云。而澍、懋功、炳三人,出處又皆無考,按刊本之歲丁亥,爲乾隆三十二年,懋功攜至粵東後付梓者,故士崧必爲雍乾之際人①。鐫板既在遠地,邑中遂鮮傳本。幸同縣許同藺得此本於市上,送存縣圖書館。則斯垂湮之編,俾邑之人得考見士崧用心之篤,成書亦非易易云。

讀論管見一卷　　邑人龔志遠捐贈家藏舊寫本

清龔灼撰寫。灼有《讀詩管見》,已著錄。

是書首述《論語》各篇編次大意,次就各篇述其要旨,二者爲斯編之上截;每就各章詮發要義,爲斯編之下截。綜觀論述,殊見讀論心得,足資學者啟發焉。

論語要畧一卷　　民國十一年邑城東河許氏家刊本

清許玨撰。玨字靜山,號復菴,光緒八年壬午舉人。自少卓犖有志操。同治六年,平遠丁寶楨巡撫山東,求士方殷,用同縣薛福保言,辟置玨幕府。寶楨總督四川,玨從至蜀。而寶楨風采動天下者,玨往往左右之。寶楨薦舉之,辭不膺。光緒之初,外患日亟,玨研究中外得失之道,朝邑閻敬銘深器之,嘗宴賓僚,相與喟嘆時事敗壞,玨問:"今世正士,誰善外交?"敬銘憮然曰:"焉有正士而爲此者!"玨作而曰:"不然,惟無正士,故至此。"敬銘大慚,改容謝之。嗣薦隨南海張蔭桓出使美、日、秘國,差滿,調充同縣薛福成出使英、法、義、比參贊。聞母憂,星夜行,福成重其孝,不以喪歸減其俸。甲午,復參贊襄平楊儒使美洲。中日釁起,玨慨應付未合,以言事切實,致疑忌。馬關訂約成,益感痛,遂引去。既而拳禍作,兩宮西狩,玨馳詣行在。鹿傳霖在樞府,屬草國書抵俄皇,俄皇得書,爲感動,如約退兵。詔以道員分發廣東,並授四品卿銜。壬寅夏,簡放出使義國大臣,加二品秩。甲辰冬,任滿使還。義國初無駐使,有之,自玨始也。在義以尊國體、固邦交爲務,義君臣敬禮有加焉。自義還朝,弗賂權要,官不遷。久之,令入對,所言操鄉音,慈禧不盡解,仍以道員分發廣東,總辦全省禁煙局。玨平生疾煙甚,故禁煙其素志也。既三隨使節,駐英、美久,而又出使義國,於歐美各邦情勢,深悉委折。謂:"俄國疆土與我毗連者,幾及二萬里。美國獨處一洲,用心公平。且我與立約時,美謂'他國如欺藐不公,願以和解自任'。明載簡書。故俄與美必誠信相結,患難相倚。"其所謂"慎外交,以弭隱患"者如此。又嘗推究中國貧弱之弊,在民間吸食

---

① 　根據此節提供的綫索,康雍乾之際在嶺南活動的人物:吳澍,江蘇高郵人,監生,康熙五十二年任汀州知府。見《汀州府志卷十八　職官三(清·曾曰瑛)》。周炳,據東莞市文化館網站(http://www.gd-dgart.com)李煥真《源自傳統　堅守傳統——讀東莞歷代繪畫小記》考證:周炳,字蓬五,號陶甫,康雍乾間人,雍正元年(1723)拔貢,乾隆七年(1742)授澄邁教諭,晚年掌教常平常新書院。周懋功生平不詳,其語"廿載苦心,書成而卒"云云,若此,王士崧應卒於手稿携至粵東之前,爲康熙時人;將手稿携至粵東的或非懋功,而是吳澍。

鴉片。嘗督辦山西禁煙局,即痛述山陝隴蜀以至滇黔各省遍種土藥之毒,宜禁種煙苗,而後其毒可盡。擬禁煙章條甚具,時不能用也。厥後復痛述進口洋藥之巨,計耗民間之銀二萬萬兩以外,循此不禁,則貧者益貧,弱者益弱。所擬《榷煙章則》,寓禁於捐之旨,皆精微。其所謂"飭內治,以固國本"者又如此。珏雖志切經世,而又究心理學,終身服膺明儒書。所著有《高子遺書節鈔》十二卷,《復菴遺集》二十四卷,《論語要畧》一卷,《有福讀書堂叢刻四種》等行世。珏饒遠識,持論輒有中。嘗論德皇威廉,年少好兵,終必致敗。論中國使臣郭嵩燾、曾紀澤,操行嚴,弗私公費,傾所領,供酬酢,禮無不備,故能不辱君命。其言驗而當多類此。說者謂:中國自林則徐焚鴉片於粵,其後煙禁遂弛,士大夫嗜之不知恥,珏以一耿介士供職中外,懇懇以禁煙爲職志;又敦睦邦交,以聯俄和美爲主,事雖均未成,其言固屬有裨當世者。民國五年九月卒於邑城東河之里第,民廿六冬遭寇火,其宅殆盡。年七十有四。

是書稿凡四易,晚年始寫定爲今本。編輯之,分爲《爲學大綱》、《道德仁義》、《孝弟忠信》、《詩書禮樂》、《言行出處》、《爲政之道》、《聖學指歸》七類,都一百二十章,章各以類相從;其未輯入者,又三百六十二章,名之曰《論語要畧》。南海譚祖任跋之,謂"《論語》在漢初有《魯論》二十篇,《齊論》二十二篇,自張禹刪而合之,古本遂亡。故崔東壁《洙泗考信錄》謂'今之《論語》,非孔孟原本,亦非漢初舊本'。先生既終身服習,又尋繹脈絡所在,輯爲此書。其序次雖有變易,要其明本末,賅體用,實有通乎孔孟傳習之指。今學校病羣經繁重,並《論》、《孟》而棄之。誠以是編及紫陽《孟子要畧》,列爲教科,記誦不繁,而收效至遠"云。

論語講義一卷　家庭工業社印贈巾箱本

今人楊中一撰。中一名聖,自號中一。有《先後天卦象交變圖説》,已著錄。

是編列《里仁》篇各章,共二十有五,首列每章全文,下列逐字逐句之訓釋,廣搜經、史、子、集四部之書及《説文》,引證各書所載,采用其字句,以詳釋各章、各句、各字之旨。不崇漢儒,不棄宋儒,而使每章深意明白曉暢而後已。學者得之,觀每章下條列之訓釋,則自易貫穿通曉矣。每章訓列,多則數十條,少或三數條。蓋各章意義,繁簡不同,故所列有多寡耳。要之不悖古人治經之旨,具近世科學之趣,而能折衷己意,獨闢蹊徑,尤見聖力學之深,其裨益學者正非淺鮮也。首尾無序跋,所印行如干種,亦無考。

小 學 類

韻府約編二十四卷　清乾隆己卯原刊本

清鄧愷撰。愷有參訂高愈《周禮集解》,已著錄。

是書據《佩文韻府》所收字數爲標準,於每字下,標分韻典、韻偶、韻句三類。每類選采辭典,始以經史,繼以諸子百家,旁及名人詩賦文詞中所習見者,輯入之。蓋通行《詩韻》,詳署未能適宜，兹編簡約，得其體要。雖便當時業舉制者而作，然亦究心詞章者所不可闕之本。長洲沈德潛爲之序，語多推重云。

古篆古義一卷　清嘉慶丁巳原刊本

清蔣和撰。和字醉峯，衡次孫，乾隆五十一年丙午欽賜舉人。精篆隸，兼能詩畫，充四庫館篆隸總校。時方賜登賢書，遂奉命董理刻衡所書十三經於石。補國子監學正，引疾歸。《縣志·藝術》有傳。

是書首列篆文，次及其義，使後之學者得因文尋義之作。自謂“質性魯鈍，偶閱古文，意有所觸，記於簡端，歷年成卷，名曰《古篆古義》。體多而義無窮，其未識者亦正無窮也，竊願好古同志，不難心知其意。若是與非，余未能自審，惟善鑒者察之”云。是書《縣志》藝文門未載。

説文字原集註十六卷　清乾隆丁未原刊本

清蔣和撰。和有《古篆古義》，已著錄。

是書依《説文》部次，首列正書及徐氏切音，次及篆籀汗簡，並附隸書，以便尋覽考索，使學者知文字今古遞變之由。每字采諸家註解之近情著理者爲正義；其次於正義者爲別義。凡辨論字體舛謬，或音義不同者，爲辨正一條，附於正義、別義之後，並以己説折衷焉。按：是編爲和充四庫篆隸總校時進呈本。又《縣志》藝文門載是書爲十二卷，其當時傳鈔者所誤歟。

字類標韻六卷　清光緒乙亥寫刊本

清華綱撰。綱字仲寧，乾隆間人，事跡無考。

是書所列部分，悉照字典之例，以筆畫多少爲序。所列之字，皆《佩文韻符》所收者。每字載本音、訓釋，只載一二，未能備舉，並指其所屬之韻，名曰《字類標韻》，便於查考音義，及字之所屬何韻之本也。其自序亦謂“便初學之省覽，行篋之取攜，非謂有補六書之學”云。按：是編《縣志》藝文門未載。

六書韻徵十六卷　清道光間原刊本

清安吉撰。吉字彙占，號古琴，晚又自號十二山人，乾隆四十四年己亥舉人。操行端潔，誠樸無華。治學以窮經爲本，尤兼深音學，謂“韻有古今，無所用叶”。北平翁方綱典試江南，拔登經魁，士林嘆爲名實相符焉。《縣志·文苑》有傳。

是書考正古韻，以宮、商、角、徵、羽五音分部。會通《説文》《諧聲》，以辨古音，兼考字畫、字義，纂錄成編，名曰《韻徵》。其門人同縣華湛恩爲之梓行。吉自謂“顧氏炎武作《唐韻正》，博采羣書，證明古音，力闢叶韻。……惜乎不分五聲，而分十部，……知諧聲而未得其要領,故於古音有未盡通者。……是述許氏以補顧氏之闕畧,而輯《韻徵》"云①。武進李兆洛、常熟王家相、壽陽祁寯藻並爲之序。按:《縣志》藝文門載吉所著有《説文諧聲韻徵》,與是編書名不同,說者謂即一書也。

古韻溯源八卷　清道光己亥刊本

清安念祖撰,華湛恩參輯。念祖字景林,諸生。嘉慶二十五年庚辰歲案。承家學,究心古韻。父吉所著《韻徵》,念祖校録踰二十載,始得成編,以畢父志。《縣志·文苑》附父傳。湛恩字孟超,號子屏,諸生,嘉慶十一年丙寅科案。官太和縣教諭。好學博古,孜孜不倦,家富藏書,善校讎,而尤喜治史部書,所著多爲當世彙刻叢書家所采收者。《縣志·文苑》有傳。

是書因吉所著之《韻徵》,溯古韻之源,並正今韻之誤,證以《詩》、《書》、《易》、《春秋傳》、戴《禮》、四子書,以及騷、賦、古詩之韻。自謂與《韻徵》相發明。湛恩既悉心參輯,復序之曰:"某既刊吾師安古琴先生《韻徵》,哲嗣景林茂才承其家學,輯《古韻溯源》八卷。某亦與點竄塗改,遵《韻徵》十六部,每部標其名,采經籍、騷賦、古詩、古文齮韻,繫以某字齮某韻。古韻信而有徵,提明詩篇用韻法,以闢叶韻之非。録詩篇本韻,表明某韻古通某韻,可以類推;辨經傳、古詩、文選之誤叶,提出訛謬字句;辨魏晉六朝之溷韻,以識變音亂韻之由;附辨今韻誤入字,按韻提出,究其本音,應入某韻,後世變音、轉音從此可辨。於是古韻滴滴歸原,無疑義"云云。是可釋諸家之疑,而補諸韻書之缺。兩人用心勤篤,纂輯該備如此。

説文解字詁林無卷數　民國十七年石印精校本

今人丁福保撰。福保字梅軒,號仲祜,清諸生。光緒二十二年丙申科案。兄寶書,光緒十九年癸巳恩科副貢。福保年少英俊,平居憙治四部書。至是既從其兄以學行相砥鏃,復與同縣裘廷梁、孫揆均、蔡文森、俞復、武進吳敬恒輩相師友。值甲午喪師而後,邑之志士胥憤慨切齒,斷斷焉競尚新學,圖自強以雪恥,先後有算學及理科研究會之組織,而福保治算學。時華蘅芳、世芳、蔣士棟、士榮兄弟輩,相繼以善算聞,又皆先後爲導師,於是從學者無不忻然自得,福保以是所學益有進。既任竢實學堂教習,著聲稱。其時師生體格率羸弱,而福保遂兼習醫學,以講究衛生爲學校倡。厥後邑之城廂諸校,咸知以三育並重者,蓋肇端於是。無何,福保負笈海上,以譯述醫學書報相號召。嘗曰:"欲強國,必先強國人之身體。"以是從遊者頗衆。時京師大學堂聞其聲,聘爲教習。授生理衛生,視全身解剖圖,講如何保護,如何活動,以使各部之健康,而出以經驗所得,尤足饜學者之所欲。既去職,而以療治肺疾專家有聲於世,患者得以救無算焉。蓋福保體癯瘦,初病肺,後其病痊癒,而體益壯健,實己所體驗而得療養法者。故好學深思,其體既加強,而所治四部諸舊業,益肆力攻討,歲月濡染,得博綜條貫。因精通許氏之學,並詩、古文詞無不至。時廷梁、文森、復皆先後旅滬,敬恒奔走革命,亦出入黃海,見福保著述等身,學問卓然成家,無不斂手推服之。而福保治學,復講

版本，收藏富，博古精審。搜羅鄉邦文獻，尤矗矗無倦容，但雅不欲擁之爲己有，樂與朋輩以覽考，既以所藏贈給及門之好學者。縣圖書館創建而後，搜羅鄉獻著述甚力，所藏有明槧或孤本，蓋出自福保轉贈者爲多。又縣立連元街小學，舊爲第一高小，原名竢實學堂也，民國八年爲開辦二十週，曾設紀念圖書館，福保贈書至萬數千卷。而復以東林諸賢之善本名籍，胥樂爲轉移與東林圖書館，珍藏之焉。其襟懷之磊落慷慨類如此。民國肇建而後，福保身經世變，乃復究心佛學，以相救世，其憂時傷世之用心，雖至耄耋，無少衰息。所著有《説文解字詁林》、《全漢三國晉南北朝詩》①、《歷代詩話續編》、《清詩話》各如干卷，醫學、釋氏書各如干種行世，又詩、古文辭如干卷待梓。

　　是書搜集治《説文》諸家之學説，暨其他著作家論及《説文》者。類聚編録，以許氏書所列者爲主體，而全録各家説文撰述，計一百八十二種，都一千餘卷，系列於每一主文之後。要爲集許氏訓詁之大成，故名《説文解字詁林》。其總目所列，曰前編，編析爲三；繼以《説文解字》十五篇之目，復繼以後編、補編、附編，而以通檢爲殿。卷首所載纂例三十條，細若牛毛，密如繭絲，可徵其矻矻用心之勤。又列引用書目表，及引用諸書著者姓氏録，尤便學者稽考。綜觀斯編，其箋疏許書，可謂精審該博；其鉤玄提要，尤見考訂明確。蓋現代之傑作，前此無與倫比也。敬恒序之，稱爲"無前例之不朽偉著"；武進孟森序之，又稱"開來之用，必且大於繼往"，其説皆允矣。而福保自序之，則謂昔賢考訂之學："譬如積薪，後來者居上，蓋其勢然矣。許書號稱徵事奧衍，今聚數百人腹笥淵博之學説於一編，百川洞注，瀦爲淵海，互相參較，洞見癥結。俾觀者如遊名山勝水，望高深而識其徑涂也；如披珠林寶藏，閱斑斕而知其名器也；如登崇臺複閣、曲榭廻廊，而得其門户梯階與嚮導，又能升其堂，入其室，而饜飫其肴藏也，豈非愉快事哉！"②所述編纂之精意，及所望於學者蓋如此。

---

①　書名據中華書局 1959 年版丁福保輯《全漢三國晉南北朝詩》校改。

②　引文據中華書局 1988 年版《説文解字詁林》第 43 頁（吳序）、第 52 頁（孟序）、第 74 頁（自序）校。

史部目録

正史編年類

後漢三公年表一卷　清華湛恩撰

續資治通鑑長編拾補六十卷　清秦緗業纂輯

清代徵獻類編二十九卷　民國嚴懋功撰

續明史一百二十五卷　民國孫靜菴撰

專史類

財政彙刊五種　清許珏撰

光緒通商列表一卷　民國楊楷撰

光緒各國通商歷年贏絀表一卷　民國楊楷撰

中國財政史輯要四十卷　民國楊志濂撰

中國航政史二編　民國秦岱源撰

雜史類

靖康傳信録三卷　宋李綱撰

錫山攬袂集三卷　不著撰人名氏

兩廣紀畧一卷　明華復蠡撰

明季遺聞四卷　明鄒漪撰

明季北畧二十四卷　清計六奇撰

明季南畧十八卷　清計六奇撰

廿二史紀事提要八卷　清吳綏撰

燼火録三十二卷　清李天根撰

伏羌紀事詩一卷　清楊芳燦撰

菊谿節相除邪紀畧一卷　清楊揩撰

臨清守城記一卷　清秦震鈞撰

吳中平寇記八卷　清錢晜撰

紀縣城失守克復本末四卷　清施建烈撰

平浙紀畧十六卷　清秦緗業撰

浙東籌防録四卷　清薛福成撰

無錫光復志六篇　今人錢基博撰

洪憲舊聞三卷　今人侯毅撰

　次晳次齋主人年譜一卷　民國孫振烈自訂

　夢痕録要一卷　民國高鑅泉自訂

　勤補拙齋漫録一卷　民國顧鳴鳳自訂

　張文襄公年譜十卷　今人許同莘編訂

　樂農自訂行年紀事一卷　今人榮德生自訂

　簫心劍氣樓紀事詩一卷　今人孫肇圻撰

　病驥五十無量劫反省詩草一卷(有目無文)　今人侯鴻鑑撰

　孫菴年譜二卷(有目無文)　今人錢基厚自訂

史評類

　學史十三卷　明邵寶撰

　讀史論畧一篇　清杜詔撰

　史通通釋二十卷　清浦起龍撰

　綱目志疑一卷　清華湛恩撰

　五代春秋志疑一卷　清華湛恩撰

　道齊正軌二十卷　清鄒鳴鶴撰

　重譯中等東洋史二卷　民國周同愈譯撰

奏議公牘類

　侯少芝先生諫草二卷　明侯先春撰

　俞東邐先生奏稿附詩文一卷　清俞肯堂撰

　四西齋決事八卷　清孫鼎烈撰

　許靜山先生榷煙奏稿一卷　清許珏撰

　許靜山先生呈請都察院代奏稿一卷　清許珏撰

　錫金戒煙文牘鈔存一卷　清許珏撰

　禁煙牘存一卷　清許珏撰

　柳州文牘二卷　民國楊道霖撰

　思沖齋文別鈔二卷(有目無文)　今人楊壽枏撰

　錫山學務文牘前編四種(有目無文)　今人錢基厚撰

　讜言集一卷(有目無文)　今人錢基厚撰

地理類卷一

　讀史方輿紀要一百三十卷　清顧祖禹撰

　憇遊偶考八篇　清華湛恩撰

　汴梁守城紀畧一卷　清鄒鳴鶴撰

　萬國輿圖全志三十四卷　清王以銓撰

　英法義比志譯畧四卷　清薛福成撰

　滇緬劃界圖說無卷數　清薛福成撰

　河工紀要四卷　清王蘊中撰

沿海形勢論一篇　清華世芳撰

東瀛識畧八卷　清丁紹儀撰

東陲紀聞一卷　民國秦岱源撰

附錄

天下郡縣水利志無卷數　清唐汝翼撰

江浙水利聯合會審查員對於太湖局水利工程計劃大綱實地調查報告書三章　民國胡雨人撰

民國十年水災後調查報告一卷　民國胡雨人撰

治湖箴言一卷　民國胡雨人撰

地理類卷二

無錫縣志四卷　不著撰人名氏

錫山續志三十六卷　明吳翀李庶纂修

無錫縣志四十二卷　清嚴繩孫秦松齡纂修

浙江通志二百八十卷　清嵇曾筠纂修

金匱縣志二十卷　清華希閔纂修

無錫縣志四十二卷　清華希閔顧棟高浦起龍顧奎光纂修

無錫金匱縣志四十卷　清秦瀛纂修

四川通志二百十一卷（有目無文）　清楊芳燦纂修

福建通志二百七十八卷（有目無文）　清孫爾準纂修

無錫金匱續志十卷　清楊熙之黃承祖秦文楷顧翃嚴棻邵涵初纂修

無錫金匱縣志四十卷　清秦緗業纂修

地理類卷三

慧山記四卷　明邵寶撰

殘本惠山古今考七卷　明談修撰

愚公谷乘一卷　明鄒迪光撰

錫山景物畧十卷　明王永積撰

開化鄉志三卷　清王抱承撰

殘本瞻橋小志四卷　清王鑑撰

東林書院志二十二卷　清高𡶪高隆許獻高廷珍高陛撰

記聽松菴竹罏始末一卷　清鄒炳泰撰

慧山記續編三卷　清邵涵初撰

忍草菴志四卷　清劉繼增撰

泰伯梅里志八卷　清過鑄劉繼增參訂

惠山竹罏圖詠四卷　補集一卷　清劉繼增重錄

清閟閣志十二卷　清楊殿奎撰

高子水居志六卷　清楊殿奎撰

無錫縣立圖書館書目十六卷　民國嚴毓芬撰

無錫縣立圖書館善本書目二卷　民國秦毓鈞撰

無錫縣立圖書館鄉賢部書目一卷　民國劉書勳撰

無錫縣新志目説明書一卷（有目無文）　今人錢基博撰

敘文彙編七十二卷（有目無文）　今人朱烈纂輯

無錫縣志目録一卷（有目無文）　無錫縣修志委員會訂

孫氏玉鑑堂藏無錫先哲遺書目一卷　今人孫祖基撰

目録類卷二

隸釋二十七卷　宋洪适撰

淳化秘閣法帖考正十二卷　清王澍撰

遺篋録古泉圖釋八卷　續釋四卷　民國秦寶瓚撰

曝畫紀餘十二卷　民國秦潛撰

政書類

國政貿易相關書二卷　清徐家寶譯述

保富述要十七章　清徐家寶譯述

十六國議院典例八章　民國蔡文森撰

政本論十二卷　今人薛學潛撰

史　部

正史編年類

後漢三公年表一卷　昭代叢書本

清華湛恩撰。湛恩有《古韻溯源》，已著録。

是編倣史漢體例，始建武元年乙酉，迄建安十三年戊子，凡姓氏之可紀者，著於篇，名曰《後漢三公年表》。按：後漢自光武中興，鑒前漢之失，政歸臺閣，而任三公，欲使權不下移，不知禍起於貴戚，極於宦官，而漢以不振。湛恩致意於此，以爲攸關後漢得失至大，故表列其名，以示三公賢否，大有關於國家之治亂耳。又按：湛恩是作爲《昭代叢書》所采，而有無單本，則無考。《縣志·藝文》未載。

續資治通鑑長編拾補六十卷　清光緒癸未浙江書局刊本

清秦緗業纂輯。緗業字淡如，道光二十六年丙午順天副貢。父瀛，以文章政事有名當世，事具《縣志·宦望傳》。緗業初以副貢充史館謄録，嗣以道員需次兩浙，署鹽運使，榷金衢嚴道。既復，提調浙江書局，而與上官有不合，遂移疾歸。少孤，能刻苦讀書，有志經世之學。及長，好古文詞，苦無師承。道光己亥、庚子間，遊京師，識上元梅曾亮，以所作就正，始知古文義法。曾亮爲桐城姚鼐高弟，而緗業以乃父與鼐相友善，以古文辭相切劘，自謂問業曾亮之門，實得其淵源。時仁和邵懿辰、善化孫鼎臣、臨桂朱琦輩，皆在京師，緗業復往來其間，故所學益進。而同縣又有張岳駿、侯楨者，並爲曾亮弟子，緗業相與砥礪，毅然以斯文自任。嘗謂：“邑中數十年罕見之絶學，一時而得三人，可不謂盛歟！”其與儕輩相期許如此。厥後邑人秦寶璣、范鈞、張乃勳並以詩才著遠譽，緗業揄揚誘掖，聲價益大，世稱勾吳三君子。又有學者鄧濂長駢文；秦堅能文章，而復好治儀禮；裘廷梁敦行，能古文；楊模、秦寶珉並擅經史詞章；華世芳善算學；楊楷通時務，緗業乃品評之曰“梁谿七子”，自是果作佳士，胥成名。其愛士風裁、主持名教者又如此。光緒七年，重修縣志，緗業任總纂，兢兢業業，期無慚先德。蓋其父瀛嘗修嘉慶縣志，至是以續其記載也。書既成，而杭州府志亦議重修，杭人思緗業之德，延爲總纂。行有日矣，而疾遽作，卒於家。

是書補李燾《續通鑒長編》之闕。按：李書清《四庫》所著録者，爲五百二十卷，然英宗、神宗、哲宗三朝事多放失，而徽、欽兩朝，則盡闕如，世鮮完本，讀史者憾之。緗業提調浙江書局，徵得宋楊仲良《紀事本末》，湖州陸觀察家藏鈔本，是書宋槧無傳，清《四庫》未載。據之以補李氏《長編》之佚，而完具其書。自謂博稽考訂，精嚴不苟，"讀李氏書者，是書當亦不廢。而楊氏書雖未刊行，已悉載於是，其亦可無憾"云①。

清代徵獻類編二十九卷　　民國二十年鉛印本

民國嚴懋功撰。懋功原名承志，字肖蘭，清諸生。光緒二十四年戊戌歲案。平生憙治史部書，而於國故朝章，尤搜討不厭。尚論古人，必求其爵里諡號，輒忘寢食。身經滄桑，深懼文喪而獻不足徵，乃慨然有述作之志。然卒以家貧，所著未克盡傳，齎志以終，聞者惜焉。

是書摭拾舊聞，倣史漢諸表體例，撰次《清代職官年表》五種，曰《宰輔年表》二卷，《附録》一卷；《八卿年表》四卷，《附録》一卷；《總督年表》三卷，《附録》一卷；《巡撫年表》四卷，《附録》一卷；《館選分韻彙編》十一卷，《附録》一卷；都二十九卷。表中所列，不容褒貶，而註其恩禮始終，進退遲速，以及鑴級奪職，遣戍罪誅。雖未備言事實，而忠佞賢奸，不待盡讀本傳，可以覽其大概焉。按：是書總目，又有《侍副年表》五卷，《附録》一卷，《徵獻韻編》十二卷。自識謂"卷帙繁多，所籌刊資，不敷尚鉅，暫行從緩"云云。今無傳本，論者惜之。

續明史一百二十五卷　　上海新中華圖書館出版

民國孫靜菴撰。靜菴名寰鏡，靜菴其字，弱冠後，以字行。孫氏故爲望族，世居邑之石塘灣，文行頗著，清乾嘉而後，登甲乙科者有其人。靜菴獨鄙帖括學，喜讀史，而尤致力於明季諸野乘記載，留心一代之興革，種族之存亡，以及仁人志士之偉行奇跡，實隱以鼓吹革命。嘗謂滿清入主，史禁日嚴，文網益密，黑白紊亂，清議寢息，遂致一代實録，湮没不傳，而孜孜矻矻，思有以洩孤憤、正邪説，然欲有論次，而往往拂其願焉。民國肇建，而靜菴懷奇負氣，乃一發於文字。則明季實録，得與世之人相見。惟當袁氏僭叛而後，痛世事日非，遂隱於湖濱，買地植花果，徜徉圖終老。民十六春，國民革命軍北伐，復無錫，嘗推舉靜菴爲土地局局長。時際嬗蛻，所事紛雜，鮮秩序，靜菴恬然退。迨日寇侵襲，匪類多乘機蠢動，靜菴所居濱太湖，竟被害，聞者痛惜之。

是書爲四明傅有道所創設之新中華圖書館出版。蓋傅氏際中華光復之秋，盡力搜羅私家記述，格於苛禁未能刊行之秘笈，悉爲發表。俾滿人專制宰割之罪，共暴於天下。按：是編出版，傅氏預告，謂："自來修史，皆廣延名宿，合數十人之見聞精力，方成一書。無錫孫靜菴先生，以一人之力，獨能搜集遺書，博采舊聞，參以家傳紀事、裨史野乘、諸家文集、各地志書，閉户纂輯，積數十年之苦心精力，匯衆流而成巨浸，成《續明史》一百二十五卷。内分《帝紀》、《列傳》、《后妃》、《宗室》、《孤臣》、《遺老》、《忠義》、《獨行》、《儒林》、《文苑》、《逸民》、《方

---

① 據上海古籍出版社 2002 年版《續修四庫全書》第 349 册《續資治通鑒長編拾補》第 2 頁校。

外》、《列女》、《宦官》、《逆臣》、《權奸》、《貳臣》諸編，上起南都建國，下訖臺灣鄭氏亡，皆明史所闕而不載，及當時觸犯忌諱，隱而不詳者。然其人其事，實有不容湮没而弗彰，爲人人所急欲目睹，而又無人敢筆之於書者。煌煌巨製，千古無雙。其筆墨之謹嚴，搜羅之宏富，直足超《明史》之上。"傅氏稱説之如是，則可見是編精義之所在矣。然縣圖書館竟無藏本，不知其他各圖書館及藏書家有斯本否，姑俟徵訪，俾見其實。

<h1 style="text-align:center">專　史　類</h1>

財政彙刊五種　　清光緒乙巳駐義使署校印本

清許珏撰。珏有《論語要畧》，已著録。

是書當出使義國時所輯録，曰《義大利財政彙考》、《義大利税則》、《義大利榷煙志畧》、《義大利國債册律章程彙編》、《義大利銀行章程》，都五種。按：中國自甲午之役，爲日本所挫，賠款銀二萬三千萬兩；庚子之變，爲東西洋各國聯軍入都，又賠款銀四萬五千萬兩。而外國以金鎊計數，每届還期，輒昂鎊值。我以銀易金，又需增數百萬兩。由是歲輸外洋本息，痛不忍計。然時清廷承列宗訓誥，不准加賦。雖歲出者驟增，而主部務者祇能指示各省就原有之款，移緩就急，清除中飽，化私爲公而已。珏於光緒二十八年壬寅，駐節義都。自謂行人之職，以詢度諏謀爲務，居其國，烏可不知其政。中國度支告匱，司農仰屋；而義國幅員不及中國十之一，其歲入之款，較中國多至五倍。因徵集各種要籍，先譯成法文，再由法文翻譯，而後校印，以咨外務部、户部備采擇焉。珏且謂："自庚子以後，吾華財政日艱，欲求裕國而不病民之方。如倣義國税則，加徵煙税，或亦補苴罅漏之一策。"①此所以有《榷煙志畧》之譯，以爲堪資取法也。又謂："泰西各邦，無論大小强弱，皆有國債。國債之起，大半由於戰事，法蘭西國債最鉅至三萬一千二百兆鎊。方同治九年，普法之戰，法人償普兵費五千兆佛郎，然不數年而畢，由募集國債之易也。……（義大利）國債總數都義銀一萬二千八百五十六兆吕耳，……（其幅員）不及中國十分之一，負債如是。……乃察彼國治理，凡所興辦，措置裕如，且蒸蒸然日有起色。……簡書之暇，詳考義大利國債緣起，……有爲各省、府、縣興辦要務，就地籌借者；有爲築造鐵路，散發股票者。債類不同，均由國家承認，故統名之曰國債，蓋不盡係於戰事也。"又曰："故詗國者每謂外債多則弱，國債多則强。"②此所以又有《國債彙編》之譯，以爲我國取法，堪以救當前財政之急也。統觀斯編，珏睹中國財政窘迫，上下交困，司國計者，幾幾不可終日，乃考求義國財政經畧，徵譯要籍，以爲鏡鑑。其用心之勤，愛國之切，油油然溢於楮墨間。後來學者，其覽考之。

---

① 引文據文海出版社《近代中國史料叢刊》第二十三輯《復庵先生集》第 196、197 頁校改。

② 引文據文海出版社《近代中國史料叢刊》第二十三輯《復庵先生集》第 199—201 頁校改。

光緒通商列表一卷　　清光緒丙戌楊氏家刊本

民國楊楷撰。楷後改名道霖，字仁山，清光緒十八年壬辰進士，既取經濟特科，農商部保惠司員外郎，京察一等。民國二十一年夏曆壬申，重遊泮水。楷於兄弟行，年最幼，同治十一年壬申，與其兄模、栻、楫，同補縣學生，甫成童。逮光緒十七年辛卯，中式順天舉人。翌年，又聯捷登甲科，時才望蔚然著遐邇矣。先是日本夷琉球，楷感憤甚，著平夷三策，意氣噴薄，識畧蓋一世。同縣秦緗業激賞其經濟通時務，《梁谿七子咏》所稱"書生抱孤憤，誓欲清海陬"者①。我國自五口通商而後，復於沿海及長江各要地，並次第設關徵稅，名曰海關，而司稅務總主其事者，爲英人。楷謂："國之商務盛衰，與其強弱得失，消息相關，必操政者忠於國，而以公正之道取於民，則其民樂於捐輸，而後商務可振興。"乃搜集當日通商實際情況，列表以視其贏絀，爲説以論其得失之所由。時值中法啟釁，軍需孔亟，而楷所著，慷慨陳述，言詞警惕，期當世悔改矯正，而裨國家之財用。詎知目以書生坐談，無補實際，而未嘗采用其説，有識者靡不嘆惜。楷治學以宋儒爲歸。早歲嘗受知於邑宰巴江廖綸，綸故於東林書院，欲興復講學之功，嘗集有志之士於依庸堂上，爲之諄諄講古聖賢立教之微旨，亟稱楷好學有行，巋然出乎其類也。但楷之學，雖具本源，而達乎經世，然終偃蹇無所遇。嘗簡知柳州，殆亦無以暢其所懷，以竟其用耳。

是書譜列自光緒元年乙亥，至十年甲申之通商，爲表十二，所以視十年中盈虧利病之所在也。按：中國自道光二十二年壬寅，訂立江寧條約，始設上海、寧波、福州、廈門、廣州五關；咸豐八年戊午，增設牛莊、登州、臺灣、淡水、潮州、瓊州六關，及長江以內漢口、九江、鎮江三關；十年庚申復設天津關；至光緒二年丙子，又設溫州、北海，及長江以內宜昌、蕪湖等四關。楷以徵稅之公正與否，有關商務之盛衰，商務盛衰與治亂得失所關至大，乃觀光緒初年通商出入之數，而爲之駴然。用列各表，可見其因，曰《中國西洋紀年週始月日表第一》、《洋關徵收稅鈔分項總數表第二》、《各國稅鈔分表第三》、《進口、出洋貨物贏絀表第四》、《東西洋各國來往貨價表第五》、《洋貨轉運出洋並進口實存貨價表第六》、《洋關進出口貨價分類表第七》、《洋藥、茶、絲分類表第八》、《茶葉出洋分國表第九》、《各關洋藥運銷實數表第十》、《雜貨衰旺提要表第十一》、《各國洋行人丁表第十二》。每表綜合敘論，以繫之於首，於以究其利弊，而悉其得失之道焉。蓋其時中法連兵，勝負久未決，大吏籌餉，仰屋無計。楷能究心於此，以爲中國地廣物博，可以爲富強，而何以屢弱，覽考斯表，可知其故。自序之謂："乙酉一歲，……中國……所耗至銀二千三百餘萬。利者，國家之元氣，生民之大命，精涸則人斃，財殫則國危。若復十年，是耗銀將數萬萬以上矣，其將何以爲國！"②大聲疾呼，以警告當世，詞雖絶痛，而終不能采用其説。然楷作斯表，則其愛國之切，用心之忠，昭昭如日月，豈僅見其通時務已哉。

---

① 　引文據鳳凰出版傳媒 2012 年版《無錫文庫》第四輯第八十八册《虹橋老屋遺稿·詩五·梁谿七子咏》第 252 頁校。

② 　引文據沈雲龍主編《近代中國史料叢刊續編》第四十八輯《光緒通商列表·楊楷序》校改。

光緒各國通商歷年贏絀表一卷　清光緒庚寅楊氏家刊本

民國楊楷撰。楷有《光緒通商列表》，已著録。

是書譜列清光緒元年至十六年，與各國通商歷年之贏絀數目，並附刊《光緒十五年海關貿易册》書後，以警惕當世。所論税務司英人赫德之不忠，而不能去之，則商務殆無振興之望。言詞激切，發人所不敢發。又歷舉洋酒、吕宋煙、香水、琉璃器皿等物，雖註明洋人自用，條約免税，然售與華人，何復不可勝數。覽考其説，則表列贏絀之所由致者，不待言而自明矣。當時我國學者，胥究心帖括，於國際貿易之道，茫然無所措意，獨楷有見於斯，持論侃侃。惜當世不能動念，以用其説也。

中國財政史輯要四十卷　民國二十五年無錫大公圖書館鉛印本

民國楊志濂撰。志濂字筱荔，清光緒元年乙亥恩科舉人。世襲雲騎尉，授定海同知，署湖州、寧波知府，有治行，以道員候選。宣統辛亥以後，隱居不仕，與同縣陶世鳳昕夕往還，以氣節相砥礪。民國二十四年夏曆乙亥，重宴鹿鳴。抗戰軍興，僑寓海上，以疾卒，壽九十有二。

是書據杜氏《通典》、鄭氏《通志》、馬氏《文獻通考》、清纂《續三通》、《清三通》，世所稱爲《九通》者所載自成周迄清代之財政沿革源流，彙合采輯，去其繁複，取其概要，而以編年之式，分代著之；並於每篇鉤玄提要，加以眉詮；其有關治亂之原因者，則闡發其旨，以資鑑戒。中國數千年財政得失會通之道，可概見焉。

中國航政史二編　民國十二年商務書館鉛印本

民國秦岱源撰。岱源年四十，更名潛，字申吉，號聲潔。清季留學日本，畢業大阪高等工業學校。回國，應廷試，授職七品小京官。入民國，充航政司技士，晉給五等嘉禾章，以簡任職任用，歷充京師高等實業學堂機器科主任教習、留學生考試襄校官、京師大學堂工科教授，有聲於時。旋復充任京奉鐵路唐山機廠監理、吉長鐵路機務科長兼工廠長、東省鐵路技術部機務監管員，任職路務，轉輾數年。著《鐵路名詞典》呈部，備采用。既而又任航律編纂會編纂員，調充《交通史》編纂委員會纂修，所行《交通史·航律》，出岱源筆者爲多。四十以後，自號五湖釣徒。曾祖炳文、祖琛、父寶鐘，俱工六法。岱源既承家學，亦能以餘事工圖繪。抗戰軍興，以年老里居，鬻畫自活，感痛致疾，終於家。

是書爲其兼任交通行政講習所教員，講授航政史之講義，整理成帙者。所紀中國航政沿革，實爲創作。内容分二編：第一編《古代航政》，又分三章，首爲《舟航述要》，次爲《漕運》，次爲《海運》；第二編《近世航政》，又分六章，首爲《中外通商之關係》，次爲《海關設立後之航政》，次爲《郵傳部時代之航政》，次爲《交通部時代之航政》，次爲《輪船事業》，次爲《航政紀畧》。而自書卷首，謂"於兩個月間，匆匆編成是册。除搜羅各種古籍，稽考古代航政資料，約畧記述外，凡近世外交史、典章、約法、表册、檔案，以及調查報告，無不涉獵，擇要采取。雖挂一漏萬，在所不免，要亦足以覘吾國航政沿革之大畧。惟所記載至民國十年爲止"云。

雜 史 類

靖康傳信録三卷　日本刊本

宋李綱撰。綱字伯紀，政和二年壬辰進士，邵武人，自其祖賡始居無錫。積官至太常少卿，欽宗時，授兵部侍郎、尚書右丞。南渡後，拜尚書右僕射兼中書郎，爲御史所劾罷。後爲觀文殿大學士，卒諡忠定。事跡具《宋史》本傳，及《縣志·忠節傳》。

是書紀徽欽蒙塵以前事實，自宣和七年，至靖康二年止。中敘君臣商略和戰行止之事頗詳，自稱皆當時實録，足資讀史者之考證云。

錫山攬袂集三卷　清道光戊子重刊本

不著纂輯人姓氏。按：是書爲采録明嘉靖間本縣并鄰縣士紳爲詩文以贈知縣王其勤之行，實去思之籍也。其勤字時敏，號少月，松滋王氏，進士，嘉靖三十三年甲寅，知無錫縣事。時倭蹂江南，無錫城久圮，民情洶洶，且懼甚。其勤既至官三日，即召父老謀築城，七十日而蕆事。倭突至，其勤督率兵民，登陴固守，邑境以全。事具《縣志·名宦傳》。厥後，其勤擢南京戶部主事，去而士紳感其保障之功，從而攀轅贊頌。所爲詩文編次之，得三卷，目曰《錫山攬袂集》。集中所録諸家之作，如王問、華雲、華察、張選、安如山、莫同、秦瀚、鄒夢柱、過棟輩，皆邑之耆舊搢紳，而聞名當世。如華啟直、吳汝倫、談修輩，皆其門人，並先後有名於世者。原書無序，至道光時重梓，邑人薛玉堂爲之序。考斯編爲地方掌故記載，非著録詩文之籍，用列於史類。

兩廣紀畧一卷　縣圖書館精寫本

明華復蠡撰。復蠡，明季人，出處事跡，志書無考。按：是編所紀，於崇禎甲申三月二十七日自邑就道，赴廣東臨高任所，蓋時復蠡往知臨高事也。六月二十一日抵任，其舊任某爲貪酷，被民殺害，戮及妻子。迨十月，府道查拿究辦，而復蠡阻其進，觸當道怒，因罷去。舉邑士民哭而送之，植去思碑於城隍廟焉。閩地爲皇居，舊令家屬特奏其事。故乙酉六月，此事復發，欲提該邑紳民問罪，舉地狂走。而復蠡雖去官，又爲出銀八十兩於粤東臬司，以寢其事。而丙戌以後，世亂益熾，復蠡挈眷屬辟地入梧州，轉輾至肇慶，至陸川，遇劫掠，遭瘴氣，妻媳亡，婢僕死，父子俱病。痛骨肉凋喪，而逃徙無所，遂以妻媳之枢焚焉。既而上南寧，其地未經兵火，人物繁庶，號小南京，遂居之。戊子三月，永曆帝亦踉蹌至，復轉下肇慶。而復蠡亦以南寧不可居，順流東下，至肇慶，至番禺。迨庚寅正月，清兵破南雄，而自己兵丁先事殺掠，凡官之顯者、囊之重者，無一倖免。復蠡慨然曰："宰執仍無柱石之才，羣僚率多徼倖之徒，欲不亡，得乎？"[1]嗚呼，明末最後痛史，於斯二語，可考鑑其所自矣。綜觀復蠡於

---

[1]　引文據北京圖書館出版社 2005 年版《明清史料叢書八種》第 1 册第 470 頁校改。

甲申抵臨高後，力阻當道欲殺無辜，逢怒，致罷官去；又慨解其囊，以寢舊令被害事；並於流離顛沛，骨肉凋殘之際，更不吝所資，護恤故舊之難，則其爲人與愛民之道，概可知矣。考：是紀爲《明季稗史》所采輯，無單本。同縣沈瑩謂"有關一代興革，《縣志·藝文》應補載之，以備國史之采"。民國三十六年冬，侯鴻鑑於地方文獻，廣爲搜羅，乃函告縣圖書館，據明季稗史所載，繕具單本，以備覽考。

明季遺聞四卷　舊刊本

明鄒漪撰。漪字流綺，諸生。崇禎七年甲戌歲案。博學多聞，好著述。曾遊吳偉業之門，偉業所著《綏寇紀畧》，半出漪手。《縣志·文苑》有傳。

是書卷一紀李闖倡亂本末；卷二、卷三紀弘光南渡本末；卷四紀隆武、永曆繼立本末。始自崇禎四年辛未四月，訖永曆三年庚寅十二月，其間二十年，莫不廣搜遺事，盡情貫穿，考訂詳核，傳其信以闕其疑，殆明季實録也。甲申以後，書改元，書甲子，而不書清代年號，則尤可見漪之所志矣。按：《縣志》列漪於清，而漪既以明諸生終其身，並以故國爲懷，用列之於明，以見其志云。

明季北畧二十四卷　北京琉璃廠半松居士聚珍本

清計六奇撰。六奇字用賓，其出處事跡無考。

是書纂紀明季自萬曆四十四年丙辰，迄崇禎十七年甲申，其間三十年所有要畧，及遺聞軼事，編次一集，都二十四卷。題曰《北畧》，所以示明之尚未南渡，紀載北都時事之大畧也。自序之曰："自古有一代之治，則必有一代之亂；有一代之興，則必有一代之亡。……獨怪世之載筆者，每詳於言治，而畧於言亂；喜乎言興，而諱乎言亡。……愚謂天下可亂可亡，而當時行事，必不可泯。況我世祖章皇帝嘗過莊烈帝之陵而垂泣。……即今上登極，亦諭官民之家：'有開載啟、禎事跡之書，俱着送來，雖有忌諱之語，亦不加罪。'是天子且著書與求書矣。草野之士，亦何嫌何忌，使數十年來治亂興亡之事，一筆勾卻也哉！"[1]按：卷中所載，自萬曆丙辰始者，清太祖於是年即位，建元天命，開科取士，始有會元，指中國爲南朝云。

明季南畧十八卷　北京琉璃廠半松居士聚珍本

清計六奇撰。六奇有《明季北畧》，已著録。

是書纂紀明季自崇禎十七年甲申五月，至康熙二十八年乙巳，其間三十餘年三藩要畧，編次一集，都十八卷。題曰《南畧》，所以示明之北都已亡，記載南渡以後事也。自序之曰："當時北都傾覆，海內震驚，即薪膽彌厲，未知終始。乃馬、阮之徒，猶賄賂公行，處堂自喜，不踰載而金甌盡缺，罪勝誅哉！唐藩起閩中，勢如危卵，而鄭氏以驕奢貪縱輔之，日與魯藩爲難，脣亡齒寒之義謂何！桂藩立粵東，僻處海隅。……遁走不常，舟居靡定。是時君不

---

[1]　引文據上海古籍出版社 2002 年版《續修四庫全書》第 0440 册《明季北畧·自序》第 1 頁校。

君，國不國矣！雖有瞿桂林留守四載，無濟時艱。至於杜允和、李定國輩，益難支矣！若成功、煌言出没風濤，徒擾民耳，亦何益乎？……予編《南畧》一書，……雖敍次不倫，見聞各異，而筆之所至，雅俗兼收，有明之微緒餘燼，皆畢於是矣。"①蓋六奇生於明清之交，所聞較確，而目睹故國泯淪，又將如何去懷。其憤慨悲痛之感，溢於楮墨間，雖百世後，殆猶髣髴可掬之也。同縣沈鑾亦稱"六奇《北畧》、《南畧》二書，有關一代興革，可備國史采擇"云。

廿二史紀事提要八卷　　清乾隆丙寅原刊本

清吳綏撰。綏字韓章，諸生。順治八年辛卯歲案，《四庫提要》稱出處無考，誤。② 事跡志乘無考。

是書原名《通鑑摘錦》，以一代、一朝、一人、一事，摘其數字標列於前。自謂好句天成，燦如列錦，便人誦習。後以歷代事實，依次編記，故更名曰《廿二史紀事提要》。《四庫全書》存目。金沙王步青爲之序，稱："錫山吳韓章先生爲國初名宿，著述甚富，今《提要》一書，於《通鑒》中擇其事之有關治亂興亡，以及民彝物則、人品心術之大者，則提撰數字以爲標題，而隲括其本事以爲之註，其卷帙既不多，而歷代兵刑禮樂，制度文章，亦於是而畧備。誠史學之津梁，而《通鑑綱目》之羽翼也。"③按：是書《縣志》藝文門未載。

熠火録三十二卷　　縣圖書館據鵝湖華氏所藏原槧繕寫本

清李天根撰。天根原名大本，字雲墟，雍乾時人。生平不妄言，不疾行，碙碙自守。人有假其名具呈當事者，知之，曰汙我名矣，遂易之以字。父崧，淡榮利，工詩，事跡見《縣志·隱逸傳》。崧繼妻薛瓊，善詩詞，夫婦白首偕隱，有梁孟風。《縣志》雜識門記其事，天根附見焉。

是書紀明末諸藩立國事，以《明史》爲經，摭野史爲緯，始於清順治元年三月十九日明莊烈帝殉社稷，止於康熙元年十一月二十三日明魯王薨於金門，凡十有九年。所書年月，悉從清，蓋其成書之日，爲清乾隆十三年矣。所載諸事，皆當時實録。而天根自謂"福、唐、魯、桂諸王，皆以藩封建號；亨嘉、慈炎之輩，並以宗室起兵，是編必詳著其枝派世系，一以别倫序之親疏，一以辨興復之誠僞，則羣臣擁戴崇奉者，不待言而邪正自明"云④。

伏羌紀事詩一卷　　清光緒庚寅邑城西谿余氏重刊本

清楊芳燦撰。芳燦字蓉裳，乾隆四十二年丁酉拔貢。生七日，即識楹帖字。四歲讀四

<hr>

① 引文據上海古籍出版社《續修四庫全書》第 0443 册《明季南畧·自序》第 1—2 頁校改。

② 《四庫全書總目》卷五十史部六别史類存目(第 459 頁)關於此書記載如下："《廿二史紀事提要》八卷(江西巡撫採進本)，國朝吳綏撰。綏字韓章，無錫人。是書成於順治中。於諸史中擇其大事爲綱，而隱括原文以爲之目。起自太古，迄於明末，故以《廿二史》爲名。然實取之坊刻《綱鑒》，非採諸全史也。"

③ 據齊魯書社 1996 年版《四庫全書存目叢書》史部第四〇册《廿二史紀事提要·王序》校。

④ 引文據浙江古籍出版社 1986 年版《明末清初史料選刊》《熠火録·凡例》校。

子書，及唐人詩，並琅琅上口。童齓，竟能背誦唐人古、今體詩八百餘首。迨拔萃於鄉，廷試第一，授伏羌令。既攝篆，逆回構亂，聚數萬人攻伏羌。伏羌當秦隴之衝，城中回民雜處，芳燦外輯軍民，內杜間諜，獲其兇者誅之，其良者曉以大義，拊循激勸之。而居民始以回也疑之，至是遂釋其疑而與回和，回亦願助官民堅守。賊大至，芳燦隨機宜，設方畧，共甘苦，當矢石之衝者四晝夜。援兵至，圍始解，賊不得越伏羌而東，論功擢靈州牧。無何，弟揆亦以軍功擢甘肅布政使，芳燦例應引避，乃入資爲戶部員外郎。故工駢體文，及官京師，所爲文益宏整典重，才艷絕一時。都中有大著作，必假芳燦手，士論翕然歸之。充會典館纂修，丁母憂，歸。既而主講關中書院，旋又纂修《四川通志》，卒於蜀。《縣志·文苑》有傳。

　　是編爲伏羌城守時紀事詩。青浦王昶爲之序，謂："甘肅賊回之變，旬日間，……將南走秦州，東犯隴州，延蔓而不可制。伏羌彈丸地，無一旅之師，……蓉裳乃萃鄉勇力守禦，遏其方張，使跳踉搏噬之性，莫能少逞。於是逡巡惶惑，折歸於石峯堡，以俟聚族而殲。蓋以伏羌蔽秦隴，秦隴安，則陝西甘肅全境安，故其勢甚危，而其功甚偉。"又曰："方賊自北而南，予在西安得旨，率兵二百餘，出駐長武，以遏西路之衝，與蓉裳時相通也。聞被圍，心怦怦然不能寐，作詩以訊之。不意其慷慨激發，自試於盤根錯節如此。今蓉裳以特薦將入都，受不次之擢，則是詩其功籍也。"①同縣余一鼇跋之，謂："《伏羌紀事詩》百韻，原刻入《芙蓉山館詩稿》，咸豐兵燹，板片盡燬。而此詩，有僅刊原作單本。一鼇恐其湮没，並録王昶、景荽序跋，以及同人和作，並寄贈之詩附入，欲付梓未成。後由諸君子捐資以助，乃克有濟。"於是可以概見是編之所以得有傳本耳。

菊谿節相除邪紀畧一卷　　吳縣吳重暉氏捐贈手寫本

　　清楊揩撰。揩字永叔，一字蘊山，國子生。少有才名，屢應童子試，不售，遂棄去。客遊秦蜀閩楚間，爲各大府佐理，尚書畢沅尤倚重之。《縣志·文苑》附兄掄傳。

　　是書紀嘉慶二十年秋，兩江總督百齡弭亂事。菊谿者，百齡字也。時江南之儀徵，安徽之和州、合肥、廬江、蕪湖，并河南邊界，先後查獲莠民緘封逆詞，散佈惑衆。齡憂之，亟召機練將吏三數人，給契箭一枝，令曰："某已得逆犯主名，可速往某處掩捕。稽緩一時者斬，疏漏一人者斬。"嗣果獲方榮升等首從百七十七人《先正事畧》作百五十人。於巢縣，械送轅門，讞實，抵極法。在逃未獲者，袛二人耳。揩於時客百齡幕，司箋奏，具知其事始末，故撮敘奏牘大畧，編録成帙云。按：是編《縣志》藝文門未載，蓋邑中竟鮮傳本也。而吳縣吳重暉氏有藏本，檢無錫縣圖書館鄉賢著述書目，既無其書，乃繕具之，以爲贈。我鄉獻遺編，賴以未湮，是可感也。

臨清守城記一卷　　縣圖書館據邑城河上秦氏家藏稿影寫本

　　清秦震鈞撰。震鈞字酉經，號蓉莊，國子生。以乾隆三十二年丁亥授臨清州判。踰年，

---

　　①　引文據上海古籍出版社 2002 年版《續修四庫全書》第 1495 册《春融堂集》卷四十《楊蓉裳伏羌紀事詩序》第 79—80 頁校改。

王倫反壽張。震鈞適權州事，預爲戒備，繼固守十七日，雖矢盡糧絶，城竟得全。擢臨清知州，累遷浙江鹽運使，以病免。後出爲濟東泰武臨道，卒於官。事具《縣志·宦望傳》。居家，事親孝。父春田，年七十，疽發背，醫謂不治，震鈞事之廢寢食，後爲吮潰腐，瘡口乃合，父年竟登大耋。尤友愛兄弟，分財讓産，有古人風。性好施與，如捐資建同仁堂、修茸東林書院諸善舉，邑人到於今稱之。

　　是編爲守臨清時日記，按日記載，無少缺漏。自謂"偕文武官僚，嬰城固守，自乾隆三十九年九月七日①始，至二十三日，凡十七晝夜。會大兵合剿，匪衆就殲。猥以微勞，仰叨恩遇，爰綜始末，按日編次，録爲一卷，以誌梗概"云。説者謂所載賅備，蓋當時實録也。

吳中平寇記八卷　　清同治乙丑原刊本

　　清錢昀撰。昀字揆初，咸豐五年乙卯舉人，授内閣中書。當李鴻章統師上海，昀曾客其幕，以軍功，保舉以知府用，加道衔。旋從平捻，得疾，卒於濟南。賞光禄卿衔，蔭一子。昀少負才名，厭舉業，著詩歌駢儷，沈博絶麗，類吳偉業、楊芳燦之倫。《縣志·文苑》有傳。

　　是書始自同治元年三月，李鴻章率師至上海，次第規劃蘇常，至四年奠定東南止，次爲八卷。據事直書，不加點染，殆實録也。兵事外，如籌餉以充軍需、減賦以蘇民困，悉紀其實，堪備考鑒。昀既客李幕，習軍書，於李氏謀議方署，窺見委折，並又深悉軍事始末，故所書頗能賅備耳。

紀縣城失守克復本末四卷　　縣圖書館聚珍本

　　清施建烈撰。建烈字叔愚，道光二十九年乙酉優貢，授華亭教諭。幼聰穎，讀書過目不忘，七歲能書楹聯，有神童之譽。比長，江蘇巡撫裕謙見其公牘，激賞之，延司箋奏，蓋建烈曾掌蘇州府署記室也。既而客李鴻章幕，佐平粤捻，有聲於時。而鴻章於幕下稿，輒加點竄，獨建烈所製，不易一字，其敬禮如此。蓋建烈自少曠放不羈，而以廉潔自守，鴻章於保薦幕下士，數以建烈通才碩學，堪濟時艱，列備擢用，而建烈力辭之，不欲晉，鴻章益敬之。既歸，清風閒居，不事王侯，而喜與里中佳子弟相往來，淋漓跌宕，隱隱致獎借意。蓉湖風尚多綺靡，而從建烈遊者，殆鮮染時習。雖擅書，而不輕爲人作，偶落筆，具蘭亭風致，士林以爲寶。光緒七年，同縣秦緗業重修縣志，建烈任分纂。子承堅好學深思，疾卒。建烈遭喪明之痛，因自號獨翁，飲酒寄慨，偃蹇卒。

　　是書紀洪楊時，無錫金匱縣城失守暨克復事。按：縣城在咸豐十年庚申四月十日失守，至同治三年甲子十一月二日克復，而是編所紀，始自咸豐三年癸丑二月江寧失陷，至同治四年乙丑二月由在籍士紳執送屬雙福於邑宰止。凡所紀諸役，雖署而不備，然本末自具，後之人得以考焉。

---

① 原稿爲"九月十七日"，係筆誤。據世楷堂藏板光緒二年重印本《臨清寇畧》校改。

平浙紀畧十六卷　清同治癸酉浙江書局刊本

清秦緗業撰。緗業有《續資治通鑑長編拾補》，已著録。

是書紀洪楊時平浙大事，以左宗棠替辦浙江軍務爲始，次第書其克復，而至全省肅清。其有非左軍所復之地，並皖南、江西，雖非浙省而爲浙軍後路，有唇齒相關者，亦附書之。於是平浙始末，可賅備焉。

浙東籌防録四卷　清光緒丙戌刊本

清薛福成撰。福成字叔耘，同治六年丁卯副貢。平生憙治經世學，究討古今治亂得失之道。四年夏，湘鄉曾國藩方北征平捻，張榜郡縣，招賢俊，諮籌畧。而福成先是舉家避亂，僑徙寶應，至是上便宜萬言書。國藩大獎飾，延之幕，自是相從者八年。時幕中多閎儁博雅之士，因與講求經濟文章，及掌故時政、中外交涉諸要，無不通達治體。光緒初，客遊山東，上治平六策、海防密議，又萬餘言。巡撫丁寶楨爲之代奏，得旨爲中。旋交軍機處，發各衙門議奏，多見施行。合肥李鴻章稔其才，邀掌箋奏，參要政，自是相從又十年。既而直隸總督張樹聲署理北洋大臣，檄福成辦理洋務。值朝鮮內亂，復慷慨上書，迅調兵輪渡海保護。及日本兵艦至，我軍已先入定變。一時名公鉅卿，如郭嵩燾、丁寶楨、張之洞輩，皆服其識畧，嘗先後密保福成"碩畫宏謨，爲僅有之才"。其在幕時，卓然名動當世者蓋如此。光緒十年甲申春，簡寧紹台道。五月之任，適法蘭西與越南構釁，瀕海諸省，防務日亟。不兩月，福建馬江敗耗至，浙防戒嚴，巡撫劉秉璋檄令福成總理營務。因聯絡諸將，置利器，修砲臺，以扼守險要。寧波故濱海地，輪舶往來，海氛不靖，謠諑往往四起。自福成蒞事，誠信相孚，市易如故。翌年正月，法人直薄鎮海，福成督飭砲臺將士猛擊之，屢中敵艦要害。前後兩戰，相持五十日，法人不得逞，卒成和議。事既平，論功加布政使銜。福成益奮志悉力，赴鎮海相度形勢，擇其扼要，加建砲臺，節節設險，以完防務。其備兵籌海防，而能得力又如此。十四年戊子九月，授湖南按察使，未之任。明年二月，交卸道篆，入都陛見，特簡出使英、法、義、比四國大臣。十六年正月，秉節出。未幾，即議添設南洋各島領事，俾閩粵人之旅居外洋者，有懷歸之樂，免擾累之苦。翌年，長江上下游多焚燬教堂，教案疊起，有詔查拿匪犯，允給賠款。而英、法各國駐京公使，尚忿爭不已，總理衙門檄就近辦理。福成時往來其政府，推誠相告，憤漸息。時海關查獲英人梅生者，代哥老會購置軍火，福成既悉其事，乃面詰英廷，從嚴懲治，英人氣沮。遂陳《分別教案治本治標之計疏》、《擬請嚴禁私購外洋軍火以杜隱患疏》[1]，並請調集兵輪，分佈要口，以備非常。自是教案遂次第定焉。當英人之據緬甸也，出使大臣曾紀澤迭向外部詰質，僅允由英駐緬大員，按期遣使獻方物，稍讓中國展拓邊界地。福成至是查舊卷，請預籌方畧，上壯其議，特派專辦滇緬劃界通商事宜。於是慷慨任事，伸理前約，反復辨詰，閱三載，英始允讓地，代緬進呈方物。王文韶總制雲貴，福成遙與磋議，因得熟知邊徼形勢，而總署又信之彌堅，合力和衷，此事乃濟。因南拓野人山內昔

---

① 據上海人民出版社 1987 年版《薛福成選集》第 6—7 頁校改。

馬等地,收回鐵壁、天馬等關,南拓宛頂邊外及潞江以東之地,收回車里、孟連兩土司全權,訂約凡二十條。至二十年甲午正月,與英外部大臣勞偲伯力草約畫諾。其尊重領土,折衝外侮,而能敦睦邦交又如此。福成自壯至老,讀書辦公,日有常課。而尤拳拳於《資治通鑑》一書,殆無一日釋其手。學以主靜爲歸,以存誠爲用,雖軍國大事,日不暇給,而氣度端凝,百務就理。四月卸使職,内渡,值盛暑,颱颶並作,迭出奇險,晝夜不成寐。五月抵上海,甫踰月,歿於出使行臺,年五十七。論者謂天假之年,則其所成,庸詎止此。

是書爲福成備法時公牘文字,《清續文獻通考》著録之。按:光緒十年,法蘭西既侵奪我越南屬國,挾戰艦十餘,縱橫南洋,齮我海疆;其陸師進窺廣西,與我邊防諸軍遇。以我倉卒未備,而致馬江三敗。詔瀕海諸省戒嚴。福成於時方備兵寧紹台,巡撫劉秉璋雅知福成賢,檄令綜理營務,盡護諸軍。明年正月,寇警迫,犯鎮海。而福成既與諸將協規同力,於前敵諸務,百計營度,備禦森嚴。故法人雖肆其慓疾勁悍之氣,卒兩次被創,斂旗而退。福成乃綜其禦寇時公牘,以歲月先後,分類編次,都四卷。雖自謂詹詹之録,以鳴安不忘危之意,然有關邊防禦侮之要,足資考覽,非等尋常公牘已也。

無錫光復志六篇　民國三年鉛印本

今人錢基博撰。基博字子泉,號潛廬。博學通儒,爲當世學人所推仰。自少力學,弱冠即以古文詞知名。民國肇建,嘗以書生從軍,授陸軍少校。既而以教學爲職,歷任江蘇省立第三師範教員,國立清華大學、私立聖約翰大學教授,私立光華大學國文系主任教授,兼文學院院長,私立無錫國學專門學校校務主任等職。著作等身,聲名洋溢播國中。抗戰軍興,復講學於國立浙江大學、國立師範學院,諄諄啟迪,以策勵人心,學者多感激泣下,而爲之興起。既勝利,以中國如何接受,競競與二三子講論,聞者又多感動,時任私立華中大學教授也。

是書纂記無錫之光復,分《匡復》、《軍政》、《財政》、《民政》、《司法》、《自敍》等六篇。自弁之曰:“漢宇重光,無錫匡復矣。當是時,終尸其事而董之成者,蓋秦毓鎏也。……惟毓鎏已鄉居用事,勿能無恩怨於人。譽已不虞,備擬於神聖;毀乃求全,窮詬爲盜蹠。譽毀過當,功罪莫名。孟子曰:‘無是非之心,非人也。’心有懼焉。博已交毓鎏有年矣,時進箴誡。初未嘗旅隨多士,有諾諾之和;終何必景附輿人,肆申申之罵。廣諮衆詢,匪有稽於官文書者不録。詳紀其事,僅述不作。……初未敢稍加論斷”云[1]。

洪憲舊聞三卷　雲在山房叢書鉛印做宋本

今人侯毅撰。毅字疑始。祖煒,清同治六年丁卯,與弟瑝森同登賢書。《縣志・藝術》有傳。父家鳳,光緒十八年壬辰歲貢,有才名。毅從侯官嚴復遊,復碩學通才,兼貫中西。毅學有淵源,而又師事復,故所學大進,復目爲侯芭,其師弟間所得如此。

---

[1]　據鳳凰出版傳媒 2011 年版《無錫文庫》第二輯第四十二册《無錫光復志・自敍》校改。

是書紀袁氏僭叛時故事，竊號洪憲，故名《洪憲舊聞》。按：自袁氏失敗，世稱籌安六君子，必連類包舉侯官嚴復，而復實被盜名。毅乃撮敍其事始末，力爲其師辨誣。當時復籌所以應付之道，毅嘗與借箸之謀，深悉委細，紀述詳盡，殆實錄也。卷末附項城就任秘聞，可徵袁氏結局不祥，信有預兆焉。同縣楊壽枏所輯《雲在山房叢書》，皆師友名著，是編亦爲采錄。

蕭心劍氣樓甲申雜詠一卷　附壬申紀事　民國三十六年鉛印巾箱本

今人孫肇圻撰。肇圻字北薐，號頌陀。清宣統元年己酉拔貢，殿試列二等，引見歸部，以提法司經歷，分發山東補用。入民國，曾任本縣設立之師範講習所所長。時民國肇建，地方教育，亟謀推廣，而師資頗感闕乏。肇圻悉心規劃，畢力造就之，以應所需。江蘇省議會於時召集，而肇圻又膺選爲省議士，持正議，侃侃論談，輒動其座。省長韓國鈞器其才，保送以縣知事試用。肇圻感世變日亟，乃浩然無用世意，客黃海，自號蒲石居士，以詩酒自娛，淋漓跌宕，無一語及當世。而於意興躍然之際，又喜作宋元人山水，蕭疏淡遠。題詩詞補空，其抒寫性靈，往往露抱負。懷才未用，論者惜焉。

是書爲歲次甲申所詠絶詩二百首，故名。按：甲申者，民國三十三年，其時歐西戰爭猶劇，而日寇侵畧吾華，駸駸乎有囊括中原之勢。上海雖早淪陷，原藉外人租界，四方來辟者得有所託。然復經敵寇發動所謂太平洋戰事，遂長驅直入，亦竟無乾淨土。肇圻本客居其地，至此傷時感事，悉賦詩章。雖寫明月高樓，秋聲殘夜，猶可考見敵人之益肆其暴戾也。惟時届勝利，爲期不遠，雖當風雨淒淒之中，而有晴朗到來之喜，實類詩史，非等尋常吟詠耳。既勝利之三年，遂自弁卷首，以梓行於世。所附壬申紀事者，紀民國二十一年十九路軍抗敵淞滬事，爲絶詩三十有一首。考：暴日侵我東北，在海上事變之先一年。時國府抱不抵抗主義，致上海復遭襲擊，脅迫頗甚。當地所駐軍隊，爲十九路軍，乃起而自衛，且愈戰愈强，斃敵無算，時人譽之曰鐵軍、鋼軍，此我國百年來抗戰海疆未有之舉也。然終以限於國府未有明令抵抗，遂致目爲局部衝突，被壓後撤，齎志以去。舉國聞之，無不慨痛。肇圻既客海上，睹聞較切，所賦各詩，可謂實錄。欲采抗戰掌故者，其以斯編爲徵。

古史摭實一卷　民國三十七年謄寫油印本

今人施之勉撰。之勉以字行，南京高等師範史地科畢業，歷任中學、師範教員。抗戰軍興，之勉流轉入蜀，曾任事中央政治學校研究部、國立邊疆學校研究部，頗受學者景仰。平生端居靜默，訥訥若不欲言，而性好讀書，每於辟靜之所，得一室，掩户而坐，昕斯夕斯，無或釋卷。所讀於史學最致力，輒喜尋證據、辨疑難，窮年累月，以獲新一解。同縣錢穆稱其得一書，"沉潛反復，優遊浸漬，醰醰乎探之而愈新，愈咀而若愈有味，而忽忘其年月之已多也"。其爲學人推重如此。之勉居常，絶不事著述，至年垂五十，始有所作。辟地四川，居重慶南岸之界石，一窮村矮屋中，驟見若不堪以卒日，而之勉則悠然不改其爲學之常態。至服務地區，往反必步行，雨朝途濘，虞傾跌而不顧。時攜布袋一，儲數日之糧，菜一甌，獨自烹食，不假手他人。其寂寞艱困，有人所不能堪，而之勉則好學不改其樂者又如此。抗戰既勝利,而之勉亦翩翩歸,雍容讀書如故也。於是邑人士多爭相迎展,以縣立中學校席,請行政當局相禮聘,之勉固辭不獲。時縣中方事擴展,就學者庭屨且滿,之勉則主之以靜,出之以誠,從容措施,以漸臻於軌物,學者無不翕服焉,鄉邦子弟被其惠者又如此。

是編就其究心古書所見,隨提諸問題,雖後世學者曾爲之詮釋,而説尚有未妥,或有未得確切之義,乃旁搜子、史、經部有關諸書,詳考博稽,鉤提其精要,以求確當盡美者,都一十九篇。每篇引證宏博,考據精審,無一句空語,無一字虛擲。每創一篇,明辨、修潤之功,殆不自知其歲月之遷流也。穆序之,謂:"近言之,固儼然清儒樸學之規模也;遠溯之,則停蓄淵閎,胎息根柢,不名一世。固非嫥嫥焉自媚於一時代之風尚以爲好者也。"①武進徐復序之,稱:"是編詞嚴義謹,不假浮誇,如老吏斷獄,片言立決。其於時賢之作,有所臧否,而其所取史料,有不期而合於新材料者,亦有新材料迄未獲見,而於古書之側裏縫間,仔細研勘,向不爲人注意,而經搜剔爬羅以得之者。吾不知其價值果居何等,而其饜學者之望,解古來之惑,以爲不可易者,則無間言。因擬名之曰《古史摭實》。"之勉則熹之,遂以名其書。

傳記類卷一

戰國人才言行録十卷　明嘉靖癸丑原刊本

明秦瀹撰。瀹字季新,號慎菴,諸生。《錫山秦氏文鈔·瀹小傳》稱諸生,《錫山遊庠録》萬曆壬寅前無考。與同縣顧可久相友善。覽觀載籍,輒多筆録,其治學之勤,學者多推重之。

是書輯録戰國時君臣言行編次之,都十卷。清《四庫全書》存目。可久爲之序,稱:"慎菴秦君以其博識之餘力,……彙爲是編。……列國世系,自春秋前,則取之《史記》;戰國時,則足之《國策》,咸解章而分書之。其事交錯於列國君臣之間者,則取太史公'語在某傳中'例,删繁而節要焉。至若秦國,太史公上同乎帝紀,而録則降而列之世家。齊國則不本之太史公之姜齊,而斷自國策之田齊。……其列傳例,在春秋時事,則《史記》是諏;在戰國時事,則《國策》是徵。太史公紀傳,或直列其人,而録則別爲相國、諸將、忠義、酷吏等目,以寄褒貶。其有名著列國而紀不録,則又取之《國策》,別爲名士、辯士、説客等目,以續其遺省。"②是録也,直與《史記》、《通鑒綱目》諸書相表裏。而經生、學士之廣見洽聞者,皆賴之也。則瀹之書,其義例盡於此矣。

清賢記六卷　民國二年適園叢書本

明尤鐣撰。鐣字伯聲,太學生。授邛州判,不赴。家貧,友人爲築雲鴻館以居之。性嗜

---

① 有關錢穆先生兩節引文均據臺北聯經出版社 1998 年版《錢賓四先生全集》24《學籥》《古史摭實序》第 264、266 頁校改。

② 引文據齊魯書社 1996 年版《四庫全書存目叢書》史部九八第 621 頁校改。

古博雅，窮覽載籍，好探究瑰異玄奧，有所得，輒事著録。事具《縣志·文苑傳》。

是書專録元倪瓚之清德介節，編次爲六卷。以瓚之私諡曰清賢，因以名其書。搜羅頗爲詳盡，而綜核縷舉，又得體要。使後之人，於瓚之風格，如仰高山而覺遠，撫清泉而覽深，所謂可企而不可得者，於是有以窺其全。論者稱"極意推崇，雖似踰分，而運筆古雅，亦明人著作中之錚錚者"云①。

葬録一卷　　明萬曆間寫刻本

明安希范纂輯。希范字小范，號我素，萬曆十四年丙戌進士，授行人，歷南京吏部主事。時王錫爵秉政，多斥異己者，希范上言謂"正直之臣，不安於位；敢言之士，削跡於朝。賢者以異己出，不肖者以媚己進。誤國不忠，莫大於是"。疏入，削籍歸。會東林成立，希范別構一室，讀書講學其中，與四方高賢以道義氣節相砥礪，表彰濂洛之學，或以關西夫子稱之。事跡具《明史》本傳，及《縣志·儒林傳》。

是編爲希范録其生母吳氏事實，以其所述行畧、及《劉昇墓表》、《張納陛新仟記》、《高攀龍行狀》，次爲一卷，以端楷書之，梓行於世。按：希范嫡母郭氏，生性嚴，吳氏娠有期，郭氏謂："女也，育之；子男也，弗育。"希范生，父如山已密授家人媼，治繈褓蓐具。先是其少弟某早世，妻鄒氏寡，垂二十年，無嗣，遂以希范授鄒氏爲子。故希范生五旬而離母懷。既七歲，如山卒，後鄒氏、郭氏亦卒，乃歸其母吳氏。萬曆三十年甲辰，吳氏卒，而希范方以名進士侃侃當世矣，然回顧往事，殊感蓼莪之痛，爰於卜葬之日，輯録斯卷以告異世。

三楚文獻録十六卷　　明季原刊本

明高世泰撰。世泰字彙旃，攀龍從子。崇禎十年丁丑殿試一甲第四名，授編修，除禮部主事。擢湖廣提學僉事，視學全楚，務本敦行，力正事風。評隲試卷，必焚香禱天，曰："非私門桃李是樹，實甄拔真才以報。"湖廣監察御史汪某承詔，疏稱"世泰斯舉，所以酬知遇。理學文章，卓然爲一時冠"。《縣志·儒林》有傳。

是書爲三楚學使時，羅列其地文獻，纂録成帙，分理學、孝友、忠貞、經濟、清介、文學、吏治、武烈、隱逸、潛德、女節、方外、流寓、名宦諸門，都十六卷。各門每人撰次傳志，以見梗概。卷首未書凡例，前後又無序跋，惟所載《檄各州縣廣徵遺籍以佐史裁而事表彰》文曰："滔滔江漢，曈曈人文，炳燭乾坤，笙簧今古。丘索典墳，驚博洽聞於左史；山川草木，寫哀時眷於靈均。下沿漢魏，近迄宋元，英絶挺生，微言不絶。肆我昭代，尤號多才，溯彼音徽，清流並永。本道自知誦讀，夙企高深。唧命瀟湘，喜涉琳瑯之圃；驅車澧沅，思搴蘭芷之香。況造士莫先稽古，而掄才尤亟采風。但遺集散在家藏，羅非一日；省志久成掌故，闕且百年。擬續筆削於五朝，先搜文獻於七澤，輶軒甫駕，寤寐猶勞。已經牌仰各學，凡境內山陵碑記、人物事跡，及本府州縣所刊漢唐以來經、史、子、集，盡行送道，藉備考覽。録登銀管，追述作

---

① 引文據臺灣新文豐1988年版《叢書集成續編》第二一四册《清賢記跋》第361頁校改。

於西京；章進丹扆，列圖書於東觀。仰峋嶁以問奇，佇瓊瑤而載筆。"覽考其橄，可以見世泰編纂之旨矣。按：清乾隆禁毀書目，是書入全毀之列。而縣圖書館尚藏明末原刊本，文獻有徵，寧非天哉。

雒閩源流録十九卷　縣圖書館據邑城東河許氏家藏原槧精寫本

明張夏撰。夏字秋紹，自號南岳子，諸生，崇禎十三年庚辰歲案。馬世奇弟子。身際鼎革，遂以遺民終。治學以程朱爲歸。睢州湯斌撫江南，深器其品學，欲招之，不赴。厥後商邱宋犖撫蘇，飭各州縣修方志，而常州府志於時重修，咸重夏德，聘編纂。夏性疆記，熟悉掌故，於經學尤多闡發，講學東林者以夏爲大師。《縣志・儒林》爲之傳。

是書纂記有明一代諸儒學行梗概，溯統程朱。題曰《雒閩源流》，蓋示程朱以後人作也。卷首所載凡例十二則，説者稱其取裁之義，殊具法度。清《四庫全書》存目。其門人婺源黃昌衢爲之序，稱："是録實繼《伊雒淵源》而作，吾師之心，其即朱子之心矣乎。竊聞之，孔孟之道，至濂洛而復著；而伊雒之學，至南渡後而漸畸。或抨其外，或竄其中，所謂海內學術之弊。……我朱子録《伊雒淵源》以正之，何其謹嚴也。……迨由宋入元，而王、何、金、許遞衍之，於是雒閩一燈，顯於明初，號爲一統。迺曾未百載，而異學繁興，……則又歧程朱而二之曰：'朱失程意。'且歧二程而二之曰：'伊川戾於明道。'……噫！竟判閩於雒，而絶雒閩於洙泗矣。幸而天佑斯文，正儒迭起，相與大聲疾呼，竭力匡救。若洚水之横決，賴有隄障，不至陸沉。顧僞風易滋，新説久熾，貞邪參互，無所折衷。加以俗情惑人，調停失衡，姑息養患，沿至今日，而聚訟者尚未有定也。不有君子，爲之疏清剔穢，世之學者，何由因朱以求程，因程朱以上求孔孟也哉？今觀《録》中，以雒閩爲宗主，而標儒宗以示準的，次時代以鏡盛衰，分支派以定正閏，俾後學一覽廓然。至於立言之際，和而不同，辨而有體，非心朱子之心者不能爲。而語其功，宜亦有追配焉者矣。蓋吾師隱居抱道，嗣席東林，得先正顧、高諸君子之傳，所以有此。衢不敏，竊謂是録關係道脈，不可不公諸同志，爰率諸弟捐橐，授之梓。比告竣，遂不揣卑庸，僭題末簡，自識其心悦誠服之意。"云云①。則學術源流之辨，道統脈絡之傳，於斯編殆可得其要旨矣。

涇皋淵源録八卷　涇里顧氏家藏舊稿本

清顧貞觀撰。貞觀字華封，號梁汾，明顧憲成曾孫。康熙五年丙午順天南元，官國史院典籍。兄景文，字景行，諸生，順治七年庚寅歲案。兄廷文，並負才名，《縣志・文苑》有傳。跌宕爲詩，具有奇氣。貞觀爲人儇爽，才調清麗。兄弟兩人，並同縣秦松齡、嚴繩孫、秦保寅、黃瑚、鄒顯吉、劉雷恒、劉霖恒、按：保寅字樂天，中歲棄諸生，所爲詩獨標清冷；瑚字夏蓀，好古工文；顯吉字黎眉，七歲能詩；雷恒字震修，以貢爲本府訓導，文行著大江南北，弟霖恒，字沛遠，時稱二劉；《縣志・文苑》俱有傳。安璿輩結社，攻討詩古文辭，社名"雲門"，因號雲門十子。時睢州湯斌、長洲汪琬、慈

---

① 引文據齊魯書社 1997 年版《四庫全書存目叢書》史部一二三《雒閩源流録・校刻雒閩源流録題後》第 10、11 頁校改。

谿姜宸英俱聞聲來會，其文采炳炳動退邇焉。貞觀自少既名譟東南，而篤於古誼，與吳江吳兆騫、長白成德善。兆騫遣戍，貞觀涕泣曰："必歸季子。"乃作《金縷曲》二詞，示成德，寄戍所。成德者，相國子，亦雅善兆騫，讀貞觀作，遂悉力處辦贖鍰，而兆騫竟得生還。事具《縣志·文苑傳》。

是書纂録憲成並允成師友以及門人之傳狀事畧，俾學者知其源，得尋其流，名《涇皋淵源録》，都八卷。首尾無序跋，卷一第二行署：涇陽公曾孫貞觀梁汾氏初稿，第三行署：涇凡公十世孫政均緑園氏增輯。故卷首目録中，各卷所列標題右上角有註"增"字者，殆即政均所增訂。世爲邑之北鄉涇里顧氏家藏，無刻本。兹爲憲成十世孫寶琛彬生氏藏。同縣周有壬《錫金考乘》藝文門著録鄉獻名作，極推重之焉。

列女樂府五卷　清乾隆乙卯原刊本

清顧斗光撰。斗光字光謂，號謂齋，諸生。乾隆十年乙丑歲案。與兄奎光並以學行知名。曾遊楚蜀間，主講黃州書院，士多造就。《縣志·文苑》附兄奎光傳。

是書自帝舜二妃以後，羣羅列女三百六十人，每人下述其源流，以便稽考，並各製歌一章，以事贊頌，次爲三卷。又補遺六十三人，次爲上、下二卷，共五卷。名曰《列女樂府》，誠有功風教之籍也。按：《縣志》藝文門所録，其書稱八卷；然兹編爲乾隆原槧，其前三卷首尾完全，補遺二卷亦無殘闕，而與《縣志》所載卷數不符，無考。

康熙己未詞科録十二卷　清光緒戊子重刊本

清秦瀛撰。瀛原名沛，字凌滄，號遂菴，又號小峴，乾隆三十九年甲午順天舉人。四十一年丙申東巡，召試賜內閣中書，累官至刑部右侍郎。嘉慶二十三年戊寅，重遊泮水。少負異稟，操筆千言立就，以詩古文辭名當世。事跡見《縣志·宦望傳》。按：康熙十八年己未，詔開博學鴻詞科，以收羅天下奇才異能之士。雖布衣韋帶，巖穴幽隱，莫不徵求辟薦。聖祖親臨制策，擢取一二等，寵以清秩，俾纂修明史，以成一代之書。而經儒碩彥，名賢傑士，景集雲萃，盛極一時。

是書纂輯徵録之士，以及與試未用，或患病未到，或辭薦未赴，或後期未試等如干人，每人系以傳志，以見其人梗概，題曰《康熙己未詞科録》。海寧吳騫爲之序，稱瀛以"家世清門，天挺殊異，於書無所不窺，習聞掌故。故其爲是書，上自制詔，下及奏疏，旁采家傳、碑誌，集録記載，綱舉目張，有體有要。非特詞科鉅觀，洵足備昇平之佳話"[1]。然則是編之輯，實有關一代之掌故也。

道南淵源録十二卷　清道光戊申原刊本

清鄒鳴鶴撰。鳴鶴字鍾泉，嘉慶二十五年庚辰進士，歷任河南知縣，擢知開封府。道光

---

[1]　引文據明文書局 1985 年版《清代傳記叢刊》14 冊·學林類 16《己未詞科録》第 2、3 頁校改。

二十一年辛丑夏，河決祥符，漫水洶湧，逼開封城垣，而護城大隄突衝破。開封為河南省會，猝被水災，所關至大，廷詔以省城應否遷徙。鳴鶴既奉令辦理捍衛，乃陳六不可遷議，毀貢院磚石，堵塞城闉，露宿城上八閱月，城得完。文宗登極，詔京外薦拔賢才，侍郎侯桐、趙光合疏薦鳴鶴，擢順天府尹，出為廣西巡撫。無何，落職歸。兩江總督陸建瀛奏調赴江寧，辦沿江防堵。時洪楊軍已迫江寧，建瀛已自九江敗還，而鳴鶴知事不可為，陷城死之。事具《縣志·忠節傳》。

　　是書記載邑城中道南祠及東林書院之創建，並講學諸賢之傳畧，名《道南淵源錄》。卷中所列，首為建置沿革，并錄修葺諸碑記，次為院規，次為會語，次為列傳，次為祀典，次為興復，次為典守，次為雜記，都十二卷。同縣汪士侃字寫阮，嘉慶十四年己巳進士，《縣志·文苑》有傳。為之發凡。

梓里錄一卷　　清咸同間原稿本

　　清秦煥撰。煥原名熙，字笠亭，諸生。道光十八年戊戌歲案。應試南北秋闈者八，既不得志，遂潛心教授於家。嗣後出而教授於燕南、於漳濱、於大梁者，先後都三十年。以廩貢生訓導句容者十有四年，文行卓著，靡不推重。平生好治經說及史部書，而尤致力於《高子遺書》、《方輿紀要》，有所得，輒筆之以為鑑。為人嚴重，寡言笑，有不可其意，必面斥。孝友誠樸，相率成家風，邑人士皆敬服之。

　　是書記錄洪楊軍興，凡邑人之遷徙河南諸家，而各譜其人。蓋憫烽火亂離之中，桑梓親故，聚散無常，而思有以備稽考也。卷中纂錄有枝可棲之各姓如干家，至原官於其地者亦備書之。時煥亦羈旅於豫耳，其族兄賡彤題於卷首，謂："咸豐庚申，城邑陸沉，老弱填溝壑，壯者散而之四方，而於豫者尤多。此誠自聚而散，亦散而偶聚之一時也。笠亭七弟先遊幕在豫，因即所聚若人，匯而錄之，名之曰《梓里錄》。蓋於聚散之際，感慨繫之，仍有欲相合毋相離之意，其用心為特厚焉。觀是錄者，其亦動睦姻任恤之思也夫。"覽觀斯序，可以見煥之旨矣。

浙江忠義錄十卷　　清光緒乙亥原刊本

　　清秦緗業撰。緗業有《續資治通鑑長編拾補》，已著錄。

　　是書紀載洪楊軍興，凡自浙江之疆吏將帥，以迄在籍或流寓諸官紳士民之殉難，又浙軍馳援徽寧，並士民之在他省殉難者。其人有事跡可書，為之立傳；若無所表見，則列表以著其姓名。按：其時浙江開設忠義局，延攬賢士大夫采訪纂修，而緗業為總理局務官員。蓋是編綜其所成，未必出諸其手。但瑞安孫衣言銘緗業墓，書其著述之在官者，則是編亦列入之焉。

閑閑草堂奏對年譜合編二卷　　清光緒戊申聚珍本

　　清嚴金清自訂。金清字紫卿，自少開敏有大志。年十六，秋夜得句云："秋風匹馬天涯路，夜雨孤舟夢裏身。"識者謂金清一生出處，兆於此矣。父揚標，衢州府同知，洪楊軍興，以守城論功，得藍翎，而金清得州判銜。嗣以浙江巡撫王有齡所器，晉階通判，辦理善後。左宗棠督師衢州，謁之，使參軍事，稱一時之選。迨西征，復以金清從，帥親軍步隊，轉戰天山南北，擢知府，權知迪化直隸州事。中日事起，從魏光燾率軍援關東，戰牛莊，殺傷過當。和議成，復從光燾西討叛回，先後數十戰，擒其酋，追逸寇，入青海數千里，中道糧盡，掘草根以食，卒敗之。西寧凱旋，論功晉道員。既入覲，以道員歸新疆，儘先補用。而光燾簡陝甘總督，金清乃隨軍入陝，巡撫端方奏留委派總理全陝防練營務。嗣值拳禍召外侮，金清佐布政升允勒兵勤王，至保定，遏聯軍於獨流鎮，並麏戰於紫荊關，聯軍始不復西。旋署鳳邠鹽法道，除延榆綏兵備道，權陝西按察使司，申理冤滯，裁革陋規，興辦善舉，輿頌翕然。

是書爲金清召見之奏對，與按年紀事之譜，其手訂本也。閑閑草堂者，金清晚年葺所居，栽菊課桑，吟詠自適之地。奏對一卷，詳載兩次召見時情事。按：金清既血戰牛莊，而後西討叛回，搜捕逸寇，備嘗艱險，於是益知名。迨爲陝總理營務時，率所部開浚華州華陰之河渠，並涇陽之龍洞渠，使免水患而成良田者，都八十餘萬畝。其時魏光燾乃奏保金清，稱其"度遼度隴，轉戰得力，回陝以後，而華州華陰、涇陽水利方廢弛，金清率營勇開浚，工堅費省，勞瘁不辭，歷練既深，任事切實，洵爲有用之才"。詔赴部引見。故光緒二十五年己亥九月召見奏對，多關東戰事，以及陝西河工。惟金清歷經鏖戰，炮聲震耳，遂至重聽。翌日復召見，金清奏明，兩宮遂高聲問話，繼乃溫語加慰。迨二十六年庚子，聯軍進犯，兩宮西狩。金清率師從紫荊關趨迎，詔守關以遏西竄。金清乃力戰於此，以阻聯軍西進。故翌年辛丑八月，在行宮召見奏對，皆紫荊關禦敵事。年譜一卷，爲金清歸田後手訂，所載簡賅有體，二者皆實録云。

錫金四哲事實彙存一卷　清宣統二年鉛印本

清楊模撰。模字範甫，晚號蟄盦，光緒二十年甲午舉人。少壯劬學，治《蕭選》，旁及《莊》、《騷》，遂工駢體文。里居與鄧濂、秦堅、秦寶珉、華世芳、裘廷梁及弟楷，並以文章學術有聲。時同縣秦緗業喜宏獎，善賞音，稱模兄弟等爲梁谿七子，而詠模爲"範甫性溫厚，詩教夙所聞，浮華謝時輩，筆力敵萬人"[1]者也。以諸生應光緒十一年乙酉科拔貢，試題爲"七洲洋賦"，是時瀛海初通，與試者莫知何云，獨模操筆抒寫，盡一日夜，得一千五百一十一言，歷歷陳形勢，辭氣噴薄，慨然有古人乘風破浪之意。江蘇學政黃體芳得卷嗟歎，遂拔取之，一時稱上選焉。嘗應直隸總督李鴻章、湖廣總督張之洞、山西巡撫胡聘之徵辟，充天津武備學堂漢文教習，湖北自強學堂教習，山西武備學堂監督。已而歸，與同縣單毓德、秦謙培、字牧卿，光緒二年丙子舉人。王鏡藻、字鑑如，諸生，光緒九年癸未歲案。高汝淋字映川，光緒二十年甲午副貢。等，創辦竢實學堂於城中連元街，以二十四年戊戌春正月開學。二十七年秋八月，詔各省、府、州、縣，設大、中、小學堂。兩江總督劉坤一既保舉模應試經濟特科，復於明年夏五月，以無錫倡辦竢實學堂，開風氣之先，奏請傳旨嘉獎，並給"樂育英才"額。而模於其時東

---

①　引文據《無錫文庫》第四輯第八十八册《虹橋老屋遺稿》詩五《梁谿七子咏》第 252 頁校改。

遊日本，考察學務。既歸國，凡封疆大吏之應詔興學者，聞其聲，輒欲延攬之。然模一意於桑梓之興學，既經營竢實學堂，又與縣人士議，就東林書院，設東林高等小學堂，書院原有房產租息，併竢實捐款，歸兩學堂分用。後又增設三等務實小學，亦撥款津貼，學款於是大絀。先是已稟准江蘇巡撫恩壽，飭縣諭米商每石糶糴，各捐四文，充竢實經費。至是模復邀同學董孫贊堯，具呈無錫、金匱知縣，就邑中諸廟所收米釐，撥出辦學。初米商亦無大異議，惟模擬議全撥，而米商乞減。知縣陳詒、汪鳴鳳久懸未決，而謠諑紛起，奸人搆煽衆怒，罷市縱火，煅模宅，此三十年七月初二日事也。明日遂拆毀竢實、東林、三等學堂，復繼毀模宅所焚餘之室。隨經江蘇巡撫端方委員彈壓勸諭，以初四日開市。旋委知府許星壁、知縣王念祖查辦，而米商亦始悔持之過當，致爲奸人所乘，遂允撥出廟捐二釐辦學，橋工捐一釐作學堂開辦之用，而以銀幣二萬償模家產，二千建錫金學務處房屋，各學堂於二月朔重行開學。其事始末，具載《錫金學校重興紀事》中。事既定，而模亦無心爲里黨效能矣，旋出應湖廣總督張之洞之招，任湖北學務處專門科科長，尋又兼漢黃德道師範學堂監督。既入京，以學部總務司科員，任圖書編譯局事。尋又兼大學堂教習，無何歸，卒。按：無錫毀學，實中國辦學史上一大事，而模爲於舉世不爲之日，身任勞怨，卒無所辭，是殆可爲國人矜式者也。

　　是書纂集華蘅芳、世芳兄弟，徐壽、建寅父子等四人事實，並同縣京官呈請部代奏宣付國史館立傳之牘奏，次爲一卷，題曰《錫金四哲事實彙存》。徵獻之士，其覽考焉。

名儒言行錄二卷　　民國十二年聚珍本

　　民國竇鎮撰。鎮字叔英，清諸生，同治七年戊辰歲案。署江浦教諭。民國十七年夏曆戊辰，重遊泮水。工行草書，學張照而能神似。又善畫竹，多小幀行於世。

　　是書裒集宋、元、明、清四代名儒，都四百六十一人，嘉言碩行，編爲實錄。其間去取，一以有宋諸子爲準，非道通今古，學貫天人，其言行足以植天常而維風紀者，概置不錄。提警俗學，兢兢衛道，用心至勤。卷末又集自周以迄乎清，凡竇氏言行之知名者，三十有六人附焉。公私分編，未訂凡例，讀者殆不免有遺憾耳。同縣嵇爾霖、字雨人，諸生，同治七年戊辰歲案。陶世鳳、字丹翼，光緒二十年甲午恩科會元，授兵部車駕司主事，改吏部考功司主事，宣統辛亥歸。侯學愈並爲之序。

明遺民錄四十八卷　　民國元年上海新中華圖書館石印巾箱本

　　民國孫靜菴撰。靜菴有《續明史》，已著錄。

　　是書援《宋遺民錄》之例，咨於故訓，旁稽稗乘，編次明季遺佚，得八百餘人，而爲之錄。自謂：“宋、明以來，宗國淪亡，孑遺餘民，寄其枕戈泣血之志，隱忍苟活，終身窮餓以死，殉爲國殤者，以明爲尤烈。……世遠年湮，是非莫由考據，而私家著述，言人人殊。況當毒浪橫流、故土焦原之際，或仗子房報韓之劍，或爇世傑存趙之香，雖奇節纍纍，皆太史氏所擯而不錄。苟不以此時考訂而傳述之，後顧茫茫，閱世寖久，張駿所謂‘故老凋謝，後生不識慕戀之心'，不其然歟！故倣《宋遺民録》之例，旁徵博采，搜羅舊聞，間及稗官野史、家乘墓誌，取明季諸遺民之遺聞軼事，可驚可愕、可悲可憤、可痛可憫、可歌可泣者，人自爲傳，窮意掇拾，時出己見，縱横論列，斐然成章，輯成《明遺民録》四十八卷。其行潔，其志哀，其跡奇，其幽隱鬱結，無可告訴之衷，可以感鬼神而泣風雨。黍油麥秀，箕子亡國之痛；鐵馬金戈，放翁中原之夢。搜彼井史，發揚國光，昭垂直筆，有美必揚，以供當世愛國諸君子采覽焉。……所載雖八百餘人，而其所遺漏者，尚汗漫而不可紀極也。苟天假之年，賈其餘勇，將差次成帙，得列於所南《心史》，死不恨矣！"[①]其卷首並列會稽章炳麟、同縣侯鴻鑑、錢基博、基厚兄弟諸家之序，多推重語云。

太平天國人物志八卷　上海新中華圖書館石印本

民國孫靜菴撰。靜菴有《續明史》，已著録。

是書縣圖書館無藏本。據上海新中華圖書館廣告，披露其書要義，稱："洪氏建國十五年，畧地十六省，占府、廳、州、縣城至七百餘所，其制度、典章、人物、事實，豈無可紀者。徒以故老凋謝，文獻無徵，又無好事者爲之掇拾流傳，遂使一時成敗得失，與夫琦行異能，智謀勇畧之士，不久已蕩爲清風，化爲冷灰。而世所流佈諸書，據滿清一面之辭，非特毀譽失實，亦且闕畧不詳。先生以修史餘閒，博采舊聞，網羅遺軼，著成《太平天國人物志》八卷，末附太平天國軼事一卷。取當時諸重要人物之原委顛末，備載其實，洪纖畢具，堪補正史所不及。"所述如此，則可知斯編之足重矣。

趨庭隅録一卷　民國三十年鉛印精校本

今人楊壽枏行誼，其子景熣、景熿、景熇輯録。

是書采録趨庭之日所聞見其父言行，并以同縣顧濳字沅芍。所爲《楊味雲先生創興棉業記》，輯爲一卷。自謂比於柳氏之《家箴》，顔氏之《庭誥》而已。同縣許國鳳字彝定，清光緒二十三年丁酉舉人。爲之序，稱："前清沿歷代官制，以户部掌計。凡田賦、漕糧、鹽課、關税、釐金、幣制諸事，咸隸之，職務最爲繁劇。光緒丙午，重定度支部官制，尚書、侍郎以下，增設丞參廳，左右丞二，左右參議二，秩視三、四品京卿。各司公事先送丞參廳核定，丞、參畫諾，然後呈堂；機要奏牘，皆參議主稿，大事則尚待召集丞參會議施行。全部要政，以丞參廳爲總匯之區。宣統初，籌備立憲，設清理財政處，簡派正副監理官，分駐各省調查，實行預算。提陋規，剔中飽，裁冗濫，核名實，全國財賦之籍，始總於度支。全部新政，以財政處爲發源之地。先生由農工商部郎，調度支部丞參上行走，旋實授參議，又奏派清理財政處總辦。身兼兩要職，剖決所事如流，上而長官，下而寅僚，皆同聲推重。顧平日斂抑勤慎，不願居赫赫之名，遠權勢，杜苞苴，與疆吏罕通竿牘，雖總攬事權，未嘗爲人指目。所訂法制，至民國時，猶守爲成規；所拔人才，至民國時，仍分佈要職，故當時推爲財政專家。厥後歷官長蘆鹽運使、

① 引文據浙江古籍出版社 1985 年版《明遺民録》《民史氏與諸同志書》第 375 頁校。

山東財政廳長，兩佐計部，聲績焯然，揚歷中外，垂三十年。五十後謝政，偕秋浦周緝之總長於天津等處，創設華新紗廠，旋代棉業督辦，講求工藝，改良棉種，爲華北棉業之先河。晚歲耽心文史，寄興詩歌，與名流相唱酬。所著《雲在山房類稿》，流播藝林。綜其生平，實有古名臣識量，阨於時勢，未竟厥施。晚而爲文苑傳中人，非其志也。"斯序也，朋儕推重，雖似踰分，然壽枏進退，有關清季民初財政得失，殆匪過譽。所序清季度支部官制之更改，及籌備立憲時，設清理財政處，剔除陋弊，裁核名實，圖澄清政治，以舉辦新政，尤屬一代財政制度之興革，堪資學者覽考。至壽枏跨代出任財政要職，所擬具條陳計畫，俱備載所著疏牘中，故斯序所述云云，又可與《雲在山房類稿》所錄者相發明耳。而景煒兄弟輯錄斯編，亦屬質而不華，後世考掌故者必備之一籍也。

傳記類卷二

邵文莊公年譜一卷　　縣圖書館繕寫本

明高攀龍重訂。攀龍有《周易孔義》，已著錄。

是書據邵氏、吳氏各自編録明邵寶事跡，重加釐正者。邵氏者，寶從子熷；吳氏者，寶外曾孫道成也。寶與人書，嘗謂史法貴簡，譜書貴詳，詳而厭其冗，綱而目之可也。其從子熷據寶通家秦氏所録寶對客語，及門人莫氏所述寶言行，並家藏遺書，於是得寶一生概要，遂取法所言史法、譜書詳畧之義，次第編集成書。厥後攀龍更得寶外曾孫吳道成所編之譜，合而筆削，釐訂成帙。以道成所爲譜引弁諸卷首，並冠以顧憲成序，兹本實即其編重梓也。侯鴻鑑所輯《錫山先哲叢刊》，據縣圖書館鈔本，采録印行，於首頁第二行載從子邵熷、外曾孫吳道成同編，第三行載後學顧憲成、高攀龍同訂。然憲成序，所稱"友人高雲從雅好先生，每相與譚説先生，不勝欣欣。會先生之從子熷、及甥道成嘗編先生年譜，雲從乞而得之，大悦，更加釐正，梓而行之，屬余爲序"云云①，此堪徵憲成僅爲之序，蓋未與釐訂也。而縣圖書館據何家藏本繕録，則無考。

顧端文公年譜四卷　　清光緒丁丑涇里顧氏重刊本

明顧與沐編訂，樞、貞觀續編，開陸校。與沐字木之，號菲齋，憲成子，萬曆三十四年丙午舉人，官夔州知府。樞字所止，號庸菴，憲成孫，天啓元年辛酉舉人。學問事跡具《縣志·儒林傳》。貞觀有《涇皋淵源録》，已著録。開陸字元臣，憲成元孫，清康熙四十五年丙戌進士，累官至澤州同知，事跡具《縣志·宦望傳》。自憲成至開陸，五世聯科，邑中到於今傳爲佳話。

---

① 引文據北京圖書館出版社《北京圖書館珍藏本年譜叢刊》第 42 册第 290 頁校改。

是書采憲成事實，按年輯録，爲與沐始編，厥後樞、貞觀相與續成之，開陸爲之校。卷首載崇禎二年諭祭文，及志銘、墓碑、傳狀，卷末附憲成殁後，奏請賜謚、追奪官誥、復還原贈官誥諸疏，及崇祀郡邑鄉賢祠等事實。清《四庫全書》收采存目，《提要》稱"所録諸疏，於原文皆删節存署，視他家較簡賅有體焉"。按：《四庫》作二卷，而兹重刊本，以所冠於卷首及附録於卷末者，併作四卷，武陵胡獻徵序其端，同縣秦松齡序於後，張夏復書於卷尾云。

高忠憲公年譜一卷　　清光緒丙子東林書院重刊本

明華允誠編訂。允誠字汝立，號鳳超，天啓二年壬戌進士，除工部都水司主事，告歸。崇禎改元，起營繕司主事，進員外郎，改職方員外郎，乞養歸。福王立，起吏部員外郎，在官十三日而歸。清順治五年戊子，以未薙髮被執，死江寧市。諸孫尚濂，年十九，亦從死。乾隆四十一年丙申，追謚節慇。事跡具《明史》本傳，及《縣志·儒林傳》。允誠得主静之學於高攀龍。攀龍嘗言："鳳超整齊嚴肅，殆若天成。"及將赴止水死，拜遺表外，獨有《遺允誠書》，其見重如此。

是書力以表彰師道爲己任。蓋允誠既爲攀龍入室弟子，得諸親炙，並見師道之真者。同縣張夏書於後，謂："此編諸譜年也，莫非譜學也。其譜學也，爲請祀張本也。此則吏部之心也，抑感真者，應必真。方忠憲聞逮而赴止水也，拜表謝闕，焚香告祠而外，不作一語囑家人，獨手題一帖訣别吏部。乃閲二十餘年，吏部亦復殉節。若先借是譜，心相印，而後相諾也。"又謂："憶吏部孫何思大令嘗語予曰：'先吏部於忠憲入道之序，皆遵《困學記》，提挈分明。又如壬寅輯《朱子節要》成；戊午有《戊午吟》；辛酉入京，以東林講席，拜托葉、吳兩公，皆卷中加意處。斯言也，夏中心藏之，並敢私識末簡，爲讀譜者告焉。"按：斯編附刊《高子遺書》後，夏所謂"俾學者讀其書，即思知其人"云[1]。

高忠憲公年譜二卷　　民國元年高氏聚珍重印本

明高世寧編纂，世泰校訂。世寧字季遠，諸生，天啓元年辛酉科案。攀龍季子，少遭家難，絶意進取，事跡具《縣志·隱逸傳》。世泰有《三楚文獻録》，已著録。

是書譜高攀龍之年[2]，分上、下二卷，向爲單本流傳。視華允誠所輯本，頗能詳其所署。蓋彼則表彰師道，此則闡揚先德，而所以譜其年，亦即所以譜其學行者，則同。其十世族孫鑠泉重梓之，並識於尾，謂："忠憲公遺書，於光緒丙子，經周君質筠集款重刊行世，公之門人華吏部鳳超先生所爲年譜附焉。獨此本，向係單行，已不數見。"又謂："雍正甲寅年重刊之後，至咸豐庚申兵燹，版燬，書亦絶尠傳本。同治己巳冬月，族人於北鄉農家，購得此本。……鑠借鈔一過，置之篋中，迄今四十有三年矣。……鑠夙有志重刊，力有未逮，迄今頭童齒豁，深懼此書失墜。……值忠憲公生日，同人集於水居，公議重刊此譜。俾與華吏部本並

---

①　引文據北京圖書館出版社《北京圖書館珍藏本年譜叢刊》第 54 册第 347、348、349 頁校改。

②　原稿此處有"爲世寧編纂世泰校定"九字，與上文重複，故删。

行於世，庶幾賢哲之遺徽，不隨滄桑之變俱泯滅云。"①然此垂湮之編，今得流傳，殆匪偶然事也。

華節愍公年譜二卷　清光緒壬午華氏存裕堂聚珍本

明華袠黃編訂，張夏參校，清王澄補編。袠黃，諸生。崇禎七年甲戌歲案。夏有《雜闓源流錄》，已著錄。澄，康熙十八年己未進士，授麗水知縣。按：《縣志·選舉表》載：澄，吳縣籍。

是書纂記允誠生平事跡頗詳，堪補正史所未備。康熙刊本，久無流傳，厥後板片蠹蝕，十存一二。道光二十六年戊申，其族孫嘉植修補完好，訂正前人記載之訛，增輯陳貞慧題贊、陸楣跋語，印行流佈。後經兵燹，板燬，原本亦稀。至光緒中，族孫鴻模字子隨，同治十二年癸酉拔貢，本科舉人，宣統登極，舉孝廉方正，捐資創建果育高等小學，著有聲稱，得嘉獎。於卷首增輯《明史》本傳、《南疆繹史》本傳、《東林列傳》附傳、《東林書院志》軼事、《常州府志》人物傳，始名《華節愍公年譜》。而汪琬、徐枋所撰家傳墓誌，嚴熭哭詩，原附卷首；陸楣請恤私議，及建祠始末，原附卷末，茲悉仍其舊。據鴻模跋語所述，是編原名《華鳳超先生年譜》云。

堵文忠公年譜一卷　清道光戊申靜日軒原刊本

明張夏增輯。夏有《雜闓源流錄》，已著錄。堵文忠者，胤錫②諡。是編初爲胤錫自訂，宜興潘光序跋謂錫山張夏編次，而引夏之言，稱："公自著年史，止於甲申崇禎十七年。二月，其後則邑人任源祥所續，而夏合之，並增註焉。"所錄夏原序，謂："世之目先生者，曰氣節、曰文章，而或不知其政事；知其政事者，或不知其方畧；知其方畧者，或不知其德行；知其德行者，或不知其理學。今幸去先生未遠，有先生之手澤在，猶能一一譜之。如榷關之清惠，守郡之循卓，督學之公明，其政事可考而知也。如藍賊之再剿，藩閫之解散，陳柯之討平，其方畧可考而知也。又如孝親而廬墓，恭兄而迎歸，信友而終托，其德行可考而知也。明倫復仇有說，義利死生有辨，詩禮二經有疏，春秋史綱有纂，其理學可考而知也。向使先生所就止此，固無忝一代傳人，況後此百折不回，一門赴死，足爲人臣法者耶！"③夏之所增輯者如此，後之學者，其覽考焉。

朱子年譜一卷　浙江書局刊行小學纂註本

清高愈編纂。愈有《周禮集解》，已著錄。

是編記朱熹出處始終大畧，列於《小學纂註》卷首，或附於卷尾，以便學者覽考，殆無單本。其自識云："按，年譜係先生高弟光澤李果齋方子撰，而與《宋史》本傳、門人黃勉齋行狀中記事，間有同異。今彙三書，參伍考繹，究其歸一，誌先生出處始終大畧如此。而凡奏疏

---

①　引文據 1912 年木活字本《高忠憲公年譜·高鑅泉識語》校改。

②　原稿爲"允錫"，係清朝避雍正諱書法。據《明史》列傳第一百六十七堵胤錫本傳校改。

③　據鳳凰出版傳媒 2012 年版《無錫文庫》第三輯第五十四冊《堵文忠公年譜·原序》校。

累千言，及與門人講論精妙之義，俱不能載。又凡先生所編著，……亦多未錄。以篇帙從簡，遂難免於掛漏之誚"云①。

王荆國文公年譜五卷　邑人許同藺捐贈南潯劉氏校刊本

清顧棟高編纂。棟高有《尚書質疑》，已著錄。

是書譜宋王安石之年，分上、中、下三卷，又卷後及遺事各一卷。今南潯劉氏重刊行於世，其舊刊本不可得矣。按：安石於真宗天禧三年己未九月二日生，哲宗元祐元年四月初六日薨於金陵；而司馬光於天禧三年十月十八日生，元祐元年九月初一日薨於相位。兩人生死，同在一年，而其學術則有異同。國家用舍，人材進退，則政事得失所繫。世謂兩人當國，無異乘除，汴宋盛衰，亦於是乎定。棟高既因光十八世孫露及馬巒②所輯之年譜，以補其疏畧，正其謬訛。舉熙寧、元祐兩朝之事，詳以爲緯，俾無所遺。又以光之進退，實爲安石爲之消長，故復纂輯斯編，並傳於世。使學者合兩年譜觀之，則宋室盛衰，彌覺粲然，其有功於讀史者匪淺。今觀斯編卷首所列凡例，棟高雖據安石之集，參以史氏所記，以創製年譜，然自謂以後學譜先賢，非謗書，凡如黜逐臺諫、屏斥元老諸事，既具載史書，則斯譜概不采錄。是可見其所輯之微旨矣。又按：棟高識語謂，溫公年譜，卷首列有真容，而斯編亦必列荆國文公像。乃窮搜博訪，因悉臨川有王荆公祠塑像，須丹青者而後可摹寫。師友書翰往還，極意羅致，幾及二十年，始由其同年生彭樂某徵得之，遂以列於卷首。荆公祠於崇寧五年，郡守田登因安石宅創建而成，並肖安石像而祀之，距所卒之日不遠，其像必真。千載而後，好古者尚得見昔賢真面目於髣髴間，亦必想見當日棟高搜采之匪易事也。惜所著《司馬溫公年譜》，縣圖書館無藏本，不能以兩年譜合而覽考，未免學者之所憾。附記於此，以備徵訪。

芙蓉山館年譜一卷　清光緒己卯重刊本

清楊芳燦自訂。芳燦有《伏羌紀事詩》，已著錄。

是書芳燦自編至五十五歲止，厥後由同縣余一鼇續爲編訂而成之也。一鼇跋之，稱："余從外祖蓉裳楊公所著《芙蓉山館詩詞文集》，行世已久，咸豐庚申，板片燬，流傳之本絕少。光緒四年戊寅夏，方謀集資重刻，而以不得公年譜便學者覽考爲憾。其秋，荔裳公女孫適震澤周氏者，歸自楚北，道出梁谿，攜公自訂年譜鈔本見視。所錄詳備，惟編至五十五歲九月止。爰取公行述，自五十六歲至六十三歲，分年續編，以成完帙。付之剞劂，以列集首，俾讀公書者，展卷瞭如焉。多年未刊之本，兵燹幸存，愉快何如。"按：一鼇爲芳燦季弟英燦之外孫，表彰外家文獻，其意尤摯。世居邑城西谿，事跡別見著錄。是編幸其所續，得成完本，徵獻之士，賴以有考焉。

---

① 引文據北京圖書館出版社《北京圖書館珍藏本年譜叢刊》第 27 册第 519、520 頁校改。

② 手稿爲"馬蠻"，係筆誤。據《北京圖書館珍藏本年譜叢刊》第 15 册第 114 頁校改。

響泉年譜一卷　　清光緒丁酉聚珍本

清顧光旭自訂。光旭字華陽，號響泉，又號晴沙，乾隆十七年壬申恩科進士。揚歷中外，雅著循聲。年四十六自西蜀引退，居家養親，不復出。主講東林書院十數稔，頗負鄉望，人尤以氣節高之。其仕履政績，見《縣志‧宦望傳》。

是書爲光旭自序生平事跡以譜其年，爲光緒二十三年丁酉聚珍本。其五世族孫森書跋於後，曰："（公）《詩文集》，……《梁谿詩鈔》，皆刊行於世，更粵寇亂，版燬而猶有傳本。惟年譜一編，未聞鏤刻，疑逐飛灰冷煙，無跡可尋矣。今歲吾宗續輯家牒，乃搜羅得之，皆喜躍以爲至寶，議亟壽諸梨棗，以校勘屬森書。"①按：公《墓志》，卒嘉慶二年丁巳，年六十七，是編止於六十五歲，已非完璧。而前後數帙，又有敗甆殘損，循《逸周書》、《穆天子》槧本，闕字作方空，不敢以意逆也。嘗覽古今巨人長德，年譜由後人編次者，未必無溢美之辭，此爲公自道生平，靡不確實。然則欲考光旭出處之際，發言行政之大，以及振歲饑，捫民患，面折長官之節，當於斯編求之。

重訂淮海先生年譜節要一卷　　清道光丁酉高郵後裔重刊淮海集本

清秦瀛重訂。瀛有《康熙己未詞科録》，已著録。

是書因明秦鏞字大音，號弱水，崇禎十年丁丑進士。《縣志‧儒林》有傳。所輯《淮海先生年譜》，改正其舛誤，悉引《淮海集》中詩賦文詞爲徵。嘉慶中，刊單本行世。時錢大昕得斯本，稱瀛所訂，已極精審，但以文集及李燾《續通鑑長編》、顏魯公廟記石刻，反復尋繹，復列其當改正者六端，跋之以遺於瀛。而瀛得之，極佩大昕考據之精，因其書已梓，卷中不及更正，乃補刻錢跋於後。按：其書原本都六卷，而斯本爲高郵秦氏重刻《淮海集》時，冠於卷首，爲之删節，以省簡幅，故曰《節要》。至卷中復有小誤，爲瀛與大昕所未訂正者。又夾註行間，以備考核。嘉慶原槧，邑中故家竟鮮藏本矣。

侯給諫公年譜一卷　　縣圖書館精寫本

清侯楨編訂。楨有《禹貢古今註通釋》，已著録。

是書博稽旁搜，訂輯明侯先春之年譜。楨，先春九世孫也。其從兄桐書於後，謂"先給諫當明神廟時，以直聲著於史，應立專傳。因不爲過激之行，未受廷杖，不與東林，故僅附見諸臣傳中。然大節具在，李成梁、馬林等傳可考也。桐供職京師，無暇修輯，（道光）壬寅春，偕族人纂修宗譜，從弟楨實與斯役，爲補此編，不特善頌先德，亦所以補史之闕"云②。今縣圖書館據侯氏家藏咸豐元年辛亥原槧繕録。原本藏城中映山河侯氏，亦今日僅見之籍也。

---

①　引文據鳳凰出版傳媒 2012 年版《無錫文庫》第三輯第五十四册《響泉年譜‧跋》校改。

②　引文據鳳凰出版傳媒 2012 年版《無錫文庫》第三輯第五十四册《侯給諫公年譜‧跋》校改。

孫文靖公年譜一卷　清光緒壬寅聚珍重印本

清孫慧惇、慧翼編訂。慧惇，道光五年乙酉順天舉人，十五年乙未欽賜進士。慧翼，以兵部主事，欽賜本部員外郎。

是書爲記述孫爾準平生事跡。慧惇，爾準長子，慧翼其次也。卷中所録爾準登甲科後政事頗詳，以其上史館，備采擇，並請當代立言者爲碑銘之用。卷首自識，謂“不敢一字涉虛，以蹈誣親之咎”云。

余孝惠先生年譜一卷　清光緒乙亥蘇州刊本

清吳師澄編訂。師澄，諸生，道光二十一年辛丑歲案。余治弟子。

是書輯録治生平言行。孝惠者，治門人私諡之也。師澄既爲入室弟子，故所采明確，編次有法，言簡事賅，堪備覽考。永康應寶時字敏齋，時爲蘇松太道。爲之序。

三省軒自述一卷　清光緒乙酉聚珍本

清王世恩自訂。世恩字仲華，居邑城望湖門外之黃泥浲。自少即知勤儉，耐勞苦，與人交，誠實不欺。及長，益明敏，於事必究其終始本末，而能貫穿其條理。鄉黨有事，必爲之解，人皆信服。時霍邱裴大中宰無錫，深悉世恩賢，雅器重。南里有事，輒詢世恩而後決，其爲見推如此。

是書爲其自道生平而譜其年。統觀所記，當身遭亂離，而孝友之道，無所闕失，亦殊有關風教也。卷首附刊同縣丁培、華翼綸所爲傳畧，於世恩尤多推重云。

次晳次齋主人年譜一卷　民國八年鉛印本

民國孫振烈自訂。振烈字季芳，清諸生。同治七年戊辰歲案。兄勳烈、鼎烈，後先登甲乙科，仕宦有聲。振烈則孤標特立，英絶抗往，性狷介，有潔癖，喜畜古書畫。所居室曰“次晳次齋”，梁日緝侍御顔其齋曰“晳次”，或問之，曰：“願居曾晳之次。”蓋亦以古狷者自命焉。環室雜植樹石，蔚然深秀，嘯傲其中，幽迥絶塵。足跡不履官府，於人間世一切，髣髴不足當睥睨。説者稱其如清風澄露，滌濯軒冕，可望而不可即耳。

是書以其生平所經歷者，自譜其年。所紀一己一家事，頗賅備；而一邑以及一國之事，輒隨筆及之。又各地祥異，亦必附見，是可徵其於民生利害之關心焉。其外甥同縣錢基博爲之序。

夢痕録要一卷　民國三年聚珍本

民國高鑅泉自訂。鑅泉字松濤，別號蓮仙，明高攀龍十世從孫。少孤，事母孝，端居持重，踐履合繩墨。平居以攀龍所云“立身於天地間，只思量作得一人是第一義”之語，作座右銘。治事必勤慎，耐勞苦，而被服粗疏，蕭然物外。當清光緒初，巴江廖綸、霍邱裴大中，先後宰無錫，以鑅泉忠信孚鄉黨，遇以公款修建事，咸禮聘之以督其程。性好表彰文獻，博稽窮采，以事闡揚，懇懇焉無所倦。年踰八十卒。

是書做年譜體例，輯其生平事跡。其每歲所書，切實簡要，不尚虛飾。又於一己事外，所關一邑或一國事，亦撮其要，以紀其綱，藉備考覽。要爲自譜其年之編也。

勤補拙齋漫録一卷　　民國元年訥盦叢稿聚珍本

民國顧鳴鳳自訂。鳴鳳字儀臣，避宣統御名，易字意城，自號訥盦，清諸生。光緒二十四年戊戌歲案。博涉羣藉，而能貫穿經史；究心興替之道，而得其要。援例入資，爲浙江候補巡檢，歷官安吉、孝豐等縣典史、烏程縣南潯司、德清縣主簿。所至皆有循聲，而於南潯司交篆，士民製贈德政牌傘，其爲頌仰如此。

是書自同治十二年癸酉，迄民國元年壬子，按年實録。凡任職之地要務，並國事之大者，皆備書之，實爲年譜體例。題曰《漫録》，謙辭也。按：民國元年鳴鳳年四十，以後不知有無續録，無考。而斯編附其所著《叢稿》後，無單本。

張文襄公年譜十卷　　民國三十三年商務書館重慶初印本

今人許同莘編纂。同莘字溯伊，清光緒二十八年壬寅補行庚子、辛丑恩、正併科舉人。曾留學日本，習法制。畢業歸國，入張之洞幕，雅爲器重。民國肇建，橐筆遊四方，有道君子，又無不仰之。

是書敍述之洞出處及其生平事跡。以一己事爲經，以當世事爲緯，附録重要簡札、奏牘，使國之内政、外交諸大端，得按年散見卷中。並采録諸家翰牘之所與有關者，尤爲有裨考徵。其搜采之勤篤，考據之精審，學者多稱頌之。按：之洞總判湖廣，於國家新政，不無贊襄，而卷中所録關於戊戌變法者，僅於卷六終，謂"戊戌内臺之事，見翁文恭日記"云云[1]，以意度之，當從外交著眼，則非爲變法事可知。又於卷七之首，敍述戊戌七月大事，稱之洞"奏保使才，首舉太傅。陳右銘撫部，亦以人才奏保"，並謂"未幾，朝政復舊"。繼述八月大事，謂皇太后"自頤和園還宮……臨朝訓政"，又謂"撫院以濫保楊鋭、劉光第諸人革職"[2]。蓋同莘雖久客之洞幕，而與戊戌變法有關案據，殆無所取裁，故所録者止此。"惟其所著"云云，亦可考見同莘編輯之微旨矣。

樂農自訂行年紀事一卷　　民國三十二年鉛印本

今人榮德生自訂。德生初名宗銓，德生其字，號樂農，後以字行。爲當世實業大家。

是書自清光緒元年乙亥，至民國二十三年甲戌，自敍六十年之行事，按年分紀，實年譜也。綜其所述，平生以實業爲主。首在無錫，創辦茂新麵粉廠以爲之基，繼後擴之他處，而

---

① 　查《北京圖書館珍藏本年譜叢刊》第 174 册許同莘《張文襄公年譜》，卷六終並無"戊戌内臺之事，見翁文恭日記"字樣。

② 　引文據《北京圖書館藏珍本年譜叢書》第 174 册第 20、21 頁校改。

茂新廠遂至於四；次曰申新紗廠，自一以至於九；其次又推廣麵粉廠，曰福新，自一以至於八，所謂三新公司是也。其於地方所辦公益事，曰道路建設，則開闢開原路、通惠路，以次而及百橋公司；曰學校教育，則有公益中小學、競化女學及梅園豁然洞讀書處；曰社會教育，則有大公圖書館及梅園。平生治事，力求切實，不尚虛飾。而斯編所紀，亦貴真確，不尚華藻，信實錄也。同縣錢基厚稱是書爲德生第一年譜，並爲弁言於卷首。

蕭心劍氣樓紀事詩一卷　民國三十二年鉛印精校本

今人孫肇圻撰。肇圻有《甲申雜詠》，已著錄。

是書自清光緒七年辛巳，迄民國三十一年壬午，編年自紀其事，爲七絕百首。每詩敘述緣由，附註於下。不特關於平生出處大節，可考其梗概；而於事親友于之哀樂，懷舊結契之深情，隨筆揮灑，抒寫性靈，以資披覽者之感發，殊有裨於風教。至其弔古攬勝，感喟興歎之際，彌足以見襟懷灑落，才氣橫溢也。辛巳，肇圻出生之年；壬午，爲甲子，週而復始。於六十年中，按年臺次，纂錄成帙，名爲紀事詩，實則譜其年，以別成一體耳。其從兄保圻弁於卷首，曰：“余弟頌陀，吐屬瑰麗，於先輩龔定盦文字，尤沉潛而癖好之。嘗刊有《綴珍集》，爲人所傳誦。頃又纂成《蕭心劍氣樓紀事詩》一百首，其意溫醇而芳逸，其聲窈窕而瓏玲，其詞悲涼而激楚，蓋仍祖龔氏《己亥雜詩》之體也。夫定盦以世家子久官京師，時際承平，多識方聞綴學之士，而經術文章，又能翹然獨秀，有異於衆，其因事發誼，一落筆輒名天下者，宜也。今頌陀雖嚮往定盦，才氣亦未甚遠，然偃蹇不得意，賃廡海上，幾同市隱。更緣腦病，屏絕麴蘗，凡骨肉友朋之哀樂，山川景物之變遷，盤鬱於胸中，奔赴於腕下。乃倣編年之例，成此不朽之作。使覽者感深今昔，心神震動而不自知。得毋如定盦所謂‘高吟肺腑走風雷’者耶。嗟乎！余與頌陀華年既逝，洗兵無雨，不復有湖山歌舞之樂。而余之身衰才盡，卑棲塵俗，非特不敢追望定盦，即比諸頌陀，亦殊異焉。可愧也夫！可哂也夫！”其爲論列又如此。

史 評 類

學史十三卷　縣圖書館精寫本

明邵寶撰。寶有《泉齋簡端錄》，已著錄。

是編爲江西提學副使時所作，格物載記之書也。爲卷十有二，每卷或三十條，或二十九條，以象月之有大小耳。蓋取程子“今日格一物，明日格一物”之義，名之曰“日格子”。清《四庫全書》著錄之。《提要》稱：“書中取自周迄元史事，分條論列，詞簡意賅，筆力遒健。”又謂“寶平生湛深經術，持論平正，究非胡寅輩之刻深、尹起莘輩之肤淺所可擬”云。

讀史論畧一篇　雲川閣原刊本

清杜詔撰。詔字紫綸,康熙五十一年壬辰欽賜進士,改庶吉士。少從嚴繩孫、顧貞觀遊,得其指授,工於詩,尤善填詞。康熙四十四年南巡,詔獻迎鑾詞,聖祖稱善。於行在試,列高等,命入内廷纂《歷代詩餘》、《方輿考畧》及《詞譜》,時詔尚未登賢書也。五十年辛卯,舉順天鄉試。明年,聯捷獲榮遇,儒林遂播爲佳話。無何,乞假歸,以詩詞倡導後進,尤多造就。《縣志·文苑》爲之傳。

是書以陽節潘氏所爲《通鑑總論》不能貫穿諸史,窺見領要,但拾取一二殘斷舊説,任意顛倒,畧無本末,遂至褒貶失倫,紕繆百出,詔乃就正史所述,一一論次,以正潘氏之誤。同縣王澍爲之序,稱"本其所以興衰之故,原原本本,一綫貫穿,語不繁,而古今理亂之端,燎然如掌,不惟可以正潘氏之訛,由此讀廿一史,若網在綱,累累如貫"云。

史通通釋二十卷　清光緒己亥上海通時書局巾箱本

清浦起龍撰。起龍字二田,雍正八年庚戌聯捷進士。雍正五年丁未,詔徵孝友端方,時起龍爲諸生,知縣王喬林舉以應,辭未赴。晚自號三山倦父。自少壯,耆古篤學,於書靡所不窺。乾隆四十一年丙申東巡,起龍以所著《讀杜心解》、《史通通釋》,於惠山道左進呈,得留覽①。厥後選《唐宋詩醇》,多采其説。官蘇州府學教授,時青浦王昶、嘉定錢大昕、王鳴盛輩,方爲諸生,嘗聞其名而執贄焉。《縣志·文苑》爲之傳。

是書爲唐劉知幾《史通》註本,故名曰《通釋》。《四庫全書》著録之。按:《史通》註本,舊有西江郭延年、河南王維儉二家。厥後又有北平黄叔琳註,删郭、王之所繁,而補其所闕遺,爲時讀史者所采。起龍是註,又在黄註之後,故註中亦有采用黄説,而頗糾彈其疎舛。《四庫提要》謂"引據詳明,足稱該洽"。而評與註釋,夾雜成文,有乖體例。然按起龍於乾隆丙申東巡,擬以是書於惠山接駕處所道左進呈,自謂:"衰暮之年,曾膺禄仕,身已耄老,非有他望,祇因半生精血,都耗此書。倘得重邀天眷,俯賜留覽,俾鬱金小草,與被春風,涓滴細流,盡歸滄海,於願畢矣。"②見《不是集》所載上雲貴制軍尹書。可見是編著述有成,殆匪易易,宜爲讀史者所推重焉。

綱目志疑一卷　昭代叢書本

清華湛恩撰。湛恩有《古韻溯源》,已著録。

是書爲湛恩究治《綱目》,隨筆識其疑,次爲一卷。吴江沈懋惪校輯《昭代叢書》,稱"華廣文子屏潛研於正、續兩編者十二年,著《志疑》一書,以補汪環谷《考異》所未備。無論其他,如謂漢武帝建元、元光、元朔年號,必是元狩後追紀,此則昔人所未言。而於唐代通王滋

---

① 此處記述有誤。按:浦起龍生於清康熙十八年(1679),逝於乾隆二十七年(1762),乾隆四十一年於惠山道左進呈浦起龍著作的,應該是他的學生。

② 據鳳凰出版傳媒2011年版《無錫文庫》第四輯第九十册《上雲貴制軍尹書》第277頁校。

等十一人,各考其名號;西遼耶律大石至直魯古,能舉其本末,則是書之有裨於綱目,豈淺鮮哉"云①。按:是編《縣志》藝文門未載。

五代春秋志疑一卷　昭代叢書本

清華湛恩撰。湛恩有《古韻溯源》,已著録。

是書因尹師魯之《五代春秋》,於年、月、地理、人名脱字錯簡,多所更正。此有功於尹氏之書也。按:五代之事,自薛、歐二史外,記載頗多。其廣求事實,用《春秋》筆法者,則莫如尹師魯之《五代春秋》。斥朱温,不以爲帝,而於後唐莊宗即位,特書神閔皇帝,以繼唐之正統。論者美其書法,謂其識在歐陽修之上。湛恩於其書舛訛,既有所更正,而復以朱温僅比於漢之王莽、晉之桓元,不得爲正統,持論至篤,立義嚴明,又堪爲讀史者之助。自謂"日夕誦之,有所疑,輒志之别紙。惟是家少藏書,不能繁徵博引,以資考訂,……多就正史紀、傳、表、志中參互比勘。其有牴牾處,見輒摘出,成《五代春秋志疑》一卷"云②。按:是編《昭代叢書》采輯之,而《縣志·藝文》則未載。

道齊正軌二十卷　清道光庚戌原刊本

清鄒鳴鶴撰。鳴鶴有《道南淵源録》,已著録。

是書采録二十四史之循良列傳,共二百三十餘人,俾後之人有以爲鏡鑑。自謂"是書本旨,原以援古勸今。……去其僞者、酷者、駁而未醇者、大節有虧實跡無聞者。……品必純,事必實,始終必完備。……是書以實心爲民爲主。……專爲今人作則,非爲古人表微;專爲古治溯源流,非爲古史辨異同",俾"閲是編者,可以識斯民維繫之故,並可以鑒時代盛衰之本。此事何等關係,而豈空談治譜耶"!嘉興錢儀吉爲之序,稱:"有志於古者,得是編,慎思篤行,神而明之,取之各足,用之不窮,以大濟於吾民,而古治可復也,則信乎古今無異治也。……其忠於事上,而亟於惠民者,意在斯乎!"③然則鳴鶴所以《論語》德、禮之義,以名其書者,可以知其旨矣。

重譯中等東洋史二卷　清光緒甲辰通行鉛印本

民國周同愈譯撰。同愈原名潔,字進之,清諸生。光緒九年癸未歲案。四入秋闈,俱薦未售,遂棄制藝而學古文。平生最服膺韓愈,其與人書,嘗謂自古作文之士非一,惟韓文可讀者十八九,宋以來,一人所作之文,或數十篇或百篇,可讀者僅一二焉,或並無一二焉。持論之嚴如是。家貧自守,絶少交遊,而昕夕摩誦韓文無所間。嘗以所作質諸吳昌碩、吳增祺,俱稱其有體裁。但齎志以終,無所展布焉。

---

① 引文據吳江沈氏世楷堂藏板光緒二年重印本《昭代叢書》癸集卷第十八《綱目志疑跋》校改。
② 引文據世楷堂藏板光緒二年重印本《昭代叢書》癸集卷第十五《五代春秋志疑自序》校改。
③ 引文據北京出版社1998年版《四庫未收書輯刊》叁輯拾柒册第3、4、5、6頁校改。

　　是書慨百年來，東西洋國際間事日以繁密，而中國人無有能舉重要事，勒爲一史者，乃因日本桑原騭藏君《中等東洋史》重譯之。一時流傳海內，讀史者多稱誦焉。自序之，謂："五洲未通以前，中國龐然自大，以爲列於吾旁者，皆小蠻夷而已。不知域中之爲東洋，安知海外之有西洋。今人人知有東、西洋矣。……（然）吾中國無一人能舉重大要件，勒爲一史以問世者，可愧也。……（此作）爲日本人所著之東洋史最晚出、最完備之書。前之譯者隨俗，無可稱道。又是書於每一國之治亂興亡，與重大要件，一以日本紀元組織其間。桑原騭藏君爲日本人，彼自愛其國，宜其爾爾。譯者既爲中國人，仍其舊而不爲改易，愛國之心何在？予故重爲之譯，文必求其從，字必求其順，務合於韓退之家法而後止。每一國之治亂興亡，與重大要件，一組織之以中國紀元。閱三月而全書告成。凡吾之所爲，勤劬而不敢忽者，無他故，總以吾愛國之心，激動讀者愛國之心。故昔北本涅槃經，由謝靈運再治而義畢顯，吾之此譯，果即爲謝靈運之涅槃經耶？抑否耶？月旦之評，是在吾黨。"[1]讀者於同愈所爲而譯之旨，儻亦窺見梗概乎？

奏議公牘類

侯少芝先生諫草二卷　　民國六年聚珍本

　　明侯先春撰。先春字元甫，號少芝，萬曆八年庚辰進士，除太常博士，進吏科給事中。上轉漕五策、救荒十策、請止遣民給賑擾民事。迨轉兵科，奉命閱視遼鎮，乃咨訪利病，條上三十餘事，劾罷大帥不職者。旋補兵科都給事中，值朝鮮倭變，經署彌年。事已解，而議者欲留兵以戍，先春疏言，不可復糜軍興之費，疲中國以奉異域。後遼稅監高淮劾一大帥，罷之。先春極言："將師不職，須撫、按交奏，兵部議覆，以俟宸斷。今一瑢出中旨罷黜，將權日輕，邊事日亟，必至禍國。"直聲震天下，而讜言不能用，謫廣西按察使知事。事具《縣志·宦望傳》。

　　是書爲先春所遺之奏疏。當清乾隆十一年丁卯，其五世孫鴻漸鐫於閩清官舍，板未歸。道光二十二年壬寅，七世孫咸曾付剞劂。嗣遭兵燹，板燬。光緒六年庚辰，晟道光八年戊子副貢，官永順知府。復刊行之。逮民國六年，常熟邵松年應其裔孫祖述字紹光。之請，爲書於後，稱："少芝侯公以名進士於其時，薦歷四垣，慷慨言事。星變陳言，慢祭抗疏，所以示敬天也；建救荒之議，陳糧役之苦，所以示恤民也。搜異才以備國用，不愧於進賢；罪惡瑢以杜侵越，意在於退不肖。抑制戚畹，明名器不可以假人；甄別功罪，見賞罰不可以倒置。查核冒濫，統計出入，何至國帑之虛糜；閱視必求實效，攻謀必策萬全，足證治軍之有道。而'安邊廿四議'及'秋防事宜'等疏，蓋於邊事尤斤斤焉。而本多留中，空言無補，卒用抄參，冀少裨益，用心亦良苦矣。讜言不入，國事日非，寖至思陵，流寇並起，卒以滅亡，此誠諸葛武侯所謂

'不能不痛恨於桓靈'也。迄今讀其遺疏，洋洋數萬言，忠義之心，躍躍紙上，有臣若此，而其言不用，卒至高淮謫籍，齎志以終，豈不大可惜哉！"①闡發先春立朝風節，可謂至矣。

俞東鑣先生奏稿附詩文一卷　　俞氏捐贈家藏精寫本

清俞肯堂撰。肯堂初名坊，字人表，號東鑣，又號東川，嘉慶十四年己巳進士。授翰林院編修，充武英殿纂修，國史館總纂，十九年甲戌會試同考官，既而擢山東道監察御史。時河南大水，疏請以工代賑，報可，豫民以是無流亡。先是，肯堂於乾隆五十九年甲寅，以拔貢生捷京兆。嘉慶初，疊進十全詩、四聲詩、三言至十一言詩，俱特旨褒嘉，賜蟒緞、荷包。故未捷禮闈，已補授內閣中書，充文淵閣校理、協辦侍讀本衙門撰文、玉牒館纂修諸職，赫然有聲於時矣。性慷慨，而又好任事。嘗偕同縣徐煥、字舫亭，嘉慶六年辛酉恩科進士，選翰林院庶吉士，歷官禮部主事。著有《舫亭集》，今無傳本。《縣志·文苑》有傳。劉嗣綰、繆其泰《縣志·宦望·俞肯堂傳》附載，云："其泰性豪邁，初謀作會館，費鉅萬，其泰貸金書券，鳩助邑之仕中外者，事以成。後官平陽通判。"葦，始創錫金會館於都門，事具《縣志·宦望傳》。

是書為奏稿二通，附絕詩六首，古文辭四首。其曾孫彬蔚搜求二十餘年，始得之。以端楷鈔錄，而書於尾，謂"世變日亟，深恐此區區者亦復散佚，特藏之圖書館，以永其傳"云。

四西齋決事八卷　　清光緒甲辰原刊本

清孫鼎烈撰。鼎烈字叔和，光緒十四年戊子順天舉人，己丑聯捷進士，選庶吉士，散館以知縣分發浙江。到省，權會稽、太平、臨海三縣。以禮去官，薦升觀察，徵入京師禮學館。初，鼎烈以明經官內閣中書，供職十餘年，才雋學裕，為閣長所倚重。迨登科後授縣官，歷治劇邑，所至有聲。嘗謂士子讀書，得官本非所志，一切毀譽榮辱，窮通得失，視若無與，而濟之以清慎勤明，則自有得。其居官之要蓋如此。

是書官會稽、太平、臨海時判牘，次為八卷，鼎烈手訂本也。門人海寧張鵬翔序之，稱其為政"尚嚴猛，得子產相鄭、武侯治蜀之遺。凡蠹吏、猾役、訟棍，蟊賊斯民之輩，鉏擊尤不遺餘力。故良民受陰惠，而奸徒有怨聲"。時江陰繆荃孫又稱"鼎烈之決事也，兩造隱情，歷歷如繪，雖極纏繞之事，寥寥數百言，而文之簡潔，理之暢達，不但折服姦猾，實足以感動善良"云。

許靜山先生権煙奏稿一卷　　上海文明書局鉛印本

清許玨撰。玨有《論語要畧》，已著錄。

是書輯錄駐義使節時奏稿二種，一為《請做義國稅則加徵煙稅摺》，一為《續陳義國権煙大畧請先就土藥整頓試辦摺》②。按：中國自光緒二十七年辛丑以後，每歲驟增各國賠款，

---

① 據鳳凰出版傳媒 2011 年版《無錫文庫》第三輯第五十七冊《少芝侯公諫草書後》第 304 頁校改。
② 奏摺名稱據沈雲龍主編《近代中國史料叢刊》第二十三輯《復庵先生集》第 11 頁校改。

各省攤派數鉅，羅掘既窮。籌款之方亦不一，有議傲行西法者，而畿輔之臣，奏請試辦印花稅，廷詔"從緩舉辦，毋滋擾累"。珏在海外，時動愛國之思，因奏請榷煙而裕國用，不獨可抵付賠款也。時爲光緒二十九年八月，及三十年四月。按：斯稿皆全集所收。

許靜山先生呈請都察院代奏稿一卷　通行鉛印本

　　清許珏撰。珏有《論語要畧》，已著録。

　　是書輯録呈請都察院代奏稿六種。按：光緒三十二年，清廷爲預備立憲，派載澤、端方等分赴各國，考察政治。既回國陳奏，擬次第舉辦新政。珏於時本"大權統於朝廷，庶政公諸輿論"之旨，具呈意見爲第一疏；又以學務關繫甚重，宜正本源而防流弊；又請嚴飭各省實行禁煙，并准籌辦公債以抵稅釐短絀之數；又以蘇省征收膏捐，有妨禁煙仁政；又陳請試辦公債大畧，以補洋、土藥稅釐短絀；又瀝陳蘇省禁煙未能實行，並膏捐貽誤地方情形，及"實行禁煙，請變通期限，因地制宜，以蘇民困而堅鄰信"諸疏。自光緒三十二年八月至三十四年七月，先後分陳。綜觀各疏所列，則珏於國家舉辦新政，並實行禁煙之策，可概見其要旨焉。

錫金戒煙文牘鈔存一卷　北京官書局鉛印本

　　清許珏撰。珏有《論語要畧》，已著録。

　　是書輯録錫金戒煙局之公牘，次爲一卷。按：錫金戒煙局者，珏赴都察院呈請，先就本籍地方試辦勸戒，藉使推廣，故於無錫、金匱兩邑，合設一局辦理之。是編卷首，冠以公呈，謂："理財之道，開源不如節流；節於官府，不如節於民間之多；剔弊實於內地，不如塞漏卮於外洋。……鴉片流毒中國將及百年。……查近年海關貿易冊，洋藥進口，每歲尚五萬餘擔，輸出價值之銀，計在三千萬兩外。如使民間一旦悔悟，痛改前愆，自相禁止，不吸鴉片，則每年存留內地之銀，已較歸還洋債之數，有盈無絀。"[1]然驟言禁止，原自不易，故就地方先行試辦，推誠勸導，設局醫治，其法切近較易。果能行之有效，再行逐漸推廣云云。時在光緒二十五年之冬，清廷以甲午賠款，措置無所，珏謂辦此一事，已足歸還。覽考斯編，則尤可見其懇懇焉愛國之切矣。

禁煙牘存一卷　清宣統辛亥聚珍本

　　清許珏撰。珏有《論語要畧》，已著録。

　　是書爲辦理廣東全省禁煙局之公牘，自光緒三十四年十二月由督院委辦設局，至宣統三年八月，以年月先後編次者。珏以禁吸鴉片，爲救中國貧弱要策，而於斯編，尤可見用心之篤，所事之勤焉。

---

　　①　引文據沈雲龍主編《近代中國史料叢刊》第二十三輯《復庵先生集》第104、105頁校改。

柳州文牘二卷　清宣統庚戌鉛印本

民國楊道霖撰。道霖原名楷，有《光緒通商列表》，已著録。

是書爲其知柳州府時之公牘。武進劉持原綜其所録，編次爲二卷。道霖自謂治柳州二年，於上多直忤，而於民則不敢不親。然則斯編也，其爲政精意，可概見焉。

地理類卷一

讀史方輿紀要一百三十卷　清光緒己亥新化三味書室刊本

清顧祖禹撰。祖禹字景范。先世於宋端平初，自臨安辟地梁谿，耕讀於宛谿之上，按：宛谿今名苑山蕩，位縣境之東陲。子孫奉遺命，歷元世皆隱居不仕。於明成化間，人文郁興，自是談吳中文獻者，輒采及顧氏。父柔謙，字剛中，後更名隱，字耕石，《縣志·隱逸》有傳。少孤，遭家難，長贅常熟譚氏。生祖禹，祖禹故間自署常熟耳。柔謙身丁國變，棄諸生，常閉門默坐，或竟日不食。乃謂祖禹曰：“汝能終身窮餓，不思富貴乎？能以身爲几上肉，不思報復乎？”祖禹應曰：“能。”乃大喜曰：“吾與汝偕隱耳！”蓋柔謙請纓有志，攬轡無車，故國山河在望，而三百年圖籍泯淪，文獻無徵，悼嘆莫極。祖禹少負異才，博綜羣籍。至是乃秉厥考之志，掇拾遺言，網羅舊聞，貫穿今古，創業名山，寄懷舊之慨，昭示來兹。祖禹弱冠時貧甚，爲里塾師，歲得修脯微，而以半與婦，俾就養翁家，餘盡市紙筆油燈，題其館曰“夜眠人靜後，早起鳥啼先”，其自勵如此。故熟於山川阨塞、戰陣攻守之畧，會三藩繼明統用兵，而祖禹崎嶇閩嶠，卒無所遇。嘗題淮陰侯廟云：“重瞳帳下未知名，隆準軍中亦漫行。半世行藏都是錯，如何壇上會談兵。”蓋其自況也又如此。《縣志·儒林》爲之傳。

是書以古今之方輿，衷之於史；以古今之史，質之於方輿，編次成書，都百三十卷，曰《讀史方輿紀要》。凡山川源流、邊防形勢、關河天險，以及古今戰守攻取之要，無不博采詳紀，以資考鏡。要以一代方輿，發四千年治亂興亡之微。寧都魏禧序之，稱：“祖禹貫穿諸史，出以己所獨見，其深思遠識，有在於言語文字之外，非方輿可得紀者。”[1]是殆深知其意之論。而祖禹自謂“欲遠追《禹貢》、《職方》之紀，近考《春秋》歷代之文，旁及稗官野乘之説，參訂百家之志，續成昭代之書，垂之後世，俾覽者有所考鏡。而貧賤憂戚，離亂其中。上之不能涉江踰河，登五嶽，浮沅、湘，探禹穴，窮天下之形勢；次之不能訪求故老，參稽博識，因以盡知天下險易扼塞之處；下之不能備圖志，列史乘，不出户而週知山川、城郭、里道之詳。惟⋯⋯無負先人提命之意，若以語於著作之林，余小子夫何敢”云[2]。按：是書可謂名山鉅製，千古無雙，而清《四庫全書》，何以未予著録？考祖禹身世所感，故其所發，有爲當世所忌，其時大吏，殆未敢采進之歟。

---

①　據上海古籍出版社 2002 年版《續修四庫全書》第 0598 册《讀史方輿紀要·魏禧敘》第 5 頁校。

②　引文據《續修四庫全書》第 0598 册《讀史方輿紀要·總敘一》第 18、19 頁校改。

憩遊偶考八篇　昭代叢書本

清華湛恩撰。湛恩有《古韻溯源》,已著録。

是書爲湛恩所歷關山江海,以及其他水道,目睹形勢,闡發實際之作。首爲天下形勢考;次爲防江形勢考;次爲防海形勢考;次爲水道總考;次爲淮泗考;次爲汝漢考;次爲濟漯考;次爲江南水利通考,都八篇。吳江沈懋惪稱:"余校《叢書》,壬、癸兩集已畢,華君孟超復以所著《憩遊偶考》八篇見示。並寄書云:'筆研荒蕪,未能撰述。惟是少年浪跡,馬足船唇,二三萬里,三十年來,關塞山河,歷歷在目。偶有管見,信筆直書,暢所欲言,不計工拙。'余謂古人讀萬卷書,行萬里路,二者不可偏廢,今於孟超益信。"①按:是編自首至四,又爲《小方壺齋輿地叢鈔》所采録。《縣志》藝文門則未載。

汴梁守城紀畧一卷　清道光己酉原刊本

清鄒鳴鶴撰。鳴鶴有《道南淵源録》,已著録。

是書爲黄河決祥符,記防守開封,並其善後事。按:道光二十一年六月十六日辰刻,河既決,水由祥符上游潰隄而出,直薄開封省城,城外立時水高丈餘,形勢危急。鳴鶴時攝開封知府篆,身當要衝,辦理防堵並善後事宜。既完成,乃輯録所事,記載一卷,刊單本行世。吳縣潘世恩爲之序,而諸家題識亦附録之焉。

萬國輿圖全志三十四卷　王氏家藏原稿本

清王以銓撰。以銓字柏庭,道光二十九年己酉歲貢,選訓導,世以學行聞於庠。以銓親老家貧,資教授以養者三十年,甘旨無少缺。爲人於義利辨之甚明。讀書精究義蘊,曲證旁通,於經、史各有心得。及門弟子經其指授,捷省闈並成進士者,往往都有。子綻,同治二年癸亥進士,以文章政事有聲。同縣沈鑒所爲《懷舊列傳》,以銓與焉。

是書以武進李兆洛所刻一統圖,雖分疆劃界,指掌瞭如,然有圖無志,欲考沿革、探險要、攬風土,則無所得,故志中國,以李氏圖爲本,而旁徵他書以備志之;所志外國,采英人所刻《地理全志》附圖爲藍本,以滄洲葉氏所刻《萬國大地全圖》參合之。所志中國,最重險要,故於山川形勢,志之獨詳,次爲沿革變遷,而名勝人物,則稍畧。原稿藏其家,曾孫鑾珍藏之。無刻本。道光間,外患迫,而士子尚齗齗帖括,獨以銓究心中外邊疆險要,以及山川形勢,殆當時奇士耳。

英法義比志譯畧四卷　清光緒己亥無錫薛氏石印本

清薛福成撰。福成有《浙東籌防録》,已著録。

是書爲其在海外使節時,所譯著之英、法、義、比四國之志。其第三子瑩中梓行於世。按:福成出使海外,隨地留意各國疆域,以及山川形勢、海口要地,故搜羅五洲地志,分別纂

①　引文據吳江沈氏世楷堂藏板光緒二年重印本《昭代叢書》辛集補卷第三《憩游偶考》校。

録，繪圖譯説，以補徐氏《志畧》、魏氏《圖志》之所不及，擬名其書曰《續瀛寰志畧》。得稿數十帙，圖數十幀，擬俟歸國之暇，手自編訂。詎知抵滬兩旬，疾卒出使行臺，天實阻之，謂之何哉！其子瑩中檢理遺篋，卷帙浩繁，一時未易有成，乃抱奉使四國之志，先付剞劂，以見梗概。而復跋於後曰：“先公五洲地志譯稿，詳畧互殊，體例各別，蓋采用不止一書，編譯非出一手，實未定之稿本也。原稿均附地圖，雖細如毫髮，而朗若列眉，誠屬至寶。惟念久庋篋中，恐致散佚，延人重輯，又需時日，不如即將原稿發印，以俟當世君子之理董。然其卷帙浩繁，鋟板非易，難以一時盡出。而英、法、義、比四國，爲當時奉使之邦，爰先付印，名其書曰《英法義比志譯畧》，志其實也。其餘家藏諸稿，擬次第校印，以公當世而大其傳。竊聞泰西諸國，最尚輿地之學，學堂童蒙，無有不教地圖、讀地志者。是故西人每適一邦，必於山川形勝、民風物産，隨時留意，或繪爲圖，或筆之書，煩瑣如島嶼沙綫，荒遠如南北二極，猶且冒險，不辭勞瘁。數十年來，版圖漸擴，氣象益新，未始不由於此。我中國於外洋大勢，知之者鮮，而西人圖籍，繁密精邃，難可殫究。高言時務者，或不喜爲之，宜乎交界條約，輒受虧損。先公之爲此書，殆有深意存乎其間。”又云：“俟《四國志》蕆工，即續印越南、暹羅、緬甸及附近柬埔寨、南掌諸志，皆與滇桂沿邊接壤。先公訂定界約，頗注意於此，亦先志也。”然則福成譯輯地志，其用心之忠實，已可概見，而況又有與我沿邊接壤各地之志者乎！惟瑩中所稱即予續印諸志，曾否次第梓行，無可稽考。即是編附圖，亦無傳本，有志之士靡不惜焉。

滇緬劃界圖説無卷數　　清光緒壬寅薛氏傳經樓石印本

清薛福成撰。福成有《浙東籌防録》，已著録。

是書爲駐節倫敦時，辦理滇緬界務，既合龍，裒集其有關疏牘、圖片，編次成卷。首載滇緬劃界圖，圖之右偏下方，有“光緒二十年正月，西千八百九十四年二月，滇緬界約合龍，繪於倫敦使館”之識，圖中有近百年來滇邊舊界、英人擬佔進之界、現訂定滇邊之界三綫，以資校核。圖後輯録滇緬分界通商事宜之奏疏四，附片六，與總理衙門之咨文都二十，及暢論滇緬界務之書函又十有五，並與英外部交涉之照會十有八，所新訂滇緬條約二十條，亦備載卷中。自光緒十七年正月始與英外部交涉，至二十年正月方訂立界約，按照界綫侃侃辨談，據理抗衡，經三年之久，而能折衝於樽俎之間，得收回邊疆舊地二千餘方里之廣，此清季外交上僅有之勝事也。卷末附録上海申報《讓地歸英》一節，謂“中東事起，俄、法、德居間有力，中國以覬脱贈法。而英滋不悦，谓中國贈地與人，未守約章，新訂《滇緬界約》第五條規定：中國必不將孟連與江洪之全地或片土，讓與別國。與中國輵輵重訂專條，許英以滇緬鐵路之利，復全改薛公滇緬之約”云云①。其時福成殁不二年，而條約忽已改變，三載舌戰，盡付流水，外交雖屬勝利，終歸失敗，清季政治如此，可勝慨哉！

---

①　據成文出版社 1974 年版《中國方志叢書》華南地方第 249 號《滇緬劃界圖説》第 120 頁校改。

河工紀要四卷　王氏家藏稿本

清王藴中撰。藴中字箴復，綍次子。兄藴時，光緒元年乙亥副貢，知朝城及濟陽縣事，時兼治黄河工程。藴中隨兄抵任所，於河工悉力勤事，期民免於患。

是書爲當時河防工程之隨筆紀録，編次之，爲四卷。卷一曰氾水總署、南河工程、隄工；卷二曰防守、搶險、塞決；卷三曰挑河、埽工、壩工；卷四曰閘工、石工、算法、報銷，總名曰《河工紀要》。書既往之事，堪備未來之鑑。雖其工程盡用舊法，然亦足供異日參考。卷中未註年月，殆紀録時疏漏耳。此爲王氏家藏原稿本，未經刊行於世。

沿海形勢論一篇　清光緒丁丑小方壺齋輿地叢鈔本

清華世芳撰。世芳字若谿，光緒十一年乙酉拔貢。父翼綸，博學能文，有聲於時。而世芳少即穎悟，就傅時，父適自永新知縣任所歸，退居林下，日教以羣經、左、國、史、漢、諸子書，故世芳年未弱冠，已上下古今，氾濫百氏矣。兄蘅芳，時以善算名，家藏算書頗富。世芳於撰論之暇，輒復披覽，潛思冥索，盡窺其奥，同縣秦緗業《梁谿七子咏》稱"異時疇人傳，難弟復難兄"者①。是時上海求志書院課士，所發算題，艱深不易解，而世芳能洞曉其理，所試必列前茅。江蘇學政黄體芳聞而嘉之，特調考算學，遂登拔萃科，聲譽卓然播遐邇焉。光緒二十九年，詔開經濟特科，學部尚書瞿鴻禨、兩江總督周馥、湖廣總督張之洞，先後保奏世芳算學專家，精通時務，文行兼修，遠近奉爲師範。世芳乃應選入都，再試被遺，而亦不以措意。旋又應之洞之聘，充湖北自强學堂算學教習，並嘗先後主講常州龍城書院，兼主江陰南菁書院及靖江馬洲書院講席。承學之士，聞風造請，皆滿其欲而去。三十年正月，就上海南洋公學漢文總教。四月，應商部高等實業學堂教習，以勞瘁得肺疾，歿於學堂，時三十一年正月，年五十有二。

是論因乾隆時同安陳倫炯所著《沿海形勢録》，所列島嶼澳港、避風寄碇之所，乃復縱覽形勢，通盤核算沿海大局，宜分三路，燕齊一路爲北海；江浙一路爲東海；閩廣一路爲南海。各路何者爲門户，何者爲咽喉，何者爲要害，歷歷指陳其形勢，一切瞭如指掌焉。又謂南海之形勢，不在沿海，而在臺灣。臺灣孤懸海中，南鄰荷屬吕宋島，廣土沃野，最利開墾，五金礦藏，多未發洩，外人垂涎已久。爲今之計，莫如廣行開墾，以收天然之利，則所以息窺伺而樹屏蔽也。其所列於篇者如此。按：此論著於甲午中日之役前，其時，士大夫多治詞章訓詁之學，獨世芳究心沿海形勢，發有此論。未雨綢繆，有備無患，惜當時秉國鈞者未覽考及此。南清河王錫祺輯《小方壺齋輿地叢鈔》，世芳此作，亦爲采録焉。

東瀛識畧八卷　孫氏玉鑑堂藏本

清丁紹儀撰。紹儀字杏舲，自少穎異，讀書過目成誦，弱冠益卓犖不凡。援例捐藩經歷，分發湖北，署東湖縣，斷獄明決。嗣以原官改福建，權藩經歷，綜理七局事務。時洪楊軍

---

① 引文據《無錫文庫》第四輯第八十八册《虹橋老屋遺稿》詩五《梁谿七子咏》第 252 頁校。

興，大江南北及閩江上下，軍書旁午，度支匱乏，紹儀籌措所需，收利權，濟民困，而支取有節，雖制軍、興夫，必以禮折之，民感其德，而皆信服。旋陞通判，權汀州府，補上洋。抵任所，遂籌團防，民賴以安。無何，奉差入都，去不二月，而上洋有變，制府文致紹儀罪，劾落職，人多冤惜之。

是書輯録臺灣之地勢，及其制度、習俗等，分建置、疆域、糧課、稅餉、學校、習尚、營制、屯隘、海防、物產、番社、番俗、奇異、兵燹、遺聞、外紀十六類。孫氏玉鑑堂藏有其書，主人祖烈題記，謂："夫人著書立記，必期有裨日用。尋章摘句，好爲悱惻之詞，固不足貴；鎔經鑄史，讜言偉論，而無裨於朝章政典，昧於因革損益，亦等之厄言，君子無取焉。斯編旨在移易習俗，利益民生，察微知著，詳於今昔形勢，俾得防微杜漸，奠巖疆於磐山。誠能采而用之，臺疆匪必爲他人之屬也。奈何未竟其用，而書之流傳尤少。三復斯編，不禁百感之橫集矣。"按：紹儀斯製，殆在光緒之初，時去甲午之役尚遠，然已極關切瀛海要地，詳列其形勢，備論其習俗，以爲其時邊防之所重。則其用心，固非所謂尋常摘句、鎔經鑄史、無裨當世者所可比擬也。

東陲紀聞一卷　民國九年鉛印本

民國秦岱源撰。岱源有《中國航政史》，已著録。

是書當供職中東鐵路時，紀録邊陲之要聞。自序之，謂："今夏奉部令來哈爾濱，充協約共管俄路暨中東鐵路技術部委員，往來於中東路綫迤東一帶者，凡數閱月。退食之暇，恒搜集沿綫情形，並各種記畧所載三省要聞，週諮博采，彙爲兹編，顏曰《東陲紀聞》。原夫東省地處邊陲，開闢未久，當代人士每多忽焉，不甚注意，庸詎知此方地大物博，天富之區。日俄爭雄，犧牲生命至數百萬人衆，其地之重要可知。外人比之爲'亞東之巴爾幹'，信非誣也。至於中東一路，爲我主權所關，作者尤三致意，記載特詳焉。"按：岱源充任其職時，在民國八年，所録斯編，實爲警惕國人，非尋常足跡所經之遊記而已。

附　　録

天下郡縣水利志無卷數　縣圖書館繕寫本

清唐汝翼撰。汝翼字鷺廷，號純甫，道光十二年壬辰舉人。博學能文，而尤究心治亂得失之道。與同縣安詩、劉嗣綰、烏程凌鳴喈友善。咸豐三年，洪氏都金陵，邑人遷徙，汝翼謂無恐，惟庚、辛年當有變，因條陳戰守事宜，上書當事，不報，後其言果驗。事具《縣志‧文苑傳》。

是書掇序天下山川形勢，涉及漢、唐以來戰守得失之道，以興修水利，而爲營屯之策，故名曰《天下郡縣水利志》。按：卷中所載，蓋謂國家承平歲久，生齒日繁，田土不闢，齊民棄本逐末，則遊惰生焉。欲救民之惰，莫若驅諸農。驅之農，必先悉山川險夷，水土所宜，然後教以耕，教以戰，則利害判然，所謂營屯之策也。其寓兵於農之微旨蓋如此。又按：縣圖書館

《鄉賢著述書目》，稱是編爲《咸豐郡縣水利志》，兹仍從其原名而著録之云。

江浙水利聯合會審查員對於《太湖局水利工程計劃大綱》實地調查報告書三章　梅村陳氏家藏，吳江金氏手註本

民國胡雨人撰。雨人名爾霖，清諸生，光緒十五年己丑歲案。後以字行。清季留學日本，習師範。既歸國，曾主辦上海中等商業、京師女子師範等校。入民國，又辦公立江陰南菁中學、無錫私立工商中學、宜興縣立中學，均先後著聲稱。平居究心水利，求如何可免旱潦災患，孜孜矻矻無倦容，然力主不可偏重自古載籍所序録，必復從實地考察，以認識其利害所在，而定其救治之策。故輒當大水時，跋涉山川，以觀江湖間水流之情勢，而圖所以措施之方。其治事力崇樸儉節約，排除一切虛浮矯飾，以提倡艱苦勤勞，切合實際爲歸。然其直言激切，無所隱諱，與世輒多齟齬，所事亦難以如其志焉。

是書爲其任江浙水利聯合會審查員時，對於《太湖局水利工程計劃大綱》作實地調查，以其所得，具列報告書，以惕當事者。其書共分三章，章各分條論列。第一章述太湖局之原計劃切當否，凡三條；第二章述治湖所據之定義，凡十條；第三章述應行之新計劃，凡四十三條。縷述是非，賅備無遺。其時，太湖水利局督辦爲崇明王清穆，科長則爲吳江金天翮，而天翮博學通人，於水利亦夙有研究，乃就雨人報告書所論列者，以爲轉有錯誤，逐條辨駁，於簡端及行隙，註答且滿，足備世之究心太湖水利者覽考。按：此本爲天翮當日手跡，藏於家。厥後竟飄零吳門街市，乃爲邑人陳東芻又字友梅，世居邑東境之梅村鎮。好治子史雜部書，歷任各中學文史教員。所得而珍藏之焉。

民國十年水災後調查報告一卷　梅村陳氏家藏　吳江金氏舊藏本

民國胡雨人撰。雨人有《江浙水利聯合會審查員對於太湖局水利工程計劃大綱實地調查報告書》，已著録。

是書爲實地調查民國十年水災後之報告。書中所列，分三篇論述。而第三篇詰責太湖局頗甚，措辭過於激切，遂致所事未能順利進行耳。此本亦飄零吳門市上，爲邑人陳東芻所得。卷面有松岑二字，松岑者，金天翮字，故舊爲金氏藏本也。

治湖箴言一卷　梅村陳氏家藏，吳江金氏舊藏本

民國胡雨人撰。雨人有《江浙水利聯合會審查員對於太湖局水利工程計劃大綱實地調查報告書》，已著録。

是書以江浙水利聯合會審查員名義，答覆太湖局督辦王清穆等書翰，所録凡五通。其再覆王督辦書，言辭慨切，所列各端，亦多合實際情勢，具徵雨人於水利故自有心得耳。是編卷面亦有松岑二字，必爲天翮自書者。卷中行隙，有墨色雙圈處，蓋天翮於雨人所言，固亦多心折也。

地理類卷二

無錫縣志四卷　縣圖書館繕寫本

不著撰人名氏。

是書今邑人士所稱《元代志》，因元代並無第二縣志也。按：清《四庫全書》所著録之《無錫縣志》四卷，即係此書。其《提要》云："《千頃堂書目》有元王仁輔《無錫縣志》二十八卷，與此本卷數不符，蓋別一書也。考《明史·地理志》，洪武二年四月，始改無錫州爲縣；是志《古今郡縣表》末，雖止於陞無錫縣爲州，然標題實稱無錫縣，已爲明初之制。又《郡縣表》止元貞，而學校類中載'至正辛巳鄉舉陸以道'，則所紀已下逮元末，是洪武中書。"云云。考：直稱無錫縣，確爲明制。而辛巳爲至正元年，且陸以道於至正二年壬午又成進士，是志於辛巳以後則無記載，然則至正間似未可必其不能纂輯成書，亦即未可據以爲洪武中書也。然按《光緒縣志》藝文門載元王仁輔《無錫志》二十八卷，康熙、乾隆兩《縣志》著述門所載同，視《千頃堂書目》所載，無縣字，《嘉慶縣志》藝文門則又載元王仁輔《無錫縣志》二十八卷。惟據各志序例及所引徵，當日似尚俱見其書，而秦氏纂修《光緒志》，則殆未徵見其書，然其序録則又稱"元王仁輔志四卷，往時藏書家多有之"，而與其藝文門所著卷數則有異。綜觀所載，則康熙、乾隆、光緒三《縣志》所著書名及卷數，與是志不同；嘉慶《縣志》所著書名同，而卷數又不符；而光緒《縣志》之藝文所著，與序録所述又異。則夫各志所載，是否俱指是志而言，似一疑問。但邑人士多有以是志即仁輔纂修者，故亦擬定爲至正本，用備載異同，以待後之人考定焉。今侯鴻鑑輯《錫山先哲叢刊》，采録是志，以廣流傳。《縣志·流寓傳》載："王仁輔，字文友，鞏昌人。兩妻皆吳産，故多知吳中山川人物，作《無錫志》二十八卷。卒於邑梅里之祇陀村，無子，門人倪瓚瞻之。"又《隱逸·倪瓚傳》載："至正初，……（瓚）忽鬻其産，散與親舊，人莫喻其意。未幾兵起，獨扁舟往來震澤、三泖間。……洪武七年，始還鄉里。"[1]又元鄭元祐《遂昌雜録》載："文友卒，元鎮倪瓚初名元鎮。買油杉棺，葬之芙蓉峰傍。葬之日，梁谿士友皆至。葬文友後，元鎮窘於誅求，顧未有能振之者。"[2]故仁輔卒，瓚爲之經治喪葬，有書可徵。其所卒年月，雖未具載，而瓚苦於誅求，辟地他往，必在經治仁輔喪葬之後。故是書果如邑人士所稱爲仁輔所纂修，則確爲至正本，然又未著撰人名氏，則成一大疑問。備記於此，以待後之人考訂之。

錫山續志三十六卷　朱尚友堂捐贈影寫本

明吳炌、李庶纂修。炌字鳳翔，號藻菴，後改字鵬翬，號管窺。好古力學，博極羣書，以

---

[1] 有關縣志引文均據江蘇古籍出版社 1991 版《中國地方志集成·光緒無錫金匱縣志》校改。

[2] 引文據上海涵芬樓 1920 年影印本《學海類編》第 86 册鄭元祐《遂昌山樵雜録》第 7 頁校改。

學行知名。《縣志·文苑》附從父謙傳。庶字舜明，號絅菴。爲人簡重温純，而義氣所激，執言無忌。細目修髯，長身而癯，出入閭里，見者皆肅然敬之，歲時，郡邑長輒存問焉。所居曰南樓，日擁圖書，校讎其中，行歌坐吟，悠然自得。每操筆成章，雖不欲炫露，然知己者輒爲傳誦，士大夫羣相推崇之。晚年，同縣秦旭邀與齒德俱尊者十人，結廬惠山之麓，觴詠自怡，名曰碧山吟社，因號碧山十老，而庶之齒最長。正德元年，詔行優老之典，庶受粟肉絮帛而辭其服。《縣志·隱逸》附秦旭傳。

　　是書今邑人士所稱《明代志》，以明代縣志傳本，今僅此一種也。按：弘治之初，翀、庶兩人共謀重修縣志，至七年乃成。同縣秦夔字廷韶，天順四年庚辰進士，歷官至江西右布政使，《縣志·宦望》有傳。爲之序，稱"無錫爲東南文獻巨邦，舊有二志，前志勝國時，鞏昌王仁輔所編；至我朝景泰間，鄉先輩馮擇賢名善，洪武中舉明經，博學能詩，授本縣教諭，《縣志·文苑》附丁信傳。又續爲之。然識者謂前志失之拘，續志失之駁。駁與拘皆不足以信今傳遠，況遭逢聖代，隆平日久，中間生齒之繁，創置之廣，科目人才之盛，視昔相去什百。則所以增益而釐正之，不有賴於後之君子哉！然遲遲數十年來，迄莫有能爲之者。弘治初，鄉前輩藻菴吳鳳翔、絅菴李舜明兩先生，始相與共謀爲之。藻菴力學好古，博極羣書，凡所以參互考訂，博采旁求而著述之，實有以身任其責。至裁正而折衷之，則絅菴居多焉。本之以郡乘，參之以史籍，大致雖仍其舊，而立義著例，則斷以己意。最道德，羞功利，表山林之高尚，黜宦績之卑汙，名雖志，實則史也。……後之作國志者，欲考吾邑之事，其尚徵於斯"云①。考是志，自《康熙志》以下，其著述門所載，俱稱《錫山續志》。夫景泰間馮善所輯者，稱《錫山新志》，惜其書早佚，無傳本矣，是志續馮氏之紀載，故名。

　　又考：萬曆二年甲戌，夔子梁字子成，嘉靖二十六年丁未進士，《縣志·宦望》有傳。以布政江西致仕歸，重修縣志。自謂"彙昔三志，元至正王氏志、明景泰馮氏志、弘治吳李氏志。核其故實，整其世次，蕪濫者芟之，舛雜者釐之，自弘治甲寅，迄萬曆改元，搜羅放失，咸就詮次，統爲目十，卷二十有四。……竊從先大夫之後，矢心畢力，閱月者六，易草者再，其事則增於前，其文則損於舊，即未有裨於治化，庶幾備采於民風，或亦可無愧先大夫所論著矣。然余顧有深懼焉，志於王而或議其拘也；志於馮而或議其駁也；志於吳若李而或議其陋也。拘、駁且陋，病於史則均，均不足以傳，又安知後之議今，不猶今之議昔"云云②，而後世王史鑒《錫山文集》載稱梁書，未能盡出己手，所纂亦多疏漏耳。今其書邑無傳本，北京圖書館尚藏有斯書。備記於此，以俟考文獻者之徵訪焉。

無錫縣志四十二卷　清康熙庚午原刊本

　　清嚴繩孫、秦松齡纂修。繩孫字蓀友，康熙十八年己未，由主事俞陳琛以博學鴻儒薦。引疾，不許；赴京自陳疾至再四，終不許。召試，以目疾，僅成《省耕詩》一首，已不錄，聖祖識其名，曰史局中不可無此人，授翰林院檢討，充日講起居註官。遷右中允，兼翰林院編修，在

---

① 引文據江蘇古籍出版社 1991 版《中國地方志集成·光緒無錫金匱縣志·秦夔序》校改。
② 引文據江蘇古籍出版社 1991 版《中國地方志集成·光緒無錫金匱縣志·秦樑序》校改。

館纂修《明史》。出典山西試，稱得人。初，繩孫於明崇禎丁丑，補博士弟子，甲申後，久棄諸生，以詩書畫自娛。逮膺鴻博，與吳江潘耒、秀水朱彝尊、富平李因篤，稱四布衣，雖有聲於時，而齒逾週甲，蓋亦非其志也。文宗范史，詳雅有度，詩詞婉約深秀，獨標神韻，所作書畫，雖片紙寸縑，爲時爭寶，《縣志·文苑》有傳。松齡有《毛詩日箋》，已著錄。

　　是書在康熙二十九年庚午纂修，故邑人士所稱《康熙志》也。按：《無錫縣志》自明萬曆二年甲戌秦梁重修，迄已百有餘年，無有嗣其響者。康熙初，三韓吳興祚字伯成，原籍山陰，令無錫十有三年，有惠政，歷官兩廣總督、兵部尚書、都察院副都御史，《縣志·名宦》有傳。知縣事，議修縣志。時錢肅潤、秦保寅暨松齡俱分任編纂，博稽旁采，粗成稿數門。未幾，興祚膺擢簡閩臬，事遂中輟。迨山陰徐永言字孝思，國子生，爲縣宰十一年。知縣事，時繩孫、松齡先後以史官歸，遂以纂修縣志事相禮聘。兩人乃取前後諸書，芟除繁芿，別立義例，撰輯成書。自興祚始爲之，至是克就，歷二十年矣。松齡序之，謂"其事關利病，必請於徐侯而後屬草。顧松齡多病，未獲如昔之專勤，而宮允矻矻編摩，無間寒暑，詮次翦裁，皆出自杼軸，必公必慎，不避府怨，蓋數易稿而告成。宮允之於是書，可謂盡心焉矣。其徭賦則從叔戶部公泚鉤稽綜核，纖悉必詳；餘則文學張君夏熟於舊聞，間相商榷"云。而繩孫序之，則謂："從來記述，事有關於當世，鮮不叢謗。……片言微詞，變易輕重，苟以就私意而徇所聞，甚或掛乞米之譏，有一於此，必有天殃。斯與宮諭，從事史館，所共旦旦誓之者也。豈茲以邑志爲識其小者，而敢不懼焉！"繩孫、松齡之言如是，則是志記載之公允，可以概見。而興祚序之，亦稱："兩君以史才，嘗珥筆天子之廷有日矣。宜今之所輯，寬嚴濟，繁簡裁，鉅細該，勸懲備，其體裁之正，文辭之雅，雖以黼黻皇猷，助揚淳化，夫何忝乎哉。"①然厥後識者謂其體例完密，以式後來，獨銓綜次第，猶宜區別重輕。殆謂是志編列，有未臻盡善歟。

浙江通志二百八十卷　通行本

　　清嵇曾筠纂修。曾筠字松友，康熙四十五年丙戌進士，授翰林院編修，《縣志·宦望傳》稱"選庶吉士"，《選舉表》稱"翰林院編修"，茲從《選舉表》。累進僉都御史。典試河南還，奏貯穀、理漕、防河三事。未幾，河決中牟，即遣監視堵築。隨又條上河工便宜，授副總河督豫河事務。累進吏、兵二部尚書，專河道總督任，加太子太保，太子太傅，拜文華殿大學士，卒諡文敏。曾筠負經濟大畧，爲人公慎廉明，生平勞績，治河爲大。又董浙江塘工於海寧，築尖山壩以殺潮勢，並建魚鱗大石塘七千四百餘丈，至今賴之。事具《縣志·宦望傳》。

　　是書，曾筠以大學士總理浙江海塘，兼管浙江總督巡撫之任，奉飭纂修通志之作。乃網羅舊聞，搜采遺佚，編錄兩浙風教所被，掌故所存，以成其書。爲門五十有四，爲卷二百有八十，《四庫全書》著錄之。其自序曰：浙江於明嘉靖前，各郡"有府志，要皆自爲一郡之記載，而未有薈萃之者。嘉靖辛酉，吾鄉先達方山薛應旂爲兩浙提學副使，合十一郡所屬，輯成通志七十二卷，是爲《浙江通志》之始。……康熙癸亥歲，奉文修輯，總督趙士麟、巡撫王國安纂修。

---

①　所引秦松齡、嚴繩孫、吳興祚序文均據江蘇古籍出版社 1991 版《中國地方志集成·光緒無錫金匱縣志·原序》校改。

蓋以薛《志》爲藍本，而斟酌損益之，稱粗備焉。距今五十年，其間典禮之修明，制度之因革，政理之條貫，民物之登耗，文章功業之彪炳，而建樹月異日新，洪纖備具，使佚而不紀，何以彰前軌、示來轍乎"。又云"是編之作，開局於雍正辛亥春，訖事於乙卯冬，歷數歲之久。兼綜衆長，考證得失，參互同異，旁搜博采，可謂勤矣。今按其體裁，分門別類，增舊志者什之三；考古訂今，增舊志者什之七。而傳述舊聞，恪遵內廷編纂之例，悉徵引原文，標列書目，以備考索。至記載時事，謹依《大清會典》，采錄科條章奏，務存實據，以便稽查。杜預所謂'發凡言例，皆經國之常制，史書之舊章'。此則前志所未有也"云①。

金匱縣志二十卷　　清乾隆壬戌原刊本

清華希閔纂修。希閔字豫原，亦稱芊園，康熙五十九年庚子舉人。初，希閔年十二，補學官弟子，至康熙五十年辛卯始中副車，迨登賢書，年四十有九矣。雍正十三年乙卯，侍郎吳應棻薦舉博學鴻詞，辭不赴，世遂以徵君稱之。乾隆十七年壬申，希閔年八十，迎駕惠山，賜知縣銜。於學靡所不窺，尤服膺宋儒書。爲人慷慨尚氣節，與巡撫張伯行論學，頗持異同。無何，尚書張鵬翮字運青，遂寧人，康熙庚戌翰林，三十六年丁丑，以兵部侍郎官江蘇學政。奉命讞獄江南，奏裭巡撫職，逮繫鎮江，坐欺謾罪且死。希閔自邑一晝夜疾馳，抵鎮江，唁伯行於獄。後馳抵江陰，倡言鵬翮與伯行不相中，而文致其罪也，聞者皆憤怒，從而和者數千人，集趨鵬翮爲學政時吳人所立生祠下，立毀之。制府聞狀大驚，然卒未敢加希閔禍。時希閔以歲貢生官涇縣訓導，去官歸里，矻矻治學，此康熙五十三年事也。事載《可桴文存·華豫原先生家傳》，餘具《縣志·儒林傳》。

是書爲無錫析縣後，別修之縣志也。按：無錫於雍正四年，析轄境之東爲金匱。深澤王允謙知縣事，欲覽考所屬疆域、田賦、都鄙、溝壑以及山川、人物，而無所依據也，乃延希閔以爲纂修析縣之書。希閔發凡訂例，綱舉目張，就新析之邑，博稽精搜，徵文考獻，纂集其大者而編次成帙，題曰《金匱縣志》，示所析新縣之書也。而於合中見分、分中見合之旨，尤三致意焉。允謙序之，稱爲"良史才"云。

無錫縣志四十二卷　　清乾隆庚午原刊本

清華希閔、顧棟高、浦起龍、顧奎光纂修。希閔有《金匱縣志》，已著錄。棟高有《尚書質疑》，已著錄。起龍有《史通通釋》，已著錄。奎光有《春秋隨筆》，已著錄。

是書修於乾隆十五年庚午，已別修金匱新縣之書後，今邑人士所稱《乾隆志》也。其凡例所謂"其在金也，宜以限斷見剪裁；其在錫也，宜以包舉清賓主。……今此載筆，以本屬主之，以析屬輔之"②。惟其門類與前志同異互參，而以詩文附存有關各門，與前志專輯爲一帙者較有體。蓋纂錄詩文，都爲一門，似類昭明操選，非復史書體裁。是志凡例，引劉知幾言，已備論之。彙錄邑人著述，以時代先後編次，自具史法。惜僅著錄書名，未分部類，得失

---

①　引文據商務印書館影印光緒二十五年重刊《浙江通志》第 13 頁校改。
②　引文據鳳凰出版傳媒 2012 年版《無錫文庫》第一輯第三册《無錫縣志·凡例》校改。

源流，亦無稽考。又，《康熙志》於徭役，條列甚具，蓋所關民生疾苦，不容疏漏，而是志則削之且盡，既往不紀，後來無所徵焉。然就大體言之，編次有法，言簡事該，仍不失爲地志之善者。

無錫金匱縣志四十卷　　邑人丁福保捐贈清嘉慶癸酉原刊本

清秦瀛纂修。瀛有《康熙己未詞科録》，已著録。

是書於嘉慶十八年癸酉，仍合無錫、金匱兩縣，重修一志，今邑人士所稱《嘉慶志》也。按：無錫於雍正四年丙午，析縣金匱後，於是華希閔有《金匱縣志》之作。至乾隆十五年庚午，重修縣志，雖仍統以無錫爲名，然其載筆有本屬、析屬之分，所謂“采取包舉，仍清賓主”耳。瀛謂：“金匱所治，故無錫境，以志分屬金匱，於例非宜。……夫既析縣矣，存其實而没其名，論者亦病之。”乃取舊志，重加釐訂，凡乾隆庚午以後，文物之消長，制度之因革，無不博稽旁搜，以增益其所當補，采録其所當收者，合而輯之，名曰《無錫金匱縣志》。以示縣境雖析爲二，而記載未可裂也。所列門類，視康熙、乾隆二志雖有異同，實鮮出入。惟《乾隆志》不載藝文而録著述，以有裨考徵之詩文，分註各門有關各條之下。瀛謂：“雖稱最善，然古來名家詩文，所關世道人心，有無可附麗者。”仍以《康熙志》舊例，別録藝文，其體例亦本王仁輔也。又《乾隆志》刪削徭役條載，致今昔遷革後來無據，而是志頗加增輯，藉補闕漏。但自是志出，而邑之論者有目爲《秦志》，然考瀛濡染家學，隱然負世道人心之責。其自序謂：“少時從族父鈞儀字伯芳，乾隆十八年癸酉拔貢，以能經義稱，詩古文具有體裁，《縣志·文苑》有傳。留心文獻，垂數十年。於兹嘉慶庚申，自浙江臬使入覲，過家，已約老友俞君模，玉局孫，諸生，乾隆十九年甲戌歲案。能詩，布衣糲食，閉門忍飢，論者稱爲狷士。《縣志·文苑》附玉局傳。有重修縣志之舉。無何，余移官楚南，俞君亦尋歿，此事中輟。迄今又踰十數年，余以刑部侍郎謝政歸，懼志之終廢也，言於無錫、金匱兩縣大夫，始延吳江張君士元、元和顧君曾襄編纂之。役書未成，而兩君散去，余以一人彙而輯之。……凡數易稿而後成。余衰老廢學，兩目昏瞀，用心雖勤，萬不敢望如康熙舊志之善。而事增文損，於邑中掌故，或不無小補。”[1]又與同縣徐焕書，謂：“某妄修邑乘，士大夫無一過而問者，今已告竣，特馳送一帙，以備覽觀。現在印刷裝訂之資，多有未敷，便中望酌寄子金，以襄厥舉。”墨跡藏北鄉斗山辛氏小雙柳居。是可見瀛之纂修其書，歷時數十年，楮墨間，又可徵其矻矻小心，獨力寡助之慨。然書成，謗與毁來，則撰述之難，殆千古皆然矣。

無錫金匱續志十卷　　道光庚子原刊本

清楊熙之、黃承祖、秦文楷、顧翃、嚴蓁、邵涵初纂修。熙之字緝甫，嘉慶九年甲子舉人，官元和訓導、金壇教諭，所之有聲。晚歸，主講東林書院，造就者亦多。大父度汪，嘗著《十三經疑義解》，熙之續成之。《縣志·耆碩》有傳。承祖字蕙庭，嘉慶二十三年戊寅順天舉

---

[1]　引文據江蘇古籍出版社1991年版《中國地方志集成·光緒無錫金匱縣志·秦瀛序》校改。

人，官全椒訓導。文楷字郎山，歲貢生。《錫金遊庠録》稱歲貢生，《縣志·選舉表》無考。性渾厚，治身及訓子弟，恒以慎獨去私爲本。嘗謀葺東林書院，增拓課舍，絀於資，會鄒鳴鶴以憂歸，力主之，事乃有成。所著有《誦芬書屋詩稿》，竟無傳本。《縣志·耆碩》有傳。翃字駿孫，號蘭厓，又號南厓，道光十八年戊子歲貢，選宣城訓導。諄諄於禮義廉節，立人道之大防，講藝策，以淹究經史、薪適實用爲歸，閱時十稔，士風丕應。其後秉鐸昭文，師道昌明亦如之，詩學玉谿生。從兄翰，懷文抱質，一時儁才，翃與齊名，並以詩詞爲阮元所結契，又與同縣楊燮生、徐寶善、趙函，有同岑五子之目，風流文采爲時所稱。《縣志·文苑》附翰傳。秦字子谷，嘉慶二十一年丙子舉人，官寧國訓導。涵初字吟泉，道光五年乙酉拔貢，授阜寧訓導，卓薦謁選，授南和知縣，未蒞任，移疾歸。工大、小篆，邑中勝地名蹟，往往見涵初篆書額。《縣志·藝術》有傳。

　　是書於道光間，自《嘉慶志》後，續修之志，未及統修之本也。按：道光十九年己亥，知常州府事黃南坡倡修府志，延李兆洛任總纂，檄屬縣以志書送郡局。而知無錫縣事李彭齡、知金匱縣事孫逢堯，遂延兩邑宿，搜訪邑故，自嘉慶十五年庚午，迄道光二十年庚子，就三十年間事，編纂成書，都十卷，題曰《無錫金匱續志》。其體例一本秦瀛《嘉慶志》，凡《嘉慶志》所載者，不復録，而補載其遺佚，參校其異同，極詳慎。同縣侯桐字葉唐，嘉慶二十五年庚辰進士，授翰林院編修，累官至吏部左侍郎，咸豐九年己未，重遊泮水，《縣志》未載。爲之序，稱是編於“三十年間習俗之變遷，規制之因革，人材之消長，亦可概見”。惟論者謂其蠲賑門所補録助賑樂施，因授職銜者，不僅乾嘉間若而人，又上及明正統、景泰、成化間若而人，未免於涉冗濫。而桐則謂“善善從長，以昭獎勸，於世道人心，不無裨益，當亦史法所許”云①。

無錫金匱縣志四十卷　　清光緒辛巳原刊本

　　清秦緗業纂修。緗業有《續資治通鑑長編拾補》，已著録。

　　是書於咸豐兵燹以後，東南大定，各省方纂修通志，令所屬各郡縣，先修志書，以備徵考而作。今邑中所據依考覽之《縣志》也，其門類次第，率以《嘉慶志》爲歸。惟自嘉慶癸酉重修後，道光間，盡有續志，未爲統修；緗業重修時，又經兵燹，典章文物，鮮有存者，所徵舊志，曰《咸淳志》、康熙、乾隆兩《庚午志》、《嘉慶志》、《道光續志》而已。外此所資參討者，曰黃印《錫金識小録》、華湛恩《錫金志外》、周有壬《錫金考乘》而已。故緗業亦嘗自謝見聞寡陋，闕畧奚辭。然綜觀所紀，如賦役所列，視前志有詳無畧；善堂義莊，特志類繁，以清其標；園墅碑碣，附次古蹟，仍詳其所。其分合編次，可謂具有體裁。而兵防仍其舊目，兵事增益新名，喪亂以後，備紀其實，足資後世所考。至人物之傳，緗業自謂矻矻編摩，寓善善從長之義。然論者謂其“補綴舊佚，似傷采摭過濫；釐訂前記，不免有所過當”。但自古著述，有關當世，鮮不叢謗。而緗業自序，亦謂“或者以輕易舊志，不守先法爲詬病，不知志乘非一家之書，補闕正訛，實事求是而止，不敢僭，亦不敢襲焉。若夫瞻狥子姓，顛倒是非諸弊，固前志之所

---

　　①　引文據江蘇古籍出版社1991年版《中國地方志集成·光緒無錫金匱縣志·侯桐序》校。

無,余小子亦差足自信"云云①。則其公慎自矢,可概見焉。

地理類卷三

慧山記四卷　清同治丁卯重刊本

明邵寶撰。寶有《泉齋簡端録》,已著録。

是書初爲僧覺性字海中。衰録,未成而殁。其再傳弟子圓顯續輯成編,同縣潘緒、莫止参校,而就正於寶,寶乃爲之修訂,次爲四卷,未采古今詩文。清《四庫全書》爲之存目。寶又別録《縣志》所載,及山僧所藏有關詩文,成《慧山集》,按:談修《惠山古今考》載《慧山集》所録文凡二十一首,詩凡百七十首,早無傳本,因録《慧山集序》於其卷中。刊單本。書傳既久,世鮮刻本。逮清咸豐初,其裔孫涵初重刊,乃附載唐宋以來詩文。殆據寶所謂"可以得人情,可以得物议,可以得世變。……志與史者於是乎在"云②。

殘本惠山古今考七卷　縣圖書館據邑城東河許氏藏殘帙繕寫本

明談修撰。修字思永,號信余,晚自署梁谿無名生,嘉靖間人。負才氣,擅著述,與同縣尤鏜善,鄒迪光稱其有直節,不與時抑揚。《縣志·文苑》附鏜傳。

是書以惠山爲一邑勝境,故有小洞勒石鐫唐張祜"小洞穿斜竹,重階夾細莎"之句③,舊蹟已湮,修營建築以復其舊,用纂録其事,以備覽考。清《四庫全書》存目,《提要》稱:"《惠山古今考》十卷,《附録》三卷,《補遺》一卷。……首卷載小洞重階考,及寺院菴觀諸考;自二卷至十卷,則自唐及明之詩文;《附録》三卷,皆同人賦贈之作;《補遺》一卷,則雜記惠山遺事。卷末自跋……"云云。而年遠代湮,邑中故家竟鮮藏本,縣圖書館據邑域許氏所藏殘帙鈔寫,二至八,都七卷,闕第一、第九、第十卷、又《附録》三卷、《補遺》一卷。民廿六冬,敵寇侵襲,邑城告陷,許氏宅遭寇火,藏書悉化劫灰,並此殘帙無存。稽古之士,無不惜焉。

愚公谷乘一卷　縣圖書館寫本

明鄒迪光撰。迪光字彦吉,萬曆二年甲戌進士,授工部主事,累官湖廣提學副使。擅衡鑒,楚士服而歸之。以吏議罷,送者數千人,生祀之濂谿書院。迪光既罷,治園亭於惠麓,與當世名公卿文士,遊宴其中,極聲伎觴詠之樂垂三十年。《縣志·文苑》有傳。

是書原爲輯録其園之詩文,計文一卷,詩三卷,都四卷,名《愚公谷乘》。厥後人事代謝,

---

① 引文據江蘇古籍出版社 1991 版《中國地方志集成·光緒無錫金匱縣志·序》校。
② 引文據鳳凰出版傳媒 2011 年版《無錫文庫》第二輯第二十二册《慧山集序》第 3 頁校改。
③ 張祜詩句據中華書局 1980 年版《全唐詩》第十五册第 5821 頁校改。

板既燬，書亦鮮傳本。縣圖書館鈔本，止文一卷，凡十一首；詩三卷，皆有題無文；據何家藏本轉錄，亦未備註。按：愚公谷者，迪光解組後所治之園名，在惠山寺右。明正德中，爲馮氏所築之園，後歸顧氏，後復屬迪光。自春申澗至繡嶂街前後，廣數十畝，異花珍石，崇臺閒館，參雜其間。既歸迪光，日遷月改，益增其勝。故是編卷二所列詩題，悉爲吟詠園中亭榭樓閣、澗沼橋石等景物。凡六十首。卷三、四所列詩題，多迪光園居所感，並當世名人遊宴覽賞、即物即事之作，凡二百四十九首，惜皆有題無詩也。三百年來，名園勝蹟，俱易其舊；《縣志》古蹟門載：今胡文昭、尊賢、至德等祠，其遺址也。而興廢久暫，亦無稽考，究心掌故者，引爲遺憾。雖然，若無茲編，則後之人殆幾不知惠麓之有愚公谷矣。今侯鴻鑑彙刻《錫山先哲叢刊》，采錄之，以廣流傳。

錫山景物畧十卷　　清光緒戊戌重刊本

　　明王永積撰。永積字稺實，號崇巖，晚號蠡湖野史，崇禎七年甲戌進士，累官至兵部職司郎中。事跡具《縣志·宦望傳》。

　　是書紀無錫之山川勝蹟，故名《錫山景物畧》。清《四庫全書》爲之存目。《提要》稱其采錄過濫，不講體例。而永積自序則謂“著述一事，彙次則難，指摘則易。昔歐文忠公《五代史》成，劉壯輿摘其錯謬處，示蘇子瞻。子瞻曰：‘王荆公屬予修《三國志》，予曰，軾不是當行家，固辭。……’可見班馬異同，古今同喟。……吾邑爲（泰伯）端委地，東南人文，今甲天下，堂堂至德，實始基之。請以此爲山川之冠冕，人物之羽儀，則九龍一邱，二泉一壑，直以一拳一勺渺之可矣。若夫後之議今，猶今之議昔，其間紕謬多端，品題率意，供人指摘，知不一而足。甚或碎金零掇，完錦全遺，……挂一漏萬，尤爲不少。有愛我如劉壯輿者，不惜舉示，以便他年刪補”云云①。則永積固知當日必有指摘，及後世議及之者。所謂指摘易，而彙次難，蓋千古著述家所同慨者耳。

開化鄉志三卷　　民國五年聚珍本

　　清王抱承撰。抱承字果廷，晚自號谿南遺老，諸生。順治八年辛卯歲案。顧氏《梁谿詩鈔·抱承小傳》稱明諸生，誤。能詩古文辭，隱居樂道，爲時所重。

　　是書輯録一鄉風土人物，爲《縣志》之支流。開化鄉爲邑西南濱湖之區，羣山錯列，川流縈帶，物產人才，多有可記。抱承以新舊《縣志》陳陳相因，間有舛訛，亦少訂正，乃倣地志體例，別爲一書，以補其闕而正其謬。編次原爲二卷，其鄉蕭氏有舊藏鈔本，世鮮流傳。迨民國之初，同縣侯學愈、高松濤就其原本，采訪增輯爲三卷。其鄉人蕭焕梁、字少瞻，諸生，光緒元年乙亥科案。朱劍涵等醵資刊行之。書中於山川、人物，搜采頗勤，記載明確，堪補《縣志》所未備；而物產門，如大塢之楊梅，實爲邑之名品，漏未著之。

---

　　① 引文據鳳凰出版傳媒 2011 年版《無錫文庫》第二輯第二十二册《錫山景物畧·王永積序》第 190、191 頁校改。

殘本瞻橋小志四卷　　清乾隆初年原刊本

　　清王鑑撰。鑑又名史鑑，字子任，自號抱山居士，長洲何焯高第弟子。絕跡下帷，汲古懿雅，於四部學無所不窺，兼綜條貫，深入古人之室。焯稱説之，當在諍友之列。《縣志·文苑》附兄史直傳。

　　是書紀一方之古蹟、人物、藝文，都四卷。即以其地瞻橋爲名，書中雖有殘闕，非全本，然可窺見其體要。按：瞻橋，原名磚橋，屬邑之泰伯鄉。鑑以磚字不雅馴，遂取三讓五噫，瞻仰高風之意，易以瞻字。鑑世居其地，因紀其典故，以爲徵文考獻之資。而考據核實，體例亦正，雖曰小志，然不僅堪補《縣志》所未備，而尤爲邑之掌故名編云。

東林書院志二十二卷　　清光緒辛巳重鐫本

　　清高㟆、高嵣、許獻、高廷珍、高陛撰。㟆字象姚，諸生。康熙二十年辛酉科案。嵣字象郝，諸生。康熙三十四年乙亥科案。獻字草樓，又字鄉三，號絧夫，諸生，康熙五十二年癸巳科案。乾隆庚午，重修《縣志》，獻與參訂事，《縣志·藝術》附吳楙傳。按：邵氏《遊庠錄》作許巘，並稱載《邑志·方技》附傳，誤。廷珍字和鳴，有學行。陛字季元，性好文獻，爲邑之學者所重。

　　是書分建置、院規、會語、列傳、祀典、公移、文翰、典守、著述、軼事十門，廣采博搜，力求該備。清《四庫全書》存目。而《提要》謂其“體例冗雜頗甚。所附諸人，又多牽附”云云。然考東林爲宋楊時抱道南來講學之地，逮明顧憲成、高攀龍興復其舊，一時名重天下。而明季邑獻之志其事者，《縣志》藝文門所載，有劉元珍字伯先，萬曆二十三年乙未進士，《縣志·儒林》有傳。《東林志》一卷、高世泰《東林書院志》無卷數、嚴毅字佩之，始爲名諸生，後絕意進取，嘗主講東林。《縣志·藝文》有傳。《東林書院志》二卷。按：毅之書，《乾隆禁毀書目》載，爲全毀者。元珍、世泰之書，其目雖屬無載，然亦同無傳本。幸㟆董有此輯錄，俾宋明諸儒講學勝地，及明季諸賢之講氣節，抗姦宦，而爲天下有志者所歸，俱得有所考，豈僅一邑徵獻之記載云。

記聽松菴竹鑪始末一卷　　昭代叢書本

　　清鄒炳泰撰。炳泰字仲文，號曉屏，乾隆三十七年壬辰進士，授翰林院編修，擢內閣學士，累官吏部尚書，加太子少保，協辦大學士。屢掌文衡，力屬清節，人莫敢干以私，囊橐蕭然，澹若寒素。事跡具《縣志·宦望傳》。

　　是書紀惠山聽松菴竹鑪得失之自，圖卷隱顯之跡，俾風流韻事得有所考。按：聽松菴之竹鑪，於明洪武中，湖州竹工爲僧性海性海名普真，延陵人，住惠山寺。寺災，性海重建之，後創聽松菴於寺左。《縣志·釋道》有傳。編竹爲之。規制精密，高不盈尺，上圓下方，類道家乾坤壺。山人王紱爲之繪圖、賦詩，以識其盛。永樂間，鑪歸潘克誠，後屬楊謨。成化間，秦夔爲僧撰疏，募而復之。後盛顒字時望，景泰二年辛未進士，《縣志·宦望》有傳。之從子虞字舜臣，畫倣雲林。《縣志·藝林》有傳。嘗倣其制爲之。至清初，舊鑪既毀，盛製又壞，而王圖亦亡。顧貞觀更製二鑪，攜其一至京師，而得王圖於納蘭成德所，自是復歸於菴。至竹鑪圖詠卷有四，其第一圖即九龍山人王紱爲真性海上人所製者；第二圖履齋寫；第三圖成化丁酉冬，吳珵寫；第四圖已佚。乾隆十六年辛未，高宗南巡，臨幸惠山，親題詩章，並命張宗蒼補畫之，自前明諸人，倡和盈卷，藏之惠山寺中。後寺僧未能珍護，致錦醲蔫舊，玉籤損折。乾隆四十四年己亥，無錫縣令邱漣取入官廨，欲爲重裝，值署西民居失火，延燒及署，是卷竟燬焉。大吏入奏以聞，高宗倣綏畫，親作第一圖，復命皇六子永瑢補第二圖，貝勒宏旿補第三圖，侍郎董誥補第四圖，御製詩章冠於卷首，於每卷圖後，補錄明人序疏詩什，依其原次，以還舊觀。又出內藏王紱《谿山漁隱》長卷，仍郵山僧，俾一併藏弆山閣。炳泰紀其始末，並錄前人遺文舊詠，以彰其美。其同年友震澤楊復吉采入《昭代叢書》，稱是紀修潔詳明，彷彿唐宋名家文風格云。

慧山記續編三卷　　清同治丁卯重刊本

清邵涵初撰。涵初字吟泉，道光五年乙酉拔貢，授阜寧訓導。卓薦謁選，授南和知縣，未蒞任，而引疾歸。工大小篆，邑中勝地名蹟，往往見涵初篆書額。道光二十年庚子，續修《縣志》，涵初分任編纂。《縣志·藝術》有傳。

是書輯録明嘉靖以後事，繼續寶所輯之《慧山記》，故名《續編》。咸豐七年丁巳成書，同縣侯桐爲之序。庚申兵燹，其板燬，所載名勝，半爲瓦礫。同治三年甲子，邑城恢復，而涵初遽歿，其孫海嶠有志繩武，遂抱遺編，請同縣丁培鼇正，而重付剞劂，以廣流傳云。

忍草菴志四卷　　清光緒丁亥尤氏聚珍本

清劉繼增撰。繼增字石香，號寄漚，光緒間人。少孤力學，不應試，博通今古，才識兼優，而尤工詩詞，精繪事書法。嘗橐筆遊荊襄燕趙間，名公鉅卿，爭相引重，常熟翁同龢嘗稱"石香江南名士，通古今"，傾倒如此。光緒庚子拳禍作，繼增先自津門歸，親故過訪，咸謂幸逃此劫，繼增慨然曰："中朝大官，僅見眉睫，中原厄運，殆無已時。"既而復遊京津，歸與故舊道庚辛殘破事，曰："吾自此不復遠遊矣。"平生結契皆知名士，而尤與常熟楊沂孫、俞鍾鑾、同縣裘廷梁、楊壽枏數輩友善。既歸，杜門不出，以著述自娛，故所學益邃而名益高。

是書輯録忍草菴之掌故，以彰文采風流之美。按：忍草菴在惠山第一峯之曲，地荒僻，居城市者幾不能詳其名。顧明清之交，聞人學士，羡其地擅清幽之勝，往往結詩社，觴詠於此。康熙二十三年甲子，納蘭成德扈駕南巡，抵無錫，訪邑人顧貞觀，止菴中最勝處之貫華閣，嘗於月夜屏從去梯，作竟夕談。貞觀，故成德所目爲忘年交者。繼增憫三百年來嗣響闃寂，乃摭其舊聞，徵諸載籍，爲志四卷，自謂非關著述，聊結古懽云爾。

泰伯梅里志八卷　　清光緒丁酉泰伯廟刊本

清過鑄、劉繼增參訂。鑄字玉書，同治十二年癸酉舉人，權知於潛縣事，既除德清知縣。擅畫，尤精治疔術，濟人垂危，不受酬。繼增有《忍草菴志》，已著錄。

是書於光緒間，保山吳熙以泰伯後裔，權知金匱縣事，延鑄、繼增重修本。金匱，故無錫分縣，東南境梅里鄉，實爲泰伯發祥兆基之地，廟基在焉。熙既知縣事，覽考文獻，以三韓吳存禮所輯《梅里志》體例未當，且多訛謬，於是禮羅鑄、繼增，以主重修之事。乃復徵得邑人安起東、浦傳桂遺稿,綜爲重編,芟蕪存實,釐爲八卷。鑄、繼增故精考據,於沿革掌故,搜采頗確,詳畧切當,殆符地志體例云。

惠山竹鑪圖詠四卷 補集一卷 縣圖書館繕寫本

清劉繼增重録。繼增有《忍草菴志》,已著録。

是書重録惠山竹鑪圖唱和詩什,以傳其事。按:《竹鑪圖詠》有前後兩刻本,一爲乾隆二十七年,知無錫縣事吳鉞刻,以第一至第四四圖,依原軸,分元、亨、利、貞四集;一爲乾隆四十七年,知無錫縣事邱漣刻,因原軸被燬,高宗頒發補圖四軸,及王紱《谿山漁隱圖》長卷,以還舊觀,並仍藏有王氏真跡,邱氏亦依式照刊,不標第集,惟於每軸首縮摹御題"頓還舊觀"四字。咸豐庚申兵燹,前板盡燬,軸亦無存。繼增乃從弆藏家借得吳、邱兩刻本影寫,合訂成帙,以備覽考。縣圖書館復從劉氏家藏影寫本繕録之。蓋自咸豐庚申後,顧鑪既失,圖卷亦亡,世之人既不得見其物,則登竹鑪山房者,亦幾不知當年文采風流之盛,延及明清兩代,而滄桑變遷,竟致湮没無復存矣。按:《縣志》古蹟門載:咸豐庚申圖卷皆失。同治初,秦緗業始得《御筆圖》,華翼綸又出所藏王紱《翠竹卷》,並付黃埠墩僧藏焉,而秦恩延亦旋得《漁隱卷》,乃並歸之云云。厥後,《漁隱卷》爲霍邱裴大中得之嶺南,而緗業所得《御筆圖》,翼綸所出《翠竹圖》,無有傳其失而復得者。大中於光緒初,曾作宰無錫,於邑有雅,故遂以《漁隱卷》慨贈之,久存邑城恒善堂焉。迨民國肇建,而後創辦圖書館,邑人侯鴻鑑任經董,搜羅地方文獻甚力,徵訪《漁隱卷》於前恒善堂董事秦岐農,悉其卷曾由邑人周蓮甫送還大中子景福伯謙。時景福已家邑城西水關馬宅左矣。鴻鑑遂偕縣教育局局長蔣士榮、縣教育會副會長秦權、縣立二高(原名東林學堂)校長辛幹等,聯名致書景福,請其仍歸地方公處弆藏。景福覆稱"《漁隱卷》早由先公贈送貴縣,爲地方重寶,今爲三小兒攜往津門,囑其南旋攜歸,再當奉上。承惠《秋水集》,領謝。其墨稿久存敝齋,核與所刻同,以後當一併送奉"云云。詎知人事代謝,世運遷革,《漁隱卷》暨《秋水集墨稿》永無送到。而裴氏復函,亦復無存。考:復函中所稱《秋水集》,縣圖書館爲之校刊行世,曾以其書贈之,故云。邑之人知斯者無多,爰附註之,以見始末。邑人侯鴻鑑采入《錫山先哲叢刊》,以廣流傳。

清閟閣志十二卷 民國六年聚珍本

清楊殿奎撰。殿奎字叔賡,亦作鳯根,諸生,咸豐九年己未歲案。宋楊時二十一世孫。貌豐厚,修髯盈尺,故又號髯叔。同治癸酉,巴江廖綸宰金匱任,觀風,策問顧高學案,賦以"高子水居"命題。殿奎引高子事實,點綴增色,緊切清華,不同泛賦景物。綸激賞之,拔置優等,因知名於時。幼學工文,一鄉推祭酒。光緒初,秦緗業重修《縣志》,殿奎與司分校焉。

是書彙録元倪瓚事跡,及其遺著,並瓚傳、銘,編次爲十卷。初無刻本,厥後,瓚十八世孫城字大成,號哲夫,又作質甫,別號格非子。所著有自得厹詩。得原稿於殿奎子嘉鈺字荔秋,錫金公立師範學堂畢業。所。乃刪去元鎮賸詩一卷,增輯元鎮遺文、《迂老雜著》、《清賢簡札》各一卷,共十二卷。識者謂摭采頗博,而釐次少精,統名爲志,而所輯諸作,似有無關考徵者。殿奎亦嘗自謝:"集中粗分門類,未識與志書合否。"又曰:"孤陋寡聞,間有體例未協。"然又謂"寒暑十易,哀然成册"云[1]。

---

[1] 所引楊殿奎語據江蘇鳳凰出版社《無錫文庫》第二輯第二十三册《清閟閣志·例言》校改。

高子水居志六卷　　清宣統己酉聚珍本

清楊殿奎撰。殿奎有《清閟閣志》，已著錄。

是書殿奎以水居故實，即流溯源，廣爲搜羅，編次爲六卷。初無刻本。厥後，高攀龍十世從孫鑅泉梓行於世，而跋之曰："光緒丙申，許君靜山、薛君叔耘、裘君葆良等，相與集資，將水居恢復。君聞之，怦然心動，爰集《水居志》六卷，藏於篋。以艱於措資，未竟其志，不意君……遽赴道山。……（余）即向君哲嗣照秋、荔秋昆仲索此稿本，當即悉心加意鈔謄，……於戊申仲冬付刷印氏。……於以補先志，揚盛美，感知己，一舉而備三善焉"云①。按：卷中所載，蓋殿奎當年既以《水居賦》爲邑宰廖綸所賞器，因受綸所屬，編纂《水居志》以備覽考，其後輯録成帙，殆亦所以不負宿諾耳。

可園十六詠一卷　　清光緒乙亥聚珍本

清楊殿奎撰，殿奎有《清閟閣志》，已著錄。

是書慨慕明高攀龍水居之可樓意，遂以所居之園名曰"可園"，因爲篇什十有六。而自引於簡端，謂"園在江陂東，離梁谿甚近，地廣一畝許，頗饒蒼竹。余幼時，偕仲兄茂才聚奎諸生，咸豐己未與殿奎同案遊庠。讀書其中。蒙邑尊廖太守綸贈額，蔡明經廷槐字蔭廷，諸生，咸豐七年丁巳科案，後以附貢生、工書知名。書跋，項山人繼皋原籍歙縣，以擅書知名。題小匾，余自爲記，並詠十六景詩，以寄風趣"云。

高子水居志補編四卷　　清宣統辛亥聚珍本

民國高鑅泉撰。鑅泉有《夢痕錄要》，已著錄。

是書爲有關高子水居興替之記文詩歌，而爲楊殿奎所未收録者，乃采編之爲四卷，名曰《補編》云。

寄暢園志七卷　　縣圖書館繕寫本

民國秦國璋撰。國璋字特臣，諸生。清光緒九年癸未科案。性好文獻，搜羅掌故極富，有所得，輒記載，而尤善校讎。

是書倣志書體例，輯録寄暢園之景物、故事，分勝概、榮遇、祖祠、先德、藝文、軼事六目，都七卷。其宗人寶瓚爲之序。按：惠山之寄暢園，於明正德間秦金所得南隱、漚寓二僧舍，併而爲園。自是代有建築，景物日新。以其爲秦氏私園，故秦園之名，幾聞天下，四百年來，未嘗易姓者。國璋此輯，於園之今昔盛衰，庶幾可以覽考焉。

---

① 引文據江蘇鳳凰出版社《無錫文庫》第二輯第二十三册《高子水居志·跋》校改。

地理類卷四

西神叢語一卷　民國三年聚珍本

　　清黃蛟起撰。蛟起字孝存，號曉岑，諸生。按：蛟起入泮，殆在康熙二十年後。據《錫山遊庠録》載，康熙二十四年乙丑歲案，祇有范晟等五名，餘以舊本漫漶無考，並又脱去丙寅、戊辰兩案，皆無考。蛟起生，祖某字存是。夜夢庭中桂花開。蛟起幼敏慧，祖摩其頂曰：“吾幼有五經神童之目，孫其接武乎！”稍長，續學能文，與同縣湯萬炳、字孔卓，康熙六十年辛丑進士。黃天球字璋五，康熙五十一年壬辰進士。《縣志·宦望》有傳。號梁谿三子。而蛟起困於場屋數十年，至雍正元年，已屆稀齡，猶赴秋闈，所題號舍詩，有“調高無與賞，心死未全灰”之句，讀者靡不嘆息。

　　是書自漢唐以迄元明，凡邑人士遺聞軼事，有關風教者，分別紀録，多忠孝廉節之行，器識宏遠之蹟，爲志乘所未載者。舊無刻本，入民國，同縣侯學愈爲之梓行，以廣流傳。而序其卷首，稱“昔王子擎、子任兩先生，同輯錫山文、獻二集，獻則久佚，今得是編，足以收其散亡，補其闕漏”云。

錫金識小録十二卷　清光緒丙申重刊本

　　清黃印撰。印字堯咨，乾隆十五年庚午歲貢。爲人質直負氣，於學艱苦潛思，獨有所契，不屑蹈前人舊轍，而尤邃於《易》理。其七世祖正色戍遼陽，在戍所日課一詩，乃貽書唐順之，具以告。順之覆曰：“日課一詩，不如日玩一爻。”正色遂閉户讀《易》，而印之深於《易》者，殆猶得諸家學乎。乾隆六年辛酉，應試秋闈，文已中式，既而落之，事具《縣志·文苑傳》。

　　是書采録《縣志》所未收之掌故，殆《縣志》之外編耳。其例言謂：“邑志之體，宜簡嚴莊雅，兹則雅俗兼取，奇正並收，意在旁搜，不厭瑣屑，亦其體然也。”釐爲十卷，題曰《錫金識小録》。乾隆間有刻本，後經兵燹，板燬，書亦鮮傳本。光緒間，太湖王念祖知金匱縣事，覽考《縣志》，見所註引《識小録》語，以爲其編有裨考徵，欲觀全書不可得。久之，得鈔本，乃爲重梓。而序之曰：是編所載，“其大端有裨考徵者，已纂入志。此外，微言軼事，窮搜博采，類而列之。……至陳歷官此者之賢否，政治之得失，民生之利病，習俗之醇醨，剴切詳盡，法戒炯然，作者殆有深心乎。夫文獻無徵，聖人所慨，得遺編而表章之，爲邑人士勸，固官斯土者責也。……余方懼當官寡效，虛美之熏心，而吾過之不盡聞也，時覽是録以自儆，更導揚其義，以質邦人士之敦行好古者”。而同縣顧奎光原序，亦稱“是書人我之見兩忘，防流弊，彰幽隱，勵末俗，端風化，與志相輔並行”云①。

---

　　①　本節所引《例言》、王序、顧序均據成文出版社 1982 年版《中國地方志叢書》華中地方第四二六號影印本《錫金識小録》第 1、2、4、13 頁校改。

錫金志外五卷　　縣圖書館繕寫本

清華湛恩撰。湛恩有《後漢三公年表》,已著録。

是書爲湛恩遍讀前志,參稽往籍,有應補載者,有應考正者,有舛錯無可查核,列爲存疑者,皆一一條記之。考湛恩成書於道光二十三年癸卯,則在道光二十年庚子楊熙之等所輯《續志》之後,殆鑒前志之闕失,而求有所裨補。厥後秦緗業重修《光緒志》,乃引是書以爲考徵,並以校補前志之闕失。而湛恩自序,亦謂:"事關閭閻疾苦,昔人所未及知,而流弊之極,後之人不可不知之者,是……不忍聽其湮没者也,爰以補遺、訂訛、存疑、增輯,列而爲四,而名之曰《志外》。……則斯編也,異時有重修邑志之君子出焉,不以爲管窺蠡測之見而鄙棄之,亦可備參考之一助云。"①縣圖書館據何本繕録,則未備註。

錫山補志稿無卷數　　原草稿本

清錢泳撰。泳字梅谿,國子生,能詩,又喜金石,工分隸、行楷書。客京師,爲成邸所知,一見敬禮之。所刻《詒晉齋帖》,皆泳手定。以布衣歷遊楚、豫、浙、閩、燕、趙間,爲諸侯上客。手書碑版遍江浙,名重當世。《縣志・藝術》有傳。

是書首頁第二行,有"梅花谿居士錢泳編,十二山人安念祖校"。卷中門類,分二十有六,而有目無一字者八,餘多纂録未成,記載未完。且所記間有錯雜,未及釐訂者,如祠墓門尤時亨墓列顧祖禹墓後,其時代先後倒置也。又有考徵未確者,如著述門《秦熙上生集》,論爲不成書名,而不知上生爲熙之字也。又有體列未加訂定者,如祠墓門所列某某祠,多用官職,或用謚法,而於安希范祠,則獨稱安我素公祠。綜觀所録,則爲未成之草稿,殆可概見。論者又謂,考卷中所載,似不類泳之筆墨。蓋時秦瀛重修《嘉慶志》,方梓行,而謗議叢集,是稿以爲補其未備,爲待後世修志者參證歟。邑人侯鴻鑑珍惜鄉先輩遺著,乃采入《錫山先哲叢刊》焉。

錫山遊庠録二卷　　錫金遊庠録一卷　　清光緒戊寅重刊本

清邵涵初撰。涵初有《慧山記續編》,已著録。

是書自明萬曆三十年壬寅,訖清雍正三年乙巳,凡邑人之遊庠姓名,分案編次,名《錫山遊庠録》。雍正四年,析縣境之東,爲金匱縣,遂剖分學額。因自五年丁未,至咸豐四年甲寅,分録兩邑之遊庠姓名,編次如其例,名《錫金遊庠録》。同縣汪士侃復據《縣志》所列宦望、儒林、文苑、忠節、孝友、行義、耆碩、隱逸、方技諸傳,並貢舉、甲科、宦階、世職,以及科名佳話,累代遊庠者,咸爲詳註案中;遇有薦舉,或以國子生登乙科者,俱附註之。而復爲之序,曰:"文人自副貢生以上,皆得載名邑志,……後人可覽而稽。其有終老於學中,歷久遂無可考。……是則老師宿儒所爲慁然傷心,而稽古者亦無由資以考證。……今吟泉慁學籍

---

① 引文據成文出版社 1982 年版《中國地方志叢書》華中地方第四二七號影印本《錫金志外》第 1、2頁校改。

之失傳,乃取家藏本校訂之,……徵序於侃。於是,侃入學六十有一年矣。按:侃以乾隆五十八年癸丑遊庠,咸豐三年癸丑重遊泮水。迴思六十一年之前,與諸君子揖讓於明倫之堂,俯仰猶如昨日。及茲披同案人姓名,其見存者,惟侃與孫戩宜大令名應穀,乾隆六十年乙卯順天舉人,官河西知縣,咸豐三年癸丑重遊泮水,五年乙卯重預鹿鳴。而已。……感歲月之不居,僅名稱之易没,乃慨然而爲之敘云。"①而涵初自謂"吾邑人文淵藪,代有名賢。洪武初年,始定考取儒童之制,有司以氏族之業儒者,分占儒籍,吾邵與焉。……然考家藏舊本,僅始於萬曆壬寅,而亦不無舛脱,欲再求之嘉、隆之世,則遍索於徵文考獻之家,而已不可得矣。……夫庠序之英,爲士子進身之始,列名學籍,既殁,而典胥即去其名。涵初作校官時,每按籍而致感焉。今以是本付之梓人,非特存二百年庠彦之名,且使後此者積年增葺,則因而傳者無窮"云②。綜觀是編體例,雖似未純,然邑之考獻者所不可闕之籍。至明萬曆三十年前之遊庠者,則以秦麗昌之明萬曆壬寅前《無錫遊庠録》考,冠諸卷首,尚可考見其梗概。又,是編原輯至咸豐四年止,自五年至九年諸案,殆於光緒四年戊寅續輯時所增補者。咸豐乙卯原刊本,則不可復得矣。

錫金考乘十四卷　　清光緒初年秦氏原刊本

清周有壬撰。有壬字佩安,國子生。博極羣書,而不屑爲制舉業,才名動大江南北,陶澍、林則徐皆器之,曾延爲上客。有壬既抱用世才,橐筆遊公卿間者數十年,迨倦遊歸,於地方利病,輒陳邑大夫,以申其議。而尤究心邑中文獻掌故,歷寒暑,無所輟。雖斷碑殘碣,靡不窮搜,所著《梁谿文鈔》,尤爲徵獻之名編。《縣志·文苑》有傳。

是書袞録邑之舊聞掌故,爲有壬所手訂,是備《縣志》之考徵者。其女毓芳,幼從父學,通書史。咸豐庚申,抱父遺稿,渡江辟亂,得免兵火。事平,梓以行世。同縣秦賡彤跋於後,曰"《錫金考乘》十四卷,外舅周佩安先生著,其次女毓芳所刊。毓芳即余婦也,……嘗謂余曰:'吾父書關兩邑掌故,畢生苦心萃是,盍刊行之?'余諾之,以公冗,卒卒未果。逮庚午,……(余)主講東林,婦復以是請。……無何,遘疾革,詔余侄姚臣前,發私橐金與稿本,授之付手民。蓋其必欲傳是書,以傳父之名,其志決,其心苦矣。嗟乎,書之傳與不傳,固不惟視乎書之刊與不刊。而刊之之心,要即傳之之心,況乎書之必可傳者哉!"③然則其稿之得免兵火,並得以梓行者,是真所謂必可傳者耳。

錫金學校重興紀事二卷　　清光緒乙巳鉛印本

不著撰人名氏。

是書輯録清光緒三十年甲辰毁學事。分上、下二卷,卷首列蘇撫端方及楊模照,並竢實、東林、三等諸學堂擊毁,與模之房屋被燬圖片。又事定,學校復興,端方蒞錫開學,親詣

①　據鳳凰出版傳媒 2011 年版《無錫文庫》第二輯第三十册《錫山游庠録·汪士侃敘》校改。
②　據鳳凰出版傳媒 2011 年版《無錫文庫》第二輯第三十册《錫山游庠録·邵涵初叙》校改。
③　引文據鳳凰出版傳媒 2012 年版《無錫文庫》第二輯第二十册《錫金考乘·跋》第 276 頁校改。

竢實、東林兩學堂訓話之歡迎圖,亦並列焉。考:模《蟄盦文存》所載《致華若谿、丁仲祜書》,謂"今大案雖完,凡身在其中者,皆以此次影響甚大,擬欲追敘顛末,以垂世誡。已囑雲軒、衡之諸君,搜輯前後公牘、函電,及各報論説,附毀校各圖,即交文明排印"云云。則斯編實由邑人曹銓、字衡之,諸生,光緒十五年己丑歲案。性好金石,所羅周、秦、兩漢,以至明、清之古泉及碑拓甚富。尤以工篆、隷書知名。丁寶書等輯録之耳。按:無錫毀學爲中國興學史上一大事。其時科舉尚未廢止,而學校方在萌芽,然無錫忽有斯大案,經大吏嚴屬究辦首禍之人,竭力扶植學校重興,於是社會始知學校之必興,樂遣其子弟入學讀書,則學校果日益興盛焉。斯編所録,賅備無遺,覽考其事,誠有不禁低徊慨想者矣。

錫金科第考六卷　清宣統庚戌聚珍本

民國高鑅泉撰。鑅泉有《夢痕録要》、《高子水居志補編》,已著録。

是書紀録有清一代邑人之登甲科、鄉科姓名,按科編次。甲科附記考官姓名、仕履,及鼎甲、會元姓名、籍貫;鄉科則先順天,次江南,而考官姓名、籍貫,及解元姓名、籍貫,亦併記之。同縣朱鎰章字達夫,同治十年辛未聯捷進士,歷署錢塘、餘姚、金華、歸安等縣,有政聲,在任候補知府,家藏書甚富。稱其徵訪邑中科第掌故,雖嚴寒酷暑,不憚劬勞,博采遐搜,靡不求詳。而楊壽枏又謂"此書有關邑中文獻,足以傳後"云。

錫金續遊庠録一卷　民國九年校訂重印本

民國高鑅泉撰。鑅泉有《夢痕録要》、《高子水居志補編》,已著録。

是書紀自清同治四年乙丑,訖光緒三十一年乙巳,兩邑人遊庠姓名。仍傲邵氏《遊庠録》體例,以續之。按:光緒三十一年秋,詔廢科舉,而自咸豐十年庚申,錫金兩縣此制暫告停止,至同治四年始以庚申科案補行之,壬戌歲案、癸亥科案、乙丑歲案,並於同治五年補行。鑅泉所續者,既始於同治四年,止於光緒三十一年,其間都三十餘案,完具無闕,誠裨益邑故之籍也。自序之,謂:"《遊庠録》一書,爲先人手澤,鑅泉云:六世族祖映菉公,諱祖德,曾以《遊庠録》稿,授於門人王人月先生,囑珍藏待梓。咸豐初,邵文莊裔孫吟泉大令,自南和移疾歸,向王先生索取,編纂刊行,庚申燬於兵燹。光緒七年,趙君伯仁等以修志餘款,特爲補刻。此《遊庠録》之淵源也。不可無所續載。乃竭數年心力,四出搜訪,於姓名下,添註字、號、官階,科第亦復詳細列入,俾後之讀是編者,其景慕觀感之情,有不油然而生者乎。"按:是編於民國九年重梓時,同縣侯學愈重爲校訂,於是體例尤純正云。

錫金續識小録六卷　民國十四年聚珍本

民國竇鎮撰。鎮有《名儒言行録》,已著録。

是書紀地方山川、名蹟、風俗、善舉、災異、兵事,以及賢人君子行誼文章。繼黄氏"不賢識小"之義,而名其書曰《續識小録》。綜觀卷中所載,凡民十三以前事胥及之。然記今人唐文治於流寓,而徐壽、建寅父子,華蘅芳、世芳兄弟,鄧濂、秦堅、楊模等已故諸人,則不及焉。

記齊盧之戰，並及邑城銀錢業大緊，人心惶懼。而清季甲辰毀學，全城罷市；又民八"五四學潮"，邑城罷市、罷學，則俱不及焉。卷首未列凡例，其編錄之旨，無可推求耳。但其所錄，有裨地方掌故，足備史氏考徵。其同案生錢福炯序之，則稱"竇君叔英究心邑故，……雖簡核不及黃氏書，然黃氏拾遺補闕於《乾隆志》方修之日，而君則發潛闡幽於《光緒志》久不續之餘，徵舊聞以俟百世，有求太簡而不得"云①。

尊賢祠考畧六卷　民國十六年鉛印本

民國侯學愈撰。學愈，原名士綸，字伯文，號戩盦，清諸生。光緒十九年癸巳科案。屢試秋闈，不第，入資，以訓導用。居恒致力於詩、古文辭，而與陽湖錢振鍠、同縣楊志濂、嵇鏡、凌學攽、原名霄，字伯昇，諸生，光緒七年辛巳科案。嚴懋功數輩相友善。入民國，束髮隱居，不交當世，而究心邑中文獻掌故，雖寒暑無所間。所輯《續梁谿詩鈔》，尤可見其闡揚潛幽之志焉。

是書紀尊賢祠之性質，及其沿革諸事。按：邑之尊賢祠，舊名"陸子祠"，祀唐陸羽。後以劉宋湛挺、唐李紳爲配，名三賢堂。繼後增祀爲七賢，爲十賢，爲十二賢，始定名爲尊賢，改堂爲祠。昔明獻邵寶嘗論定：以生遊歿葬，名在天下者，方合尊賢資格。後世乃本此旨增祔焉。《縣志》於祠祀門載其事，無專書紀述。邑人高鑠泉舊藏《安吉遺稿》一帙，多紀斯事故實。學愈乃因其本，增補編次，有裨邑故，足資考徵也。志濂爲之序。

西麓詩鈔甲集一卷　乙集二卷　通行鉛印本

民國胡介昌撰。介昌，原名承禧，字玆儔，亦作子壽，別號西麓，清諸生。光緒二十五年己亥科案。其先世爲唐昭宗幼子，初生時，遇朱全忠之變，昭宗及后同被難，其幼子遂由義人挈之，辟居婺源之胡村，因以爲氏。迨十七傳，始經商至無錫，遂占籍焉。介昌習舉業，試古學，江蘇學政瞿鴻激賞之，拔置上選。自是兩試秋闈，未售，遂絕意進取。民國肇建，諸事革新，而介昌目睹世道人心之非，偕同縣錢福炯輩，陳《整頓風俗意見書》於縣公署，知事丁方毅復稱"所陳有關禮教存亡，至深且大，應即分別令轉所屬，切實執行"等詞。居恒既關心地方風教，而復喜吟詠，與四方朋輩相唱酬，幾無虛日，終其身無他耆焉。

是書分甲、乙二集。甲集者，於地方事，所見所聞，每一變遷，詠一絕句，各繫註釋，名曰《五十年來變遷見聞詩》。實掌故之記載，足裨考徵之籍也。同縣陶世鳳爲之序，稱"以太史之直筆，備邑志之采徵"，可見推重之至焉。乙集者，雖有閒居即景，或與朋輩唱酬諸作，然於國事紛紜之際，輒感時傷懷，紀其事，以成篇什，殆亦足裨覽考也。綜觀卷中所錄，實與尋常賦詩怡志者不同，用與甲集並列於史部。

錫山風土竹枝詞一卷　民國二十四年鉛印巾箱本

今人秦銘光撰。銘光字仲實，號頌石，清諸生。光緒二十年己亥科案。嗣後肄業於京師大學堂,既畢業,任保定高師教習。入民國,任無錫縣勸學所長,已而任無錫縣視學。週察全縣學校,重實際指示,提倡質樸勤苦,力排浮惰侈靡,而以和藹爲歸。五十以後,攻治佛學,深有所得。父寶璣,博學通人,尤以詩古文辭名世,光緒重修縣志,出其筆者爲多。銘光學有淵源,輒好搜采舊聞,以事著述。暇則吟詠成帙,有《瑞春軒詩詞》,待梓。

　　是書爲其遍歷縣境時,網羅遺聞軼事,博咨風俗物產,託之篇什,以爲稗乘,名曰《錫山風土竹枝詞》。同縣錢基博稱其“備一邑之掌故,拾志乘之闕遺”。而銘光自記,則謂“比諸草野閒談,敢道不賢識小”云爾①。

地理類卷五

隨軺日記一卷　　民國十年鉛印本

　　清蔣大鏞撰。大鏞字和叔,道光二十四年甲辰進士。咸豐初,知雄縣,既知通州,俱有聲。擢順天府治中,嚴絕請謁,忌者以蜚語中傷,坐落職,下獄。獄卒索厚資,不設臥具,寒夜徹薪火,大鏞危坐達旦,琅琅誦《周易》,聞者咋舌。蓋其明辨義利,不以死生禍福動其中如此。尋事白,復官,選奉天府治中。奉天與旗員錯治,政令歧出,貨略公行。大鏞則裁以法度,清望大著。旋隨使者勘事吉林,覺吉林將軍等以庫金寄市,權子母。大鏞運籌幕下,得歸庫金數十萬,將軍以下得減罪論戍,皆感激,出金爲贐,大鏞則卻之。後隨赴高麗議邊界,收地博六十里,袤三千里。事具《縣志·宦望傳》。

　　是書隨皂蔭方左司農保,赴吉林查辦要件時,途中所記。凡邊隅機要,國勢消長諸情狀,悉著諸編;其同僚倡和諸作,隨時隨地附入之,而關於山川、風俗、人情,如流覽所及,亦有記載。蓋大鏞識署文學,於斯編可以窺見一斑焉。

正大光明殿覆試日記一卷　　墨跡原稿本

　　清姚熙績撰。熙績字緝盦,考:熙績原名熙敬,既爲諸生,更名熙載,捷京兆後,改今名。咸豐六年戊午順天舉人。工應制文,門下著籍數百人,多掇巍科、躋仕臕者。熙績性恬退,淡於榮利,三上春官,不第,乃絕意進取,以課徒終其身。而主講東林書院,諄諄以聖賢之微旨,啓迪後進,學者多感激興起。著述散佚,無專集行世,人多惜之。

　　是編爲捷京兆後覆試之作,未經梓行。考清制,凡登鄉科者,原無覆試例。自順治十四年丁酉科,江南鄉試以賄通關節,事發覺,特旨覆試二次。而各省鄉試覆試,始於道光二十四年甲辰科;順天鄉試覆試,則始於道光十五年乙未科。榜既發,即定期內廷覆試,外省得於明年赴禮闈時覆試。其因征途稽滯,不及與試者,准赴內廷補覆。熙績既捷京兆,未與內

---

　　①　引文據鳳凰出版傳媒 2011 年版《無錫文庫》第二輯第三十册《錫山風土竹枝詞·敘》校。

廷覆試，明年乙未，應試春明，詔赴圓明園補覆試。正大光明殿者，圓明園四十景之一，熙績補覆試，即其所也。識者稱："斯編有關清代科舉典制，實爲徵考掌故之作。至選詞潔練，筆饒古香，具行文之樂，殆其餘事耳。"

星軺便覽一卷　　縣圖書館繕寫本

　　清王綵撰。綵字莘鋤，同治元年壬戌順天南元，癸亥聯捷進士，選翰林院庶吉士，改户部主事。在部以勤敏著，而文名噪都下，一時問業者甚衆。光緒二年，簡福建鄉試副考官，所識拔多知名士。與同縣朱厚基字子山，咸豐十年庚申進士，授兵部主事。友善，兩人服官部曹，並篤鄉誼，有以緩急告，靡弗應。厚基未補官，旋卒；而綵於典試福建後，尋丁母憂，亦卒。年皆未五十，鄉里惜之。《縣志·宦望》綵附厚基傳。

　　是編紀赴福建鄉試副考官任事。向爲邑城王氏家藏之鈔本，未經刊行者，縣圖書館即據其本繕録之。卷中分簡放、登程、入境、闈中、撤棘、歸途、回京諸類，隨事記述，各以類從，故名《便覽》，其謹慎質樸之氣，時繞筆端，不特可供掌故家之覽考也。

永寧山扈從紀程一卷　　清光緒庚寅原刊本

　　清孫鼎烈撰。鼎烈有《四西齋決事》，已著録。

　　是書紀光緒十三年德宗謁西陵，鼎烈扈駕，隨治所事，故曰《扈從紀程》。江寧端木埰按：埰時任文淵閣校理。序之，稱"所著山川脈絡，國家掌故，釐然秩然，條縷分析，瞻而不穢，詳而有體"云。

殘本鄧河池日記無卷數　　墨跡原稿本

　　清鄧乃溥撰。乃溥字毓泉，號淵如，一號晏如，別號滄浪老漁，晚號濁濯漁人。父元鎰，知四川鹽城縣。乃溥自少穎異過常童。八歲，值洪楊軍抵兩江，隨父走川陝，輒手一卷，就樹陰讀不輟。同治丁卯，丁父艱。服闋，以國子生入資爲州同知。光緒丁丑，需次湖北，既受彭玉麟檄，辦坪坊釐稅局，清廉自矢，稅入大盈。敘績，補隨州。隨地俗悍民强，有豫産古鳳池者，隨之桀黠匿其婦。州同知職，例不理民事，而乃溥意度恢張，不爲文法拘，立提歸之，判詩牘尾曰："縱他籠鳥雙飛去，比翼平林自在鳴。我抱悲懷拋未得，雲天爲爾觸離情。"州人傳誦，載州志。尋調沔陽，署州事，駐新隄。值茅埠隄岸爲江流衝刷且殆，喟然曰："水利、捕盜，州同知職也。"陳大府，不允，以去就爲七邑生靈請，始獲給帑興修。方畢工，而洪水暴溢，居民卒免於患。又手捕劇盜張自新，置諸法，暴客相戒徙境外。民方感其德，而忽聞母病，亟歸去，州之人遮道攀留之，不得也。庚子赴選吏部，拳亂將作，宗室載漪、剛毅，庸暗專橫，方倚義和團以自衛，應和者盈廷，乃溥蹶然起，大聲抗議，力言義和團必禍國。其時張之洞檄乃溥駐京師，窺事變，旬日一報寄，皆手自撰著，午夜猶秉燭書不置。各省勤王之師，輒賴以應馭也。亂既平，簡授河池州同知。時西林岑春萱總制兩廣，需才亟，而其弟春冀先布政湖北，激賞乃溥才，至是以告乃兄春萱，春萱於是多倚畀，欲破格擢用，然卒以廉介故，仍以河池州瘴癘地終其官焉。平居殫精書史，工詩詞，又擅十七帖，兼精繪事，筆致在新羅、白陽間。性內直外莊，無不可告人語，約身以儉，交友以誠，治家嚴，遇物和，人皆以是敬之。所著有《家訓》十二卷。

是編自光緒二十四年戊戌十月六日起，迄辛丑八月十四日止，密行行草書，都巾箱本式四冊。卷中雖按日爲記，而斷續闕佚，未能銜接，蓋飄零不完之殘本也。按：乃溥赴選吏部，不一月，適遭庚子之變，日記中所載軍民諸事，皆當時實錄，足備史氏考徵。此本於民國三十七年冬，邑人許同藺得諸古書攤上，送縣圖書館庋藏，以垂久遠。雖殘破之編，尚可得見乃溥筆墨，而同藺留心文獻之功，尤不可湮沒云。

地理類卷六

武林遊記一卷　錢塘丁氏武林掌故叢書本

明高攀龍撰。攀龍有《周易孔義》，已著錄。

是編卷首載：“庚寅八月，余以事遊嘉湖間，而武林在杖屨中矣。幼時，聞長者談其湖山之勝，至此遂擬遊焉。”①云云。按：庚寅爲萬曆十八年，攀龍於是年捷禮闈，其門人華允誠所爲年譜，未載其事。其子世寧所編之年譜，則載“是年八月，遊武林”。此遊記之所爲而作也，其門人陳龍正②書於尾，稱“志正氣豪，文采飆發，後來闇淡靜深之基，築於此”云。

臺灣雜記一篇　小方壺齋輿地叢鈔本

清季麒光撰。麒光字聖昭，號蓉洲，康熙十五年丙辰進士，知閩清縣事，移諸羅。後改名嘉義。時臺灣甫入版圖，設郡縣，諸羅以新闢之邑，諸所措置，規劃日無寧晷。嘗條議事宜，定永遠規制，以上大府，一郡賴之，事載《臺灣志》。《縣志·宦望》有傳。

是編多山海紀實，並異鳥大蛇之怪奇，雖條列無多，亦足備覽考。南清河王錫祺采入所輯《輿地叢鈔》中。

暹羅別記一篇　小方壺齋輿地叢鈔本

清季麒光撰。麒光有《臺灣雜記》，已著錄。

是編所錄多其地風土情事。惟所述四月水至皆黃色，人皆以其地通黃河故也。而麒光則謂“黃河發源昆侖，北行入龍門，皆在西徼，今又南注於暹羅之域，豈其地與星宿海相連，

---

① 引文據光緒九年錢塘丁氏嘉惠堂刊《武林掌故叢編》第十六集《武林遊記》第 106 頁校。

② 原稿爲“馬世奇”，據《武林掌故叢編》第十六集《武林遊記·跋》第 120、121 頁校改。

而河流由此入海"①云云。按：河道入海之口，彰明較著，決無注於其境，至四月，水色黃，蓋其水來源，必有所自耳。南清河王錫祺乃采入《輿地叢鈔》中。

遊北固山記一篇　小方壺齋輿地叢鈔本

清周鎬撰。鎬字懷西，號犢山，乾隆四十四年己亥恩科舉人。性澹泊，家世貧，終其身，食不重味。平生愛才好善，自束髮至晚年，未嘗廢學。詩有才力，古文宗法韓、歐。事載《平湖縣志》。累署平陽、瑞安、常山、餘姚、鄞縣知縣，有治聲。鄞縣西有塘，衛田數萬頃，屢築屢圮，鎬相其形勢，甃以石，遂無水患，民思之，易名永鎮塘，到今尸祝之。擢同知，署嘉興府。值海氛未靖，羽書絡繹，外輯商旅，內安士庶，民人德之。按：事載《平湖縣志》，而本縣志未詳。旋遭歲旱，奉檄移粟數萬石至省垣，鎬與一萬石，巡撫大怒，鎬曰："嘉民亦乏食耳，何不糴於產區，而奪嘉之民食乎！"巡撫韙之。擢漳州知府，上治漳六事，愛民勤政，廉幹有爲之聲，炳然播中外。時同縣孫爾準巡撫福建，陛辭日，宣宗謂："漳州知府周鎬有吏治，備特用，其往觀之。"逮爾準至，鎬以勞瘁，卒於官矣。《縣志·宦望》有傳。

是編記北固山之遊，年月無考。其於地勢、扼塞、險要，以及歷史上兵事所關者，多縷述之，非遊覽賞玩、狀物寫景而已。南清河王錫祺乃采入所輯之《輿地叢鈔》中。

歐遊雜録二卷　清光緒間原刊本

清徐建寅撰。建寅字仲虎。父壽，研精數理，博涉多通，以製器尚象爲中國倡。建寅生而英明，剛毅刻苦有父風，從父精究理化製造之學，日有所進。時壽方經營上海製造局，並與西士傅蘭雅、偉烈、金楷理數輩譯西書，遂以建寅置几右，而建寅乃贊劃局中所造惠吉、操江、測海、澄慶、馭遠諸船。後從父事譯著，先後成書，幾與父埒。時辟西學門户，蓋建寅父子之力爲多也。既而調天津製造局，創造强水，建寅故從父精研有得，以是所製較外貨值廉數倍。時總理衙門方徵求人才，江蘇巡撫丁日昌馳書建寅，籌論時事，建寅遂上萬言書。總署得書稱善，因以郎中奏保堪充使才，奉旨以出使大臣記名簡放。而山東巡撫丁寶楨傾其才，調委總辦山東機器局。建寅躬自創造，未延用西人，越兩年，始告成功。寶楨以心思縝密，條理精詳入告，奉旨給資送部引見。旋又授德國二等參贊，詔迅速前往，時光緒五年六月也。建寅因歷遊德國及英、法諸國都會，參觀各著名工廠之製造，而尤留心軍事創設，其得之於心者蓋多也。既歸國，丁父憂。服闋，湖廣總督張之洞奏調總辦湖北全省營務，並教吏館武備總教習，復檄督辦保安火藥局，兼辦漢陽鋼藥廠事。廠故製造棉藥，洋工成藥無期，建寅躬自研鍊，遂造成棉質無煙火藥，驗其力，侔外貨。方喜所製之有成，乃復親抵藥房，配合藥料，詎藥轟然炸，竟殞命，同殉員弁、工人十有六，肢體均裂焉，此光緒二十六年二月十二日事也。之洞痛惜其才，奏照提督陣亡例請恤，奉旨追贈內閣學士，國史館立傳，入祀京師昭忠祠，及無錫原籍昭忠祠。

---

① 引文據光緒丁丑上海著易堂印行《小方壺齋輿地叢鈔》第十帙第四册第 545 頁校。

　　是書爲參贊德國使節之日記，自光緒五年九月十一日始，至七年八月初一日止。所記非僅參贊使節，凡遊歷考察所得，俱有記載，故以《雜録》爲名。綜其所録，凡參觀大小工廠，無慮百所，而於各廠製造，及其設備，並德國大操，以及軍制、砲臺、建築等事，記載特詳，足裨當世考鑑。蓋在歐二年，勤劬所事，幾無虛日耳。且建寅此行，合肥李鴻章面囑訪求鐵甲新式船，卷中附録鴻章所致李使節原書，又以此事諄諄述之，蓋時方擬興辦海軍，欲製鐵甲船以備海防，故建寅往還德國伏耳鏗廠數次，訂購雷艇二艘，此殆一大使命也。至其啓碇後，經香港，悉地價日貴；至西貢，見開墾種植，有中國窮民數十萬，而越南土人轉不及其半，法國徵收丁税且巨，而中國人往墾荒者，又相率如歸，俱筆之以提警國人，斯可見其用心之所至。及觀新嘉坡炮臺設備，復述英、俄有隙，故英國於斯地修戰備，其用心殆可謂無所不至矣。

病驥旅行記二十四種　　通行鉛印本

　　今人侯鴻鑑撰。鴻鑑字保三，號病驥，又號驥叟，清諸生。光緒二十四年戊戌歲案。中國自光緒庚子喪師而後，列强倡利益均沾説，虎視眈眈，日思侵畧以饜其欲。鴻鑑以世變既亟，清廷政治腐朽，士大夫治學，非孜孜於考據詞章，以競相誇耀者所能救國，乃慨然東渡，習師範，圖自教育入。既歸，主辦邑之竢實學堂，著有聲稱。時科舉尚未廢，而海内學者多狃於舊習，獨鴻鑑以爲非振興教育，曷以挽中國之弱；興教育，必從女學始。乃創辦競志女學於邑城之北禪寺巷。其室冰蘭，江陰夏氏，亦喜新學，無閨閣舊染，性尤豪邁，頗能襄贊鴻鑑事，鴻鑑亦恃之如柱石，而競志以是斐然有成效。光緒乙巳，科舉既廢，而無錫於甲辰毀學後，風氣漸開，設學務公所，經辦學校。於丙午春，創辦初級師範學堂，培養師資，以爲次第推廣城鄉小學之計。鴻鑑以公立師範一所，殊不足以資一時推廣之用，乃復獨創速成師範以濟其志，並附設模範小學，以資實習。而競志時亦擴其範圍，由中學而加設師範，又附設小學，隻手擎持，規模粗具。日本大正博覽會開幕，鴻鑑往觀之。見會中以我福建産品，掠列臺灣館中，乃糾合同志，馳赴公使館，請力爭，必移出，辭氣凛凛然，中外咸知鴻鑑爲非常器也。平生主持教育，以熱誠勇毅爲體，以真實勞苦爲用，而遠近觀摩者多采以爲法。民國肇建，嘗出任江蘇省視學，於教育因革，曾條列諸端以備采用。至視察時，見其弊，必力舉之無寬假，聲望焯然，動大江南北。好壯遊，其氣橫溢不可制。嘗先後登五嶽，北歷邊塞，東自榆關内外，西至玉門，南越嶺嶠，以及諸省名山大川，而欿然以爲不足。復涉海至臺灣，至南洋羣島，雖遭囹圄桎梏不顧也。嘗曰：“吾跡幾遍宇内，然未寰遊地球，寧匪憾事！”乃果復翩翩渡太平洋而至美洲，復由美洲橫渡大西洋而入歐洲，經地中海、紅海、北而入南海歸焉。所至名勝古蹟，必探其奇，尋其幽，弔其蒼涼，歌詠賦詩，以紀其事而闡其微。於各地教育，尤考察週詳，以深究其得失之道。備紀其實，成《旅行記》，都三十餘種。別著詩文稿，多散佚。曾刻《病驥文存》一卷，止録散文十數首，今亦無傳本。綜計鴻鑑所事，殆無日不以教育爲職志，於地方新政，多鼓吹贊劃。如於有清之季，從裘廷梁輩創辦《無錫白話報》，使全民得閲覽。民國之初，秦毓鎏秉邑政，籌建圖書館，實鴻鑑策劃之力爲多。厥後開辦通俗教育館，尤爲鴻鑑獨立所經營。任縣教育會長十數年，竭力籌措教員遺族扶助金，並編録教育會年刊行於世。至其經董圖書館時，雖大收羣籍，而於鄉邦文獻，搜羅盡致。嗣乃輯其垂湮不傳之編，曰《錫山先哲叢刊》，先後梓行者凡十一種，計四十有餘卷，表彰幽潛，以廣流播。今雖老耄，而其志殆未嘗少懈。

是書爲其旅行各地之記載，曰《己酉暑假旅行記》、《壬子三十七日之旅行記》、《辛亥暑假旅行記》、《戊午大梁旅行記》、《第八次燕京旅行記》、《臺灣旅行記》、《西秦旅行記》、《浙東旅行記》、《南洋旅行記》、《東三省旅行記》、《燕、晉、察哈爾旅行記》、《病驥癸亥旅行記》、《甲子稽古旅行記》、《環球旅行記》、《桐廬訪古記》、《鄭州旅行記》、《福州旅行記》、《虞山遊記》、《杭湖遊記》、《姑蘇遊記》、《雁蕩山遊記》、《西南漫遊記》、《西北漫遊記》、《日本大阪參觀博覽會記》，都二十四種，附《烏桓紀行》一種，爲其室冰蘭遊歷之所記也。綜觀諸記，凡於遊歷、考察、賞覽所得，胥隨筆紀録，而於利病得失，並其事有關國體之榮辱者，尤三致意焉。且復隨筆有詩，隨事有詩，凡所見所聞，有動於中者，靡不有詩，古、今體，歌、行不一也。於感慨詠懷，狀物寫景之中，往往與所紀之事相發明。至其厄於西秦，囹圄於南洋，彌足以見鴻鑑於生死出入之際之非偶然矣。

目録類卷一

遂初堂書目一卷　　常州先哲遺書本

宋尤袤撰。袤字延之，紹興十八年戊辰進士，知泰興縣。縣故有城，屢毀於寇，袤修築之。金人陷揚州，泰興以有城得全。少從喻樗字子才，號玉泉，其先桐廬人，至樗，乃徙居無錫。樗少慕伊洛之學，從楊時遊。中建炎三年進士第。《縣志·儒林》有傳。考樗墓在邑城東門外、廷壽司殿南、泰隆麵粉廠牆垣外，清光緒間，金匱知縣廖綸爲之修葺，樹石碑以識之。春秋仲丁祭東林書院，燕居畢，有代表前往祭掃。遊，樗爲楊時弟子，袤以故得其傳。時在錫講學，既十有八年，嬗相傳授，袤復沈潛闡揚，於是伊洛之學，大昌於東南。致仕後，卒於家，諡文簡。其仕履政績，具見《宋史》本傳，及《縣志·儒林傳》。

是編爲其藏書之目。厥後，陳振孫推袤所藏爲近世冠，《文獻通考》暨清《四庫全書》著録之。考：袤好聚書，晚年益酷耆之，積至三萬餘卷，取晉孫綽賦《遂初》之名以自號，光宗書額賜之，信其時盛舉也。此本爲武進盛氏校刊《常州先哲遺書》，據《説郛》本采收。宣懷跋稱：有毛开序，魏了翁、陸友仁跋，尚是流傳舊本，是可貴也。卷中分經爲九門，分史爲十八門，分子爲十二門，分集爲五門，所録諸書，無撰人、無卷數、並無解題。而《四庫提要》謂"疑傳寫者所刪削"，又謂"宋人目録存於今者，……惟此與晁公武《志》爲最古，固考證家之所必稽"云。

天一閣見存書目六卷　　清光緒己丑薛氏原刊本

清薛福成撰。福成有《浙東籌防録》，已著録。

　　是書爲福成備兵寧紹台時，訪古得天一閣，乃輯閣中見存之書，故名。清《續文獻通考》著録之。考：天一閣者，寧波范欽藏書處。欽字堯欽，明嘉靖十一年進士，知隨州，有治行，遷工部員外郎。性喜藏書，建天一閣，購海内異本，列爲四部，尤善收未傳世之孤本，以珍藏之，於是名重天下。清文淵閣輯《四庫全書》，詔各省督撫采訪遺書進呈，而天一閣後裔范懋柱具呈，請抒誠願獻，有進呈書目可稽。節録卷首附載全謝山《天一閣藏書記》云："是閣肇始於明嘉靖間，而閣中之書不自嘉靖始，固城西豐氏萬卷樓舊物也。豐氏爲清敏公之裔，吾鄉南宋四姓之一，而名德以豐爲最。清敏之子安常。安常子治監倉揚州，死於金難，高宗錫以恩恤。治子誼，官吏部，以文名。誼子有俊，以講學與象山、慈湖最相善，亦官吏部。有俊子雲昭，官廣西經畧。雲昭子稱，稱子昌傳並以學行，爲時師表；而雲昭羣從曰芑、曰茞，皆有名。蓋萬卷樓之儲，實自元祐以來啟之。自吏部以後，遷居紹興。其後至庚六，遷居奉化。庚六子茂四遷居定海。茂四孫寅初，明建文中官教諭。寅初子慶，睠念先疇，欲歸葬父於鄞，而歲久，其祖塋無知者，旁皇甬上。或告之曰：城西大卿橋以南紫清觀，吉地也。慶乃卜之，遇豐之革，私自喜曰：'符吾姓矣。'是日，適讀元延祐《四明志》云：'紫清觀者，宋豐尚書故園也。'慶大喜，即呈於觀，請贖之，並爲訪觀中舊籍，得其附觀圃地三十餘畝，爲鄰近所據者，盡清出之，遂葬其親，而以其餘治宅。慶喜三百年故居之無恙也，作十詠以志之。而於是元祐以來之圖書，由甬上而紹興，而奉化，而定海者，復歸甬上。慶官河南布政，慶子耘官教授。耘子熙官學士，即以諫大禮，拜杖遣戍者也。豐氏自清敏後，代有聞人，故其聚書之多亦莫與比。迨熙子道生晚得心疾，潦倒於書淫墨癖之中，喪失其家殆盡，而樓上之書，凡宋槧與寫本，爲門生輩竊去者幾十之六。其後又遭大火，所存無幾。范侍郎欽素好購書，先時嘗從道生鈔書，且求其作藏書記，至是以其幸存之餘，歸於是閣。又稍從弇州互鈔以增益之，雖未能復豐氏之舊，然亦雄視浙東焉。"①咸同之際，遭遇兵亂，閣中藏書多散佚。迨光緒之初，上元宗源瀚守寧波，欲編閣書爲目，稿且成，以禮去官。時福成備兵浙東，公務之暇，訪古過閣，既捐廉葺治之，復以宗編書目稿本，重加釐訂，歸安錢學嘉任校勘，范氏子姓數人共襄厥役，成書目六卷，而以見存爲名，其板藏甬上崇實書院。

錫金歷朝書目考十二卷　　清光緒壬寅聚珍本

　　民國高鑅泉撰。鑅泉有《夢痕録要》，已著録。

　　是書哀輯邑中自東漢以來，有關義理、政治學問及世道人心之著述。既據《縣志·藝文》所載，並復旁及各氏譜牒所録，彙編成書，俾一邑載籍，無所遺棄。至所采之編，尚有見存，或已散佚，或僅有存稿，未經梓行者，則不記之。綜觀全書，其廣事搜采，囊括三千年來邑獻遺著，信爲一邑藝文之故實。惟所采求廣，則致蕪雜。又所列著者時代，並所録小傳及書名，間有舛訛，未加考訂。而卷末所附雜録，殊足裨益邑故，爲考據家所必欲參稽者耳。

無錫縣立圖書館書目十六卷　　民國十五年鉛印本

　　民國嚴毓芬撰。毓芬字堯欽，清光緒二十八年壬寅補行庚子、辛丑恩、正併科經魁。世居邑東北鄉之寨門，以耕讀爲業。科舉既廢，毓芬應舉貢考試，取鹽大使，分發山東。入民國，同縣楊壽枏簡山東財政廳長，夙知毓芬賢，遂延爲秘書。同僚者，皆一時賢才知名士，而

---

①　引文據上海古籍出版社 2000 年版《全祖望集匯校集注》第 1061、1062 頁校改。

毓芬沈潛寡言，所司箋牘，條達疏暢，典雅精當，儕輩無不斂手推服之。平生喜讀晉宋以來集部書，端居凝思，矻矻無虛日，以工駢散文有聲士林。錢基博謂：“吾邑百數十年來，人文濟濟，而焯然名世者，有秦小硯之擅古文辭，楊蓉裳之工駢儷體，未有駢、散俱佳，如我堯欽者。”其爲傾倒又如此。晚年杜門治佛學，戒殺生，出則從二三野老事耕稼，淋漓自適。所著有《硯雲齋遺稿》，其子同生以行，稟性純良，能詩，端方凝靜，有父風。梓行之。

　　是書爲毓芬任縣圖書館館長時所輯。其稿先由劉書勳編次油印，迨毓芬任館長，悉照書勳體例，重加釐訂。而書勳所分部目，又爲邑人徐彥寬所定者。其目總爲新、舊二部，部又各析五目，曰經、史、子、集，騰以叢書者，舊部也；曰政、事、學、文，騰以報章者，新部也。特立鄉賢撰述部，以崇邑獻。又設金石書畫部，以章人文。而是編所列，胥屬舊部五目，而鄉獻所著之屬於舊部者，亦綜合編錄之焉。同縣裘可桴爲之序。

無錫縣立圖書館善本書目二卷　民國十八年鉛印本

　　民國秦毓鈞撰。毓鈞字平甫，清諸生。光緒二十四年戊戌歲案。光緒之季，嘗留學日本，習師範。歸國，任錫金公立初級師範學堂教員，講授教育、歷史、地理諸科。江蘇督學使者唐景崇蒞堂視察，閱各教員所編教科書，俱稱井井有條，而於教育、地理，尤許爲今世佳構焉。既按任課者名氏，乃問堂長蔡文森字松如，諸生，光緒十八年壬辰歲案。既東渡習師範，歸後，組理化學研究會於邑城之貝巷。延日人藤田爲講師。學成，適錫金學務處創辦師範學堂，遂聘爲堂長。厥後，上海商務印書館編譯所成立，主任張元濟傾其才，聘爲編輯員，其館所出《新字典》《辭源》諸書有聲，倚文森者尤重。曰：“秦教員何自出身乎？”曰：“以諸生肄業江陰南菁書院，擅史學知名。今自東瀛留學歸，遠近爭相禮羅，本堂以桑梓之誼，得聘之。”景崇頷首曰：“斯正一時之選也。”而毓鈞訓導生徒，諄諄以爲教師者須以身作則，而又以中國之割讓地、租借地，及各國條約所迫開諸商埠，爲莫大之恥辱，以國恥爲國民教育重要教材，培養國民雪恥精神，樹立國基礎，並闡發中國人種族之優劣，隱隱鼓吹革命，學者無不感動。入民國，任上海申報館記者有年。既任縣立圖書館館長，自傷無所成就而去。

　　是書就縣圖書館書目所列，選提善本，編目成書，都二卷。其選提準則，曰舊刻，宋元本既絕，而明本則爲舊也；曰精本，雕刻佳，校讐精到也；曰孤本，流傳稀，搜羅艱苦也；曰鈔本，鄉賢遺稿未刻者，或鈔存之，或影寫之，以垂久遠也；曰重本，仿江南第一圖書館——浙江省立圖書館提取重本之例，別爲庋藏也。綜合所提，闢一室曰寶藏之庫，分部類以珍藏之焉。按：斯編初爲其族弟銘光任編纂時所錄，毓鈞重加釐訂，梓行於世。

無錫縣立圖書館鄉賢部書目一卷　民國九年鉛印本

　　民國劉書勳撰。書勳字素訓，性狷介，不樂阿附。父繼增，博通今古，常熟翁同龢所稱爲江南名士者，藏書甚富，尤好搜羅鄉獻遺著之孤本。書勳染家學，於所藏書多摩挲涉獵，酣喜自適。民國肇造，無錫縣圖書館創建成立，邑人侯鴻鑑任經董，延書勳爲主任。書勳矻矻編摩，勤劬所事，館中一切規制，胥爲其釐定，任事閱十年，輿論翕然。民廿六冬，邑城淪陷，書勳以家貧，無力遠徙，匿郊區旬日，苟避其衝。嗣負恥入城，室家蕩然，所藏書散佚且盡矣。自是杜門不復出，或問之，曰："我怕見敵人面，而且羞爲之禮也。"無何遂卒。

是書輯録邑獻已故者之著述，故曰《鄉賢書目》。按：縣圖書館書目所分部類，既由編纂徐彦寬分別釐訂，而書勳乃就彦寬所謂舊部書目，提取鄉賢撰述，都八百餘種，別爲著録。以諸家姓氏，就筆畫繁簡，順次編列，蓋易於檢查之目録也。無錫自北宋以降，人文郁興，名賢著述，炳炳行世，然人事滄桑，輒虞放廢。鴻鑑既搜羅至力，而書勳亦孜孜無少懈，地方文獻，賴以不墜，厥功偉矣。同縣錢基博序之，語多推重云。

孫氏玉鑑堂藏無錫先哲遺書目一卷　民國三十年鉛印本

今人孫祖基撰。祖基字道始，東吳大學法學士，民國十八年，任無錫縣長。在職曾設縣志局、歷史博物館，編輯行政年鑑，創建慧山公園，皆其爲政之大者。平生篤好地方文獻，與兄祖烈同事徵訪，盡力搜羅。東寇既熾，無錫淪陷，所得鄉賢遺著珍本數十種，悉付劫灰。已而避地之海上，力繼往事，而祖烈仍反抵邑中，極事廣搜。斯值浩劫之餘，凡遇故家飄零之籍，珍秘之本，其兄弟無不力置愛護，或躬自就鈔，至廢寢食，其留心文獻之勤如此。

是書著録鄉獻遺著，都五百九十餘種，故名《無錫先哲遺書目》。太倉唐文治序之，稱"一陽時之碩果，風雨時之君子"云[①]。

目録類卷二

隸釋二十七卷　上海涵芬樓影印明王雲鷺刊本

宋洪适撰。适字景伯。紹興十二年壬戌，與弟遵同中博學鴻詞科，後三年，弟邁亦中是選，由是三洪名滿天下。母，無錫沈氏，父皓官吳時，沈氏卒，不能辦，歸葬於邑之白茅山。及皓使金，使适等依外家，居無錫。舅氏松年字性仁，大觀三年己丑進士，《縣志·文苑》有傳。教之，各以功名文章顯於當世。适除秘書正字，累遷中書舍人、翰林學士，既而進端明殿學士，簽樞密院事。帝諭："三省事，與洪适商量。"於是東、西府始同班奏事。累拜尚書右僕射，同中書門下平章事。奉祠起，知紹興府，浙東安撫使，卒諡文惠。事跡具《宋史》本傳，及《縣志·流寓傳》。

是書取兩漢迨魏初碑碣之類，有關於隸書者釋之，爲考隸之作。所采漢、魏碑十九卷、《水經注碑目》一卷、歐陽修《集古録》二卷、歐陽棐《集古目録》一卷、趙明誠《金石録》三卷、無名氏《天下碑録》一卷，都二十七卷。清《四庫全書》著録之，《提要》稱"自有碑刻以來，推是書爲最精博"云。

---

① 引文據江蘇鳳凰出版社《無錫文庫》第二輯第五十二册《無錫先哲遺書目·唐文治序》校。

淳化秘閣法帖考正十二卷　　上海涵芬樓影印壽縣孫氏小墨妙亭藏原本

清王澍撰。澍有《禹貢譜》，已著録。

是書綜合自宋至清，凡鑑別《淳化秘閣法帖》諸家之説，衡其當否。《四庫全書》著録之。其例，原列標目，一仍其舊，而據史書辨其是非；次列真僞；末乃詳校書法異同，俾賞鑑家取閣帖對觀，易於詳審。原目分十卷，而别爲《古今法帖考》一卷，又自以所得筆法一卷①，併附其後。乃自序之，曰"宋太宗淳化中，出内府所藏古帖，詔侍書王著釐訂，勒成十卷，名曰《淳化秘閣法帖》。真僞雜出，錯亂失序，識者病焉。然以刻自天府，臣下不敢妄有訾毁。故自淳化後，無一人異論者。米元章始以所見，創爲區别。黄長睿因之，更據史書，考其紕繆，所見益精，而字畫涑訛，未暇是正。明嘉靖中，上海顧汝和本米、黄未盡之指，細意校勘，雖其板本皴裂、字畫剥食處，亦必異同並載，無有遺失。自米、黄後，閣帖釋文，無有詳到如汝和者。康熙間，義門何太史焯，更以姜白石《絳帖平》增註其上。同年，徐太史葆光，又復旁搜博采，益增其舊。年來余抱疴掩關，時時臨寫，偶有所見，輒復條疏，積今五年，漸以成帙。於是發意博取羣書，詳悉考鏡，事辭參錯，必補正之，即字畫涑訛，亦援前規，備爲詳訂。於是閣帖十卷，是非同異，皆有據依，名曰《淳化秘閣法帖考正》。其鄙見所不及，考索所未備者，闕之，以俟質之解人"云②。於是賞鑑家取《閣帖》對觀，則於《考正》析疑辨訛，易於詳審焉。按：其序末行，署"雍正庚戌書於二泉之聽松菴"，時澍方僑寓無錫也。

遺篋録古泉圖釋八卷　　續釋四卷　　清光緒癸卯精刊本民國十五年精刊本

民國秦寶瓚撰。寶瓚字岐農，原字岐臣，號稚雲，晚號瓗叟，又以字行，清諸生，光緒三年丁丑歲案。候選訓導。無錫於光緒甲辰毁學以後，設學務處於邑城，大吏遴聘邑紳之富學識、負清望者，經董其事。時裘廷梁既董治兩年，以疾去，而重興學校，釐訂章則，一切措施，悉具規模，綜其所作，殊積極有所舉。寶瓚故邑人士所仰止之者，遂繼廷梁而董學務焉，於所事因革，矻矻研討，條列陳請，大吏可其議。時江南各縣設學務處者，無錫首樹其幟，而其辦學規程，每爲各縣取法者，廷梁創制之，而寶瓚實損益之也。邑城故有同仁、育嬰、恒善三堂，分辦地方善舉，寶瓚既爲人望所歸，乃先後任三堂經董有年。平生以金石書畫自娱，收藏富，鑑別精審，所作書畫不拘一格，落筆輒爲士林重。詩、古文辭，具有法度，而其稿多未梓行。光緒戊子，應順天鄉試，既報罷，乃以布衣鬻書畫於京師。而寶瓚書，於唐宋外，自三代、兩漢、六朝金石，無不摹攻；畫則山水、花卉、飛禽無不作，一時名噪都下。至晚年，往往喜寫梅花，以寄其性，曲折横斜，無所不至。並於齋庭植楓二本，深秋葉色濃紅，觀賞自樂，因以晚紅名軒。性又好鶴，當年客煙臺某署幕，主人以鶴贈，旅庭褊狹，辭未畜，後欲求之不得也，其孤逸又如此。父臻，耆古博雅，而尤好畜古泉，寶瓚濡染家學，抱乃父所遺，摩挲考索，至老無倦。壽至七十有幾，無疾而終。

---

①　據商務印書館 1934 年影印上海涵芬樓壽縣孫氏小墨妙亭藏原刊本《淳化秘閣法帖考正》卷第十二，此卷名曰《論書賸語》。

②　據上海涵芬樓壽縣孫氏小墨妙亭藏原刊本《淳化秘閣法帖考正・敘》校改。

是書以乃父篋中所遺之古泉，逐一拓示其圖，按圖博稽，備加考訂，註釋圖下，就時代先後編次之，成《古泉圖釋》八卷。每卷各分上、下，各以其類相從。以空首錢類及刀錢類爲卷之一；三晉錢類及秦、楚、齊、魯、宋、衛錢類爲卷之二；異錢類及圜法錢類爲卷之三；秦、漢錢類及新莽錢類爲卷之四；東漢、三國、六朝錢類及唐後五代十國錢類爲卷之五；宋錢類及遼、夏、金、元錢類爲卷之六；明錢類及外國錢類爲卷之七；無考錢類及厭勝錢類爲卷之八；於泉紋及古文字，稽考賅博，註釋詳盡，堪備考據家之資。自謂"雖録一家之物，與《泉匯》等集諸家而成書者，豈齒不可以道里計。惟其間難得之物，亦有《泉匯》所不備者，未始不足以補闕"云。

《續釋》專載前釋所不備，或已載而未考定者；又或同是一錢，而後之所考，勝於前之所載者。與前釋合觀之，則可見寶瓚考訂之精審矣。其爲卷凡四，而不分類。以空首、邑化、刀化爲一卷；周、秦圜法爲一卷；漢及六朝爲一卷；唐以後爲一卷，而外國貨、無考品、馬錢胥附之云。

曝畫紀餘十二卷　　民國十八年倣宋鉛印本

民國秦潛撰。潛，原名岱源，有《中國航政史》，已著録。

是書輯録舊藏宋、元、明、清名人畫幀之題辭，編次成帙，堪備考古家之資。按：其曾祖炳文，生平最以繪事知名，自明、清上溯宋、元，得南宗正派；又精鑑賞，家富收藏，並其所存製作，盈如干篋。民國十三年冬，潛丁父艱，讀禮之暇，盡發遺篋所藏，拂拭先世遺縑，晾曝名賢精品，都五百餘幀。卷中載每幀標列圖名，及作者名氏，然後録其原題，或鑑賞人題辭，並炳文題識短章，備加考訂，得十有二卷。自謂："彙録之，以資尋繹，並足備當世好古者之取證。"其宗人瑞玠字晉華，清光緒二十三年丁酉優貢，江蘇諮議局議員，以文行著稱。爲之序，語極推重之云。

政 書 類

國政貿易相關書二卷　　江南製造局原刊本

清徐家寶譯述。家寶父建寅督辦漢陽鋼藥廠時，以發明無煙火藥爆炸殞命，詔贈內閣學士。家寶學有淵源，亦有志經世，遂以蔭生有聲。

是書爲英國審問官法拉所著，傅蘭雅在上海江南製造局口譯，家寶筆述之也。卷中所述貿易爲買賣之事，國政爲辦理貿易，保護衆人性命財産，釐訂各種法律等，以安定貿易，亦即所以保護貿易也，故曰相關。全書分上、下二卷，卷各十章。蓋英國貿易早爭勝世界，而其所以致勝者，實國家有以保護之。家寶譯述此書，期當世有以采用之耳。

保富述要十七章　　江南製造局原刊本

清徐家寶譯述。家寶有《國政貿易相關書》，已著錄。

是書爲英國布來德所著，傅蘭雅口譯，家寶筆述之，時任事江南製造局也。卷中所載，皆論列理財貿易，溯源及流，頗爲詳盡。其原序謂："應將此種要理，訓迪少年子弟，令其深得奧突，以冀施諸實用。"家寶譯述此書，其經世之志可概見焉。

十六國議院典例八章　　清光緒三十四年上海商務書館洋裝精校本

民國蔡文森撰。文森字松如，清諸生。光緒十八年壬辰歲案。無錫自甲辰毀學以後，設學務處於邑城，大吏遴聘邑人裘廷梁爲總董，主持全縣學務。廷梁爲人公明豁達，信仰新教育。時邑之學者偕文森等，集合諸同志，設理化學研究會於邑城郭外，請日人藤田爲教習。適屆兩年期滿，文森等研究理化既告終，遂建議學務處，謂："興學之本，須有師資，師資之源，出自師範，盍辦師範學堂，招集有志之士以培養之乎！"廷梁嘉許之，遂決定開辦初級師範一所，禮聘文森爲校長。文森固辭之，不獲，乃承廷梁意，籌設於邑城，名曰"錫金公立初級師範學堂"。文森故嘗東渡習教育，深知彼邦之勃興，實賴教育以樹其基。爲人肫摯老成，所事力求切合實際，不尚美言空談。於開學之日，乃慷慨登壇，懇懇焉以詔諸生曰："日本維新以來，百度方興，甲午一戰勝於我，壬寅再戰勝於俄。今一躍而爲世界強國矣。推其建國之基，實始於數十年前，開設師範學堂於東京，以植師資。時入學者僅十數人耳，然其所以強國，靡不歸功於小學。今吾校來學者達七十人，則我中國轉弱爲強之勢，庶幾其在此乎！諸生之任重道遠如此，願勤奮所業。"座中多感動，此清光緒三十二年歲次丙午二月朔日也。校中分本科、簡易科，本科三年畢業，簡易科一年畢業，一切規制，悉倣兩江優級師範，暨江蘇優級師範。而文森手訂章則，具有法度，訓迪學生，恒以鍛煉人格，雪國恥爲重。若遇外人淩辱故事，往往怒其髮，至拍案以激陳其詞。江蘇學使者灌陽唐景崇蒞校視察，見學風勤敏蕭穆，乃手題"志殼成庠"額，以獎勵之。然文森猶欿然自謂不足，待簡易科初屆畢業，乃竭誠自請去，曰："我不善治事，須待賢者以振興之。"已則退居海濱，習法制，曰："法制之學，人生不可不習，我國人類皆不明乎法，致被外人侮辱也。"時上海商務書館編譯所方延攬海內名人，從事編輯書籍，以資學者。而文森習法制既成，遂應聘焉。自是任事閱十年，共席之士，無不推服。而商務所出之《新字典》、《辭源》所載序錄云云，則可見文森之名重士林，學者之嚮往矣。先是，以諸生肄業江陰南菁書院，致力文史，東南士大夫讀南菁課藝者，於文森述作，輒多賞許。其同硯如吳江金天翮、錢崇威、吳縣單鎮數輩，又往往斂手嘆爲不如焉。晚年雖退居邑之蓉湖之畔，以養其晦，而聲光轉彪炳於東海之濱，自不可掩。至應乃兄文鑫字兼三，曾主辦九豐麵粉廠。爲人能承孝友，偕弟文森、文森，事大母、母兩世苦節，鄉里咸稱之。之屬，以資治工廠，實承兄意，非其志也。迨抗戰起，中日軍事鬨然，而文森目睹世亂無極，人心日非，所患肝胃舊疾作，雖值勝利奏凱，國府還都，而其病已不可救矣。遠近聞之，靡不痛悼。

是書分組織國會、會期開始、議長及他事務員、法案及動議、委員會及部會、議事規則、決議、請願等八章論列。每章分十六節,以一國爲一節。其所列之國曰:奧、匈、比、丹、法、德、意、荷、葡、西、瑞典、那威、瑞士、美合衆國、英、日等十六國,因名曰《十六國議院典例》。考:清廷於光緒三十二年下詔預備立憲,並派載澤、端方等五人,出洋考察政治,以資施行。文森遂據日本元老院所譯之一千八百八十二年英人迪堪生氏所著《歐美各國議院典例要畧》,譯著此書。但原書祇有十四國,而英、日兩國議院典例則闕之,文森又搜羅兩國材料,補著之,以餉當世留心立憲者之參考。故是書乃於光緒三十四年春二月行世,時不特清季之諮政院,以及各省諮議局之組織,取法乎此,即民國創建,所定臨時參議院,並衆議院、參議院之法規,亦無不以此爲鑑。説者謂文森此作,有裨當世,殆匪過譽也。

政本論十二卷　民國十七年洋裝精校本

今人薛學潛撰。學潛字毓津,清薛福成長孫,蘇州東吳大學理學士。自幼穎慧,能讀書,其外祖桐城吳汝綸一見稱許,曰:"此子庶幾可繩其祖武乎!"少長,雖從事科學,而孜孜不忘國故,凡經、史、周秦諸子及典制諸書,皆精讀,而尤沈潛《周官》。以爲荆公嘗謂:"道之在政事,其貴賤有位,其後先有序,其多寡有數,其遲速有時。……其法可施於後世,其文有見於載籍,莫其乎《周官》之書。"[1]用篤信之,而孜孜不少懈。嘗一膺衆選,而爲江蘇省議會議員,有所建白,耆宿賢豪,皆對之讚歎。而學潛益劬,搜羅歐美法政、經濟名編,以究討其微旨。且復遊歷環球,若美,若英,若法、比,若瑞士、荷蘭,若德、奧、匈、意、捷克、波蘭及巴爾幹諸邦,若日本、印度、安南,自朝章政典,以逮鄉約民俗,無不勤搜博考,以比較異同得失。蓋得之於心,驗之於事,力求其政體原委之所在,匪尋常讀書遊歷者所可倫比也!時值歐戰初終,蘇俄勞農共產主義雖撼震西歐,而其國内糾紛擾攘,遂至生產停頓,平民失業,以爲隱憂莫甚。回顧我國,則厚生事業方在萌芽,而勞資畛割,已不復相恤,若非早爲之計,其勢奚可挽救。然時軍閥專政,鬩牆無已,孰遑顧此而謀及者。學潛獨發憤有爲,集合同志,創立太湖水泥公司,謀勞資均利,以立模範。期社會之平等,使國利民生發揚無所阻。卒以書生本色,不爲世容,垂成致敗,聞者慨惜。惟學潛曾不以此而少損其志,深知國家興衰,社會隆替,端視乎政治之綱紀,乃鍵關深居,潛心著述。以爲清議何補於事,載籍堪爲世鑑,秉筆十載,無少衰休,煌煌巨著,自足行遠,其進德修業之堅定如此。

是書就其讀書考政所得,發抒所見,以事撰述,得十有二卷,計三十三篇,都三十萬言。兩閱寒暑,而後告成。舉國家、社會、治制,包括無遺,關於議論者半,關於行事之方者亦半。首列中國歷代因革,而考其得失;次述世界各邦成規,而舉其儀表;終則申述己意,擬爲方畧。以爲立政程制,經世緯俗必如是而後可,因名其書曰《政本》。每篇舉其要旨,以述其鵠,謂之要畧,以載簡端,俾讀者不待畢其全書,而已知諸篇所列之義焉。桐城張鴻鼎序之,謂:"凡政治之矩矱,固隨世運時會而有所遞嬗,又因疆俗民習而有所異宜者也。逆乎世運時會,夢想唐虞,謂之妄;忽乎疆俗民習,形襲歐美,亦謂之愚。毓津博聞慎取,皆因時制宜,甚少偏激莽裂意見存其間,必蘄典章文物,折衷於美善而不悖國情。對於翼民治、均社會、

---

[1]　王安石語據商務印書館 1939 年版《叢書集成初編》第 0869 册《周官新義·自序》第 7 頁校改。

宏教育、固國防、瞻財用、惠農工、正經界、審權量、核名實諸大端，並與人羣進化之義，尤兢兢焉。其創作之偉，思慮之微，大小精粗，先後本末，秩然斐然。其果鎔鑄《周官》者久，不覺淵源有自者乎！從來議政之士，往往疏於科學，是故義理雖精，而措之行事，則多闊落。毓津固深於科學者，能努力使政事條理協乎科學方法。其性既謙恂而又堅卓，不立異以沽名，不徇衆以曲學。其文亦整肅若陳鐘鼎、列俎豆，浩瀚若長江大河，匯而爲海，雖無意爲文，亦文章美質也。亭林顧氏嘗慨古人著作，如鑄錢采銅於山，今人徒買舊錢充鑄。毓津博涉羣書，勤勞采訪，亦庶幾采山之銅矣。”而學潛自述其書要畧曰：“士之爲學，亦求仁而已，廓然而大公，以百姓心爲心，蓋一切政化所荄滋，而此書綱領，亦維在兹。若更爲詳説，斯文之在於政者，其稽式有三：一曰全民政體；二曰地方自治；三曰産業稠制。全民政體者，解其自起於人羣之束縛也，無一人之專制，無少數人之專制，無多數人之專制，則見其真平等。地方自治者，解其起於土地之束縛也，上不害於國家之益，下不害於地方之適，同爲國人，利無茈虓，則見真自由。産業稠制者，解其起於物質之束縛也，物賤則人貴，民和以不失爲貴，毋或有敢因於物用，轉爲殘賊，則見真博愛。故曰：平等、自由、博愛，是三者，亦稽式。何謂稽式？謂有人發姦摘伏之具矣，若猶恐人之勿察也，而必多爲之辭，博爲之説。故著三十三篇，有本議、有善政、有原治、有原權、有官人、有原變、有刺議、有制置、有形名、有地治、有治市、有制衆、有備内、有本兵、有水豫、有國準、有適威、有制用、有國軌、有錯幣、有權量、有行鹽、有幹礦、有本力、有通有、有置郵、有舶策、有貨殖、有釐工、有明農、有士容、有訂教、有道隱，諸篇各自爲起訖，而於前後諸説多關涉”云。論者稱學潛讀書萬卷，而能貫穿今古，舉凡中外治亂興廢之道，無不豁然於中，故於其書，皆言之有物，持之有徵。其創製之宏，誠亭林顧氏所謂采山之銅也，斯言豈虛譽哉！

子部目録

楊仁山先生遺著一卷　民國楊道霖撰

雲薖漫録二卷　今人楊壽柟撰

道家類

老子解一卷　清吳鼐撰

老子別録一卷　清吳鼐撰

非老一卷　清吳鼐撰

莊子解一卷　清吳峻撰

讀莊窮年録二卷　民國秦毓鎏撰

兵家類

洴澼百金方十四卷　清袁宮桂撰

守望新書四篇　清錢泳撰

籌洋芻議十四篇　清薛福成撰

徐家寶譯述三種（有目無文）　清徐家寶譯述

天文格致算學製造類

徐雪村先生譯述二十六種　清徐壽譯述

行素軒算稿六種　清華蘅芳撰

華若汀先生譯述十二種　清華蘅芳譯述

恒河沙館算草二種　清華世芳撰

徐仲虎先生譯述七種　清徐建寅譯述

談天十八卷　清徐建寅續筆

徐祝三先生譯述二種　清徐華封譯述

格物探源一卷　民國沈祖約撰

誦芬書屋算稿二卷　民國蔣士榮撰

算學餘譚二卷　民國蔣士棟撰

思棗室算稿四種　民國蔣士棟撰

藝術類

殘本四子棋譜無卷數　清過文年撰

拙存堂題跋一卷　清蔣衡撰

樂府釋一卷　清蔣衡撰

小山畫譜二卷　清鄒一桂撰

洋菊譜一卷　清鄒一桂撰

學書筆法精解一卷　清蔣和撰

藝能編一卷　清錢泳撰

桐陰論畫六卷　清秦祖永撰

繪事津梁一卷　清秦祖永撰

師二雲居畫贅四卷　清顧森書撰

國朝書畫家筆錄四卷　民國竇鎮撰

晚紅軒隨筆二卷　民國秦歧農撰

汀鷺題畫集二卷　民國胡振撰

譜錄類

茶經三卷　唐陸羽撰

食品經濟學三篇　民國蔡文森撰

精神衛生論八章　民國秦同培撰

雜家類

古列女傳圖八卷　晉顧愷之圖畫

梁谿漫志十卷　宋費袞撰

容齋隨筆十六卷　續筆十六卷　三筆十六卷　四筆十六卷　五筆十卷　宋洪邁撰

夷堅志五十卷　宋洪邁撰

萬柳谿邊舊話一卷　元尤玘撰

遂昌雜錄一卷　元鄭元祐撰

慮得集四卷　附錄二卷　明華悰韡撰

十閒堂閒情彙編五種　明華淑撰

午風堂叢談八卷　清鄒炳泰撰

匏園掌錄二卷　清楊夔生撰

履園叢話二十四卷　清錢泳撰

治蝗全法四卷　清顧彥撰

清原正本經無卷數　清徐澂撰

德國議院章程一卷　清徐建寅譯撰

德國合盟紀事本末一卷　清徐建寅譯撰

庸盦筆記六卷　清薛福成撰

師竹廬隨筆二卷　民國竇鎮撰

滌塵雜記無卷數　民國秦國璋撰

雲外朱樓集二編　民國王蘊章撰

覺花寮雜記四卷　今人楊壽枏撰

附錄

國學概論十章　今人錢穆撰

類書類

事類賦三十卷　明華麟祥校刊

類書纂要二十四卷　清周魯　侯杲纂輯

春秋經傳類聯無卷數　清王繩曾撰

紀事珠引釋十卷　清鄭夢明刪訂

廣事類賦四十卷　清華希閔撰

小説家類

　　金廂薈説八卷　　清楊芳燦纂輯

　　梅谿筆記一卷　　清錢泳撰

　　箕録四卷　　清劉繼增撰

　　酒令叢鈔四卷　　清俞敦培纂輯

　　竹素園叢談一卷　　民國顧恩瀚撰

　　夕陽紅淚録十二卷　　民國孫靜菴撰

　　棲霞閣野乘無卷數　　民國孫靜菴撰

　　荆駝泣血録八卷　　民國孫靜菴撰

醫家類

　　理虚元鑑二卷　　清柯懷祖參訂　　華曦校正

　　沈氏尊生書六十八卷(有目無文)　　清沈金鼇撰

　　瘍科心得集五卷　　清高秉鈞撰

　　華秉麃醫學心傳四集　　民國華秉麃撰

子　部

儒家類卷一

龜山先生語録四卷　上海涵芬樓據常熟瞿氏鐵琴銅劍樓藏宋槧影印本

宋楊時語，其門人延平陳淵幾叟、羅從彥仲素、建安胡大原伯逢、及其子迥稿録，共四卷。陳氏《直齋書録解題》所載同此，馬氏《文獻通考》著録之。時字中立，號龜山，將樂人，熙寧九年丙辰中進士第。時河南程顥與弟頤講孔孟絕學，河洛之士，翕然師之。時調官不赴，師顥於潁昌，相得甚歡。其歸也，顥目送之，曰"吾道南矣"。四年而顥死，又見頤於洛。一日，頤冥坐，時與游酢侍立不去，頤既覺，則門外雪深一尺矣。時杜門不仕者十年，起知瀏陽、餘杭、蕭山三縣，皆有惠政。轉荆州教授。會有使高麗者，國主問："龜山安在?"使回以聞，召爲祕書郎，遷著作郎。凡所條奏元祐、熙寧間政事興廢，皆有關一代得失。累官至龍圖閣直學士，提舉杭州洞霄宮，已而致仕。卒諡文靖。方時之渡江也，東南學者推爲程氏正宗，其講學於無錫者十有八年，今邑城舊東林書院左，有道南祠者本此。考：邑城之東林書院，爲明顧憲成與弟允成，及高攀龍等講學舊地，至清季改爲學校。迨民國初年，校長辛幹欲訪求講學諸賢遺跡，以爲其校重。久乃得允成與薛敷教遺翰，謂"愚兄弟閒中無事，邑東北有宋楊龜山先生講學故址，合同志高景逸等四五友修復。時共衿紳商畧其間，差可迎送日月，丈能鼓興一來，亦快舉也"云云。則邑城之東林書院，爲時講學之所益可徵信。墨跡仍歸涇里顧氏藏《小辨齋偶存》，未收録。事跡具《宋史》本傳，及《縣志・流寓傳》。

斯編皆時講學語，及門弟子筆録成帙。按：與《龜山集》中所采録者，文字相同，惟此本有後録，皆他家論贊之語云。

小心齋劄記十六卷　舊刻本

明顧憲成撰，憲成有《四書講義》，已著録。

是書始於萬曆二十二年甲午，終於三十九年辛亥，凡體究心性，有所得，輒劄記之，手自刪訂，爲十六卷。清《四庫全書》存目。卷首載高攀龍原序，稱："先生之學，性學也。遠宗孔聖，不參二氏；近契元公，確遵洛閩。嘗曰：'⋯⋯心不踰矩，孔之小心也；心不違仁，顏之小心也。'此其學之大旨矣。⋯⋯自孟子以來，得文公，千四百年間一大折衷也；自文公以來，得先生，又四百年間一大折衷也。先生自甲午以來，見理愈微，見事愈卓，充養愈粹，應物愈密，從善如流，徙義如鶩，殆幾於無我。"①然則憲成之學，其大旨在於斯矣。

高忠憲公講義一卷　　縣圖書館繕寫本

明高攀龍撰。攀龍有《周易孔義》，已著錄。

是書爲其講學時之講義，後世纂錄之本。按：華允誠《高忠憲公年譜》所錄《著書總記》，有《東林講義劄記就正錄》。而斯編所錄者，於東林之外，復有毘陵經正堂、荊谿明道書院、金沙志矩堂等講義在。題下註明年代，起戊申，止己未。考：戊申爲萬曆三十六年，己未爲四十七年。所赴各處講學於斯編可考而知，惜未按年編次，致顛倒參錯耳。

就正錄二卷　　縣圖書館繕寫本

明高攀龍撰。攀龍有《周易孔義》，已著錄。

是書分上、下卷，卷上經説，卷下語、劄記。以闡發理學之微，記錄爲學所得，要爲多用尊德性功夫。題曰《就正》，殆即雞鳴而起，孳孳爲善之道，所謂進德、修業是也。其主敬存仁之學，又可於斯二字見之。

正蒙釋四卷　　明刊本

明高攀龍纂輯。攀龍有《周易孔義》，已著錄。

是書爲註釋宋張載《正蒙》之本。載自謂："《正蒙》一書，根本枝葉，莫不悉備。"門人稱爲"有六經之所未載，聖人之所未言者"。朱熹曾爲訓釋，而尚有未盡。攀龍重因其指，廣爲集註。嘉興徐必達篤好此書，嘗條列所見，謂之《發明》。而顧允成爲之序，稱："朱子曰：'解書不可將大話説，不可將小巧説。'讀高存之《正蒙集註》，及徐德夫《發明》，平正通達，可謂無二者之病矣。"②清《四庫全書》爲之存目，《提要》引葉向高序，稱徐德夫"條其所見，謂之《發明》，以質雲從之説，同者去之，異者存之，異而此失彼得者去之，短長互見者存之"云云，蓋謂此書"爲必達所自定，非攀龍之本"耳。按：《縣志》藝文門所載攀龍著述，有《正蒙集註》，而無《正蒙釋》，用附署之。

程子節錄四卷　　邑人許同藺捐贈舊藏鈔寫本

明高攀龍編。攀龍有《周易孔義》，已著錄。

---

① 引文據武漢大學出版社 1997 年電子版《文淵閣四庫全書（425/4905）·高子遺書》卷十一第 71、72頁校改。

② 引文據山東齊魯書社 1997 影印明刊本《正蒙釋·顧允成序》校。

是書取二程語録,擇其精粹者輯録成編。先辨性,次論學,次治事,次釋經,每類各爲一卷。清《四庫全書》存目。卷首載同縣陸楣序,稱"其鈔本藏秦松齡家,顧整字雋生,年二十六始志於學,習靜三十年,用力猛勇,徹夜無倦容。易簀時,猶延族兄培至榻前講學,其勤篤如此。《縣志·儒林》有傳。欲刻之,未果。整子棟高踵成之,屬爲讐校"云云。此後殆無重刊之者。邑人許同藺所藏此本,蓋即據顧刻本鈔録之。按:是編《縣志》藝文門漏未記載。

高子節要十四卷　　舊寫本

明高世泰編。世泰有《三楚文獻録》,已著録。

是書就《高子遺書》及其未刻稿節録之本,故曰《節要》。世泰引言謂《高子遺書》"乃先伯父忠憲公之門人,嘉善陳幾亭先生所訂,而相國錢御冷先生爲南宗伯時,勒爲部板,今部廢而板失。世之念先公者,惜此書不傳;念先公之學者,謂此書不可不傳。然而卷帙浩繁,重鋟無力,又有未刻藏稿,尚餘其半。某竊不揣,詮次之。思先公倣朱子《近思録》例,以節朱子之語爲《節要》,今謹遵條目,亦列爲十四卷,名爲《高子節要》,合而編之。凡前賢已拈示,無取重申;或同志之折衷,芟其複説。他如《周易孔義》、《春秋孔義》、《正蒙集註》、《四書講義》,諸另板行世,與應酬諸作之可已者,概不溷入。節之又節,專於理學之要;逐條發明,敢就教於尊崇正學大君子。庶幾先公之學,可考而知。某編輯紕謬,望有是正"云。

錢子存笥稿一卷　　清康熙丙寅原刊本

明錢爾登撰。爾登字叔嘉,號蓉峯,崇禎十六年癸未進士。目睹時事日非,乃遽歸福王,旋授長興知縣。其地阻山瀕湖,羽檄旁午,爾登戢境均徵,民不知亂。聞金陵不守,將圖後舉,莫有應者,遂去官。嘗執經問業於高攀龍之門,治《尚書》,讀《周易孔義》,恍然有得。攀龍既殉節止水,爾登終日奉遺書,精研理學,深求心性之事。蓋其以此而釋褐,而筮仕,而解組,悉以師道爲歸。既里居,寢處一小閣,杜門潛修,益篤服攀龍之學,雖有敦勸者,不復出。堅臥三年,卒,以高子書爲殉。《縣志·儒林》有傳。

是書爲所存語録稿。以自著行述,並臨革時賦詩十章爲殿。其子法編録梓行。卷中首頁第一行所註之年代,曰丙戌至戊子,考丙戌爲清順治三年,是可徵爾登去官後所存之稿也。其宗弟肅潤序之,稱"以高子之門人,而能學高子之學者,語録一編具在,何不可爲道南羽翼之一助"云。

小學纂註六卷　　清同治壬申浙江書局刊本

清高愈撰。愈有《周禮集解》,已著録。

是書因明臨海陳選舊註本,正其得失,删其繁冗,而其次第章法,力求脈絡貫通,俾學者讀之,於朱子集書之旨,曉然盡通焉。《四庫全書》爲之存目。

身世準繩二卷　　清光緒庚子重刊本

　　清李迪光撰。迪光字覲文，諸生。康熙二十一年壬戌歲案。早失母，遇諱日，必悲泣；父病，迪光衣常不解帶，父歿，三年不內寢。好著述，有《四書講義正宗》，今無傳本。《縣志·耆碩》有傳。

　　是書博取古昔聖賢格言懿訓，以節其繁，而增附己意。上卷言身之所以修，下卷言世之所以涉，裨益風教之著也。同縣王雲錦字海文，康熙四十五年丙戌進士第一人，授修撰，官陝西學政，《縣志·文苑》附父志寧傳。為之梓行。按：斯編在雍正間初刊，道光甲辰海陽余氏為之重刊，逮光緒庚子，已三刊矣。《縣志》藝文門則未載。

小學提要六卷　　清雍正間原刊本

　　清杜詔、潘果同輯。詔有《讀史論畧》，已著錄。果字師仲，號讓村，又號曉滄，雍正元年癸卯聯捷進士，工詩、古文辭，尤深《易》學。詔為同學至友，嘗以詩相切磋者。時金壇王澍、蔣衡俱悅梁谿山水，為寓客，與詔善，因復得與果倡和往還，而羣服之。知宜章縣事，聽訟明恕，又擒盜魁置諸法，境內肅然。果施政，力主愛民，並求裨益風教，故有善能名，遂擢永順同知。以新苗叛被論，下於理，六年得生還。而其子稷，當聞父下獄，亟馳省親，竟至客死。考：稷字稼光，聞父下獄，自家馳六千里省父，擬以身代，而至嘔血長沙。迨父獄解，檢其篋，有草《代父死疏》稿，語極酸楚。事載《縣志·孝友傳》。果既解獄歸，閉戶讀書，執經問業者盈於庭，多足所欲而去。《縣志·宦望》有傳。

　　是書因當時頒行《小學》，而諸儒訓註，要以明臨海陳選《集註》最為精當，乃采取舊本，嚴為校勘，復輯提要，標於卷端，總旨題說，備極精細，而一以陳註為歸。太倉錢鑣字夏尊，舉人，無錫教諭，敦樸有古風。《縣志·名宦》有傳。為之序，稱"約而不漏，切而不泛，令閱者瞭然於心"云。

景行錄二卷　　縣圖書館影寫本

　　清秦震鈞撰。震鈞有《臨清守城記》，已著錄。

　　是書彙錄經訓所載，儒林闡發，並其先世嘉言，次為二卷。所以景仰其行，而為鏡鑑。其子泳刊行，而跋於尾，謂"先君子之錄是編也，本諸身心性命之微，核覈諸孝弟忠信之實，其言之誠切，莫過於是。吾兄弟讀之，可以知先人景仰前賢之志，而欲窺聖賢之藩籬，思造其堂，嚌其胾者，亦莫是過"云。

學堂講話一卷　　同治辛未蘇州刊本

　　清余治撰。治字翼廷，號蓮村，一號晦齋，又號寄雲山人，諸生。道光十五年乙未歲案。先世於元時避兵，遷無錫青城鄉之浮舟村，因家焉。治自幼識禮義，出為叔父來朝字興賢，號書田，武進李兆洛為之傳。後。家貧，年未弱冠，即籍館穀養親，訓童蒙，必從孝弟入，里黨翕然敬服之。道光庚子、己酉，江南疊遭水災，青城圩田悉淹没。治既上書白當事，請振恤，復著

《水淹鐵淚圖》，馳函遠近以呼籲，而應和者相接，全活無算。逮洪楊軍既都金陵，蘇常人心蠢然欲動。治請當道聯保甲，講鄉約，以維治安。而已赴各地宣講，風雨無阻，本勸懲之旨，並用俚語撰歌曲，復倣元人雜劇，采取近事，被之管弦，俾化民易俗而爲法戒，隱然有攬轡澄清之志焉。平生究心治亂安危之道，以世道人心爲己任，而尤激於義憤。若遇鄉之恃勢橫行，以作威福，而不利於齊民者，治必抗顏以折之，雖遇豪紳貴顯不顧也。憫鄉子弟之徵逐酒食，致渾渾然噩噩然，乃以淺近之言，發聖賢經傳之微，布其說於世，思有以挽救。合肥李鴻章得之，歎曰：吳中余善士，耳其名久矣。故時東南大吏多采其說，下所屬施行。同治五年，蘇松太道應寶時檄充上海廣方言館監院，所定教規，一以《小學》爲本，而教以反躬克己之學，以爲中流之砥柱，學者皆翕然。既卒，門人私諡曰孝惠先生，德清俞樾銘其墓。《縣志‧行義》爲之傳。

是書殆即任廣方言館監院時所作，分《事親》、《事長》、《存心》、《治家》、《處世》、《交友》、《修福》七大端，而附以《童蒙三戒》。自識於卷末，謂：“子弟規戒之事不一端，總須爲師者不憚煩勞，隨心所發，或對書指點，或借景生情，以期早絶邪心，引歸善道，則爲師之功，直可與天地並立。”其用心之誠篤，可謂至矣。

學堂日記故事圖説一卷　　清同治戊辰原刊本

清余治撰。治有《學堂講話》，已著録。

是書采善惡果報，彰彰在人耳目，足以動觀感、示勸懲者，著於篇，並繪圖以示之。歸安吳雲道光二十七年知金匱縣事。爲之序。而後自弁之曰：“《學堂日記》者何？爲童蒙記問計也。童蒙記問曷取乎此？讀書以學做好人爲第一義，非僅爲識字計也。顧學做好人，須憑榜樣，是編所集，善者可以勸，惡者可以懲，皆榜樣也。而且繪圖出之，近而可信，顯而易明，更足資觀感而動彝良，是榜樣之最善者也。賢父師欲望子弟爲好人，當無不樂爲講説，而責其日記者，當勿以事近因果而忽之耳。青雲在望，此即階梯，求我童蒙，請以持贈。”則其切望子弟進取之心，可謂無微不至矣。

身範十三卷　　清道光丁未禮社薛氏原刊本

清孫希朱撰。希朱字仰晦，自幼好學。年十三，得朱子《小學》，篤好之，乃請父更今名，以聖人爲必可學，一言一動皆取法，是希朱入道始也。嘗大書屛間曰：“志伊尹之所志，學顏子之所學。”又書“言忠信，行篤敬”二語，藏衣帶中以自勵。初爲舉子業，知其陋，遂棄去。盡讀濂、洛、關、閩書，尤嚴朱、陸之辨。平居授徒，必遵《小學》以爲教。又與同志立約會講，手定規則，動以至誠感發之。雖盛暑不露體，雖暗室必危坐，雖倉卒無亂步，其制外之行如此。父病，食魚致不起；母病，思食魚不得，以是終其身不食魚。先是母病胃，嘗剜臂瘳之，時希朱僅十有二齡耳。母既卒，盧墓三年，拜跪處草不爲生，其行之發於内者又如此。道光二十年，英吉利倡亂，希朱慨然曰：“爲臣者死於忠，爲子者死於孝，竭其所至，則聽之於天。與其不義而生，何如順義而死。”咸豐六年，歲大旱，邑令檄致齋壇禱雨，希朱跪誦《孝經》於赤日中,得應。無何,得疾卒,年四十有七。《縣志·孝友》有傳。

是書衰錄古人格言至行之合於孝、弟、忠、信、禮、義、廉、恥者,輯爲八卷;更益以聖賢志道力學之事,曰《聖學》一卷;又學者總論性道之全體、學問之大端、政治之統要、正學異學之途轍,曰《緒論》四卷,統名之曰《身範》。而自弁之曰:"範者何? 法也,法所以立身之道也。立身之道安在? 曰身範。蓋庶幾自範其身,以與諸同學共範其身。"然則斯編也,希朱所以以古人自期,而亦所以教人以古人自期之道也歟。

省身格三卷　　縣圖書館影寫本

清孫希朱撰。希朱有《身範》,已著録。

是書本曾子"三省"之意,就學者所講做人之道,輯録關於日用常行之事,曰《省身格》。而自弁之曰:"人處天地間,眇然七尺軀耳,而乃與天地並稱曰'三才',甚矣,身之重也! 兹首列《白鹿洞學規》,及人心、道心之辨明標的也;次列省察警戒之言,防間斷也;終列記過諸條,自勉遷改也。願同志之士,不嫌其迂,不憚其煩,勉而行之,無少間斷,可矣!"其勉人爲善之用心,亦至矣哉。

幼儀輯畧一卷　　清咸豐辛亥禮社薛氏原刊本

清孫希朱撰。希朱有《身範》,已著録。

是書取朱子《童蒙須知》、《訓子帖》,更增以諸學者之爲童子言者,輯爲十則,名曰《幼儀輯畧》。而自弁之,曰:"幼學之不講久矣。昔楊文公謂:'童稚之學,不止記誦,養其良知良能,當以先入之言爲主。'兹者將於課讀之餘,爲諸童子講説一二,使之入心記著,責以必行,然後以次漸進《小學》、《近思録》、《四書》、《六經》、《性理全書》,以爲由淺入深,由末及本之助"云。

勸戒贅言二卷　　清咸豐辛亥禮社薛氏原刊本

清孫希朱撰。希朱有《身範》,已著録。

是書就《六經》、《四書》、《小學》、《近思録》、性理諸書所述之做人要事,輯爲二十則,分上、下二卷。取勸善規過之義,曰《勸戒贅言》云。

讀書劄記二卷　　縣圖書館繕寫本

清孫希朱撰。希朱有《身範》,已著録。

是書爲其讀書時,隨筆記其所得,分上、下二卷。綜觀卷中所載,其得力於宋儒者爲多。然則希朱之學,於斯編可考見其所自矣。

殘本書堂壁貼一卷　　清咸豐辛亥原刊本

清孫希朱撰。希朱有《身範》,已著録。

是書據其卷三所載，多古君子修齊之道與及門弟子講授之本也。課餘時，每書一二條於壁，俾出入觀省，以資警惕。原書三卷，縣圖書館所藏殘本，存卷三一卷，其卷一、二，則未之見。

共勉録一卷　　清光緒丁丑原刊本

清朱福基撰。福基字西山，同治四年乙丑進士，授翰林院編修。光緒乙亥，典試湖北，既而督學山西，以植人才、厚風俗爲己任，以正心正己爲學者勖，一時士風丕變。兄厚基，以進士授兵部主事，入《縣志·宦望傳》，與弟並知名焉。

是書采桂林陳氏《養正遺規》、《訓俗遺規》之尤足警發者，復益以他篇，彙爲一卷。而釐其目曰《立志》、《勵學》、《養蒙》、《正俗》四大綱。卷首列朱子《白鹿洞書院揭示》，卷末附諸家格言，爲督學山西時所著，其用心之勤篤，可概見焉。

高子遺書節鈔十二卷　　民國二十年錫山先哲叢刊倣宋鉛印本

清許珏編。珏有《論語要畧》，已著録。

是書就《高子遺書》所節録者，故名。考：珏服膺義理之學，於明獻高攀龍尤所默契，其子同范所稱："一言一動，主於誠敬。每有所作，必起草端書，雖與子弟一字，亦然。"邑人侯鴻鑑采入《錫山先哲叢刊》，以行於世，而序之曰："先生……究性道之學，平生兢兢業業，篤信顧、高學行。……堅守《高子遺書》，宦遊中外，節鈔若干卷。……兹入《先哲叢刊》第四輯，一以存忠憲道學之真，一以表先生精神之寄，並示後世學者以爲學之序，入德之門。其有關於今日之世道人心者非淺鮮"云[1]。

儒家類卷二

啟蒙記一卷　　玉函山房輯佚書本

晉顧愷之撰。愷之字長康，博學有才氣，尤善丹青，圖寫特妙。桓溫引爲參軍，稱其體中癡黠各半。故世傳愷之有三絶：才絶、畫絶、癡絶。事跡具《晉書》及《縣志·文苑傳》。

是書名《啟蒙》，殆束晳《發蒙記》之類。歷城馬國翰所纂《玉函山房輯佚書》曾爲采收，弁於卷首，謂《隋志》有《啟蒙》三卷，《啟疑記》三卷，並題顧愷之撰；《唐志》有顧愷之《啟疑記》三卷，《啟蒙記》不著録。今並佚矣。從裴松之《魏志註》、《北堂書鈔》、《太平御覽》等書輯得十節，其說汎林、天臺、山水方滋、玉精及魏宮人亦涉神怪，非訓蒙之正體，姑依《隋志》編入小學類。故原書已佚，幸馬氏斯輯，得窺見一斑耳。

---

[1]　據鳳凰出版傳媒 2005 年版《錫山先哲叢刊》第四輯《高子遺書節鈔·序》第 5、6 頁校改。

殘本筠齋漫録三卷　　縣圖書館據寄漚書巢藏原刻繕寫本

明黃學海撰。學海字宗于，號思菴，嘉靖四十一年壬戌進士。知內黃縣，入爲戶部主事，擢守贛州，時屬雩都。以丈田事，民甚譁，議者將臨以兵，學海馳驛，諭以利害，悉解散。厥後，同里辛丑年贈詩，有"三年德政入人深，隣郡猶懷愛戴心"之句。事跡具《縣志·宦望傳》。

是書據《明史》及《縣志·藝文》所載，俱稱《筠齋漫録》十卷，而邑城劉氏寄漚書巢所藏殘本，自卷八至卷十，止三卷。卷八所記，多漢魏以來士林藝苑佳話之有關風教者；卷九、卷十，各標子目，曰《四友齋叢説》，曰《續蓬底浮談》；卷末附録《省心録》、《自警編》、《景行録》、《近代名臣録》諸篇。邑中故家所藏，竟無全本，僅爲斯殘餘三卷，藉窺一斑云。

讀書隨記一卷　續記一卷　賸語一卷　　寄漚書巢捐贈舊藏影寫本

清王邦采撰。邦采字貽六，號逸老，亦曰逸人，諸生。康熙三十三年甲戌科案。中歲棄舉子業，覃精六經，淹該史學，好爲詩、古文辭，尤工於畫，跌宕超逸，入古人妙境。擅精別練素，凡南北宋雕鍥版本，吳興賈人接踵就辨真贋焉。又喜箋註前人遺編，而於《離騷》尤別有解會。國朝畫識，及畫史、繪傳，並著其名。又號曰攜鹿。事蹟見《縣志·文苑傳》。

是書《隨記》、《續記》皆討論經史，類宋儒之學，《賸語》爲五、七言古詩，間有律賦及小令詞。前後無撰刻姓名，而卷首自序曰"湖上逸人"，《賸語》自序又曰"逸老"。原刻本如宋人巾箱式，同縣余一鼇得於衢州市上，既攜歸，與劉繼增博稽詳考，定爲邦采所著無疑，並書顛末於簡端，不贅焉。

筠莊漫草三卷　　縣圖書館據寄漚書巢舊藏原稿繕寫本

清周永棠撰。永棠字毓源，出處事跡無考。

是書爲同縣劉繼增得諸舊肆，已漫漶磨滅，前後有闕頁。繼增識語謂："上半册所記，多雍、乾時朝野事，下半册爲雲南輿地紀要。上、下兩卷，前有統題曰《筠莊漫草》，梁谿周永棠毓源氏稿。"永棠，人不可考，其書中所見大抵雍、乾時人，嘗從官於滇者。前半册題名雖佚去，驗其手筆，蓋出一人。閱十餘稔，始爲修整，總題其目曰《筠莊漫草三卷》。然則斯殘餘之編，幸遇繼增，用以得垂久遠焉。

殘本鄧河池家訓三卷　　墨跡裝拓本

清鄧乃溥撰。乃溥有殘本《鄧河池日記》，已著録。

是編爲所致其子楳、楫兄弟輩之書。以原翰編次，裝拓成帙，簡端有其子婦某氏題簽，曰"先河池公家訓"。卷中所次，有自鄂赴京謁選，及自鄂赴粵，抵河池任所後諸書，時其眷屬蓋尚羈旅於鄂耳。按：楫所爲乃父行述稱，著有《家訓》十二卷，今此本止三册，未註卷數，殆每册爲一卷歟，堪徵爲僅存之殘本也。爲同縣許同藺得之古書攤上，送存縣圖書館，俾後之人得窺見其一斑焉。

楊仁山先生遺著一卷　民國三十七年鉛印本

民國楊道霖撰。道霖，原名楷，有《光緒通商列表》，已著錄。

是書爲其早歲修學時心得，按日所錄之筆記，以古、今體詩爲附。其子曾朂字平苗，好學，有行，能詩。輯錄刊行，而弁於簡端，謂："先公棄養於壬申之歲，曾朂守制里居，整理遺書，得日記二册，始於有清同治十三年六月一日，訖於次年光緒元年八月十七日，蓋爲先公兩年間所作也。日記中大抵闡述先聖賢之緒論，於修身律己處，獨多心得。想見先公當日讀書力行之勤。"又謂："眉端有廖先生手批：'遇事指示，主義精醇，足資啓發。'夫廖先生非特文章道德爲世宗師，即其書法出入魯公之室，卓然成家。人得其片紙隻字，靡不視同拱璧。眉批字小如蠅頭，不苟點畫，尤所罕覯，其爲寶貴何如。"按：所稱廖先生，名綸，字養泉，巴江人，究心程朱之學，知金匱縣事。嘗集邑之學者，會講於東林書院，以正學倡。時道霖好學深思，綸深器之，而其所以學尚宋儒者，殆即肇基於此。詩八章，僅見一斑。抗戰軍興，邑中遭寇火，文物飄零，楊氏藏書散佚，而道霖日記原册無存矣。幸曾朂錄有副本，東西南北，無不懷之，以時省覽。斯編從副本繕出，梓行於世。

雲薖漫録二卷　倣宋鉛印精校本

今人楊壽柟撰。壽柟有《思沖齋文別鈔》，已著錄。

是書輯錄昔賢子部雜記中精粹名論，並其訓子書牘。雖似記載問學入德之方，實爲訓迪子弟立身行己之本。説者又稱："卷中論列，雖似尋常訓子之語，皆洞悉物理人情，絕無學究家頭巾氣味。"所載《幽夢影》一書，稱其"無字不香，無語不雅，每一展誦，如啖佳果，如對名花"，蓋於壽柟斯卷，無不云然耳。卷首載《修竹廬主人自序》，爲其父宗濟字用舟，諸生，同治四年乙丑補行咸豐庚申科案，選授溧陽訓導。遺著，歷敘平生事跡之大者。壽柟謂"先大夫所著《自序》一首，侯君伯父已選入《梁谿續文鈔》中，今《雲薖漫録》印成，乃以此序冠諸簡端，昭示子孫，毋忘彝訓"云。

道　家　類

老子解一卷　昭代叢書本

清吳鼐撰。鼐有《周易大衍辨》，已著錄。

是書爲《老子》註本。每録老子《道德經》原文一則於上，以所解之語，録於其後，都一百二十有六則。吳江沈氏采入《昭代叢書》中，刊行於世。

老子別録一卷　昭代叢書本

清吳鼐撰。鼐有《周易大衍辨》，已著錄。

是書於《道德經》二篇外，集羣書中所述老氏之言，與其生卒出處，以及後之詮解、註釋者，都一卷，曰《別錄》。吳江沈氏采入《昭代叢書》，謂"惜其采摭幾備，而《列子·周穆王》篇所載'秦人逢氏'一條，獨未之及"云①。

非老一卷　昭代叢書本

清吳鼐撰。鼐有《周易大衍辨》，已著録。

是書於其所著《老子解》及《老子別錄》外，復出其餘論，成《非老》一卷。吳江沈氏《昭代叢書》，斯編亦爲采收。考：鼐以經學知名，尚書楊名時以經學薦，未授官，本傳中已具著之矣。《縣志》藝文門所録鼐著述，絕無道家之學，而吳江沈氏所采《老子解》等三種，其來何自，亦未備註。附識於此，以待學者考徵。

莊子解一卷　昭代叢書本

清吳峻撰。峻字一峯，亦作挹峯，號黼仙，乾隆十二年丁卯副貢。姿稟絶倫，其爲人蕭淡超邁，於書無所不窺，而尤博通律吕勾股之學，詩兼衆體，上溯漢魏，迄於三唐，皆能見其堂奧，尤以風格音調勝。事具《縣志·文苑傳》。

是書解莊子《逍遥遊》、《齊物論》二篇，每篇提原文一段，然後録其詮解之語。其謂"《逍遥遊》所以釋《易》，《齊物論》所以釋《詩》"，亦峻獨得之見。吳江沈氏采入《昭代叢書》，則謂以詩解《齊物論》，"不論十五國風，仍以樂律解之，似不及解《逍遥遊》之精"云②。斯編有無單本，無考。《縣志·藝文》亦未著録。

讀莊窮年録二卷　民國六年鉛印本

民國秦毓鎏撰。毓鎏字效魯。父謙培，清光緒二年丙子舉人，負邑望。毓鎏自少懷奇氣，能文，而不屑治舉子業。清季東渡留學，憤異族之僭竊，乃陰圖革命，創青年會，倡種族革命説。既復結合同志，組軍國民教育會密謀，時留學志士多響應歸附。而日本警察受中國使臣嗾使，擅捕中國學生，毓鎏意氣激昂，率衆力爭之。夫俄羅斯既迫日本以遼東半島歸還中國，乃租借旅大以爲酬報，於是其勢寖盛，忽復侵佔中國東北境地，遂致釀成日俄之役。毓鎏義憤填膺，益奮發有爲，謀集義勇隊以振之，此實中國革命之萌芽也。既歸國，與黃興、鈕永建、趙聲輩密函往還，以策劃革命之進行，蓋無所間。興圖用湘獨立，毓鎏與之，弗克。復東走皖，南走粵，欲發舒宿意，毓鎏與之，又弗克。迨黎元洪起義武昌，宣言排滿復漢，而毓鎏蹶然作，陰招諸同志，組民兵以樹義幟。遂頒軍律，以約法三章，曰：毋爲不義；毋或乘機復私仇；毋無辜戮辱官吏，燬官舍及文書。部勒既有序，乃督隊攻無錫、金匱兩縣署，召知縣某謂：以所徵租税，悉繳留；若自資，即自攜去。四境底定，乃門於城之東、北，曰"光復"，

---

① 引文據吳江沈氏世楷堂藏板光緒二年重印本《昭代叢書》癸集《老子別錄·跋》校改。
② 引文據吳江沈氏世楷堂藏板光緒二年重印本《昭代叢書》壬集卷第四十三《莊子解·跋》校。

所以志也。凡所計謀施諸縣政者，具載錢基博所爲《無錫光復志》中。民國二年，袁世凱變叛，興舉兵討之，毓鎏既悉其情，乃慨然曰：夫民黨之所以授權袁氏者，所以冀其效忠於中國，俾斯民無流血，鮮犧牲也。不謂僭竊陰謀，驟然暴發，斯可忍，孰不可忍！吾與克强死生出入相共。今克强既就留守之區，獨樹義師，爲討袁軍總司令矣，吾可弗投袂而起，以揭其幟，期天下之響應乎？興亦已馳檄毓鎏，委爲糧餉司令。無錫縣知事嚴偉以全權交付毓鎏而去。時各地觀望，遲無以應，而毓鎏部署倥偬，方圖發展。然江蘇水上警廳駐蘇州，陰與袁氏通，故毓鎏竟被逮入獄。判定有期徒刑九年。袁氏亦且發兵威脅，興知其勢不可當，已潛退。迨民國五年，袁氏僭號洪憲，帝制自爲。然蔡鍔、梁啓超輩先已起義雲南，聲討袁氏，各省軍情，陰多響附，而輿情益譁然。袁氏知其事不可爲，乃取消洪憲，自致其死敗。而毓鎏遂得出獄，自是蓋無復問世意。十六年春，國民革命北伐抵無錫，羣衆仍推毓鎏主持之。固辭之，弗獲，乃勉順民意出，無何以疾歸。乃就故居旁隙地，辟爲圃，植花果，畜猿禽，以自娱怡。而詔其子若婦，曰："吾三握邑篆，不敢行一不義之事，取一不義之財，汝輩其識之。"晚年，復潛心佛學，以爲救世之道，非此無可爲。雖臨終，尚誦大慈大悲之咒，至瞑目無語而止。

是書乃其獄中所作，就《莊子》内、外各篇，條列原文，而逐條列以己説爲解，次爲上、下二卷。即以《莊子》自述其曼衍窮年之旨，曰《讀莊窮年録》云。

兵家類

洴澼百金方十四卷　清道光庚子聚珍本

清袁宫桂撰。宫桂字阮山，諸生。乾隆三十四年己丑歲案。工篆書，尤究心兵事。《縣志·藝術》附華淞傳。

是書述兵家事，不著撰人名氏，自署惠麓酒民。而《縣志》藝文門著述存目，稱袁宫桂著，何所自出，無考。其自序謂"酒民幼好兵家者言，以爲七書雖多，十三篇盡之矣。及讀諸家之説，大抵誇多鬬靡，而精藴或寡，非揣摩之書也。後於友人處借得鈔本城守書二種，至簡至明，而可施諸實用者，乃畧爲删節，合而編之，爲一十四卷，名曰《洴澼百金方》。蓋取莊子不龜手藥之意，用之而可封侯者"云①。

守望新書四篇　清道光壬寅揚州原刊本

清錢泳撰。泳有《錫山補志稿》，已著録。

是書輯録防衛鄉土之策，都四篇，曰《勸懲》、曰《備豫》、曰《守望》、曰《防衛》，而名之曰《守望新書》，取孟子"守望相助"之意也。當道光間，鴉片之役興，英國遣兵，滋擾沿海，由

① 引文據清道光二十年重刻乾隆年間福大將軍衙署内部印行兵書《洴澼百金方》校。

粤、閩以及兩浙。詔沿海各鄉村，均宜自行團練鄉勇，聯絡聲勢，上爲國家殺賊，下即自衛其身。泳於是抒其所見，撰著斯編。時江蘇巡撫程喬采頗采其說，疊經出示，札飭通行。先是，以泳所著《保富安民論》，示令各地遵行，迨斯編既梓，遂以爲保護鄉里之寶鑑。按：康熙十七年，泳曾祖奉麓，以盜賊蜂起，聯合鄉里戒嚴，賊不敢近，所著有《守鄉二十六條》。既卒，其稿散佚，故泳復爲是作，自謂："以雪曾祖遇盜之冤，並承曾祖殺賊之志也。"

籌洋芻議十四篇　　清光緒甲申原刊本

清薛福成撰。福成有《浙東籌防録》，已著録。

是書爲目擊邊患孔亟，各國耽耽，籌所以應付之道。按：光緒五年，日本滅琉球，而勢益鴟張。自是歐西德意志諸國，方議修約，俄羅斯踞伊犁，索重賂。而福成目睹其勢孔亟，發揮籌防之見，既筆之於書。合肥李鴻章大韙之，爲達總理各國事務衙門，以備采擇。一時講時務者，不暇待梓，而多傳鈔。雖駐外使節，亦必備鈔本，以資鑑考焉。

天文、格致、算學、製造類

徐雪村先生譯述二十六種　　清光緒初年江南製造局刊本

清徐壽撰。壽字雪村，世居邑北鄉社崗里。五歲喪父，事母孝，能盡子道。幼習舉業，繼以爲無裨實用，遂專究致知格物之學。凡五行生克之說，理氣膚淺之言，絶口不道，而蘄之於實事實證。性好攻金屬事，手製儀器甚力，若指南針、象限儀等，皆自製之。嘗做墨西哥銀幣，精鏤鋼板爲模，校準銖兩，鎔銀爲餅納其中，自高樓懸石椎，一擊而成；顧面紋成，而邊花不易爲，乃幾更修軋之，而邊花亦成。入市，雖老賈莫能辨，祇見花樣嶄新，以新板目之。其後英人偉烈歸國，從易數枚以去，置倫敦博物院中，今殆猶存也。能以意製古樂器，皆協律。咸豐十一年，兩江總督曾國藩督師祁門，聞壽名，奏舉奇材異能，詔江蘇巡撫訪求徐壽，資送國藩軍。壽至，遂專掌製造事。後造成木質輪船一艘，長五十餘尺，每小時能行二十里，國藩激賞之，賜名"黃鵠"。中國之能造輪船，蓋自壽始也。國藩北征，壽丁母憂歸。已而國藩回任兩江，委辦上海製造局，壽條陳四事：一翻譯西書；二開煉鋼鐵；三自造火炮；四操練輪船水師。國藩深韙其說。而壽在局，遂譯汽機化學等書，成數百卷。日本聞之，派柳原前光赴局考訪，載壽譯本以歸，今日本所用化學名詞，間有襲壽本者，人皆以是服其精審云。性澹泊，不求禄仕，諸疆吏論薦，皆力辭，卒以布衣終。其譯述之所行於世者，曰《西藝新知》十卷、英國諸格德撰，傅蘭雅口譯。《西藝新知續刻》、據《錫金四哲事實彙存》所開列入，縣圖書館無藏本。《汽機發軔》九卷、英國美以納、白勞那合撰，偉烈口譯。《寶藏興焉》十二卷、英國費而奔撰，傅蘭雅口譯。《營城揭要》二卷、英國儲意比撰，傅蘭雅口譯。《測地繪圖》、據《錫金四哲事實彙存》所開列入，縣圖書館無藏本。《化學鑑原續編》二十四卷、英國莆陸山撰，傅蘭雅口譯。《物體遇熱改易記》四卷、英國瓦特斯輯，傅蘭雅口譯。《化學求數》十五卷、德國富里西尼烏司撰，英國傅蘭雅口譯。《化學考質》八卷，德國富里西尼烏司撰，英國傅蘭雅口譯。以上皆江南製造局刊本；而上海富強齋所輯《西學富強叢書》采入者，又有《化學鑑原》六卷、英國偉而司撰，傅蘭雅口譯。《化學鑑原補編》六卷、原著人姓氏缺，英國傅蘭雅口譯。《周冪知裁》一卷，美國布倫編撰，英國傅蘭雅口譯。此外復有《化學材料中西名目表》一卷、是表爲譯化學所用名詞中西列表對照。《匠誨與規》三卷，英國諾格德撰，傅蘭雅口譯。《造管之法》一卷、《回熱爐法》一卷、《鎔金類罐》一卷、《造硫强水法》一卷、《色相留真》一卷、《水衣全論》一卷、《垸㻮致美》一卷、《製造玻璃》二卷、《鐵船針向》一卷、《機動圖説》一卷、《回特活德鋼礮》一卷，以上未書撰人姓氏，皆英國傅蘭雅口譯。而《化學鑑原續編》與《營城揭要》二種，亦采入焉。夫壽以譯著有裨實用之書，爲其素志。嘗謂“著書行世，其影響於社會，較專治一事者尤大”云。

行素軒算稿六種　　清光緒壬午、乙酉、癸巳華氏及武昌分別刊本

清華蘅芳撰。蘅芳字若汀，國子生。當咸豐間，蘅芳隨父翼綸居鄉，治團練，兩江總督曾國藩奏保，以縣丞選用。復經歷次奏保，以知府升用，並加運同銜。幼而穎異，即潛心算學。年十四，讀《算法統宗》所列飛歸等題，已通解其術；繼求《數理精蘊》、《九章算術》等書讀之，所學益進。嗣從同縣鄒安鬯字敬甫，道光三十年庚戌恩貢，《縣志·文苑》有傳。遊，得讀秦九韶、李治、朱世傑諸家之書，遂通天元、四元之術。咸豐初，西人開墨海書館於上海，代數、幾何、微積、博物之書，漸有譯本，時士大夫鄙不措意，獨蘅芳與同縣徐壽能以是相砥礪。無器械實驗，乃斷斷窮日夜，求渙然冰釋而後已。嘗以水晶印章磨成三稜玻璃，以驗分光七色；設立遠近多鵠射擊，以測視拋物綫。其好學深思有如此者。而壽以同治元年，應曾國藩辟召，蘅芳與俱。壽在安慶軍營，創製黃鵠輪船，其繪圖測算，蓋蘅芳之力居多，國藩遂以奇材異能奏保焉。已而國藩奏設江南製造局於上海，委蘅芳佐壽，經牧其事。及國藩用壽議，於製造局附設編譯館，翻譯西書，而蘅芳與壽分門認任，壽任化學、機器，而蘅芳則任算學、地質，其後遂各以名家。而蘅芳譯本，尤文辭朗暢，論者謂足兼信、達、雅三者之長。居上海幾四十年，覃心譯述，成書百數十種。嘗謂“著書之功，勝於講學”，蓋講學啓發，僅在同堂一時，而著書則垂之後世，傳之海內而無窮。然曾教授上海格致書院、湖北自强學堂、兩湖書院，及里中竢實學堂，誘掖獎勸，口講指畫，務以淺顯易明之語，達精奧之思，一時承學之士，靡不忻然鼓舞，傾心嚮往焉。接物待人，務崇謙抑，每出一語，輒詼諧傾座人。同縣楊模稱其爲人“謙退似老，詭奇似莊；而論物理、尚實驗，似英之倍根；講算術、發明新理、新例，似英之奈端；至著書惟恐人不解，則又似宣城之梅文鼎。與世之作者好爲艱深，以蘄名高者，用心殊焉”。

是書爲所著之算稿，凡《開方》及《數根》各一卷，《古義》二卷，《積較》三卷，《學算筆談》十二卷，《算草叢存》八卷。清《續文獻通考》著錄之。南豐吳嘉善序之，謂：“今茲遊滬上，晤華君，得讀其所著《數根術》、《積較術》、《開方》、《古義》及《筆談》等，皆力通奧竅，以一意相承，反復搜求，至渙然、判然而後已。其造詣之深，用能自樹一幟，卓然成家。”海寧李善蘭又稱蘅芳“創立方根開方法，爲空前絕後之作”。當世算學專家推重之如此。按：清《續文獻通

考》著録是編,稱十三卷,核與此本卷數不符。附記之,以備考證。

華若汀先生譯述十二種　清同光間江南製造局刊本

清華蘅芳譯述。蘅芳有《行素軒算稿》,已著録。

其譯述之行世者,有《代數術》二十五卷、縣圖書館無藏本。《三角數理》十二卷、英國海麻士著,傅蘭雅口譯。《微積溯源》八卷、英國華里司著,傅蘭雅口譯。《算式解法》十四卷、美國好敦司、開奈利著,英國傅蘭雅口譯。《代數難題解法》十六卷、英國倫德著,傅蘭雅口譯。《地學淺釋》三十八卷、英國雷俠兒撰,瑪高温口譯。《防海新論》十八卷、布國希理哈撰,傅蘭雅口譯。《御風要術》三卷、英国白尔特著,美國金楷理口譯、縣圖書館無藏本。《氣學叢談》二卷、原著人名氏缺,英國傅蘭雅口譯。《測候叢談》四卷、原著人名氏缺,美國金楷理口譯。《金石識別》十二卷,美國代那著,瑪高温口譯。以上皆江南製造局梓行。《南北花旗戰紀》十八卷,布國希理哈著,傅蘭雅口譯。爲上海富強齋《西學富強叢書》所采本。而《測候叢談》四卷,清《續文獻通考》著録之,《富強叢書》又以《測候叢談》、《地學淺釋》、《金石識別》三種采入焉。

恒河沙館算草二種　清光緒乙酉華氏原刊本

清華世芳撰。世芳有《沿海形勢論》,已著録。

是書爲算草二種,一爲《答數界限》,二爲《連分數學》。其兄蘅芳以序之曰:"余素喜習算,凡古今疇人之書,見輒購之,計家中所藏,及行篋中時有攜歸者,不下數百卷。余弟於舉業之暇,輒發余所藏之書而披覽之,因得盡窺其奥,而余未之知也。故余自外歸,或十餘日即出,或數十日始出,家庭晤對,未嘗以算學一語於弟,而弟亦未嘗以其中之委曲一詢於余。迨余著《積較術》,弟始與余論算,余自此始知弟之已精於算。每有算稿,必囑弟較之,其謬誤之處,弟爲余改正者居多。"又曰:"黄漱蘭學使聞弟善算名,特調考算學,令入南菁書院肄業,已而遂拔萃於鄉,論者艷之。余謂此何足爲余弟喜,惟觀弟之所著,實能闡中西之秘,而發前人所未有之奇,是可喜也。然其所以致此者,豈有他哉,不過多觀算書耳。而自人視之,則以爲余教之也。噫!學算而必待余教,則其所能者,必有限矣。弟之算學,乃不可限量者也,亦何待余之教也哉!"其兄稱説之如此,是亦可見世芳之善算矣。

徐仲虎先生譯述七種　清光緒初年江南製造局刊本

清徐建寅譯述。建寅有《歐遊雜録》,已著録。

其譯述者,有《汽機必以》十二卷、附一卷,英國蒲爾捺撰,傅蘭雅口譯。《汽機新製》八卷,英國白爾格撰,傅蘭雅口譯。《聲學》八卷,英國田大里撰,傅蘭雅口譯。《電學》十一卷,英國瑙挨德撰,傅蘭雅口譯。《器象顯真》四卷,英國白力蓋撰,傅蘭雅口譯。《水師操練》十八卷、附一卷,英國戰船部原書,傅蘭雅口譯。《輪船佈陣》十二卷、附圖四十一號,英國賈密倫原書,傅蘭雅口譯。皆江南製造局梓行。而《汽機必以》、《汽機新製》、《聲學》、《器象顯真》、《輪船佈陣》等五種,上海富強齋所輯《西學富強叢書》又皆采入焉。

談天十八卷　清同治甲戌聚珍本

清徐建寅續筆。建寅有《歐遊雜録》，已著録。

是書講地球與五星繞日而行之道，爲英國約翰・侯失勒原本，約翰爲英國天學公會之首，父曰維廉，日爾曼之阿諾威人，遷居英國，專精天學，不假師授，有盛名。於咸豐初年刊行。厥後英國偉烈亞力口譯，海寧李善蘭删述，而建寅續筆之，復以聚珍板流行於世。其時士大夫皆治舉業，於行星之學，茫然無以知。迨斯編出，庶幾振警聾瞶。而上海富强齋復采入《西學富强叢書》焉。

徐祝三先生譯述二種　清光緒丁酉西學富强叢書本

清徐華封譯述。華封字祝三，壽三子。壽既挈仲子建寅，從事譯述西學書籍於江南製造局，而華封淵源家學，故亦能譯述。兹舉《西學富强叢書》所采輯者，有《電學鍍金》四卷，原著人姓氏缺，美國金楷理口譯。《電學鍍鎳》一卷。原著人姓氏缺，英國傅蘭雅口譯。又考楊氏《錫金四哲事實彙存》所載華封譯著，有《考試司機》一卷，縣圖書館無藏本。於是可見徐氏父子昆弟，當日致力於格物致知之學矣。

格物探源一卷　民國五年鉛印本

民國沈祖約撰。祖約字葆三，清光緒二十三年丁酉舉人。自幼究心宋儒學，繼乃探討王、陸之説，而歸宗於佛學。痛江河日下，人心日非，必佛學始足以救之。恒集同志三數，講説無倦，一時從遊者，多搢紳學道有得士焉。

是書闡發其由儒入釋之所得，以爲所以救世者在。自謂有所願，願以遯世之人，談濟世之心。願者何？願天地有無盡之壽，四大海水，萬古不渴；願以一瓣香爲天地告，告天地之生斯人也。當天地晦冥，寒霜凜冽之場，必有畸人碩士，傷心太息，悲天地，悲人民。而人民方沉酣嬉戲，不知自悲，必有畸人碩士憮然傷懷，此悲憤之書所爲而作。其門下館甥徐鴻逵跋於後，曰："吾師沈君葆三究心佛乘，於性相二宗，窮源竟委，苦思二十餘年，成此《格物探源》一書，爲全球衆生作苦海之慈航焉。先生以爲吾書字字有深意，句句有著落，上探羲文姬孔之精微，而旁羅歐美文明之政治，無一字拾人牙慧，其苦心不可没也。"是可見祖約之所學，及其用心之所自矣。

誦芬書局算稿二卷　清光緒庚寅河埒口蔣氏家刊本

民國蔣士榮撰。士榮字仲懷，少負才，落落多奇氣。父汝佶，清同治甲子舉人。士榮雖承家學，治舉子業，然睥睨功名，非其志。曾偕從兄士棟，精求算學，篤好之不厭。時同縣楊模既創辦竢實學堂，延攬邑中具實學而負知名者任教習，士榮以善算致禮聘，嗣又推爲竢實校長。其爲人剛毅果敢，治事精審簡當，具條理，以是竢實聲名播遐邇。無錫自光緒甲辰毁學以後，學校重興，江蘇巡撫端方令設學務處於邑城，以管辦全縣學務，邑人裘廷梁、秦寶瓚、華申祺、孫思贊等，先後任總董。而士榮既由竢實校長轉任爲邑之師範學堂堂長，以辦學著聲稱,至是乃復推爲學務總董焉。時學務總董由教育會會員就地方士紳推選,再由無錫、金匱兩縣會銜呈省,委任之。入民國,任縣公署教育科科長。時縣議事會已成立,審核全縣預算,頗持嚴正之義。而士榮出席議會,亦頗尊重議會之嚴正,但於學務之計畫,及所列經費之核實,鄭重說明之,言辭雖激,座中多動容,又服其公正無私也。民國十年,省令各縣勸學所改設爲教育局。無錫奉令改組,公舉士榮爲局長。由縣召集各鄉學務委員及各縣立學校校長公舉,呈省,委任之。於是城鄉學務之興革,教育經費之獨立,士榮不憚煩勞,悉心規劃,以奠定基礎,一時江南各縣多取以爲鑑。生性既剛正不阿,所知必直言以發之,遇地方教育有頹暮之氣,又必竭其力以矯其失,望重鄉邦,人皆敬服。疾卒,闔邑悲悼。同縣鄒弢輓章,有"十里郊坰都痛哭"之句,論者謂實錄也。

是書爲其演算之稿,曰《借根釋例》,曰《求諸約數簡法》,都二卷。士棟序之,謂"數理,推廣舊法,取成題,重衍新草,未始不可證一己之學識,啓同志之性靈。讀是編者,亦稍知幾何元代之淺深"云。

算學餘譚二卷　清光緒己丑河埒口蔣氏家刊本

民國蔣士棟撰。士棟字留春,大鏞孫。父汝倫,好學早卒。士棟少攻舉子業,應試既不售,遂棄去,講求有用之學,尤致力於九數。與從弟士榮閉戶潛修,篤好深思,遇難題往往窮日夜不休。時同縣華蘅芳、世芳兄弟既以算學知名於世,而士棟兄弟亦以善算,繼之崛起,鄉黨播爲美談。嘗先後任竢實、東林兩學堂算學教習,雅著聲譽。清宣統二年,南洋勸業會開幕於南京,士棟嘗應用水平理,製日規,其制用銅質爲框,磁爲面,下置四足,有螺絲旋轉,可活動上面,左右設玻璃管,管内裝水銀,體殊精緻,名"蔣製日規"。所製無多,絶少流播,東林學校藏有是品。送會陳列。會中評定:有發明真義,給予金質獎章。然身當鼎革,懷才未用,乃徜徉田間,有終老之意。抗戰軍興,地方亂離,匪類出沒,而士棟身居陷區,竟被害,聞者痛惜之。

是書專爲闡發天元四元,啓迪初學之作。蓋士棟兄弟初學算,苦無善本,從窮究殫思而得。卷中所列,説理切當,演釋詳明,故士榮序之,謂"思所以啓悟初學,使無似吾兄弟格格不相入之病"。而世芳題簡端,亦謂"賢昆玉於中西成法,固已得其會通,復以新解,嘉惠來學,用意至善,而務爲淺近,使人易知易從,尤爲得之"云。

思索室算稿四種　清光緒丁酉河埒口蔣氏家刊本

民國蔣士棟撰。士棟有《算學餘譚》,已著録。

是書所列,曰《對數旁通》、曰《弧矢釋李》、曰《圓率釋董》、曰《微積釋馬》,凡四種。同縣華世芳序之,稱"士棟治算,不假師傅,惟偕其從弟仲懷,互相師友。日陳古今算書,閉户靜觀,深造自得。時有新理,輒筆記而梓傳之。今歲邂逅訂交,與談算理,所詣益深。昨復郵示近著,卷帙無多,皆能洞見古人立術根源,而有功來學不淺"云。

藝 術 類

殘本四子棋譜無卷數　邑人陶守恒捐贈原刊本

清過文年撰。文年字柏齡，性雅馴，有士行，以善弈名，羣推國手。既卒，同縣秦松齡爲之傳，事具《縣志·藝術傳》。

是書爲其所著之棋譜，漫漶殘闕之本。惟卷首目録所列，凡字跡完全者，曰《鎮神頭起手式》，四十局，共六十六變；曰《大壓梁起手式》，六十局，共一百一十一變；曰《倚蓋起手式》，九十七局，共一百七十八變。其字跡不完全者，曰《六四起手式》，二十二局，以下則殘闕；又後一行列□□起手式，□□□局，以下又闕，目録至此則已終。於目録之前，復有序文，亦多殘闕。而最末乃有印章二，上方陽文陸氏求可四字；下方陰文左右並列二字，左爲莽字，右已殘破難辨，蓋是編爲山陽陸求可訂正者。《縣志》藝文門亦無考。

拙存堂題跋一卷　清宣統庚戌江浦陳氏重校本

清蔣衡撰。衡，原名振生，字湘帆，亦作湘颿，晚年自號拙老人，原籍金壇。初以諸生屢試南北，輒不利，迨雍正元年癸卯，始以歲貢改恩貢，時衡雖年踰五十，連應卯、辰二科順天鄉試，又不售，其困躓場屋如此。工書，與其同縣王澍愛九峯山色，乃先後客居之，各以所爲書競其勝。而衡復工詩、古文辭，説者稱其詩悱惻沈痛，文則空靈宕逸，得龍門筆意。既寓錫山，學者多愛慕，如秦蕙田、杜詔、潘果、諸洛輩，或訂交，或從遊。爲人跌宕自喜，嘗謂"家無恒產，弱冠，即饑驅四方，經燕、秦、楚、越，幾半九州"。入秦關，歷覽漢唐古蹟，及雁塔碑洞諸石刻，並得縱觀魏、晉、唐、宋、元、明名人墨抄，乃益屏棄舉業，專事臨池。雍正五年，寫《妙法蓮華經》以視澍，澍曰："儒者寫釋氏書不足道，無已，書十三經乎？"衡頷之。於時亦以唐刻十三經，爲經生貌襲歐、虞筆，雜書失校讐，行次不能齊整，因矢志鍵關，慨然一手重書，雖晦冥陰雨無所輟。歷十有二載，始克告成，共八十餘萬言，裝卷三百，函五十。越一歲，爲乾隆四年己未，大吏爲之奏呈御覽，諭允廷議，以墨刻頒行天下，授衡以國子監學正。至乾隆五十年乙巳，刻石立辟雍。當寫經時，部選英山教諭，辭不就；既而兩江總督趙某薦舉鴻博，又辭不赴，其堅信如此。天下賢士大夫識與不識，皆稱之曰"拙存先生"。《縣志·流寓》有傳。

是書爲金石題跋。考徵詳核，非精於鑒別者不辦。江浦陳洙字珠泉。重爲校刊，以廣流布。其原刊本已不可得矣，《縣志》藝文門未載。

樂府釋一卷　古今文藝叢書本

清蔣衡撰。衡有《拙存堂題跋》，已著録。

是編爲解釋樂府與古詩之不同。《古今文藝叢書》采録之，《縣志》藝文門未載。

小山畫譜二卷　昭代叢書本

清鄒一桂撰。一桂字元褒，一字小山，號讓卿。雍正五年丁未進士，授翰林院編修，改御史，歷內閣學士、禮部侍郎，以年老，仍調閣學。致仕歸，在籍食俸。卒，贈尚書銜，予祭葬。事跡具《縣志‧宦望傳》。一桂爲毘陵惲氏館甥，性耆繪事，工花卉，所畫得惲壽平之傳，故又以是知名焉。

是書皆論花卉法，清《四庫全書》著錄之。全書分二卷，上卷首列八法、四知。八法者：章法、筆法、墨法、設色法、點染法、烘暈法、樹石法、苔襯法，皆酌采前人微論；四知者：知天、知地、知人、知物，則前人所未及也。次爲各花分別，凡一百十五種，各詳花、葉、形、色。又取用顏色，凡十一條，各詳其製煉之法。下卷摘錄古人畫説，參以己意，凡四十三條，附以膠礬、紙、絹、畫碟、畫筆、用水諸法。震澤楊復吉采入《昭代叢書》，稱其筆意"出入二文敏題跋間，洵繪事家之枕秘"云。

洋菊譜一卷　昭代叢書本

清鄒一桂撰。一桂有《小山畫譜》，已著錄。

是書於乾隆二十一年，承詔畫洋菊三十六種，高宗題詩其上，因記花名、品狀，撰爲兹譜，以誌榮遇。震澤楊氏輯入《昭代叢書》中，而《縣志》藝文門無載。

學書筆法精解一卷　古今文藝叢書本

清蔣和撰。和有《古篆古義》，已著錄。

是編首列執筆指法圖，然後逐一解其用法，俾學者得其指南。《古今文藝叢書》采收之，《縣志》藝文門無載。

藝能編一卷　古今文藝叢書本

清錢泳撰。泳有《錫山補志》，已著錄。

是書爲泳所著之小品。卷中所述者，曰書、數、射、投壺、彈琴、琵琶、著棋、摹印、刻碑、選毫、製墨、砑紙、琢硯、銅匠、玉工、周製、刻書、裝潢、成衣、雕工、竹刻、營造、治庭、堆假山、製砂壺、度曲、十番、演戲、雜戲，都二十有九種，通稱之曰《藝能編》。種各溯源及流，而及其爲用之大，堪裨藝林賞鑑之助。《古今文藝叢書》采收之，而《縣志》藝文門則未載。

桐陰論畫六卷　清同治丙寅硃墨套印本

清秦祖永撰。祖永字逸芬，諸生，道光三十年庚戌歲案。官廣東候補鹽大使。善畫，尤工山水，與其族人炳文名相埒。説者稱其"筆墨超脱，氣味深厚，鎔鑄荆關董巨，倪黃吳王，直入四王之室焉"。

是書著錄生平所賞鑑之品，分三編。初編得百二十家，分三卷，首卷爲書畫大家十有六；餘二卷爲書畫名家百有四，由明季至清道咸時止；末附畫訣，殆自抒心得也。二編由明季至清康熙年止,計百二十家;三編由雍正至道光年止,計百二十家。編各二卷。各家所製,又分神、逸、能三品,其宗法何出,造詣何至,皆各加評騭,適如其分。其識解之超,藻鑑之卓,是爲賞鑑之助。嶺南何基祺跋之,謂:"我朝二百餘年,善繪事者如林。紀畫之書,亦難更僕數,然徒矜博采,不免濫竽,剽竊陳言,仍湥鑒別。逸芬此書,選擇既精,校衡又確,能發前人未宣之秘,而不屑拾其唾餘,誠足爲學畫者之津梁,固非第供案頭之把玩已也。"其族人緗業序之,亦稱其"議論之警闢,固夙昔所習聞於逸芬者。而筆情淡宕,婉而多風,即以文字論,殆有得於史公之論贊"云①。

繪事津梁一卷　清宣統辛亥美術叢書本

清秦祖永撰。祖永有《桐陰論畫》,已著録。

是書爲其所撰之畫訣,即附於《桐陰論畫初編》之尾以梓行者。上海神州國光社編輯《美術叢書》又采其説,以爲藝苑之助。蓋世之作畫者披覽之,庶幾可以升其堂而入其室,因名之曰《繪事津梁》云。

師二雲居畫贅四卷　清光緒丙午寫印本

清顧森書撰。森書字麐卿,亦作緰卿,同治十二年癸酉拔貢,分省補用知州。文瞻品峻,少與同縣秦寶璂、許珏齊名。久參兩江總督、安徽巡撫幕府,司牋奏,爲時所重。暇輒娛情書畫,尤工山水,筆意蒼勁有神致,流播藝林,靡不寶重之。

是書述其生平所作,與夫眼力之所到者。分《揆古》、《協藝》、《浪吟》、《摘景》四卷,題曰《畫贅》,殆倣戴醇士《絮禪居畫賸》例也。陽湖左運奎爲之序。

國朝書畫家筆録四卷　清宣統辛亥聚珍本

民國寶鎮撰。鎮有《名儒言行録》,已著録。

是書著録有清一代書畫家。無論其爲書家,爲畫家,爲書畫兼長家,兼收並蓄,一併録入,以時代先後編次之。其自序之,謂"録中諸人,於吾邑及同郡采取較詳,吳郡及江北之興化、山陽、徐州次之,浙江之湖郡又次之,他處則從畧,以見聞有限,采取爲艱也。間有卓卓在人耳目,而此録竟未列入者,明知掛一漏萬,未免貽大雅之譏。儻有好事同志,以是録爲藍本,補正缺失,賡續搜葺而增益之,跂予望之"云②。

晚紅軒隨筆二卷　民國十二年著者手寫精刊本

民國秦歧農撰。歧農名寶瓚,晚年以字行。有《遺篋録古泉圖釋》,已著録。

是書選録平生著述,手寫精刊,卷一關於金石之考據,卷二關於經史之考據,皆有裨考

---

①　引文據上海古籍出版社 2002 年版《續修四庫全書》第 1085 冊《桐陰論畫》第 281、283 頁校改。

②　引文據臺北文明書局 1986 年版《清代傳記叢刊·國朝書畫家筆録》第 8 頁校改。

徵之作。蓋歧農平生著述，輒有關考徵，積稿頗富。自序之，謂："欲持以問世，力有不逮，而束之高閣，又心有不甘，不得已於全卷揀出數種，以付手民，庶幾有以自慰。他日物力稍充，則匯而刻之，亦無難矣。"然則斯編也，於歧農著述，殆猶管中窺豹之一斑耳，所謂匯而刻之者，未見有傳本，論者無不惜之。

汀鷺題畫集二卷　　民國十七年鉛印巾箱本

民國胡振撰。振字汀鷺，性恬淡，跌宕自喜。工繪事，所作花鳥，點染如生。師法華新羅，有其秀逸，而豪放過之。山水則初宗唐子畏，後交霍丘裴景福，縱觀其壯陶閣所藏宋元真跡，畫法爲之一變。時邑中善畫者首推吳觀岱，同縣廉泉稱之曰"江南老畫師"而不名，題振畫，有"抗手延陵叟，千秋兩巨然"之句，又稱"振工水山，與江南吳布衣觀岱齊名"。其爲矜重如此。

是書爲題畫詩詞各一卷，宕逸有致如其畫。同縣錢基博、秦毓鎏並爲之序。

譜　錄　類

茶經三卷　　陶氏説郛本

唐陸羽撰。羽字鴻漸，一名疾，字季疵，竟陵人。不知所生，或言有僧得之水濱。既長，以《易》自筮，得蹇之漸，曰："鴻漸於陸，其羽可用爲儀。"乃以陸爲氏，名而字之。太守李齊物異之，授以書。貌侵陋，口吃而辯，好聞人善，多規切。與人期，雨雪虎狼不避也。居苕谿，自稱桑苧翁，闔門著書。或行野中，誦詩擊木，徘徊不得意，或慟哭而歸。愛無錫山水清秀，嘗寓居焉。詔拜太子文學，不就職。性嗜茶，著《茶經》三篇，於是天下知飲茶，且尚茶成風焉。《唐書》有傳，《縣志·流寓》有傳。

是書爲所著之茶經，分上、中、下三卷，言茶之原、之法、之具尤備。竟陵皮日休字襲美，一字逸少，咸通八年進士第，授太常博士。嘗寓無錫，《縣志·流寓》有傳。爲之序。陶氏所輯《説郛》曾爲采收，清《四庫全書》著録之。

食品經濟學三篇　　民國十一年上海商務印書館通行本

民國蔡文森撰。文森有《十六國議院典例》，已著録。

是書就吾人生活所需之食品，分三篇論列，曰《泛論》、曰《廉價生活之學理》、曰《各種食品之營養價值》。而篇又各分如干章，又有章分如干節者，名其書曰《食品經濟學》。所就吾人必須之食物，擇其廉價而又富於養分者，於第二篇中，列表以示，便於人之一覽而知之也。又於第三篇中，分列各表，以示價廉各物成分之多寡，並吾人所需各物之量，而說明其所進多寡之利害。人之覽之者，便知進食宜慎，以增益其健康矣。卷首所載例言，謂："比歲以來,生齒既繁,華侈益甚,益之圜法日壞,輕質銅圓充斥,輔幣之值暴落,物價日騰,倍蓰於兩年以前。生活程度如累磚爲垣,中流以下,不能仰企,此國家之危事,而經濟學家之憂也。補救之道,宜研究食品之成分,當時之價值,及所出之熱量,以相絜度。養分寡而值貴,與養分寡而其值雖廉者,皆棄之不取,反是者間取之;養分多而值廉者,則專取之,以資吾人之生活。庶幾一般生活費之負擔,畧可抑減矣。"蓋文森目擊其時銅圓充斥,幣值傾跌,遂至物價日益飛漲,而社會一般人之生活,不足維持,至堪憂危,因著是編,以資吾人選擇食品之參考。則其用心與力之勤,可概見焉。

精神衛生論八章　民國五年上海商務印書館通行本

民國秦同培撰。同培字于卿,清諸生。光緒二十二年丙申科案。無錫自清季甲午喪師而後,學者奮起,競趨新學,以救國相號,風尚爲之一變。同培於時以善算聞,江蘇學使者攸縣龍湛霖,試童子以古學,同培既精通算學,乃以第一名遊於庠。厥後科舉廢,學校興,同培任錫金公立師範學堂暨東林兩等小學堂教習。民國肇建,同培又先後任無錫縣立乙種實業學校暨女子師範校長。其爲人不尚浮華,以庸言庸行爲歸,徒以家境清貧,内心勞苦,中道致疾卒,聞者惜焉。

是書就精神上之如何衛生,使精神健康,而後所事得以主宰,而至於有成。此人類之所最重要者,固不僅侈言衛生者,曰慎飲食,曰時起居,曰多運動,曰講求清潔,曰換空氣,曰浴陽光已也。因參考日本所著有關之書籍,西洋人所談精神上發生作用,以及我國古人所傳之實際,分八章論列,以急救我國人之精神。蓋時届民國四年"五九"國恥而後,我國有志之士,雖羣相號召,救國儲金,抵制日貨,以備抵抗;然一般人以爲國事不可爲,以爲亡無日矣。獨同培以爲惟一要著,必須先正國人之心理。正心理,必振作國人之精神,與相搏戰,猶或可以自救也。若乃羣焉頹唐其精神,一若深知其不可爲,坐待外侮之至,則外侮信感應而至矣。因著述是編,備列其得失,以救當前國人之精神,而保其健康,故名其書曰《精神衛生論》。卷首載其序言,謂"吾敢正告國人曰:我而挾不可侮之精神,自不可侮矣;我而挾待侮之精神,斯受侮之勢必致,而不可挽矣。福由自取,禍由自招。欲療疾病,必先求藥物,欲療精神上之疾病,尤必先有精神上之藥。雖然,治精神病之藥,即精神自爲之"云。學者僉稱同培之爲是編也,可徵其用心之勤苦矣。

雜　家　類

古列女傳圖八卷　清道光乙酉揚州阮氏影摹南宋刊本

晉顧愷之圖畫。愷之有《啟蒙記》,已著録。

是書據漢劉向所編《列女傳》,爲之圖畫,後之人睹此,殆猶得見古人形容儀法也。此本爲清道光間揚州阮氏所刊。阮福跋之，謂：“明內府藏宋刻《列女傳》本，爲南宋建安余氏所刻。曾藏錢遵王家。乾隆戊申，在元和顧君抱沖家。嘉慶庚辰轉入予家。……余嘗見唐宋人臨顧愷之《列女傳圖長卷》，宋鄭夾漈《通志·圖譜畧》亦載有顧愷之《列女圖》。其中衣冠人物，與此圖皆同。……定爲晉人之本無疑。……又案：錢遵王《讀書敏求記》，記宋本《列女傳》曰：‘卷首標題：晉大司馬參軍顧愷之圖畫。卷末一條云：一本永樂二年七月二十五日，蘇敬叔買到。當時采訪書籍，必貼采買人氏名，鄭重不苟如此。內府珍藏，流落人間，展轉得歸於余。’今此本卷末，小白紙條宛然尚在，是此本即遵王所藏明內府本無疑。”①然則阮氏此本，斷爲愷之所作者，固有所據而刊之云。

梁谿漫志十卷　　清咸豐辛酉知不足齋叢書影印巾箱本

宋費袞撰。袞字補之。祖肅，大觀三年己丑進士，《縣志·宦望》有傳。袞，國子免解進士，淵源家學，著述甚富，《縣志·文苑》有傳。

是書所紀，多北宋名賢懿行，及典章制度，殊有裨史實。清《四庫全書》著錄。《説郛》及《知不足齋叢書》俱采收。而其自序有“空言無補”之嘆，然開禧二年，即奉國史實錄院牒請，以備參修，是可徵當時史氏之采擇，而非空言無補之籍也。

容齋隨筆十六卷　　續筆十六卷　　三筆十六卷　　四筆十六卷　　五筆十卷　　上海涵芬樓影印宋刊本　　配北平圖書館藏宋刊本　　常熟瞿氏藏明弘治本

宋洪邁撰。邁字景盧，鄱湯人，紹興十六年丙寅進士。初入官，以忤秦檜，出添差教授福州，歷除樞密檢詳文字。會議欽宗諡，邁曰：“淵聖北狩不返，臣民悲痛，當如楚人立懷王之義，號懷宗，以繫復讎之意。”不用。金使來告登位，且議和，以邁爲接伴使，奏更禮數十有四事。厥後復除起居舍人，歷知贛、婺二州，拜翰林學士，累遷端明殿學士，致仕，卒諡文敏。事跡具《宋史》本傳，《縣志·流寓》附兄适傳。

是書自經、史、諸子百家，以及醫、卜、星、算之屬，凡意有所得，即隨筆札記，辨證考據，頗爲精確。首成《隨筆》十六卷，刻於婺州。淳熙間，傳入禁中，孝宗稱其有議論。邁因重編，爲《續筆》、《三筆》、《四筆》、《五筆》。《續筆》有紹熙三年自序，《三筆》有慶元二年自序，《四筆》有慶元三年自序，亦各十六卷，而《五筆》止十卷，蓋未成而邁遂没矣。清《四庫全書》著錄之。《提要》備論得失，兹不復贅。而於《續筆》紹熙三年之自序，作“隆興三年自序”，殆一時失檢耳。

夷堅志五十卷　　石印本

宋洪邁撰。邁有《容齋隨筆》，已著錄。

是書所記皆神怪之説，故以列子夷堅事爲名。清《四庫全書》著錄之。《提要》稱“其中

---

①　據商務印書館 1936 年版《叢書集成初編》第 3400 冊《古列女傳·跋》第 5、18 頁校改。

詩詞之類，往往可資采録，而遺聞瑣事，亦多足爲勸戒，非盡無益於人心"云。

萬柳谿邊舊話一卷　清咸豐辛酉知不足齋叢書影印巾箱本

元尤玘撰。玘字君玉，袤六世孫。博學多識，仕元，歷官户部尚書，封魏郡公。事具《縣志・文苑傳》。

是書多述先世遺事，《知不足齋叢書》采録之。考：尤氏自袤至玘，金紫未絕，玘曾孫文，於明洪武中，復詔徵孝廉；寔，登賢書，知南昌郡。當宋代科第三百年，冠裳十世，沐宋恩至渥。至明代，其子孫尚繼起不衰。玘既致仕歸，架屋於萬柳谿上，日聚親族，談先世舊聞，以著其事，遂以"谿邊舊話"爲名。書中所録，雖皆尤氏佳話，然足裨益風教。原著完書三卷，逮洪武中，寔攝南昌郡篆時刊行，已殘闕，遂併省不分卷。嘉靖中，八世孫魯字懋宗，嘉靖十一年壬辰進士，歷官順天府丞，攝尹事，甚著風烈。《縣志・宦望》有傳。重刊於家。九世孫瑛字汝白，嘉靖二十二年癸卯解元，甲辰聯捷進士，歷官江西參政。《縣志・宦望》有傳。僉事廣東，又刊之憲臺，先後凡三刊。至清乾隆時，藏書家大率傳鈔流布耳。萬柳谿邊，今邑中無遺蹟。又考：尤氏當宋南渡時，自晉江遷居邑之許舍，一傳而至輝，紹聖元年甲戌進士，歷官兵部尚書、觀文殿大學士。再遷至邑城束帶河上。逮袤致仕歸，居束帶河第，數步即出西水關，渡梁谿，造闆谿上，吟詠自適。玘架屋萬柳谿上者，殆即其地，今無跡可考云。

遂昌雜録一卷　稗海叢書本

元鄭元祐撰。元祐字明德。博覽載籍，文章豪宕，原籍遂昌，而邑大姓徐憲、字元度，博學能詩，歷官兵部侍郎。《縣志・宦望》有傳。楊宏董延之於家，故寓無錫久。至正中，舉爲平江教授，復遷浙江儒學提舉，皆以儒職，暫赴而歸。《元史》及《縣志・流寓》俱有傳。

是書所紀，多宋元之際遺軼舊事，而寓居無錫，亦隨聞見所及，具録之。如載邑人倪昭奎延王仁輔，教兩弟子瑛、元鎮學，昭奎歿，子瑛駸，元鎮不勝州郡之剝，資力耗減，仁輔卒，買油杉棺葬之芙蓉峰旁云云，是堪補《縣志》所未備。蓋元代官司朘削，誅求無厭，其書殆隨筆可考。惜所録故事，皆未書甲子，考徵之士，微嫌美中不足耳。按：是書清《四庫全書》及《縣志・藝文》俱著録之，而竟鮮傳本。明商濬輯録《稗海叢書》，采收之，縣圖書館幸藏是本，承學之士共覽考焉。

慮得集四卷　附録二卷　清同治壬申貽穀堂重刊本

明華燁韠撰。燁韠字公愷，號貞固。幼警敏，刻志讀書，雖祁寒盛暑不輟。生平好自檢束，雖燕居，衣冠必整。元季，奉親避居蘇松間，流離顛沛，必得歡心。世平，始歸梅里故居，耕田讀書，怡然自得。洪武間，累徵明經、孝廉、儒士，皆不應。事具《縣志・隱逸傳》。

是書以冠、婚、喪、祭之儀，可通行於士庶者，斟酌古禮，纂輯如干條，附以古人嘉言善行，總爲一帙，名曰《慮得集》。清《四庫全書》爲之存目。是本爲同治間所重刊，卷首載萬曆中重刊時同縣高攀龍序，稱"夫人之率然而動，皆欲也；惕然而慮，皆理也。欲動而慮止，則得失之分，而安危、存亡、治亂之幾也。是故先生之訓其子孫者，總而示之曰禮義，提其要曰慮。慮以明諸心，禮義以守諸躬，自鄉黨自好而上，至爲賢爲聖，率由之"云①。按：劉書勳《無錫圖書館鄉賢部書目》，嚴毓芬《無錫縣圖書館書目》，俱以悰韠所著列於元代，而《縣志·隱逸傳》列悰韠於明，兹從《縣志》例，亦列於明耳。

十閒堂閒情彙編五種　明季原刊本

明華淑撰。淑字聞修，自號閒道人。深居清暇，以讀書爲事。自稱："口無臧否，眼無恩怨，風波塵俗，不到胸中。有茅屋一楹，有得意書數種，焚香晏坐，披對蕭然。"淑故有小築，引文人學士倡和其中。於詩苦心數十年，其始隨逐時好，久乃別成杼軸。事具《縣志·文苑傳》。

是書彙刻其平生所著，一曰《書紳要語》，長洲陳元素訂；二曰《睡方書》，溧陽史致蔭訂；三曰《花寮》，晉陵吳鍾巒訂；四曰《雨窗隨喜》，同縣馬世奇訂；五曰《清史》，昆山陳懋德訂。而自序之，謂："閒中自計，嘗欲掙閒地數武，搆閒屋一椽，顏曰'十閒堂'。閒花、閒鳥、閒雲、閒地、閒庭、閒侶、閒編、閒想、閒辭、閒身。……長夏草廬，隨興抽檢，得古人佳言韻事；復隨意摘録，適意而止，聊以伴我閒日，命曰《閒情》。非經、非史、非子、非集，自成一種閒書而已。"②然則其人其書，可概見焉。

午風堂叢談八卷　清嘉慶己未原刊本

清鄒炳泰撰。炳泰有《紀聽松菴竹罏始末》，已著録。

是書倣説部體例之著。蓋炳泰博覽羣籍，究其要旨，故敘述辨論，無不具有根據。其自書卷首，謂："余官翰林，清齋坐誦，究心掌故，旁及文章藝術，日有所得，輒行記録，其有不合，時復改定，積十餘年來，釐成八卷。紀曉嵐宗伯謂：'置之宋人説部中，堪與對壘……'王述菴侍郎謂：'其考據精確，似王深寧；記載宏富，似洪容齋。'則何敢云然。論務平允，意寓勸戒，亦學人資古之義也。"③然則炳泰所述，及當世儒林所稱，亦可見其書之微旨矣。

匏園掌録二卷　清光緒己卯仁和葛氏嘯園巾箱本

清楊夔生撰。夔生字伯夔，國子生。應童子試不售，以縣丞簡發直隸，宣力河防；補雄縣丞，擢固安令，薦升蘇州知州。父芳燦，才藻絶一時，而夔生亦以詩詞知名。《縣志·文苑》附芳燦傳。

是書所述，殊多名論。錢塘袁祖志爲之序，曰："余髫齡，即聞金匱楊君伯夔，爲先君子詞友。倉山月明，隨園花放，時與之更唱疊和，刻羽引商，致相得也。先君子有《七家詞》之

---

① 引文據武漢大學出版社1997年電子版《文淵閣四庫全書(424/4905)·高子遺書》卷九下第54、55頁《慮得集序》校改。

② 據商務印書館1936年版《中學國文補充讀本·晚明小品文選》第一册第70、71頁校改。

③ 據上海古籍出版社2002年版《續修四庫全書》第1462册第90頁校改。

選,列入《小倉山房全集》內,所謂《過雲精舍詞》者,即伯虁作也。伯虁之父蓉裳先生,爲先大父高足弟子,與先君子唱酬往還,亦極相得,俱見之《捧月樓集》中。忽忽數十年來,人往風微,掩卷增嘆。今從嘯園主人處,獲睹伯虁所述《匏園掌錄》兩卷。名言卓論,雋語微詞,足以增閱歷,足以啓愚蒙,足以驅睡魔,足以悟妙境。非讀破萬卷,深造有得者,不能道隻字。所惜世無刊本,深恐淹没不傳,爰亟慫恿主人,付之剞劂,以供同好。並爲畧綴數行,以徵兩家兩世文字因緣,猶綿綿於百有餘年之後而未已也。"①然則虁生斯作,殆不可謂非文藝中一種佳構云。

履園叢話二十四卷　清同治庚午補刊本

清錢泳撰。泳有《錫山補志稿》,已著錄。

是書就睹聞所及而有得於中者,隨時筆之,成二十四卷,名曰《叢話》,自謂以此遣愁索笑。清《續文獻通考》著錄之。其總目曰《舊聞》,識清初軼事,備野乘也;曰《閱古》,釋所見三代、秦、漢以來金石磁器,而資考鑑也;曰《考索》,雜取古書事物疑義,以證心得也;曰《水學》,列三吳之水利也;曰《景賢》,勸孝弟,警薄俗也;曰《耆舊》,思老成,奉楷模也;曰《臆論》,警頹風也;曰《譚詩》,正雅音也;曰《碑帖》,從所好也;曰《收藏》,慨煙雲之過眼也;曰《書畫》,示正法眼藏也;曰《藝能》,即形下以見道也;曰《科第》,紀人材之盛也;曰《祥異》,明天地之大也;曰《鬼神》、曰《精怪》,窮陰陽之變也;曰《報應》,昭天人之合也;曰《古蹟》、曰《陵墓》、曰《園林》,記雪泥之鴻爪也;曰《笑柄》,寓莊於諧也;曰《夢幻》,示實於虛也;而以《雜記》爲殿焉。道光初梓行,昭文孫原湘爲之序,稱"凡人情物理,宇宙間可喜可愕之事,無不備"云②。

治蝗全法四卷　清光緒戊子皖刻本

清顧彥撰。彥字士美,亦作侍梅,國子生。性廉介不苟,負鄉邦重望。咸豐庚申之變,彥經董邑之恒善堂事,誓與俱存亡,竟被刃而殁。

是書卷一士民治蝗法;卷二官司治蝗法;卷三勸人速捕蝗子及掘除蝗種書啓,類錄前人成法;卷四救濟荒歉之法,與治蝗相輔而行者,都四卷。咸豐庚申前,曾輯錄梓行之。考:《縣志》祥異門載:自明崇禎十年丁丑以後,連遭蝗災,至十四年以後,雖有災荒,而無蝗害。逮清咸豐六年丙辰,大旱,始復有蝗,時從江北猝至,食禾稼,且生子於地。彥乃刊布昔人成法,以告鄉里,勸民捕治;迨冬季,知地下遺有蟲子,次年必又爲害,彥乃復率長子濟,輯《除根掘子》、《去蝻捕蝗》諸法。凡所施設,胥眷眷於民生,而圖所以救治之道。咸豐庚申之變,板盡燬,其書亦鮮流傳。至光緒戊子,其孫森書重刊於皖,揚州陳彝爲之序。

---

① 引文據臺灣新文豐 1988 版《叢書集成續編》第二一册第 239 頁校。

② 引文據上海古籍出版社 2002 年版《續修四庫全書》第 1139 册第 1 頁校。

清原正本經無卷數　清同治癸酉刊本

清徐澂撰。澂字蘭畦，咸同間人。有志經世，於民情利病，靡不究心。官紹興通判，歷署慈谿知縣、定海同知。時浙江巡撫何桂清專任其戚屬杭嘉湖道王有齡，重徵苛斂，措置乘方，澂乃洋洋直言，大義昭彰，雖忤當道不顧也。廷旨遣使臨訊，罷澂職，遂歸。結廬錫山之巔，曰石浪菴，因更名"清澄"，自號慎菴。平生篤信釋氏，服膺《大學》，每謂釋、道宗旨，與儒家一源，《學》、《庸》貫通八卦。乃以所言旁徵曲引，多所論列，而與儒者之說，又輒不相符。參悟既深，每晨必捧《大學》虔拜，自謂獨得秘奧。時士大夫雖不盡仰止之，而其勸世之心，殆一息無少懈。澂初抵石浪菴，有古梅，枯萎久，忽復著花，雪月交輝，與花掩映，說者以爲奇。

是書著其研究所得。謂三教持世，孔子爲宗；孔子之道，惟《大學》兼綜條貫，無所不通。而復得其通於《易》，通於《孝經》，通於《中庸》之秘奧。又以孔子之道，合佛、老之旨，三教同參，以成其書，曰《清原正本經》。書中《至聖譜考》，於孔子生卒年月，博稽繁徵，貫穿終始，而得真譜，以定孔子爲七十五歲，一掃前代門戶之見。同縣劉繼增稱其"超出公、穀、史遷而上，殆自有說"。綜其所著，殊有裨經生考徵。惟說者謂其示人禮拜，雖勸世良苦，亦非無可置議耳。同縣秦賡彤、張鴻猷、趙起鵬字雲九，同治三年副貢，六年丁卯舉人，內閣中書，工書，多楹貼傳世。並爲之序。

德國議院章程一卷　清光緒乙未元和江氏靈鶼閣叢書本

清徐建寅譯撰。建寅有《歐遊雜錄》，已著錄。

是書爲《德國議院章程》之譯本。蓋建寅嘗參贊德國使節，采風問俗，在所留意，此其一也。自序之，曰："君得人之情乃固，失則危。夫惟上下之闊隔，至遠也，人情之趨嚮，至雜也，欲其交而通焉，不亦難哉！蓋非遍詢輿論，歷采國人之言，莫收週諮博訪，集思廣益之效。是以上而國政，下而民事，必皆集衆會議，以期同心同德，乃可訂定施行。然而會集多人，心志茸雜，難免發言盈庭，無所折衷，築室道謀，莫得一是。甚或箝口結舌，互相推諉，隨衆附和，退有後言，徒有會議之名，仍無會議之實。間嘗鑑諸古史，徵以時事，深思而玩索之，卒未得其要領。故於使事之暇，往覘德國議院，知其絕無是弊，心竊異之。爰乃博稽西籍，覓得是編。見其章程精密，條理秩然，可以通人情，可以交上下，古訓所謂三占從二，善均從衆者，將於此見之。因譯而出之，聊備采風問俗之意云爾。"[1]元和江標督學湖南，頗贊新政，所輯《靈鶼閣叢書》，以刻湘中使院，斯編乃爲采收焉。

德國合盟紀事本末一卷　清光緒間刊本

清徐建寅譯撰。建寅有《歐遊雜錄》，已著錄。

是書爲參贊德國使節時譯撰之籍。其自書卷首，謂"德國爲歐洲中原，聲名文物，凤所

---

[1]　引文據商務印書館 1939 年版《叢書集成初編》第 0762 册《德國議院章程》第 1、2 頁校。

著聞。其政治沿革之詳，著於簡編者，卷帙繁多，難以殫述。兹編畧敘大概，先述一千八百十五年即嘉慶二十年。以後之事，次述一千八百六十七年即同治六年。至七十一年，政治之同異沿革"云。

庸盦筆記六卷　　通行石印本

清薛福成撰。福成有《浙東籌防録》，已著録。

是書據睹聞所及，隨筆記載。編次之法，以事類相從，都六卷。卷一、二爲史料，卷三爲軼聞，卷四爲述異，卷五、六爲幽怪。其凡例謂"昌黎韓子有云：'誅奸諛於既死，發潛德之幽光。'兹編亦頗存此意，雖不過隨時涉筆，而所以挽回世道人心者，未嘗不兢兢焉。……惟所書善惡，務得其實。善者則盡力表章，不嫌溢美；惡者則慎之又慎，必爲世所共棄者，而後加貶絶焉。以附'善善從長，惡惡從短'之義"云爾[1]。清《續文獻通考》著録之。

師竹廬隨筆二卷　　民國八年聚珍本

民國竇鎮撰。鎮有《名儒言行録》，已著録。

是書所載，多遺聞軼事，有關風教之作，都二卷。同縣楊志濂爲之序。

滌塵雜記無卷數　　舊鈔本

民國秦國璋撰。國璋有《寄暢園志》，已著録。

是書所載，關於地方文獻及追懷先德舊事者爲多。凡所見圖籍之佳本，以及金石之考訂，古蹟之顯晦，掌故之源流，皆隨事爲書，而無分卷數，要爲有裨考徵之編也。爲未刻稿，首尾亦無序跋。縣圖書館所藏舊鈔本，爲邑城大河上秦氏所捐贈者。

雲外朱樓集二編　　民國二十四年通行鉛印本

民國王蘊章撰。蘊章字莼農，號西神，清光緒二十八年壬寅補行庚子辛丑恩正併科副貢。少負才望，未冠入泮，既聯捷，自是益知名。能書，尤工鼎彝。客居海上，以鬻書爲生，蕭然自放。宣統之季，所撰上海《民立報》、《時事新報》社論，爲時傳誦。入民國，編輯上海商務書館《小説月報》、《婦女雜誌》，俱有聲。嗣主辦正風文學院，造就者亦多。

是書《正編》皆筆記類，多小品文字；《附編》爲詩、詞、序跋，並誄輓之辭。其落筆之雋秀峭拔，磊落有致，於斯編亦可見蘊章行文之梗概焉。

覺花寮雜記四卷　　雲在山房叢書本

今人楊壽枏撰。壽枏有《思沖齋文別鈔》，已著録。

是編雅綴掌故，指切當世善惡是非，爲清季同光以來之故實。太倉唐文治稱壽枏斯筆，

---

[1]　引文據臺灣新文豐 1997 年 3 月版《叢書集成三編》第七七册第 83 頁校改。

時露其抱負之宏遠，是固近代得失之林也。東吳徐沅序之，謂"味雲京卿久宦京朝，就光緒中葉以來，聞見所及，事會所經，輯爲筆記四卷。所列時政得失，風尚淳漓，旁逮俊流陶寫，勝地標題，及所自爲名章雋句，可法可鑑，可愛可傳咸在焉。聖塗閒燕之談，仲言揮麈之録，怳若遇之。至其述祖德、誦清芬，則陸放翁《家世舊聞》，尤司徒《谿邊舊話》，兹驂靳矣。滄流方亟，邪詖競張，求一良言善論，渺不可得。頗幸説部再昌，海內方聞，當有欣然把卷，且瞿然奮筆以興者，他日求晚季故實，能不推君爲先河"云。

<h1 style="text-align:center">附　　錄</h1>

國學概論十章　上海商務書館通行本

今人錢穆撰。穆字賓四，博學通才，爲當世國學名教授。

是書爲其講學時隨講隨録之品。簡端載弁言，謂："前七章講於無錫江蘇省立第三師範，民國十五年。後三章講於蘇州江蘇省立蘇州中學。民國十七年。"書中所列：一、孔子與六經；二、先秦諸子；三、嬴秦之焚書坑儒；四、兩漢經生今古文之爭；五、晚漢之新思潮；六、魏晉清談；七、南北朝隋唐之經學註疏及佛典繙譯，此所謂前七章也。八、宋明理學；九、清代考證學；十、最近期之學術思想，此所謂後三章也。自謂："'國學'一名，前既無承，將來亦恐不立。……其範圍所及，何者應列國學，何者則否，實難判別。……姑采梁氏《清代學術概論》大意，分期敘述。……在使學者得識二千年來本國學術思想界流轉變遷之大勢，以培養其適應啓新的機運之能力。"①而同縣錢基博序之，則謂第九章"稱説黃黎洲、顧亭林、王船山、顏習齋，而不及毛奇齡，是敘清學之始，未爲週匝也。殿以黃元同、俞蔭甫、孫仲容，而不及陳澧，是述清學之終，未爲具盡也"②，穆以斯論爲加以鍼砭云。

<h1 style="text-align:center">類　書　類</h1>

事類賦三十卷　清乾隆間刊本

明華麟祥校刊。麟祥字時正，諸生。萬曆壬寅前，無考。入監，選浙江布政司都事，不赴。轉輸播殖，遂雄於資，歲饑粟貴，傾廩賑貸，無弗應者。事具《縣志·行義傳》。

是書宋博士吳淑撰註，麟祥承郡守趙某字鷺洲。之屬，校刊行世。無錫縣宰胡倬字君錫，進士。使麟祥子雲序之，曰："(雲)乃颺言對候曰：'兹非郡公盛心哉，……聖賢之軌，森然具方策。人之才分不同，詣其極，則百家之編，節著章成，散在天壤。種種類聚，學士大夫鉤玄提要，知類通達，洞吾心體之明，而廓之家國天下，無不利矣。……吳氏此編，用心孔

---

① 兩段引文均據商務印書館 1931 年版《國學概論·弁言》校改。

② 引文據商務印書館 1931 年版《國學概論·錢基博序》校。

勤，……學者熟覽焉，等而上之，各足其材分，則文辭學術，不患不能倍蓰於昔人。譬之醫師，丹砂、溲勃並有之，乃能濟人。故曰公盛心也。'胡侯躍然喜曰：'茲固可書。'遂書簡末。"①是麟祥之刊行斯編，以資來學，可以知所自矣。

類書纂要二十四卷　　清康熙甲辰原刊本

清周魯、侯杲纂輯。魯字南林，諸生，順治八年辛卯科案。困於場屋，鬱鬱不得志，因專事著述。博學好古，平居寢處墳索，出入經史，搜奇討幽，無所懈。《縣志》無載。杲字仙蓓，號霓峰，順治六年己丑進士。知宣平縣，民貿多逋賦，杲輸家資補之。辦軍興供億，未嘗擾民，亦不廢事。遷禮部主事，擢郎中，改刑部。督九江關，清慎奉公，悉罷額外徵，商旅德之。《縣志·宦望》有傳。

是書分門別類，自古迄今，凡經、史、稗乘所載，而爲世所通曉，事實可傳信者，乃筆之於書，各以類從，爲卷二十有四，名曰《類書纂要》。《四庫全書》爲之存目。武林黃機字次辰，翰林院侍讀學士，纂修實錄，江南正主考。爲之序，稱："是編也，時自上古以迄今代，書自經史以及稗乘，人自皇王以至編齊，事自朝常以逮丘細，包羅六合之內，窺闚六合之外，無乎不有，無乎不備。乃博而不繁，簡而能核，采天下古今之書之要，集於一編，開卷爛然，一覽可竟。"②然則是書體要，概可知矣。

春秋經傳類聯無卷數　　邑人陶守恒捐贈　　安氏罨畫樓舊藏　　雍正間原刊本

清王繩曾撰。繩曾字武沂，雍正八年庚戌進士。少受學於舅氏秦道然，講主敬之學，墨守繩尺，言動必於禮。年五十餘，始官揚州府教授。《縣志·選舉表》作江寧教諭。既歸，主講東林書院，尤能造就後學。《縣志·儒林》有傳。

是書取《春秋》經、傳之辭，稍加點竄鎔鑄，集爲對偶，凡三十四類。於二百四十二年之間，所載倫道軍國之大，鳥獸魚蟲之小，皆各從其類以綴之。《四庫全書》爲之存目。繩曾自謂："茲編分類彙集，蕺其雋言，聯爲駢體，以便記誦。寧律不諧，無使句弱；用字不工，無使語俗。……若夫一人一事而疊見者，以其類之所分，而各有取義，學者別其指歸，自不嫌於複出也。"③《春秋》爲彰善癉惡之書，而《左氏傳》特詳其事之始終本末。編中類綴諸條，以爲始學之助，當亦爲聖人彰癉之所不廢。於是可知繩曾所著之微旨矣。

記事珠引釋十卷　　清雍正辛亥原刊本

清鄭夢明删訂。夢明字震寰，諸生。康熙六十年辛丑歲案。

是書爲毗陵張以謙纂記，自帝王、公卿、將帥，下至齊民之人倫道德，以及器識秉性，爲

---

①　引文據中華書局 1989 年版《事類賦注》第 589、590 頁校。
②　引文據齊魯書社 1997 年版《四庫全書存目叢書》子部二三七第 542 頁校。
③　引文據齊魯書社 1997 年版《四庫全書存目叢書》子部二三六第 286 頁校。

類五十有一，爲條八千有奇，搜采經、史、子、集，並稗官野乘所載，分類輯録。書分上下兩截，下截編句，句以四字，而必有韻；上截所載，就下截句中所述，羅列其事，具爲標明，因名之曰《引釋》。凡例所謂“句以類統，事以人詞，備童蒙之記憶，非類苑之以博洽相高者”。夢明服膺斯編，而於所列引釋，慮其太煩，篇章過多，學者記憶不易，自謂“博考詳稽，幾經映雪，刪繁就簡，殊費囊螢，不敢纖毫憑臆見，未嘗一字逞師心”。統觀斯編，鈔綴羣書，采擷精要，以便學者記誦，治帖括學者尤爲德之，而夢明刪訂，亦具見其用心焉。

廣事類賦四十卷　　清乾隆甲申原刊本

清華希閔撰。希閔有《金匱縣志》，已著録。

是書因其六世祖麟祥校刻宋吴淑《事類賦》，病其未備，乃增廣之，都四十卷，體裁悉如淑例。《四庫全書》爲之存目。其自序謂“夫類書之作，捃拾四部，或繁而蕪，或簡而陋。是書差爲綜要，又以事隸賦，用便記誦，於初學尤宜”云[1]。

小説家類

金廂薈説八卷　　縣圖書館寫本

清楊芳燦纂輯。芳燦有《伏羌紀事詩》，已著録。

是書輯録子、史、雜部所載，春秋以來朝野閨閣之工於詩詞篇什，並其有關之作，尤以嗟怨之聲爲多。《縣志》藝文門未予著録。無錫縣圖書館館長秦毓鈞弁識其端，謂：“此書首載陳雲伯序，有‘女士係分隋胄’一語，知爲楊女士所作無疑。”又本館《鄉賢部書目·閨秀門》亦載：“《金廂薈説》八卷，清楊芸著，本館鈔本，未刻稿，藏西谿余氏。”芸字蕊淵，楊芳燦女，秦承霈室。則與雲伯序文，若合符節。然此本卷首又載“原本無題名”，而下署金匱楊芳燦著，殆原本無撰人名氏，而劉前館長爲代署歟。但此本爲劉前館長時繕寫，與編録《鄉賢部書目》，同出一手，何以牴牾若此。及閱此本卷尾《心禪室題語》，謂：“書中有蓉裳公親筆，又有數卷爲伯夔公手鈔，意者此本爲楊氏父女兄妹合璧之作，父詔於前，女續於後，伯夔趨庭之暇，亦曾抽毫助編者，長女蕊淵獨尸其名。”雲伯所言，非誣簡端，代署或從其朔，兩存之可也。兹書之，以備後世考徵。

梅谿筆記一卷　　古今文藝叢書本

清錢泳撰。泳有《錫山補志稿》，已著録。

是書所記，多乾、嘉間故事，爲野史稗乘之助，而又足裨風教也。《縣志》藝文門未載。

---

① 引文據齊魯書社 1997 年版《四庫全書存目叢書》子部二三四第 509 頁校。

箕録四卷　縣圖書館寫本

清劉繼增撰。繼增有《忍草菴志》，已著錄。

是書彙輯子、史、雜部所載，以箕預卜吉凶禍福之故事，名曰《箕録》。卷一《箕典》、《箕徵》，卷二《箕藻》、《箕藝》，卷三《箕綺》、《箕話》，卷四《箕冒》、《箕孽》，都四卷。繼增稱："考舊俗，於正月十五夜，以箕爲飾，奠設酒果，則戲提者覺重，便是神來，即跳躍不住，於是可占衆事，以卜未來。且往往隨時可請箕，以問休咎，不必於正月十五夜舉之。因追溯其源，尋繹其流，窮搜博采，編次成帙。"又自謂"非遐覽博綜，衡心集聽，參天人之至理，明二氣之良能，烏能闡厥窈冥，袪兹繁惑"云。原稿藏寄漚書巢，未梓行。

酒令叢鈔四卷　清光緒戊寅藝雲軒原刊巾箱本

清俞敦培纂輯。敦培字芝田，亦作芝恬，道咸間人。知樂平縣事，忽掛冠去，奉親僑寓贛上。闢地數弓，蒔花種竹以養志。朋從輩倒屣聯袂，觴詠無虛日。工填詞，兼工繪事，説者稱其有雅人深致焉。

是書著錄公私讌飲時，酒座所用之令，都四卷，故名《酒令叢鈔》。其凡例謂：漢以前，人宴樂有類於令者，采而錄之；沿至唐宋，以迄於明，令日以多；有不解其法，惟存其名者，亦錄之，編爲《古令》一卷。引經據典，分韻聯吟，當筵構思者，編爲《雅令》一卷。其俗不傷雅，不費思索，可以通行者，編爲《通令》一卷。酒籌所以記飲數，白香山詩"醉折花技作酒籌"是也，厥法良便，且免趨避，荀子所謂"探籌投鉤者，所以爲公也"，合編《籌令》一卷。有別出新意，突過前人者，暇時閒與同志戲創各令，附於各卷之末。[1]　綜觀書中所采經、史、稗説，極爲繁博，雖屬小道，頗有可觀云。

竹素園叢談一卷　民國十六年雲在山房校印本

民國顧恩瀚撰。恩瀚字涵若，又字涵宇，亦作涵雨，清諸生。光緒十九年癸巳科案。院試時，江蘇學政溥良激賞其才，拔置第一。方晉謁，以練習楷法，精研試貼詩勉之，曰："鼎甲需工楷，考差在律詩。"蓋期許之如此。後累試秋闈不售，筮仕安徽，得巡檢。歷金柱、裕谿內河關長，薦擢蕪湖關稅務廳廳長，嘗攝蕪湖監督，旋移天津稅務司幫辦。性廉退，雖宜得優擢，然不肯趨權勢。民國之初，目擊時政大壞，輒俯首歔欷，無意問世，與同縣楊壽枏嘯詠津門，著書圖終老。二人者，論交四十年，相知俱深也。

是書掇摭耳食睹記所及，隨筆纂錄，不主一格。壽枏序之，謂"搜討國故，則《朝野僉載》之流也；誦述先芬，則《家世舊聞》之例也；敘兵戈浩劫，似《泣蘄錄》之蒼涼；誌神鬼異聞，非《諾皋記》之荒幻。以及甕牖閒評，曝簷瑣語，考證名物，品藻詩文，詞必歸於雅馴，體不傷於舛駁，亦足見君記覽之賅洽，學養之深純"云[2]。而壽枏所輯《雲在山房叢書》，又以是編采

---

[1]　引文據江蘇廣陵古籍刻印社 1984 年版《筆記小説大觀》第三十冊第 199 頁校改。

[2]　據臺灣文海出版社 1967 年版《近代中國史料叢刊》第十二輯《雲在山房叢書三種》第 90 頁校改。

入之焉。

夕陽紅淚録十二卷　上海新中華圖書館石印本

民國孫靜菴撰。靜菴有《續明史》，已著録。

是書縣圖書館無藏本。據上海新中華圖書館廣告所揭登之介紹辭，稱："自古山河零落，舉目蒼涼，宗社凌夷，傷心禾黍，往往有孤臣遺老之悲吟，畸士異人之逸事，足以備史乘之采集，發潛德之幽光者。特苦於搜輯乏人，隨夕陽荒草以俱湮，徒令弔古之士，唏噓感慨，灑數行之紅淚而不能已。無錫孫靜菴先生，抱瑰奇磊落之才，負激揚清濁之志，所著各書，既編次成帙，獨於明季遺聞，窮源竟委，網輯靡遺。凡故老遺民之軼事，以及勞人思歸之詩歌，舉凡可歌可泣之狀況，一以哀艷之筆，備載其詳，成《夕陽紅淚録》十二卷。凡胡虜之慘酷，漢奸之反覆，種族之禍毒，文字之冤獄，靡不搜羅殆遍，隱寓筆削口誅之意。走雷霆於紙上，飛霜雪於毫端，使吾民族於二百六十餘年以後，猶得見故老之遺烈，及異族之野心者，其功殆不在《續明史》、《明遺民録》等之著作下也。"斯言也，殆皆出於同縣侯鴻鑑序文所述者云。

棲霞閣野乘無卷數　上海新中華圖書館石印本

民國孫靜菴撰。靜菴有《續明史》，已著録。

是書縣圖書館無藏本。據新中華圖書館所登出版介紹辭，稱："自山左蒲留仙《聊齋誌異》出，奄有衆長，萃列國之菁英，一爐冶之；而河間紀文達公《閱微草堂筆記》，屬辭比事，義蘊畢宣，與《聊齋》異曲同工，是皆龍門所謂'自成一家言'也。是書爲無錫孫靜菴先生所著，先生以作史之餘緒，博采舊聞，旁搜遺佚，凡二百六十餘年之間，上自典章法度，下訖動植飛潛，曲狀幽隱，旁通藝術，諸凡人事之短長，世態之變遷，無不具載。其或筆削奸諛，發揮亮節，言情記事，秩然有經，繪鬼蜮之人情，窮地獄之變相，怪怪奇奇，聞聞見見，皆足以新一時之耳目，拓萬世之心胸者。其筆墨之謹嚴，搜羅之宏富，遠駕《聊齋》、《閱微草堂》之上。凡欲知二百六十餘年以來，朝野之掌故者，不可不讀此書。"是可知其書之微旨矣。

荆駝泣血録八卷　上海新中華圖書館石印本

民國孫靜菴輯。靜菴有《續明史》，已著録。

是書圖書館無藏本。據上海新中華圖書館所登出版之介紹辭，稱"是書所載，皆胡虜入關時，慘酷幾無人理之歷史。亡國之慘，真有令人不忍聞，不忍讀者。先生得鈔本於西谿余氏，出諸何氏，無可稽考。因世無刻本，乃編録成帙，分八卷，曰《福王登極實録》、曰《甲申紀聞》、曰《孤臣哭紀》、曰《再生紀畧》、曰《燕都日記》、曰《北事補遺》、曰《淮域日記》、曰《揚州變畧》、曰《京口變畧》、曰《一夢緣記》，共十種。雖屬稗官野史，而詞旨雅潔，直筆昭垂，洵信史也"云云。則其書内容可概見焉。

醫　家　類

理虛元鑑二卷　　清光緒丙申重刊本

清柯懷祖參訂，華曦校正。懷祖字德修，潛心醫學，嘗入都，名噪公卿間。《縣志·藝術》有傳。曦字賓旭①，諸生。乾隆十年乙丑歲案。是書原著人姓氏，據懷祖序中所述，並諸序所及，俱稱"綺石先生"，其長子字伯儒，次子字東菴，姓名及出處事跡俱無考。懷祖得此書，悉心參訂，嘆爲發前人所未發，付梓流傳，以事表彰。曦爲校正焉。

瘍科心得集五卷　　清嘉慶己巳原刊本

清高秉鈞撰。秉鈞字錦庭，嘉慶間人，積學能醫，而尤工於瘍科。《縣志·藝術》有傳。

是書輯其平生所攻治，並經驗有得者，發爲論談，都三卷。又以治有成效之方，彙爲一卷，並補遺一卷殿焉，總名曰《心得集》。同縣孫爾準爲之序。

華秉麀醫學心傳四集　　民國二十一年鉛印本

民國華秉麀撰。秉麀名承謨，晚年以字行。清光緒十九年癸巳恩科舉人，嗣以知縣分發廣東，署遂谿知縣。在任清鄉有功，超拔以知府用。入民國，曾充迪化警察廳長，及中俄學堂提調等職。既歸，隱於醫，及門者多造就。

是書輯録《本草分類表》、《藥性主要歌》等，爲第一集；《臟腑虛實論》、《病源論》爲第二集；《經驗良方》、《男、婦、幼科脈案》爲第三集；《改正仲景傷寒方》爲第四集，總名之曰《心傳》。同縣侯學愈爲之序，稱"足與朱丹谿《心法大全》、汪訒菴《醫方集解》、陳修園《醫學叢書》並駕齊驅"云。

---

① 據上海科學技術出版社 1990 年版《中國醫學大成》十九《理虛元鑒》校補。

集部目録

別集類卷一

黃楊集三卷　補遺一卷　元華幼武撰

華氏黃楊集一卷　元華幼武撰

倪隱君集一卷　元倪瓚撰

倪雲林詩集六卷　元倪瓚撰

清閟閣詩集六卷　附集二卷　元倪瓚撰

浦舍人詩集四卷　明浦源撰

王舍人詩集五卷　明王紱撰

綠苔軒詩集六卷　明錢子正撰

秦修敬集一卷　明秦旭撰

東皋詩集十二卷　明秦夔撰

錢山人集一卷　明錢文撰

錢逸人集一卷　明錢百川撰

羅太守集一卷　續集一卷　明羅柔撰

秦端敏公集一卷　明秦金撰

莫南沙集一卷　明莫止撰

楊通府集一卷　明楊中撰

顧憲副集一卷　明顧可久撰

清谿莊遺集二卷　明顧可久撰

顧同府集一卷　明顧彥夫撰

秦封君集一卷　明秦瀚撰

鄒九峯集一卷　明鄒壁撰

華學士集一卷　明華察撰

巖居稿八卷　明華察撰

姚山人集一卷　續集一卷　明姚咨撰

遼陽稿二卷　別稿一卷　明黃正色撰

強德州集一卷　明強仕撰

施武陵集一卷　明施漸撰

王僉憲集一卷　續集一卷　明王問撰

王仲山先生詩選二卷　明王問撰

華比部集一卷　明華雲撰

清湖集四卷　明秦植撰

陸文學集一卷　明陸九州撰

陳隱士集一卷　明陳東川撰

趙文學集一卷　明趙綱撰

續傅夢求集一卷　明傅起巖撰

俞繡峯集一卷　續集一卷　明俞寰撰

寒螿詩稿一卷　明辛丑年撰

高忠憲公詩集八卷　明高攀龍撰

悟秋草堂詩集十卷　明顧杲撰

澹寧居詩集二卷　明馬世奇撰

十峰詩選七卷　明錢肅潤撰

節霞偶刻一卷　明陳卿茂撰

高觀民詩一卷　明高世觀撰

秋水集十卷　清嚴繩孫撰

蒼峴山人集五卷　清秦松齡撰

顧梁汾先生詩詞集九卷　清顧貞觀撰

鑪塘集一卷　清顧貞觀撰

南皋詩草一卷　清李枚撰

罨畫樓集八卷　清安璿撰

雲川閣集　詩十四卷　詞四卷　清杜詔撰

綠瀛軒詩集一卷　清徐斑撰

借柳軒詩十四卷　清鄒升恒撰

逸軒詩鈔一卷　清杜漢階撰

師善堂詩集十卷　清嵇曾筠撰

錫慶堂詩集八卷　清嵇璜撰

雲逗樓集無卷數　清楊度汪撰

樂阜山堂稿八卷　清王會汾撰

顧雙谿集九卷　清顧奎光撰

吳蕭仙詩鈔八卷　清吳峻撰

峆齋詩存二卷　清秦朝釪撰

響泉集二十卷　清顧光旭撰

菰蘆吟四卷　清顧錦春撰

竹外山房詩集二卷　清秦潮撰

寶嚴堂詩集四卷　清孫永清撰

---

① 誤，原稿爲娛，據上海古籍出版社《清代詩文集匯編》五五四第 409 頁《思誤齋詩鈔》校改。

經雅堂遺稿三卷　清孫慧良撰

豫遊小草四卷　清鄒繼善撰

筆花書屋詩鈔二卷　清嵇文駿撰

靈蘭館律賦一卷　清王禮甲撰

飛香圃詩集四卷　清安詩撰

水竹軒詩鈔六卷　清秦焕撰

碧梧桐館詩存一卷　清秦炳文撰

東里草堂詩草一卷　清朱壽清撰

張南湖詩詞存一卷　清張應蘭撰

旅懷小草一卷　清張應蘭撰

醉墨軒詩鈔四卷　清張步瀛撰

悔餘吟社詩詞稿一卷　清華汝楫撰

杏林吟草一卷　附詞草　清朱錦英撰

古杍秋館詩草三卷　清侯楨撰

微雲樓詩集五卷　清秦昌焯撰

微雲山館詩集一卷　清秦喬章撰

怡雲草堂詩存一卷　附詞鈔一卷　清蔣大鏞撰

旅遊小草四卷　清華振撰

妙香居小草一卷　清孫顯撰

拂珊吟一卷　清陳夑之撰

樫竹齋詩鈔無卷數　清蔡濬撰

谷盦燹賸二卷　補遺一卷　續集一卷　清張鴻猷撰

孟和詩草二卷　清范鈞撰

自怡軒詩詞存三卷　清顧荃撰

達觀樓詩草一卷　清顧寬撰

霜傑齋詩二卷　補遺一卷　清秦寶璣撰

吟梅仙館詩詞稿二卷　清蔣汝侗撰

紫櫻仙館詩詞草（僅存一卷）　清蔣汝侗撰

雙桂軒詩稿一卷　清鄧登瀛撰

靜妙山房遺集三卷　清錢鈞伯撰

心禪室詩稿三卷　清余一鼇撰

劍霜龕吟稿四卷　附錄一卷　清秦寶鑑撰

寄漚詩鈔四卷　附詞一卷　清劉繼增撰

篁韻盦詩稿六卷　清顧森書撰

頌厓詩稿一卷　清高翃撰

醉花陰軒詩鈔一卷　附文一卷　清侯星聯撰

安大令文集無卷數　明安廣居撰

秋水文集二卷　清嚴繩孫撰

蒼峴山人文集六卷　清秦松齡撰

拙存堂文集六卷　清蔣衡撰

類谷居文稿無卷數　清諸洛撰

澹園文集五卷　清華玉淳撰

芙蓉山館志序存稿一卷　清楊芳燦撰

十二山人文集十二卷　清安吉撰

玉山閣古文選四卷　清徐鑅慶撰

鐵山情響一卷　情籟一卷　清陳伯瑒撰

世忠堂文集六卷　清鄒鳴鶴撰

留雲仙館文鈔二卷　附詞一卷　清秦樹撰

飛香圃文集四卷　清安詩撰

澹菴文存二卷　清朱蔭培撰

青琅玕館遺稿三卷　清顧濟撰

醉墨軒遺文一卷　清張步瀛撰

古杼秋館遺稿文二卷　補遺一卷　詩一卷　清侯楨撰

恰好處文存二卷　清秦芝清撰

青萍軒文録二卷　附詩録一卷　清薛福保撰

竢實齋文稿二卷　清秦寶璣撰

彜盦集七卷　清鄧濂撰

硯香文集七卷　清涂廉鍔撰

蘭言居遺稿三卷　清榮光世撰

惜分陰齋遺稿二卷　清張彥昭撰

戢寒齋文鈔一卷　清秦堅撰

寄漚文鈔二卷　清劉繼增撰

蟄盦文存二卷　清楊模撰

存敬畏齋文草一卷　清顧森書撰

篔韻盦駢文稿一卷　清顧森書撰

次皙次齋遺文一卷　民國孫振烈撰

刪亭文集二卷　續集二卷　民國周同愈撰

傳叟文録一卷　民國錢福炯撰

小緑天盦文稿二卷　民國寶鎮撰

滌塵文集無卷數　民國秦國璋撰

別集類卷四

容春堂前集二十卷　後集十四卷　續集十八卷　別集九卷　明邵寶撰

具茨集五卷　補遺一卷　文集八卷　附録一卷　遺稿一卷　明王立道撰

始青閣稿二十二卷　明鄒迪光撰

天全堂集四卷　明安希范撰

心遠堂集二十卷　明王永積撰

邯山先生遺稿八卷　明强恂撰

蓉洲詩文稿六卷　清季麒光撰

曉滄集二卷　清潘果撰

小峴山人詩文集三十五卷　清秦瀛撰

蓉莊遺稿二卷　清顧鈺撰

尚絅堂集五十六卷　清劉嗣綰撰

紅棠閣詩文鈔十三卷　清王芝林撰

六有齋詩文集三卷　清施建烈撰

荔雨軒詩文集十一卷　清華翼綸撰

孫仰晦先生文集六卷　附詩一卷　清孫希朱撰

行素軒詩文存二卷　清華蘅芳撰

張端甫遺稿二卷　清張岳駿撰

沈晴庚詩文集六卷　清沈鋆撰

蛟河散人詩文稿一卷　清侯晟撰

冷紅館賸稿四卷　補遺二卷　詞一卷　清秦臻撰

半讀齋賸稿二卷　清榮汝楫撰

可桴文存七卷　附詩一卷　民國裘可桴撰

大浮山房詩文鈔六卷　民國秦敦世撰

殘本靭菴詩文稿無卷數　民國鄧楫撰

庸隱廬詩文存三卷　民國張文藻撰

別集類卷五

龜山集四十二卷　宋楊時撰

梁谿全集一百八十卷　附録六卷　宋李綱撰

梁谿遺稿二卷　宋尤袤撰

殘本聽雪集七卷　元王寔撰

清閟閣集十二卷　元倪瓚撰

王天遊集十卷　明王達撰

五峯遺稿二十四卷　明秦夔撰

皇華集類編十卷　明華察撰

孫宗伯集十卷　明孫繼皋撰

顧端文公遺書五十九卷　明顧憲成撰

小辨齋偶存八卷　明顧允成撰

高子遺書十二卷　附録一卷　年譜一卷　明高攀龍撰

高子別集八卷　明高攀龍撰

堵文忠公全集十卷　明堵胤錫撰

寒香館遺稿十卷　明辛陞撰

抱犢山房集六卷　清嵇永仁撰

安孟公遺稿無卷數　清安璿撰

醉經堂集二十卷　清王鑑撰

鐵莊集十一卷　清陸楣撰

延緑閣集十二卷　清華希閔撰

不是集六卷　清浦起龍撰

釀蜜集四卷　清浦起龍撰

犢山類稿十三卷　清周鎬撰

雙梧桐館集二十六卷　清楊揩撰

芙蓉山館全集二十卷　清楊芳燦撰

泰雲堂集二十五卷　清孫爾準撰

尊小學齋集十卷　清余治撰

燹餘遺稿四卷　清竇承焯撰

虹橋老屋遺稿九卷　清秦緗業撰

庸盦全集十種四十七卷　清薛福成撰

寶學堂存稿二卷　附詩文稿一卷　清陶繡昇撰

丹桂書屋賸稿一卷　清錢福煒撰

四槐寄廬類稿七卷　清孫鼎烈撰

嚴廉訪遺稿十卷　清嚴金清撰

復菴遺集二十四卷　清許玨撰

復菴先生集十卷　清許玨撰

慎齋詩草二卷　附録三種　清包理撰

寶曉湘先生集七卷　附曇花吟一卷　清竇士鏞撰

二知齋遺稿三卷　清孫贊堯撰

潛皖偶録十一卷　民國錢麟書撰

訥盦叢稿十二卷　民國顧鳴鳳撰

硯雲齋遺稿三卷　民國嚴毓芬撰

三借廬賸稿五卷　民國鄒弢撰

懸瓢軒叢稿三卷　民國許棫撰

雲在山房類稿十五種　今人楊壽枏撰

附録

孫宗伯尺牘一卷　明孫繼皋撰

浦二田尺牘二卷　清浦起龍撰

芙蓉山館尺牘十七卷　清楊芳燦撰

芸香閣尺一書二卷　清朱蔭培撰

剪燭録二卷　清龔禮撰

海棠秋館尺牘無卷數　清裘廷楨撰

雲薖書札無卷數　今人楊壽柟撰

總集類卷一

荊南倡和詩集一卷　元周砥、馬治撰

三華集十八卷　明錢子正及弟子義、侄仲益合刻詩

錫山遺響十卷　明莫息纂輯

梅花百詠一卷　明王達纂輯

百花鼓吹五卷　梅花鼓吹二卷　明王化醇纂輯

二倪詩集一卷　明倪峻、倪敬撰

二俞詩集二卷　明俞泰、俞暉撰

二浦詩集一卷　明浦漢、浦應麒撰

殘本盛明百家詩前後編　明俞憲纂輯

俞二子集一卷　續集二卷　明俞淵、俞沂撰

類選苑詩秀句十二卷　明顧起綸纂輯

瓣香集十六卷　清許英纂輯

積書巖宋詩選二十五卷　清顧貞觀選輯

今詞初集二卷　清顧貞觀選輯

宋詩類選二十四卷　清王史鑑選輯

唐詩彈叫集十二卷　續集三卷　清杜詔選輯

金詩選四卷　清顧奎光選輯

元詩選七卷　清顧奎光選輯

梁谿詩鈔五十八卷　清顧光旭纂輯

荊圃唱和集十六卷　清楊芳燦纂輯

丁氏喬梓集二卷　清丁芳洲、丁彦和撰

辟疆園遺集十卷　清顧敏恒、顧敦愉、顧敬恂、顧颿憲合刻詩

錫山秦氏詩鈔十卷　清秦彬纂輯

膠山安氏詩集無卷數　清安吉纂輯

華氏金粟嶺詩存一卷　清華斌纂輯

二柳村莊吟社詩選一卷　清華文彬、華文模選輯

慧川園集三卷　附湖上紀遊詩一卷　清唐棟、唐文瀾、唐汝翼彙刻詩

膠山安氏詩補編二卷　清安念祖纂輯

錫山孫氏詩存四卷　清孫棟、孫道梁、孫重勳、孫文潮合刻詩

宋元明詩約鈔二卷　　清華黼臣選輯

勤斯堂詩彙編九卷　　清顧應春、顧翙、顧嶸、顧淳、顧寬、顧寅清、顧紹成、顧楨、顧植彙刻詩

錫山龔氏遺詩二卷　　清龔惺、龔鉁合刻詩

清詞綜補四十卷　　清丁紹儀纂輯

清詞綜補續編十七卷　　清丁紹儀纂輯

一家詩詞鈔無卷數　　清滕元鑑及子學濂、橦膚彙刻詩詞鈔

清朝論詩絕句一卷　　清蔣士超選輯

古詩選四卷　　清王國棟選輯

二嚴先生詩二卷　　清嚴文波、嚴文沉合刻詩

隱鴻雜著四卷　　清陶思勗、顧沐潤撰

續梁谿詩鈔二十四卷　　民國侯學愈纂輯

蔚淞留影集無卷數　　民國吳芝瑛纂輯

桐江釣臺集十二卷　續集二卷　　民國嚴懋功纂輯

全漢三國晉南北朝詩五十四卷(有目無文)　　今人丁福保纂輯

總集類卷二

唐宋六家文署十二卷　　明蔡瀛選輯

文府滑稽十二卷　　明鄒迪光選輯

辟疆園宋文選三十卷　　明顧宸選輯

錫山文集二十卷　　清王史直纂輯

古文眉詮七十九卷　　清浦起龍撰

古文一隅三卷　　清朱宗洛選輯

七家文鈔七卷　　清薛玉堂選輯

梁谿文鈔四十卷　　清周有壬纂輯

錫山秦氏文鈔十二卷　　民國秦毓鈞纂輯

梁谿文續鈔六卷　　民國侯學愈纂輯

詩文評類

國雅品一卷　　明顧起綸纂輯

詩學指南八卷　　清顧龍振纂輯

聽秋聲館詞話二十卷　　清丁紹儀撰

歷代詩話續編(有目無文)　　今人丁福保撰

清詩話(有目無文)　　今人丁福保撰

現代中國文學史長編四編(有目無文)　　今人錢基博撰

中國文學史(有目無文)　　今人錢基博撰

詞曲類卷一

秋水詞二卷　　清嚴繩孫撰

微雲詞一卷　　清秦松齡撰

吟香室詩草二卷　續刻一卷　附刻一卷　清楊藴輝撰

浣餘集詩詞鈔二卷　清周佩蓀撰

望月軒詩詞稿二卷　清鄧沈英撰

紉餘小草一卷　清鄒佩蘭撰

紫藤蘿吟館遺集一卷　清章婉儀撰

夢梅仙館吟草一卷(有目無文)　清楊藻撰

綠萼軒吟草一卷　清楊志溫撰

曇花吟一卷　清杜敬撰

清足居集一卷　清鄧瑜撰

澹廬軒詩鈔一卷　清諸顧氏撰

黛吟樓遺稿三卷　民國溫倩華撰

病梅盦詩鈔三卷　民國曹敏撰

閨秀卷二

含煙閣詞一卷　清吳堵霞撰

栖香閣詞二卷　清顧文婉撰

絳雪詞一卷　清薛瓊撰

琴清閣詞一卷　清楊芸撰

茝香詞鈔一卷　清顧翎撰

澹香樓詞一卷　清葛秀英撰

澹音閣詞一卷　清趙友蘭撰

蕉窗詞一卷　清鄧瑜撰

霞珍詞一卷　清繆珠蓀撰

方外

洞泉詩鈔一卷　清榮漣撰

幻菴和尚詩集無卷數　清幻菴撰

聽香仙館詩詞鈔二卷　清許巨楫撰

汗漫紀遊草一卷　還山小草一卷　嶔景留吟館贅草一卷　還山臥月軒詞集一卷　清許
巨楫撰

集　部

別集類卷一

黃楊集三卷　補遺一卷　清同治甲戌重刊本

　　元華幼武撰。幼武字彥清，號栖碧。父鉉，早卒；母陳，以節著。幼武幼與羣兒戲，聞母語生平事，輒戲而泣，母問之，具道痛切，於是母亦泣。及母得旌，搆貞節堂"春草軒"以居之，晨夕左右，終其身。工詩，與鄭元祐、陳基輩友善。春草軒成，四方名流題詠甚富，士大夫艷稱之。《縣志·孝友》有傳。

　　是書俱古、今體詩，初刻於元至正間，谷陽陳方、吳郡陳謙爲之序。逮洪武丁卯，其子炡轇轕重梓，俞貞木爲之序①。至隆慶戊辰、崇禎辛巳其裔孫察、允誠相繼重刻，有題語弁言。厥後屢廢屢鍐，殆非一次。至清嘉慶丙辰，其裔孫宏源因舊板已煨，重付剞劂，以廣流傳。迨同治癸酉，其十九世孫翼綸得舊板於宏源子繼塤家，遂爲修補殘闕，以傳於世云。

華氏黃楊集一卷　明隆慶間盛明百家詩原刊本

　　元華幼武撰。幼武有《黃楊集》，已著録。

　　是集爲同縣俞憲纂輯《盛明百家詩》所著録。憲識語稱："予刻百家詩，鴻山翰學簡予曰：'七世祖栖碧公有遺稿，曰《黃楊集》，《明詩選粹》嘗取其七言律數篇。今於全集中録諸體百餘首，以備采擇。'於是考求，始知君……世爲錫人。其詩善占綴模擬，尤長詠物，蓋可傳物也。相傳《上徐相國武寧王》一首，得免於難，今收集中。集中有寄飛卿詩，飛卿乃錫義士止齋先生，予高祖姚張氏所自出，見之益切感念，亟選入梓。集名《黃楊》者，其師陳方氏戲題，勉令無厄閏"云②。

---

　　①　此處記述有誤。據齊魯書社 1997 年版《四庫全書存目叢書》集部〇二三《黃楊集》第 225、227 頁俞貞木《栖碧處士壙志銘》，華幼武生於元大德丁未，卒於明洪武乙卯，生前《黃楊集》僅爲手稿，並未梓行。又據第 172、173 頁呂緯文《鋟梓黃楊集引》和俞貞木《黃楊集後序》，此書初刻於明洪武二十年（丁卯）。按：趙承中先生在爲本書影印版撰寫的《提要》中已經指出此誤。

　　②　引文據齊魯書社 1997 年版《四庫全書存目叢書》集部三〇六第 838 頁校改。

倪隱君集一卷　明隆慶間盛明百家詩原刊本

　　元倪瓚撰。瓚字元鎮，自號雲林，居梅里之祇陀村。性雅潔，敦行孝弟，於宗族故舊，煦煦有恩，尤善賙人之急，意氣藹藹，如春陽之和。所居清閟閣，藏書及古鼎彝書畫甚富，名聞外國。使有過者，求一至清閟，不許，乃再拜去。雖終於明初，而鼎革後，所作書畫，不署年號，但書甲子，後世以陶潛擬之。畫簡淡，世推爲逸品第一。既卒，士君子私謚曰"清賢"。《明史》有傳，而《縣志》列傳《隱逸》，繫之於元云。

　　是集爲同縣俞憲搜羅所得，入其所纂輯《盛明百家詩》中，並無單本行世。憲識語稱："先大父西谿翁藏有倪雲林手勒詩稿，言先世嘗與爲友，得此本。雲林……生於元季，性好潔，行亦如之。尤好吟詠，善畫枯木竹石及山水小幅。國初，固辟不起，人稱高士。蓋吾錫之先哲也，詩畫特其餘耳。今閱集間，幽閒清遠，自是隱君子語"云①。足徵推重之至焉。按：俞氏所采邑獻著述，《縣志》藝文門多未載，蓋有爲全集所收，而無別本，或生存者尚未梓行。

倪雲林詩集六卷　汲古閣原刊本

　　元倪瓚撰。瓚有《倪隱君集》，已著錄。

　　是書輯錄其所爲詩，都六卷，名《倪雲林詩集》。清《四庫全書》存目。《提要》稱"此本爲明潘瓚校刻。……不及新本之完善"。按：所謂新本者，即上海曹培廉增補重梓之本。縣圖書館藏汲古閣斯本，所錄卷數，與《四庫提要》所著相符，殆即據之刊行。其卷末附錄《雜著》、《樂府》，亦《清閟閣集》所采輯，但次序微有不同，《四庫提要》未及之。而曹氏增補之籍，縣圖書館無藏本，不及核對耳。

清閟閣詩集六卷　附集二卷　民國六年倪氏重校聚珍本

　　元倪瓚撰。瓚有《倪隱君集》，已著錄。

　　是書爲瓚十八世孫城，據縣圖書館藏汲古閣本，重梓行世，以廣流傳，題曰《清閟閣詩集》。同縣侯鴻鑑爲之序，謂"近歲網羅文獻，搜集鄉先賢遺著，儲於邑圖書館，得先生詩集於滬瀆，重值市歸，敬藏館中。所以備邑後進讀之，藉以矯此日貪婪，且可增進道德之格，涵養文字之心也。倪君哲夫家藏舊籍而殘佚焉，入館手錄以補其闕，將付梓人，問序於鑑，爰弁一言於簡端，曰'是集也，有益於人心世道，風俗道義，文章之改絃易轍也，豈淺鮮'"云。

　　附集分上、下二卷，皆瓚後裔所爲詩，所采自明清迄民初，男女都二十有二家。同縣諸祖德字念修，諸生，光緒三十年甲辰歲案。爲之編次，以附刻於後。按：縣圖書館所藏汲古閣刊本，名《倪雲林詩集》，是編既據以重梓，似不宜更易其名。又附集二卷，所錄有二十二種之多，仿佛雲林後裔彙刻詩，雖云附先德以顯，然類似總集，不免有傷體例耳。

---

　　①　引文據齊魯書社 1997 年版《四庫全書存目叢書》集部三〇六第 745 頁校改。

浦舍人詩集四卷　　錫山先哲叢刊倣宋鉛字聚珍本

　　明浦源撰。源字長源，別號東海生。少負異才，工詩。洪武六年，應求賢科，授高廟第三子晉王府引禮舍人。時閩人林鴻以薦至京師應試，賦龍池春色詩，名動京師；既歸，從者如雲。源聞其名，往見之，鴻不出，使弟子周玄、黃玄往見之，問來意，曰：「欲爲詩耳。」因出所作，二玄讀之，至「云邊路繞巴山色，樹裏河流漢水聲」，驚曰：「此吾家詩也。」因白鴻，遂邀入社，辟所居舍之。又善畫山水竹石，得倪瓚筆意，世所稱「云林弟子浦長源」是也。洪武十二年，出使秦中，渡淮河，風濤大作，左右皆勸止，源叱之曰：「君命也，敢留乎！」至中流，風濤益急，乃疾聲大呼曰：「負君命矣！」遂覆舟，死於王事，年三十有六。《明史》附林鴻傳，《縣志・文苑》有傳。

　　是書原爲邑人丁福保所藏本，名《浦舍人詩集》。考源所著，有《東海生集》，嘉靖中，俞憲選刻《盛明百家詩》，僅得四十首，其集殆已湮沒難覓。今丁氏藏本，爲徐燉編刊，燉序言，謂：「采輯諸選，並先輩雜鈔，共百五十首，視俞本已增其三。」①《縣志・藝文》載《浦舍人集》十卷，又註「或作《東海生集》四卷」。其詩已不可復得，縣圖書館藏《盛明百家詩》殘本，《浦舍人詩集》亦闕佚無存矣。侯鴻鑑輯《錫山先哲叢刊》，即據丁氏藏本梓行，以廣其傳。

王舍人詩集五卷　　民國十二年錫山先哲叢刊倣宋鉛字聚珍本

　　明王紱撰。紱字孟端，別號友石生，又號九龍山人。洪武中就徵，尋坐累戍朔州。永樂初，用薦以善書供事文淵閣，久之，除中書舍人，卒於官。章昞如官徵事郎、中書舍人。所爲紱行狀謂：「永樂初……詔求天下文章之士，洎善書者，各二十八人，登文淵閣。……首以薦公，繼至者彬彬焉。」②此堪備正史所未及也。紱於書法，動以古人自期。畫不苟作，遊覽之頃，酒酣握筆，長廊素壁，淋漓霑灑。有投金幣購片楮者，輒拂袖起，弗顧也。事跡具《明史》及《縣志・文苑傳》。

　　是書爲其子默所編。清《四庫全書》著録，《提要》云：「紱博學，工書畫，所作山水竹石，風韻瀟灑，妙絶一時。說者謂可繼其鄉倪瓚。其詩雖結體稍弱，而清雅有餘。蓋其神思本清，故雖長篇短什，隨意濡染，不盡計其工拙，而擺落塵氛，自然合度。」繆永謀稱「其詩格疏爽，有松石間意」，庶幾得其實矣。溯自明初以來，相去數百年，邑中故家竟鮮藏本。侯鴻鑑輯《錫山先哲叢刊》，遂據《四庫全書》著録之本，鈔録付梓，於是紱之詩得使後之人共見之。

綠苔軒詩集六卷　　江安傅氏雙鑑樓鈔本

　　明錢子正撰。子正名蒙，以字行。洪武三年庚戌聯捷進士，知韓城縣。與弟子義、猶子仲益，俱以詩名，並稱爲三錢。《縣志・文苑》附見其名於《仲益傳》。

　　是書爲其子叔蓮及仲益纂次，於正統間梓行，同縣王達爲之序。江安傅氏藏有舊寫本，

　　①　據鳳凰出版傳媒 2005 年版《錫山先哲叢刊》第二輯第 8 頁《浦舍人詩集・原序》校改。
　　②　據武漢大學出版社電子版《文淵閣四庫全書(419/4765)・王舍人詩集》第四冊第 39 頁校改。

據正統間原刻本繕出，斯本復從舊寫本繕出者。考子正、子義、仲益三人，初各自有集。秀水朱彝尊袁輯《明詩綜》，於仲益詩，稱其詩格爽朗，惜遺詩罕傳。自謂："予從秦對巖前輩覯得，亟録八首，猶未盡其蘊。"子正詩不載，蓋未見其集歟。然則斯編於明清之際，已爲罕覯之笈。傅增湘跋之，謂舊寫本"密行細字，且中多闕文，是從正統原刻鈔出者，物罕見珍，寧不足重"①。則斯本復從傅氏所藏舊寫本繕出，亦不可謂非珍貴矣。又按：高氏《錫金列朝書目考》，繫子正於元，所著有《錢公叔文集》。《縣志》藝文門亦載：《錢公叔文集》，錢蒙著。但子正雖生元明之際，然於洪武中登科，似應列爲明人。而是書卷二有"挽公叔侄知縣死任所"，則公叔又爲其猶子號可知。備志異同，留待考證。

秦修敬集一卷　明隆慶間盛明百家詩原刊本

明秦旭撰。旭字景暘，號修敬。工詩，結吟社惠山之麓，曰"碧山吟社"。與李庶、陳履、陸勉、高直、黃禄、楊理、陳公懋、施廉、潘緒輩觴詠其中，號碧山十老，旭齒德俱尊，故爲十老之首。以子夔貴，夔封承德郎、南京兵部主事、武昌知府。而旭則退然謙約，克享大年。既卒，友人私諡曰"貞靖先生"。《縣志·隱逸》有傳。

是編爲同縣俞憲搜羅所致，采入所纂《盛明百家詩》中，無單本。憲稱："吾錫秦氏，出宋國史院編修淮海之裔，今方伯虹洲君按：虹洲，秦梁字，時方布政江西。嘗以高大父修敬公詩貽予，予輯如左。"②近今秦氏裔以旭與秦金、秦瀚詩彙刻之，曰《秦氏三府君集》。

東皋詩集十二卷　縣圖書館影寫本

明秦璠撰。璠字景美，以所居地曰東皋，因以爲號。當英年，鋭氣秀發，而尤肆力於詩。時吳下風氣多宗高季迪、楊孟載、浦長源，璠則獨宗三百篇及漢魏，旁及唐之李杜韋柳，至宋之王邵陳陸，亦非直自取法，而一歸正人心、息邪説而已。子用中，《縣志·文苑》有傳，璠附見焉。

是書爲古、今體詩，都十有二卷。毗陵王與題詩其端，曰："一卷南湖集，淵然治世音。有才能擬古，無匹見斯今。"臨川聶大年又謂"余閲人多矣，以詩章來求余評者亦不少，而景美詩把玩終日，不能釋手。余老矣，後稱作手，非景美其誰"云。

錢山人集一卷　明隆慶間盛明百家詩原刊本

明錢文撰。文字章靖，號希翁，又自號鶴叟，諸生。《遊庠録》無考。成化、弘治間人，仲益裔孫。應試既不售，遂棄去，脱落世故，不問家人生産，隱居自樂，説者稱其"有所託而逃者"。與同縣邵寶善，寶嘗序其詩，謂："不離理道，不忘用世，……自成一家言。"③《縣志·

---

① 　引文據上海古籍出版社 1989 年版傅增湘《藏園羣書題記》第 829 頁校改。
② 　引文據齊魯書社 1997 年版《四庫全書存目叢書》集部三〇四第 722 頁校。
③ 　引文據齊魯書社 1997 年版《四庫全書存目叢書》集部三〇七第 264 頁校。

文苑》有傳。

　　是集爲同縣俞憲采而成編，輯入其《盛明百家詩》中。憲稱“撮其知命知義，善藏善用”者，蓋取其與寶敍言相允合云。

錢逸人集一卷　明隆慶間盛明百家詩原刊本

　　明錢百川撰。百川字東之，號逸人。文子。少小豪邁不羈，資稟聰慧。弱冠學琵琶，半日度四十曲，人以爲神解。既長，好讀書，不習舉業。《縣志·文苑》附父傳。

　　是集爲同縣俞憲搜羅所得，輯入《盛明百家詩》中，無單本。憲識語稱逸人“詞賦雖多，俱不傳。晚宗陳白沙氏，嘗自選《寒齋狂稿》一册。今無傳本。予從姻黨華比部遊，因識其人”云①。

羅太守集一卷　續集一卷　明隆慶間盛明百家詩原刊本

　　明羅柔撰。柔字文徽，號弦齋，弘治三年庚戌進士。歷官户部郎中，出知建寧府。時流賊剽掠，人情洶洶，柔挺身捍之，賊從他道去。爲吏强項，失當事意，遂拂衣歸。林泉詩酒，不問世事。柔素性蕭閒，至是優遊以終其身。《縣志·宦望》有傳。

　　是集爲古、今體詩，其孫應祖汲汲闡揚，故爲同縣俞憲纂輯《盛明百家詩》所采，無單本流傳。憲謂其詩隨歲月而進，造詣不同也。

秦端敏公集一卷　明隆慶間盛明百家詩原刊本

　　明秦金撰。金字國聲，號鳳山，弘治六年癸丑進士。揚歷三朝，嘗官兩京五部尚書，歸賜廩有年，卒，謚端敏。筮仕户曹，與杭世卿兄弟及王守仁輩結吟會於京師，時稱才子。及爲河南學政，名益著。其勳跡具《明史》本傳，《縣志》列傳《宦望》。

　　是集爲同縣俞憲纂輯《盛明百家詩》所著録，無單本。憲稱先生“詩文多不存，今止得其詩集十卷，采而刻之。……前輩風流，於此可概見”云②。

莫南沙集一卷　明隆慶間盛明百家詩原刊本

　　明莫止撰。止字如山，諸生。明萬曆前，《遊庠録》無考。平生篤學勵行，與同縣邵寶相友善，早歲有聲庠序。工詩，如“天闊一聲何處雁，江平千里獨歸舟”，風致修然，世所傳誦者。嘉靖中，以善詩徵。年八十餘卒。《縣志》列傳《文苑》。

　　是集爲所遺五、七言，古、今體詩，九十有二首。蓋爲殘闕不全本，同縣俞憲纂輯《盛明百家詩》，搜羅得之，遂爲著録，無單本刊行。憲稱其詩格律音韻與寶相似云。

---

①　引文據齊魯書社 1997 年版《四庫全書存目叢書》集部三○七第 537 頁校。
②　引文據齊魯書社 1997 年版《四庫全書存目叢書》集部三○七第 305 頁校。

楊通府集一卷　明隆慶間盛明百家詩原刊本

明楊中撰。中字致行，號檢齋，正德二年丁卯舉人，署安陸州教官，擢南京國子監博士，以饒州府通判歸田。孝友誠信，守宦清貧，通邑稱爲古君子焉。

是集爲同縣俞憲搜羅得之，爲《盛明百家詩》所著錄，無單本。憲識語稱："母舅三徑醫訓君實，翁嗣子，嘗拾翁遺稿示憲曰：'此稿僅存什一，倘獲收錄，亦不負翁苦心，且使尚論者可以考見其爲人也。'憲既憶翁平生，又念吾舅孝思之切，亟爲入梓，其庶乎楊氏子若孫有所式云。"①

顧憲副集一卷　明隆慶間盛明百家詩原刊本

明顧可久撰。可久字與新，號洞陽，正德九年甲戌進士。授行人，歷官廣東兵備副使。放歸，買田清谿，優遊卒歲，平生不肯依附苟合。行人時，嘗諫武宗南巡；戶曹時，嘗議大禮，忤旨，兩遭廷杖。與同縣黃正色、正色有《遼陽稿》，已著錄。楊淮、字東川，正德十二年丁丑進士，授戶部主事，再遷郎中。在官公勤廉慎，抗疏執奏，治杖於廷，病創甚，臥一月而卒。《明史》及《縣志·忠節》有傳。張選字舜舉，嘉靖八年己丑進士。知蕭山縣，稱循良，擢戶科給事中。抗疏諫，伏闕下候旨，詔杖八十，至三折梃，奪職歸。世宗大漸，遺詔復原官。隆慶中，進階朝列大夫。事具《明史》及《縣志·忠節傳》。稱錫谷四諫。《縣志·忠節》有傳。

是集爲同縣俞憲搜得之，輯《盛明百家詩》，乃爲著錄。憲識語稱："吾錫洞陽顧君，與予素不相能。至於吟詠詩篇、箋註古文，則屢貽書問，雖累不答，而問愈勤也。予集明詩，以爲錫中有若人，其用心亦既勤矣，詎可無載錄耶！及覓其集，經數載不得，今始得之，乃爲采輯成卷"云②。

清谿莊遺集二卷　民國八年顧氏勤斯堂鉛印本

明顧可久撰。可久有《顧憲副集》，已著錄。

是書爲其十三世孫玉書因《盛明百家詩》本，益以《梁谿詩鈔》所載，分爲二卷，刊單本行世。按：晉江王慎中所撰可久傳，稱"所著有詩集若干卷，余嘗爲之序"云。而玉書於此本跋尾，又稱："公著有《洞陽詩集》十二卷，家藏刻本。亂後蕩然無存，嗣聞天一閣藏有公詩集，託人鈔錄，而索價奇昂，遷延未果。"云云。然考薛福成《天一閣見存書目》，又未載是書。則玉書所聞，必在清咸豐兵燹以後。何閣中未有藏本乎？於以知可久詩集，慎中所序本，已遺佚無存也。

顧同府集一卷　明隆慶間盛明百家詩原刊本

明顧彥夫撰。彥夫字承美，正德五年庚午舉人。官南太常典簿，居三年，清苦甚。乃累

---

① 引文據齊魯書社 1997 年版《四庫全書存目叢書》集部三〇七第 349 頁校。
② 引文據齊魯書社 1997 年版《四庫全書存目叢書》集部三〇七第 435 頁校。

遷寧波同知，以不獲上官，心憤懣，疽發背卒。平生樂道人善，好汲引後進。方署慈谿，邑之人爲築“清清堂”以仰之。《縣志·宦望》有傳。

是集爲同縣俞憲《盛明百家詩》所輯録，無單本。憲，彦夫所激賞，延譽推挽之者，而稱其詩謂“時出新見，不苟沿襲，存之，亦足昭物理，警人情，述作家所不廢”云①。

秦封君集一卷　　明隆慶間盛明百家詩原刊本

明秦瀚撰。瀚先字會洋，號艾齋，後易字叔度，號從川。諸生。明萬曆前，《遊庠録》無考。嘗修復碧山吟社，於社中齒最尊。子梁，嘉靖二十六年丁未進士，以江西右布政致仕。瀚既飫廩，嗣以子貴，封通政司參議。初爲其姑後於吳，往來定省無間，後復姓。《縣志·孝友》附父鐘傳。

是集爲同縣俞憲纂輯《盛明百家詩》所著録，無單本。憲稱“其詩知止，知足，得達士體”云②。

鄒九峯集一卷　　明隆慶間盛明百家詩原刊本

明鄒璧撰。璧字辰甫，自號九峯山人，正德、嘉靖間人。能詩，好與當世聞人交，以是頗知名。嘗詣闕上書，爲同縣秦金所抑，不告歸。

是集爲同縣俞憲《盛明百家詩》所采輯，無單本。憲稱璧“爲宋道鄉鄒忠公浩裔孫。……昔忠公有《道鄉集》行世，今讀其詞，想其人，誠可觀感而興起矣。然妄意九峯之作，似猶勝之，固亦不可無傳也。……況九峯挾一藝，又韋布老人乎哉”，兹采拾其“贈予大父，及贈貽予者數篇，先爲肇端，餘俟陸續詮補，以存一家之藝”云③。

華學士集一卷　　明隆慶間盛明百家詩原刊本

明華察撰。察字子潛，號鴻山，嘉靖五年丙戌進士，授翰林院侍讀，預修寶訓、實録。十七年戊戌，充會試同考官，既而又主應天鄉試。事跡具《縣志·文苑傳》。

是集爲同縣俞憲搜羅得之，纂輯《盛明百家詩》，乃爲著録，無單本。憲稱“余擢第時，公爲同考，又世姻也，故得其詩爲多。其詩佳勝處，黃泰泉、王遵巖二公敍論已詳，遂不復贅”云④。

巖居稿八卷　　清光緒乙亥東亭華氏金栗嶺刊本

明華察撰。察有《華學士集》，已著録。

---

① 引文據齊魯書社 1997 年版《四庫全書存目叢書》集部三〇七第 396 頁校。
② 引文據齊魯書社 1997 年版《四庫全書存目叢書》集部三〇八第 57 頁校。
③ 引文據齊魯書社 1997 年版《四庫全書存目叢書》集部三〇七第 510、511 頁校改。
④ 引文據齊魯書社 1997 年版《四庫全書存目叢書》集部三〇五第 708 頁校。

是書卷一五言古詩，卷二七言古詩，卷三五言律詩，卷四七言律詩，卷五五言排律，卷六七言排律，卷七五言絕句，卷八七言絕句，名《巖居稿》，示歸田後所作也。其門人翁大立稱其詩“在翰林典雅莊重，歸家則沖澹沈鬱”，斯言殆足以盡之。嘉靖中初刊，有晉江王慎中、泰泉山人黃佐、松滋王其勤並爲之序。迨光緒初，其十世孫登瀛、錫琦重梓流傳，同縣楊殿奎爲之序。

姚山人集一卷　續集一卷　明隆慶間盛明百家詩原刊本

明姚咨撰。咨字舜咨，號潛坤。少治舉子業，弗就，隱居教授鄉間。工詩賦，與同縣俞憲、施漸、華察輩交遊，倡和不絕。《縣志·文苑》華察傳，咨附焉。

憲纂《盛明百家詩》，遂輯錄咨詩刊行，而識於端曰：“姚山人潛坤，……吾錫山澤之臞也。……交余三十餘年。晚館家塾，乃益賡和講求，以詩爲樂。其詩備體達趣，窮而彌工，今刻二百二十三篇，名《姚山人集》。”①又曰：“嘗梓其詩。……篇章往來猶不絕也。恐其散佚無傳，綴《續集》。山人時年七十有三”云②。按：是編無單本。

遼陽稿二卷　別稿一卷　縣圖書館繕寫本

明黃正色撰。正色字士尚，號斗南，嘉靖八年己丑進士，知仁和縣，補香山，移南海。其座主霍韜家南海，諸霍喜，謂令必庇我，及有犯者，一繩以法。諸霍怒，馳書於韜，然卒自斂戢。擢南監察御史，上疏論劾張瓚、郭勳、崔元，及尚書温仁和、太監鮑忠“怙寵黷貨”，世宗大怒，將窮治其事。諸人懼，誣正色“於梓宮前乘馬揮扇”，遂詔獄，將殺之。以霍韜力救，得廷杖，戍遼東瀋陽衛。正色即日囚服，慷慨荷戈趨戍所。自是百折不回，講《易》吟詩，二十年如一日，遼東士人多樂就之。穆宗即位，詔以原官擢大理寺丞，歷少卿，進南太僕寺卿，致仕。事具《明史》，與張選合傳，及《縣志·忠節傳》。

是書舊有刻本，後板燬，書亦散佚無傳。迨民國之初，其裔孫龍驤字淡如，諸生，清光緒二十八年壬寅科案。從《宗譜》附刊者錄出，曰《遼陽稿》，分上、下二卷，皆古、今體詩，末附詩餘九闋。又《別稿》一卷，蓋合錄出塞前後所作古、今體詩，畧見梗概，前後無序跋。至舊刻本，則不可復得矣。

强德州集一卷　明隆慶間盛明百家詩原刊本

明强仕撰。仕字甫登，號綺塍，嘉靖十年辛卯舉人。授廣昌尹，擢德州守，歸隱於市。

是集爲同縣俞憲纂輯《盛明百家詩》所著錄，無單本。憲稱其“夙嗜詩學，嘗結會碧山吟社。今刻百餘篇。平生梓有《家食編》、《考槃痗歌》，多載集中”云③。

---

①　引文據齊魯書社 1997 年版《四庫全書存目叢書》集部三〇六第 387 頁校。
②　引文據齊魯書社 1997 年版《四庫全書存目叢書》集部三〇七第 765 頁校改。
③　引文據齊魯書社 1997 年版《四庫全書存目叢書》集部三〇八第 71 頁校改。

施武陵集一卷　明隆慶間盛明百家詩原刊本

　　明施漸撰。漸字子羽，號武陵，嘉靖十三年甲午歲貢。授海鹽縣丞，尋罷去，歸老蠡川田舍。其自述云“林逢秋日收香草，門傍寒江市白魚”，蓋畢生不遇，以恬退終。工詩，與同縣華察、王問齊名，時人稱之曰“三傑”。《縣志‧文苑》華察傳，漸附焉。

　　是集爲同縣俞憲纂輯《盛明百家詩》所著錄。憲識語稱：“其詩盛有名稱，今讀之，果不羣於時輩。或曰‘武陵學不鶩博，而屬比當情；才不騁華，而發揮合則。蓋苦心考索，竭力磨洗而後工者。大都精雅閒遠，絕類王孟；至於趣味悠深，聲調雋特，又在韋柳錢郎間，蓋卓乎可傳矣’。予聞，以爲知言，並錄首簡”云①。按：《縣志》藝文門載《武陵詩選》，無傳本。

王僉憲集一卷　續集一卷　明隆慶間盛明百家詩原刊本

　　明王問撰。問字子裕，號仲山，嘉靖十七年戊戌進士。少從同縣邵寶遊，以學行稱，歷官南京兵部正郎。擢廣東僉憲，抵桐江，徘徊不欲去，筮得甘節之卦，遂致仕。居家事親養志，不復出。工詩，善書畫。卒年八十，門人私謚曰“文靜先生”。《明史》附邵寶傳，《縣志》列傳《儒林》。

　　是集爲同縣俞憲纂輯《盛明百家詩》所著錄，無單本。憲既錄其詩入前編，謂“此刻乃生平所嘗遺予者”②，復續輯其詩入後編，曰“仲山兄詩篇刻成集者，四年餘矣，……所積稿又盈帙，予得而請益焉。乃刻《續王僉憲集》，集中諸體畧備，……皆其所自定”云③。

王仲山先生詩選二卷　清光緒戊子重編聚珍本

　　明王問撰。問有《王僉憲集》，已著錄。

　　是書爲其十三世孫炳麟重編本。按：《縣志‧藝文》載：問所著有《王仲山詩選》八卷，逮清光緒間，遺板無存，書亦鮮流傳。時炳麟搜羅遺編，得殘本數卷，因重加釐訂，分上、下二卷，而於卷下末，附錄雜記二十一首，梓行於世。問事親孝，既致仕歸，隱居不出垂三十年，而託跡湖濱寶界山最久，歸有光爲之記，此集中所錄侍親及山居諸作之所自也。炳麟跋之，稱“於建安以下，鍛句鍊字之工，既不屑與人爭巧；而清疏淵澹，又非如白香山止向老嫗索解人者。其淵微靜穆之致，流露於字裏行間，所謂不戾於古，而亦不背於今”云。

華比部集一卷　明隆慶間盛明百家詩原刊本

　　明華雲撰。雲字從龍，號補菴，嘉靖二十年辛丑進士，除戶部主事，疏改南京兵部，稍遷刑部郎中。工文辭，好與當世賢士大夫遊，往來翰墨之富，幾甲江左。事跡具《縣志‧文苑傳》。

---

① 引文據齊魯書社 1997 年版《四庫全書存目叢書》集部三〇六第 369 頁校。
② 引文據齊魯書社 1997 年版《四庫全書存目叢書》集部三〇六第 300 頁校。
③ 引文據齊魯書社 1997 年版《四庫全書存目叢書》集部三〇八第 166 頁校改。

是集爲同縣俞憲纂輯《盛明百家詩》所著録，無單本。憲識語稱：先生"與余無期功之服，而有譚公之親；無及門之情，而有侯芭之雅；無分金之誼，而有鮑叔之知。平生篤好詞賦，篇帙甚多，兹但即其《改南》、《還山》二稿，采摘成集。公改南還山時，予方依違宦轍，故不及有所贈遺，而素嘗贈遺予者，又不及泛刻也。其高風懿行，備載志傳，當有全集行世，亦不及詳"云①。

清湖集四卷　　縣圖書館據山陰傅氏舊藏原稿繕寫本

明秦植撰。植原名鳳竹，字子培，號濟虹，布衣，嘉靖間人。爲人清癯雅淡，有山澤之標。爲古文辭，好用奇字，詩則高華修朗，在晉唐之間。與兄濟源同以詩名，嘗客晉藩靖安王之邸，雅爲推重。是書無刻本，爲山陰傅華於清光緒間，得之吳門書肆。跋於尾曰："《清湖集》原稿，署梁谿布衣秦植子培甫著，計兩卷。共古、今體詩七百四十四首，避諱字皆不缺筆，知爲明鈔稿本，世傳僅此。詩宗少陵，兼擅劍南勝處，蓋明時梁谿耆舊所作也。此稿係屬孤本，暇當謀付剞劂，以廣流傳。嗟乎，畢生攻苦，没世無聞，表彰前修，責在後學，幸而遇之，其可漠然置之。"云云。按：縣圖書館鈔本作四卷，如何不符，無考。

陸文學集一卷　　明隆慶間盛明百家詩原刊本

明陸九州撰。九州字一之，號修吉，又自號具區子，諸生。萬曆前，《遊庠録》無考。爲人倜儻慷慨，尤善書畫。既餼廩，將貢，以疾卒於家，年四十有七。

是集爲同縣俞憲纂輯《盛明百家詩》所著録，無單本。憲稱其詩"頗似李長吉，亦似今宗方城，所以不享壽考也。……予亦嘗與爲友，不數年，君捐館矣，惜夫！今刻遺詩六十餘首"云②。

陳隱士集一卷　　明隆慶間盛明百家詩原刊本

明陳東川撰。東川字朝宗，自號近思子。家貧，假館自給。少年治舉子業，既不就，遂不復求進。平生平易簡素，恬淡自守。嘗慕韓康善隱，僦里居一廛以終。

是集爲同縣俞憲纂輯《盛明百家詩》所著録，無單本。憲稱其"平生吟詠之外，惟遊山看花，就一劇飲而已，律以今人，誠隱士也。……嘗館予家塾，殁值屢空，予爲經理葬事，以終掛劍之義。……遍刻明詩，最後得全集於其子，乃爲采入後編"云③。

趙文學集一卷　　明隆慶間盛明百家詩原刊本

明趙綱撰。綱字希大，號省吾，諸生。萬曆前，《遊庠録》無考。世家邑城南市，相傳宋宗

① 引文據齊魯書社 1997 年版《四庫全書存目叢書》集部三〇六第 350 頁校改。
② 引文據齊魯書社 1997 年版《四庫全書存目叢書》集部三〇八第 110 頁校。
③ 引文據齊魯書社 1997 年版《四庫全書存目叢書》集部三〇八第 115 頁校改。

室。幼聰穎，累試秋闈不第。平生好交遊，急人之難，而尤喜飲酒，能詩。卒年二十九，士大夫多惜之。

是集爲同縣俞憲纂輯《盛明百家詩》所著録，無單本。憲稱其"詩宗錢仲文、劉長卿。所《寄洛陽李秀才》二十字，黄勉之見而嘆曰：'混入唐人中，未易辨也。'其爲時輩推許如此。此姚山人舜咨貽予之言，文學詩之可傳，概可見"云①。

續傅夢求集一卷　明隆慶間盛明百家詩原刊本

明傅起巖撰。出處事跡，具載俞憲《盛明百家詩》前編，而縣圖書館所藏前編殘本，則是集闕佚，無可稽考②。憲續纂後編，復輯録是集，而識於端曰："先師有言，君子不以人廢言。予梓傅君集，不獨以其鄉人爾已。梓後，友人有以遺稿見遺者，又爲列於續編，共詩賦五十三首"云③。按：傅氏著，無單本流傳。

俞繡峯集一卷　續集一卷　明隆慶間盛明百家詩原刊本

明俞環撰。環字汝立，別號繡峯，俞憲弟。生平尚氣節，於世落落無所者。是集爲憲纂《盛明百家詩》所采，未刊單本。而識於端曰："余母弟繡峯，喜詩篇，與人賡酬不倦。然爲時業所妨，每不自滿愜，充其志，不止兹刻云爾也。……弟好學篤行，凡七騁於鄉而未遇，志可知已。"④既而憲復纂《百家詩後編》，又曰："余弟性以不羣爲尚，至今之娛詩文者，亦若羣焉，多厭棄弗爲。予刻《明詩後編》，迺謂曰：'刻後編而無汝集，可乎？日月易邁，塵事多端，即日濡墨可也。'乃復得此，然亦止三十餘篇耳，列爲《續集》。觀者或竟其志"云⑤。

寒螿詩稿一卷　民國五年辛氏聚珍本

明辛丑年撰。丑年字左峯。曾祖銘，弘治五年壬子舉人，選處州推官，以年老不就，改平湖教授，性孝友，以清正著，《縣志·宦望》有傳。丑年淵源家學，博涉經史，後學推爲師表，一時負笈者庭屢且滿，有祖孫三世受業者。同里顧學憲成父，世稱南野先生。延爲憲成、允成兄弟師，及往課之，驚曰："吾不可以誤公子，公子大物也。"曰："吾市人，但得通市肆酒賬足矣。"丑年蹙然，爲覓名師張原洛代之，己則閉户清修，至耄不休。天啓甲子卒，年九十有三，《縣志》未載。

是書存古、今體詩二十四首。其十世從孫孝達字仰周，耆古，精鑒賞，好蓄書，並搜羅金石書畫珍藏。從宗譜中録出，刊單本行世。同縣陶世鳳爲之序。至此三百年，邑之人始得見丑年書

---

①　引文據齊魯書社 1997 年版《四庫全書存目叢書》集部三〇八第 34 頁校。

②　據《四庫全書存目叢書》集部三〇五《傅夢求集》第 657 頁："傅夢求初名洪，字晉卿，別號正峰，後乃改名起巖。世居無錫城西壩上，以倜儻不羈，爲時所侮，故文名不傳。"

③　引文據齊魯書社 1997 年版《四庫全書存目叢書》集部三〇七第 654 頁校。

④　引文據齊魯書社 1997 年版《四庫全書存目叢書》集部三〇六第 618 頁校改。

⑤　引文據江蘇古籍出版社 1997 年版吳文治主編《明詩話全編》第四册第 2703 頁校。

矣。閩縣鄭孝胥見之，稱所《贈黃侍御讁戍遼陽》及《顧涇凡因諫被黜》諸詩，矜尚名節，正氣凜然，詩之風骨，亦與相稱云。

高忠憲公詩集八卷　清同治癸酉重刊本

明高攀龍撰。攀龍有《周易孔義》，已著録。

是書皆古、今體詩，都八卷，明刻本。其門人同縣馬世奇、嘉善陳龍正並爲之序。世無傳本，至清雍正十有二年，重付剞劂。王澍爲之序，謂："余初寓梁谿，曾夢儀觀偉然者，索書'殉節池'三字，夢中意言此必先生，因書'高忠憲公殉節池'七字以歸某某，而揭於池上。"至同治癸酉重刊，同縣秦賡彤爲之序。《四庫全書提要》稱其"詩意沖淡，卓然自立"云。

悟秋草堂詩集十卷　清光緒乙亥聚珍本　存三卷　補鈔全

明顧杲撰。杲字子方，號通人，諸生。天啟三年癸亥科案。從祖憲成、允成，並以理學氣節著千古；父與沆，萬曆三十四年丙午舉人；兄荼，崇禎十年丁丑進士。杲濡染家學，於書無所不窺。性豪放，倜儻英絶，古文詩歌，雄深跌宕。又善草書，落筆輒饒奇氣，與同縣鄒德基有瑜亮之目。時憲成歿，而東林之名滿天下，杲既知名，故得縱交海内賢豪俊傑，與餘姚黃宗羲、宜興陳貞慧等爲復社，聲勢甚盛。而奄黨阮大鋮削籍居南都，崇禎丙子，流冠警京師，大鋮招四方遊俠，覬以邊才召。而南都防亂公揭，杲首列名，曰："大鋮吾祖之罪人也，吾當爲揭首以討之。"甲申，福藩立，大鋮驟柄用，揭中自杲以下俱被逮。南都既破，同縣王玉汝崇禎十二年己卯副貢。與前御史劉光斗通密書，納款，杲得出獄。即白衣冠，橫劍慟哭行里中，聚壯士數百人，起義涇上。時江陰典史閻應元方死守，城不下，杲謂壯士曰："吾等死，必死明故土，其能從我臥江陰乎！"於是數百人者仗劍從之去。翌日，過砂山，猝遇亂兵，戕焉，三子點、廉、蒸皆從死，數百人者無一脱。《錫金識小録》云：砂山某氏富，杲欲往借糧，先一夕，有盜假杲名，劫其資，及杲至，反疑爲僞，設宴延款，遂爲所害。《明史·邱祖德傳》附之，《縣志·忠節》有傳。

是書原板既燬，遂無流傳。清光緒初，其八世孫釗，於台州徐都轉處，得翻刻本，重梓行世。同縣王緙爲之序，稱其詩"孤峻幽潔，如明月滿地，涼風乍來；如空山無人，怪鳥獨囀"[1]。而卷端復有杲自撰原序，謂："余性好愁，好哭，好怨，故余之詩，愁心溢於毫紙，哭意浮於筆端，怨氣奔騰於尺幅。直欲青山供余之痛哭，白石助我之狂呼。善詩者以温柔造，余謝不能也。"[2]則其詩之峭奇，可從斯序求之。

澹寧居詩集二卷　小萬柳堂精寫校印本

明馬世奇撰。世奇字君常，崇禎四年辛未進士，授編修，擢左庶子。甲申三月，京城陷，

---

① 據鳳凰出版傳媒 2012 年版《無錫文庫》第四輯第八十七册《悟秋草堂詩集·序》第 30 頁校。
② 據鳳凰出版傳媒 2012 年版《無錫文庫》第四輯第八十七册《悟秋草堂詩集·原序》第 40 頁校。

殉難,贈禮部右侍郎,謚文忠。清順治十年,賜謚文肅;乾隆四十一年,改謚忠肅。其立朝大節,及爲人廉義,具《明史》本傳及《縣志·忠節傳》。

　　是書爲小萬柳堂寫定本。按:世奇詩集爲其門人王永積所刻,至清乾隆二十一年,有周子京原溥重校刊本,榮氏大公圖書館藏有此本。此僅見之本,邑中藏者殆無其二。光緒間,邑人廉泉得詩集三卷,記於卷尾云:"《澹寧居詩集》,原分三卷,都古、今體詩九百九十三首,爲其門人王崇巖永積刻於順治甲午,迄今已歷二百四十有二年矣。庚申之厄,邑中藏本盡付劫灰。族祖邵評先生得是集於中州,録副寄示,欲重刻以永其傳。王刻誤字多未校正,今手自寫定,併爲上、下二卷,分部次第,悉從其舊。"①厥後侯鴻鑑纂刻《錫山先哲叢刊》,即采録此本。陶守恒《校刊記》云:"《澹寧居詩集》由廉子南湖將手抄本捐存縣圖書館。兹因侯子病驥抄録此本,刊入《先哲叢刊》第二輯中。恒恐有魯亥之誤,即向開原鄉大公圖書館所藏乾隆丙子周子京原溥重校刊本,取而校之。周刊本爲《文集》十卷,《詩集》三卷,廢時十,校正六十一字,其餘疑者闕之。古人所謂'刻書易,校書難',信然。"②此《錫山先哲叢刊》所輯録《澹寧居詩集》二卷之所自也。簡端刊有永積題辭,謂:"吾師弱冠即領袖詞壇……至詩歌,近體特偶一爲之,要亦自寫性靈,自運機軸,不襲晉魏,不擬三唐,惟率其興會之所至。真所爲溫厚和平,最得風人遺意。又皆風行水上,自然成文,不求工而自工者。吾師殉難時,罡風浩氣,往來上下,早已一切都捐,獨自訂詩文共十二册,不忍釋手,緘寄長君壬玉,名山國門,聽後人自爲之。乃天不可問,長君復以壯采盛年,負奇淪落,早赴修文之召。則遺文剝蝕,豈非後死之責? 予因謀之貞菴徐子、名調元,崇禎丁丑進士《縣志·宦望》有傳。所止顧子,共肩其任,先將詩稿互相較閲,釐爲十二部,分爲上、中、下三卷,即壽之梓,以永其傳。而文稿浩漫,尚與同人參酌,行續出焉。……手是編也,風雅一燈,於是乎在。凡天下有眼人,各能相遇於意言之外,固非遊夏所能贊一詞也。"③至其文集,何時刊行,則無可稽考。又按:《乾隆禁燬書目》載《澹寧居集》,列入全燬,而王刻者爲《詩集》,周氏重校者爲《詩文集》,於周氏重校前,必有詩文合刻之集行世。則所謂全燬者,盡舉詩文而言之乎? 附記之,留待好古者考證。

十峰詩選七卷　　縣圖書館鈔本

　　明錢肅潤撰。肅潤字季霖,一字礎日,號十峰,諸生。崇禎十年丁丑歲案。幼時,受業同縣鄒期相字公寅,從遊東林,崇禎中,御史張纘曾薦舉賢良方正,《縣志·儒林》附兄期楨傳。之門。期相故爲高攀龍弟子,肅潤因受靜坐法,頗有得,期相深器之,且曰:"異時道南一脈,端屬此人。"肅潤從學後,凡自宋楊時以下,屬道南學統者,輒筆之,於是有《正學編》之纂輯。其書已佚。鼎革後,隱居教授,歷主東林及雲間、暨陽諸講席,才品聲望,著大江南北。當事見其衣冠有異,執而笞之,折一脛,因自號跛足生。清康熙十八年己未,詔舉博學鴻詞,長洲宋某以肅潤

---

①　引文據鳳凰出版傳媒 2005 年版《錫山先哲叢刊》第二輯《澹寧居詩集》第 333 頁校改。

②　引文據鳳凰出版傳媒 2005 年版《錫山先哲叢刊》第二輯《澹寧居詩集》第 333 頁校改。

③　據鳳凰出版傳媒 2005 年版《錫山先哲叢刊》第二輯《澹寧居詩集》第 335、336 頁校改。

薦,肅潤以足疾辭,未赴。平生知交滿天下,學者尊爲"東林老都講"。《縣志·儒林》有傳。

　　是書卷一五古,卷二七古,卷三五律,卷四七律,卷五五言排律,卷六五絶,卷七七絶。自謂於詩所好不一,始好澹逸,繼好激烈,繼好工麗,最後惟真至是好。就同人評選者,彙爲一集,以授之梓。三韓吳興祚、慈谿姜宸英並爲之序。是書原刻本已散佚,縣圖書館所藏此本,據何家藏本繕出,未註明,因無稽考。

節霞偶刻一卷　　清順治間原刊本

　　明陳卿茂撰。卿茂字碩符,號節霞,又自號霞叟,明季人,諸生。《梁谿詩鈔·陳秀才卿茂小傳》稱諸生,《遊庠録》無考。以詩名,與同縣顧樞、顧杲相友善。《縣志·文苑》爲之傳。

　　是編皆近體詩。自序之,謂:"作詩至萬首,人無有不大笑者。非笑其多,笑其多則必不好也。其數愈多,愈不免世人之笑。杜陵云:'文章千古事,得失寸心知。'明乎世人之笑,無關詩也。然使一生苦吟之句,悶悶篋中,世亦何所據而定其好醜。偶刻二十四首,與世之能詩者畧一相通。如深山野澗,無名無貌之物,忽然出世,驚愕怪駭,千百爲羣。然必有一二好事者,考圖經,徵博雅,及問山樵澤笠,巖僧海賈,得其名貌而稱之,亦萬一之事也。"其所言如此,則所以刻此詩者可知矣。按:《梁谿詩鈔·卿茂小傳》稱"字碩符",與弟本符並以詩名,所謂"二符"者。又,《陳本符小傳》稱"逸其名,本符其字,號節霞,碩符弟也"。而是編名《節霞偶刻》,署"錫山東里陳卿茂著",又卷中所録《節霞山房畫寄》,並《寄孟公索畫節霞圖》諸詩,是可知節霞爲卿茂之號,並非其弟本符之號也。

高觀民詩一卷　　邑人許同藺捐贈清順治間原刊本

　　明高世觀撰。世觀字觀民,生丁明季,隱居不出。家貧,以詩自怡,蓋其牢騷歷落之氣,感時觸物之慨,悉寓於詩。

　　是書所録五言古十七首、七言古十首、五言律十七首、七言律十六首,都一卷。同縣曹荃字元宰,崇禎元年戊辰進士,福建副使,《縣志·宦望》有傳。輯其遺稿,梓行於世。荃謂:"余與觀民交,自己丑,迄乙未,垂七年。"按:己丑爲清順治六年,乙未爲十二年,蓋荃數勸鄭之龍舉兵勤王,而不從所言,早投劾歸隱矣。世觀雖終於清初,而與荃往還,其志可知。顧氏《梁谿詩鈔》列世觀於清,兹改繫於明,以副其遺民之志云。

秋水集十卷　　民國六年縣圖書館校刊本

　　清嚴繩孫撰。繩孫有康熙《無錫縣志》,已著録。

　　是書詩八卷,舊爲邑人丁福保所藏之《秋水詩》鈔本;詞二卷,爲縣圖書館所藏之《秋水詞》鈔本;二者合刻之曰《秋水集》。繩孫著述宏富,名佈寰宇,而二百年來,棄梨蟫蠧,版本無存。邑人侯鴻鑑搜集鄉先賢遺著,以圖表彰文獻,乃彙而重刊,以廣流傳。簡端録有慈谿姜宸英原序,謂"余往在吳門,見有所謂《秋水集》者,其詩宗黄初建安以還,五七言近體,時出入於温、李之調,蔚茂而婉麗,卓然能自成家者也。因喜而讀之,不忍釋,特未知其作者誰氏。至錫山遇嚴子蓀友，見其人蕭散沖挹，意氣浩然，有國士之風，知其必能爲詩，爲詩則必不陷於浮薄者。嚴子果出詩以示予，則前之所謂《秋水集》者也。余既喜得嚴子，又喜嚴子之能爲是詩，而嚴子遇余，亦把臂歡甚。念當別去，無以喻吾兩人之相得者，於是囑余敘其詩"云①。

蒼峴山人集五卷　　縣圖書館繕寫本

清秦松齡撰。松齡有《毛詩日箋》，已著録。

是集爲古、今體詩，編次五卷，曰《碧山集》、《寄阮集》、《然竹集》、《得樹軒集》、《碧山後集》，卷尾附《微雲集》，爲詩餘二十八首。清《續文獻通考》著録之。其門人王之樞謂："夫子才名，播滿宇内，士無問知不知，咸鐘鼓而俎豆之。蓋其於四聲七音之學，自就外傅時，已皆通曉。……世祖召試詠鶴，有'高鳴常向月，善舞不迎人'之句，大加獎異，館僚至今傳誦。……近甫刊成《毛詩日箋》一書，援據典核，商丘宋冢宰敘之頗詳，余故弗論。惟是吾師少即以詩名遇知當宁，而根抵沉深，篤於至性，發爲沖夷大雅，春風靄如之音，使天下後世之學詩者，溯流探源，庶乎窺見吾師之性情，而後可與讀吾師之詩也已。"②

顧梁汾先生詩詞集九卷　　民國二十二年雲在山房精校本

清顧貞觀撰。貞觀有《涇皋淵源録》，已著録。

按：貞觀所著之行於世者，僅《纑塘集》、《彈指詞》二種，全集絶少流傳。是書卷一至卷二，曰《楚頌亭集》，皆古、今體詩；卷三曰《扈從集》，卷四曰《清平遺調》③，皆七言絶詩；卷五曰《纑塘集》，爲五言古體詩；卷六至卷八曰《彈指詞》，卷九曰《彈指詞補遺》，皆長短句。初爲江陰夏孫桐所得，除《纑塘集》爲刊本外，餘皆俗書潦草、紙墨未餘之鈔本，出諸誰氏無考。時同縣楊壽枬重建惠山貫華閣，貞觀與納蘭成德去梯玩月舊地。私淑於貞觀甚殷，孫桐遂以相贈。而壽枬爲之校刊，俾貞觀所著詩詞全豹得廣流傳。則三百年垂湮之編，至此始得表彰於世，物之晦顯，殆有時歟！

纑塘集一卷　　光緒間重校本

清顧貞觀撰。貞觀有《涇皋淵源録》，已著録。

是編爲五言古體詩二十七首，貞觀手定本。纑塘者，其曾祖憲成祠畔之池名。貞觀曾搆積書巖於塘之上，歸老其中，故以名集。論者謂"詩極古淡，味在酸鹹之外，而能一洗綺靡之習"云。

---

① 引文據鳳凰出版傳媒 2011 年版《無錫文庫》第四輯第九十册《秋水集·姜敘》校改。

② 引文據鳳凰出版傳媒 2012 年版《無錫文庫》第四輯第八十八册《蒼峴山人集·序》校改。

③ 原稿爲"清平遺訓"，據上海古籍出版社《清代詩文集彙編》一四八《顧梁汾先生詩詞集》第 602 頁校改。

南皋詩草一卷　　縣圖書館據斗山辛氏尚志室藏原稿繕寫本

清李枚撰。枚字卜臣，國子生，康熙間人。少遊京師，依其舅氏某，得保舉供奉内廷，未幾，告假歸。遊汴洛十餘年，應舉不第，後往來淮揚間，無所展布，卒。

是書皆古、今體詩，附詞十五闋，爲未刻稿本，以年代先後編次之，首尾無序跋。原稿藏斗山辛氏尚志室，縣圖書館即據斯本繕寫之。

罨畫樓集八卷　　舊寫本

清安璿撰。璿字孟公，號蒼涵，又號廣居子，諸生。順治八年辛卯科案。能詩，兼工書畫，世以其畫配華商原書，又以其書配鄒黎眉畫。《縣志·文苑》有傳。

是書爲古、今體詩，分類編次，都八卷。殆爲後人鈔存本，間有訛字未訂正者。武陵吳本泰爲之序，稱“昔人謂摩詰詩中有畫，畫中有詩。嘗試以畫評安氏父子詩，無曠如吳興苕雪，山水清遠；孟公如九疑瀟湘，泓崢秀絶。是父是子，俱長名世”云。按：縣圖書館《鄉賢著述書目》，此本稱“不在茲集”，而卷首第一序則用其名，至各卷俱稱“罨畫樓”。又顧氏《梁谿詩鈔》璿小傳所引徵之著述，亦稱“罨畫樓”，《縣志·藝文》著錄同，而“不在茲集”之名，則無考。茲亦以《罨畫樓》名其集云。

雲川閣集　　詩十四卷　　詞四卷　　清雍正乙巳原刊本

清杜詔撰。詔有《讀史論畧》，已著錄。

是書首爲古、今體詩，自康熙三十二年癸酉，至雍正九年辛亥，按年編次，都十有四卷；次爲詞，都四卷。《四庫全書》存目者，爲殘本《雲川閣集》九卷，起於卷三，終於卷十二，未窺是書全豹也。其門人同縣王會汾序其詩，稱：“先生自幼得嚴中允藕漁指授。……被聖主仁皇帝恩遇，甫成進士，官庶常。尋引退林居，放浪山水。因肆力乎詩、古文詞，而詩尤益工且富。吾邑自有明三百年來，作者林立，惟藕漁先生《秋水》一集，爲風雅之宗。而先生是集，足以繼之，始則原本西崑，後復出入少陵，及高、岑、王、韋，卓然成一家言。”[1]餘姚樓儼序其詞，則謂雲川“以填詞受知先帝，自康熙乙酉，應召入都，即命修歷代詞。至己丑詞譜之役，……儼以孫學士松坪師薦，因與雲川奉命同修詞譜。……蓋雲川生長錫山，幼時即得顧典籍梁汾、嚴中允藕漁兩先生指授，……故於令詞稱最工。……竊嘆服雲川深得此秘，宜乎倚聲之學冠絶當世也！”[2]綜觀兩序，則詔以詩詞知名，其學有淵源，蓋非偶然耳。

緑瀛軒詩集一卷　　清康熙丙戌精刊本

清徐玟撰。玟字子長，又字紫長，號南臺。康熙四十二年癸未春，聖祖南巡，玟以布衣獻賦迎鑾，召見清問，選蕉園教習。凡所撰著，輒合上意，於是受寵眷者先後二十年。自謂

---

[1]　據鳳凰出版傳媒 2011 年版《無錫文庫》第四輯第九十册《雲川閣集·王序》第 596 頁校改。
[2]　據鳳凰出版傳媒 2011 年版《無錫文庫》第四輯第九十册《雲川閣集·樓序》第 596 頁校改。

“草澤小臣之榮，無有萬幸如今日者”。顧爲外吏，坎壈不得志。事具《縣志·文苑傳》。

是集録其頻年進呈之作。海寧查昇序之，謂“子長以一布衣，爲天子所賞識，出入禁苑，得奏所業於玉几黼座之前，身雖未經禄仕，而其遭遇之奇，有什伯於世之已仕者，宜子長所爲戴高履厚而不能以一息忘者也。乞余文以志殊寵。余備員侍從，嘗目睹之以羨其遭，且紀述休美，以彰國家樂育人材之盛，所不敢辭”云。此本刻既精，而書法娟秀可愛，誠難得之籍。

借柳軒詩十四卷　清乾隆癸亥精刊本

清鄒升恒撰。升恒原名兆升，既爲諸生，改其名，字泰和，號慎齋，康熙五十七年戊戌進士，選庶吉士，館試第一，授編修，歷官侍講學士。事跡具《縣志·文苑傳》。

是書爲古、今體詩，起雍正七年己酉，訖乾隆七年壬戌，按年編次，都十四卷。嘉定張鵬翀爲之序，稱：“先生少承家學，兄弟並以文行著稱。其於詩也，視世之攢簇餖飣，矜奇炫博者舉不屑爲，惟其志之所之，蘊於中而觸發於外，和平樂易，一寫其性情之真。未嘗規規摹擬，而於古人之矩矱無弗合也，精蘊無弗融也。平生所爲詩，半多散佚，今所存《借柳軒稿》，蓋十數年來，京華倡酬之作居多，而余所分題而賡韻者，幾及十之二三。先生每成一篇，必遣僮持示，或立索和章；遇所得意，手自鈔録，攜詒僚友。虛懷樂善，既非恒情所擬，而同志倡酬之雅，亦人間所罕覯。”觀斯序，則可以知是編要旨，及升恒之爲人矣。

逸軒詩鈔一卷　縣圖書館繕寫本

清杜漢階撰。漢階字紫仙，號瀛槎，諸生。雍正六年戊申科案。世醫，尤精外科。

是書有梁谿竹枝詞七絶百首，足裨地方掌故考徵。其末首所詠“錫金分修縣志”，有“總是勾吳開片壤，何妨依舊説梁谿”之語。同縣秦毓鈞識，稱“自金匱分縣後，華徵君希閔先修《金志》，次修《錫志》，各自成編。厥後嘉慶、光緒兩志，均錫金合修。漢階此詩，殆其嚆矢”云。

師善堂詩集十卷　清乾隆初年精刊本

清嵇曾筠撰。曾筠有《浙江通志》，已著録。

是書皆古、今體詩，始自康熙四十五年丙戌，訖乾隆三年戊午，次爲十卷。乃自書於簡端曰：“曾筠生四歲，先君子應范忠貞公聘，館於制府幕中。次年遭耿逆之難，被脅不屈，幽囚三載，作《百苦吟》。如‘解予手未停批點，曾學攜書到父庭’，又‘此身若遂沉淪死，留與寒家子弟看’，皆念筠之詩也。筠時以煢煢孤稚，不能讀父書。逮少長束髮，奉先太君慈訓，負笈從師學爲舉子業，時藝且不能工，安能以其餘力學詩耶？……至三十有七，始舉春闈館選，乃從事詞章，而語氣未馴，格律未細，……尚得謂之詩也耶！迨……雍正癸丑季冬，先太君見背，……歸里經營喪葬。……每念先太君六十年苦節教子，一旦音容長謝，心如劍割刀刺，不能自解，哀痛迫切，流露於詩，而句粗意澀，欲仰趨先君子之堂奥，憂憂乎其難哉！”①

---

①　據鳳凰出版傳媒 2011 年版《無錫文庫》第四輯第九十二册《師善堂詩集·自序》校改。

然則曾筠斯語，不僅述其爲詩所自，而追思其父之死，其母之節，實有不能自已者。卷中所錄，雖及御賜珍貴之榮，而尤多感懷先德之悲，實爲裨益風教之作，非等尋常詩詞之娛怡而已。按：縣圖書館所藏乾隆精刊本，爲邑人許修直捐贈，邑中難覓之本也。

錫慶堂詩集八卷　清咸豐己未原刊本

清嵇璜撰。璜字尚佐，號拙修，雍正七年己酉欽賜舉人，八年庚戌進士。授編修，累官至文淵閣大學士。乾隆五十五年庚戌，重與瓊林宴。習經世之務，尤善治河，著有聲績。卒諡文恭。事跡具《縣志·宦望傳》。

是書爲其孫文駿撿拾遺稿，得古、今體詩若干首，輯錄之，得八卷。初，璜曾手定應制詩一卷，顏曰《錫慶堂詩鈔》。至是，文駿既彙爲編次，仍以錫慶堂名之。卷中有二詩無題者，又有字句不全，而任其闕如者，文駿謂“未敢以私臆增損之耳”。

雲逗樓集無卷數　清光緒庚辰重刊本

清楊度汪撰。度汪字若千，號昻齋，雍正六年戊申拔貢。以制舉業名江南北，聲望卓著。乾隆元年丙辰，由尚書任蘭枝薦，舉博學鴻詞，授庶吉士，改德興知縣。客京師，與山陰胡天遊、天台齊召南輩交遊，學益進。《縣志》列傳《文苑》。

是書分賦、雅、頌、古今體詩四類，而未註卷數，其門人同縣顧奎光爲之序。

樂阜山堂稿八卷　舊精寫本

清王會汾撰。會汾字葆服，號晉川。乾隆元年丙辰，以拔貢生由江蘇巡撫高其倬薦，舉博學鴻詞，報罷，遂舉順天鄉試，時會汾年甫弱冠耳。翌年丁巳，成進士，授編修，御試翰詹第一，擢侍讀學士，歷官吏部侍郎，終大理寺卿。居官以廉潔著，而文名重天下。曾充《明史綱目》副總裁，以删訂《綱目前編》，釐正體裁，進呈御覽，高宗稱善。事跡具《縣志·文苑傳》。

是書全部分《廣紀集》、《初集》、《二集》、《雲槎集》、《庚午稿》、《尋山集》、《塞垣集》、《補遺集》等八卷，皆古、今體詩。同縣杜詔爲之序。其門人錢唐梁同書識於集尾，謂：“乾隆丁卯，同書受知於晉川先生之門，中間奉教之日甚淺。……著述詩文，曾未一字寓目。及吾師歸道山，懷門三世兄僦居武林，讀書寒舍，詢之篋中，卒無所有。直至數年前，吾師文孫字青上者，始抱遺集八卷，索予序言。予皇然遜謝，受而讀之。其中謬字誤筆之處尚多，奈年來家難糾紛，意緒乖迕，不克悉心校勘，期於完善。自念桑榆日迫，久留案上，或至遺失，則取戾滋重，因爲述前後離合之故，俯仰感慨之情，仍封還之。知我罪我，殆無能解免者已。”[1]按：此本爲精寫未刻稿，同書識尾，又爲手書墨跡，堪稱至寶。侯鴻鑑輯《錫山先哲叢刊》，曾爲采錄，以廣流傳。又斗山辛氏尚志室亦藏有此書，其精寫字跡，與此本同出一手，但同書

---

①　據鳳凰出版傳媒 2005 年版《錫山先哲叢刊》第二輯《樂阜山堂稿·跋》第 501 頁校改。

識語鈔録附後,可知復據此本繕寫者。而辛氏子有寓居邑城,其書隨帶寓所,民廿六冬,寓遭寇火,書燬焉。附書於此,以告邑人。

顧雙谿集九卷　　清光緒乙未聚珍精校本

清顧奎光撰。奎光有《春秋隨筆》,已著録。

是書爲古、今體詩八卷,詞一卷。其故友陶金諧知漵浦、江華等縣。手録,蓋就奎光所著而删存,始自乾隆四年己未,訖乎二十九年甲申,按年編次者。奎光於十年乙丑登科,是編輯録自己未,尚在奎光登科之前。原刊本經咸豐兵燹,殆無存者。同縣余一鼇得諸閩商,方謀重刊,病殁。而奎光五世族孫森書、典書、銘書,踵而成之。金諧原序云:"君天賦雋才,喜讀書,詩清遠無凡語,五言高於七言,古體勝於近體。嘗譬之新月出林,殘雪在地,松風潤水,悠然意遠。性恬淡,稱心而言,未嘗規摹蘇州,而意象自合。其於杜、韓之法律精嚴、開闔動盪,固已得之,而排奡沉鬱,或少遜焉。匪其才弗逮也,蓋遇與年使然矣!"[1]是殆深知奎光詩者。

吳黼仙詩鈔八卷　　孫氏玉鑒堂藏舊寫本

清吳峻撰。峻有《莊子解》,已著録。

是書爲孫氏玉鑑堂藏舊寫本,其主人祖烈題記,謂"已經批校,朱筆燦然,無刻本行世,堪爲鄉先賢之秘籍"云云。同縣孫爾準嘗覓其遺稿不得,因歎文獻之凋殘。卷首有顧奎光原序,又稱:"吳子自經、史、子、集及音律、算數、琴弈諸藝,皆能旁通。其詩自漢魏以來,搜擇融洽,不專一格。"其爲士林所推重如此。

岵齋詩存二卷　　縣圖書館寫本

清秦朝釪撰。朝釪字大樽,乾隆十三年戊辰進士。由禮部郎中出爲楚雄知府。爲人呐於口,而丰裁峻屬,人不可干以私。一日巡撫過境,朝釪方讀書廨中之山亭,迨終卷出城,不及趨謁,巡撫聞其賢,亦不怪也。工詩,同縣顧光旭曾刻其集,尤善古文辭,多可傳者。《縣志·文苑》有傳。

是書爲古、今體詩,其壻顧永之光旭子,乾隆四十二年丁酉順天舉人,性亢立,知保昌縣,挑發河南,決獄平恕有聲,《縣志·宦望》附父傳。編訂,外孫顧籌光旭孫,永之子,諸生,乾隆五十六年辛亥科案。校。前後無序跋,光旭所梓者,殆即此集。縣圖書館據何家藏本繕寫,未備註。

響泉集二十卷　　清宣統庚戌顧氏重刊本

清顧光旭撰。光旭有《響泉年譜》,已著録。

是書於光緒間,其裔孫搜采、增補、重梓之本,仍名《響泉集》。清《續文獻通考》著録之。

---

[1]　引文據上海古籍出版社《清代詩文集匯編》三四四《顧雙溪集》第 400 頁校。

其原刊本經咸豐兵燹,罕有流傳,而同縣朱鑑章尚藏其書。其五世族孫鳴鳳乞歸,寫副本,並輯其遺佚者,補於篇,共得詩十七卷,以雜文一卷,詞二卷,輯入之,都二十卷。因重付剞劂,以廣傳播。其編次之詩,曰《泉上小稿》一卷、《半日讀書齋餘稿》三卷、《可耕餘稿》二卷、《風草行廬稿》二卷、《叱馭小稿》二卷、《羾眉小稿》一卷、《吳船小稿》一卷、《錦樹園稿》一卷、《吾廬漫稿》二卷、《松風閣稿》一卷,都十六卷,爲光旭自訂者。按:光旭於乾隆十二年壬申登科,授官農部,《半日讀書齋餘稿》起壬申,即服官之始之作,其自序謂:"歲月坐失,深自懼焉,吾名吾齋,日計蓋猶不足矣。"而言動語默,即物即事,往往以詩記之。自是每易一境,即以名稿云云。故其《錦樹園稿》、《吾廬漫稿》、《松風閣稿》,皆歸田後作,而《松風閣稿》止甲辰,厥爲乾隆四十九年也。全稿按年編次,貫穿無間,首尾完具。冠以《泉上小稿》者,光旭弱冠,讀書慧山,用以名其稿。自卷十七以下,增輯遺佚耳。平湖張誠後序,謂:"讀先生蜀遊詩,似李而有鞭撻海嶽、驅走風霆之勢;似杜而具蘭苕翡翠、鯨魚碧海之觀。"又謂:"先生論詩,以爲'漢魏迄唐,代有作者,而昌黎獨尊李杜。學詩不尊李杜,猶學道不本程朱,將何以底於聖賢之域'。其説既美矣,而亟歲特達,鼓吹休明,及爲諫官,論民疾苦,上允其請,奉使畿甸,宣揚德意,而隴而蜀,仰體聖旨,其衽席斯民之心,又可概見。所録《文安》、《韓文公祠》,並勘災諸詩,使人忠愛之忱,油油然不能自已。既歸田,復得詩四卷。如《錦樹園稿》,固鯉庭學詩遺訓;《吾廬漫稿》,悲深《陟岵》,則風人《蓼莪》之痛。今太恭人在堂,板輿色養,老而彌篤。《松風閣稿》,將小雅所謂'是用作歌,將母來諗'者乎!昔夫子之教學詩也,原本忠孝,興觀、鳥獸草木,皆忠孝之發揮旁通也。故必推本於邇之事父,遠之事君,蓋三百篇之宗旨,盡於此矣。"[1]所論光旭詩,亦至矣哉。

菰蘆吟四卷　清乾嘉間原刊本

清顧錦春撰。錦春字韶陽,諸生。乾隆二十九年甲申科案。

是書皆古、今體詩,首尾無序跋,卷首又無總目。其第四卷末頁最後一行,適爲一詩之終結,是否爲卷四之終,無可推測。又,是書總爲若干卷,亦無可稽考。按:書中卷二所録諸詩,有嶺南之行,經錢塘入贛,復經南昌,然後越嶺至粵。卷三所録有武昌之行,溯江而上,以赴其地。卷四所録,又抵襄陽。詩皆溫柔,尤具唐人風致。《縣志》藝文門是書未載。

竹外山房詩集二卷　清乾隆乙卯精刊本

清秦潮撰。潮字步皋,號端崖。乾隆三十年乙酉,高宗南巡,召試列一等,特賜舉人,授內閣中書。翌年丙戌,成進士,授編修。視學安徽,先後凡十年,有清名。典試河南、陝西、雲南,分校禮闈,皆稱得士。官國子監司業,士多造就。平生以文字結主知,益矢公慎,人翕然無間言。《縣志·宦望》附父鑅傳。

是書皆古、今體詩,其門人歙縣程昌期爲之編纂,得二卷。弁於簡首,謂:"名章秀句,更

---

[1]　此節引文均參閱上海古籍出版社 2002 年版《續修四庫全書》集部別集類第 1451 册《響泉集》第 287—444 頁校改。

僕難數,然平昔愛誦之什,多未存録。"故於是編,僅見潮所著之一斑耳。

寶嚴堂詩集四卷　　孫叔梅精寫本

清孫永清撰。永清字宏度,號春臺,別號寶嚴,晚又號絜齋,乾隆三十三年戊子順天舉人。授内閣中書,尋直入軍機處。性警敏,諳曉時事,累擢都察院左副都御史。出爲貴州布政使,擢廣西巡撫,積勞成疾卒。事具《縣志·宦望傳》。

是書爲古、今體詩,都四卷。咸豐兵燹後,板片既燬,印本亦鮮流傳。逮光緒庚子,其族裔其業偶得初印本,奉爲家寶。縣圖書館所藏寫本,其裔叔梅即據其本繕寫,揆均爲之校勘。卷首所録餘姚邵晉涵原序,稱其詩:"布以愷和,抒以忠愛,使讀者如見其律躬之嚴,惠澤之週,臨大事之整以暇。……此其爲廉直、勁正、莊誠之音歟! 寬裕、順成、和同之音歟! 其考諸中聲而宮商相應者歟!"①蓋永清遭遇盛,律己嚴,故邵氏以爲其詩所以合於中聲者耳。

午風堂詩集六卷　　清嘉慶己未精刊本

清鄒炳泰撰。炳泰有《紀聽松菴竹鑪始末》,已著録。

是書爲古、今體詩,青浦王昶爲之序,稱:"今閣學曉屏先生天下英特,以博聞彊記之學裕,旁搜遠紹之志發,而爲詩必本於古之作者。……今春在京師,因得盡讀其集,瀏然以清,沖然以和,有時酣喜淋漓而不乖於法,蓋風雅之傳在是矣。……先生清修亮節,海内所稱。……則斯集當如江漢之朝,斗杓之建,爲國朝詩家大宗無疑也。"②其爲推服如此。

春草軒詩存四卷　　縣圖書館繕寫本

清楊掄撰。掄字方叔,號蓮趺,乾隆四十三年戊戌進士。知太平、天台縣,治聲卓然。與從弟芳燦、搢、揆輩,並著文譽。《縣志·文苑》有傳。

是書爲古、今體詩,曰《行行草》二卷,《和和草》一卷,《妙連小草》一卷,都四卷。芳燦爲之序。縣圖書館據邑城西谿余氏所藏未刻稿繕寫之。

芙蓉湖櫂歌一卷　　清光緒甲申萱蔭堂原刊本

清楊掄撰。掄有《春草軒詩存》,已著録。

是編爲寓居邑城外蓉湖之濱,眷戀風物,徘徊景光所作,時將謁選入都也。同縣孫爾準爲之序,稱:"楊子方叔寓居湖濱鄒氏之樓,湖濱名江尖,多鄒氏聚族所居。帆檣魚鳥,日迫軒户,即興成詠,爲斷句百首,自序謂倣朱竹垞《鴛鴦湖櫂歌》而作,故名之曰《芙蓉湖櫂歌》。天真爛漫中,音調諧婉,紀述靈勝,旁及里俗賽會、遊戲徵逐,以至謠諺讕語,無不具在,讀者可想

---

① 據鳳凰出版傳媒 2012 年版《無錫文庫》第四輯第八十八册《寶嚴堂詩集·敘》第 442 頁校。
② 據上海古籍出版社 2002 年版《續修四庫全書》第 1462 册《午風堂集·序》第 89 頁校。

見一時風會之繁昌。竹垞詩多傳軼事，而質樸自合體裁，猶或遜此。"①夫湖爲邑之勝地，而掄斯作，因地爲紀，即事爲述，於人情風土，殊裨後來有考。至爾準所序，可謂推重至矣。

芙蓉山館詩鈔八卷　　清同治間重刊本

清楊芳燦撰。芳燦有《伏羌紀事詩》，已著錄。

是書係所謂關中定本重刊之藉。按：《芙蓉山館全集》卷首載同縣劉繼增序，謂"先生所著詩文，及身付刊，先後有三本。自少至謁選，爲《真率齋初稿》，詩十卷，詞二卷；筮仕甘肅，訖户曹，爲《芙蓉山館詩稿》十六卷，《詞稿》四卷；罷官後，主講關中書院，即前兩本删併之，益以續得，刊詩八卷、補一卷、詞二卷、集句詞一卷，概以芙蓉山館名集，不曰稿而曰鈔，是爲晚年手定之本，與文鈔並行。被兵後，諸版盡燬，流傳日希。今兹所輯，一依關中定本"，重刊行世，云云②。簡端附刊芳燦遺像，並陳文述所爲傳，而未載梓行年月。迨光緒初，彙刊全集，則是編法式善原序附載其端，稱芳燦詩善學杜，並善學義山、山谷也。

桐華吟館詩詞稿八卷　　清乾隆壬子原刊本

清楊揆撰。揆字荔裳，乾隆四十五年庚子南巡，召試，欽賜舉人。授内閣中書，入直軍機處，隨大將軍福康安征廓爾喀，以功累擢内閣侍讀，出爲川北道，擢按察使，陞甘肅布政使。調四川時，教匪爲逆，揆練兵籌餉，以勞卒官，贈太常卿。事具《縣志·宦望傳》。揆少工詩文，與兄芳燦並負才望。而芳燦著績巖疆，揆則以硠門而外，出塞數千里，與前代文人簪毫佩玉、雝雝華要者不同，故世目爲二難者，殆不僅爲並工詩文耳。

是書爲古、今體詩六卷，詞二卷，首尾無序跋。而《蒲褐山房詩話》稱其兄弟所著，凡"窮荒戰地，自嘉州、昌黎之後，紀載無多，天或借翰墨以發其奇。兩君遭際，洵非偶然，宜閱之者如遊絶域，如讀異書也"③。是可見藝林之推重矣。

緑雲吟館詩稿一卷　　縣圖書館繕寫本

清楊英燦撰。英燦字文叔，號蘿裳，國子生。納粟，知安縣，調成都，俱著治聲。能詩，與兄芳燦、揆，有三楊之目。《縣志·宦望》附兄揆傳。

是編爲邑城西谿余氏所藏稿，未梓行於世。縣圖書館即據其稿繕出者。同縣余一鼇爲英燦外孫，簡端識語，謂："公所作詩，有顧兼塘表丈選本，燬於兵燹，幸此稿尚獲保全。按：稿中眉端註選字者，殆即兼丈所選錄。兹將兼丈所選及紫梨花詩四首，附刊《家譜·藝文拾遺》内，距兼丈選詩時，垂三十年矣。"論者謂：芳燦、揆皆工詩詞，而英燦相從兩兄於筆硯之間，雖不能詩，亦必有所至矣。

---

① 引文據上海古籍出版社 2002 年版《續修四庫全書》第 1495 册《泰雲堂集·楊方叔芙蓉湖櫂歌敘》第 478 頁校改。

② 據上海古籍出版社 2002 年版《續修四庫全書》第 1477 册《芙蓉山館全集·劉敘》第 1 頁校改。

③ 據北京圖書館出版社 2004 年版《中國詩話珍本叢書》第 15 册第 654 頁校改。

玉山閣詩選八卷　　清道光庚子重刊本

清徐鑅慶撰。鑅慶，原名嵩，字閭齋，原籍崑山，以金匱籍中乾隆五十一年丙午舉人。官蘄州知州，總督畢沅激賞之，會湖北有兵事，委鑅慶主奏記。高祖元文，字公肅，號立齋①，與兄乾學並以學問著天下。父虎臣，贅無錫顧氏。其從祖德宗，爲乾學孫，壻於無錫秦氏，《縣志·流寓》有傳，鑅慶附焉。

是書爲古、今體詩，始自乾隆三十九年甲午，迄嘉慶六年辛酉，按年編次，都八卷。儀徵阮元選定之，同縣顧敏恒爲之序。集中寄贈、遊賞、惜別諸作，所交如孫星衍、錢泳、秦瀛、袁枚、錢伯坰輩，皆博學通儒，爲當世名人。則鑅慶道義文章概可知矣。

西莊遺稿一卷　　梅花百詠本

清王穎銳撰。穎銳字秉成，號瓶城，又號西莊，國子生。達十四世孫，乾隆間人。少勤舉業，能文章，而性尤仁厚友愛。父歿，家累萬金，積十餘年清其逋，而所事舉業遂輟焉。

是編爲古、今體詩，同縣顧光旭爲之序，稱："陽明王子，謂子美、太白有造道之資，而不能入於聖賢者，詞章綺靡之習，有以羈縻之。綺靡之誤天下後世者若是！則不爲所誤者，過人遠矣。西莊不自以爲詩人，而詩不廢。不自以爲詩人之詩，而詩以傳，是昔之人所謂以餘事作詩人者也，綺靡云乎哉。"其爲推重如此。

小峴山人詩集二十六卷　　清嘉慶間原刊本

清秦瀛撰。瀛有《康熙己未詞科録》，已著録。

是書爲全集中別出之本，所輯録古、今體詩及卷數，視全集無出入，鑴刻版本，亦無差異。歸安吳蘭庭原序，稱："先生始官中書時，……談説縱橫，旁及詩古文辭，波湧雲疊，時亦捉衿擁鼻，而談益纚纚不止。其後先生出爲監司，則余爲部民，間修敬入謁，先生掃揚延客，問無恙。……已而曰：'子久不見吾詩，今已成十二卷矣。'出使卒讀，問曰：'子視吾詩，在本朝可誰比者？'余謂：'先生之詩，變化馳驟，而神味具足，如雷雨之動滿盈，而百穀草木皆甲坼也。此當於唐人中求之，下此弗論也。'先生曰：'惡有是。雖然，子爲我序之。'余曰：'何敢哉！……雖然，得附名卷末，幸也！'"②觀斯序，是可考覽瀛之詩矣。

粵中吟草無卷數　　縣圖書館繕寫本

清秦大受撰。大受字可廷，號心孩，諸生。乾隆四十年乙未歲案。工舉業，尤邃於性理易學諸書。發爲文，深入理窟，一時從遊者衆。《縣志·文苑》有傳。

是書爲古、今體詩，分年編次，而不分卷數。自嘉慶十年乙丑，迄十六年辛未，爲遊粵六

---

①　據江蘇古籍出版社 1991 年版《中國地方志集成·崑新兩縣續修合志》第 394 頁校補。

②　引文據上海古籍出版社 2002 年版《續修四庫全書》第 1464 册《小峴山人詩文集·吳蘭庭序》第 510 頁校改。

年之作，故名《粵中吟草》。其門人丁汝條録存之，而識於簡端，稱"其詩不多作，而自然清麗，晚年喜摹趙雲崧，格爲一變"云。

一枝軒稿八卷　嘉慶丁丑原刊本

清施晉撰。晉字錫蕃，亦作雪驃，諸生。乾隆四十年乙未歲案。性高曠，於世無將迎。工詩，初盡力於六朝諸集，後以老杜爲宗，格調神韻，獨擅一時。《縣志・文苑》有傳。

是書卷一至卷六，皆古、今體詩；卷七長短調；卷八雜文。陽湖惲敬序其詩，謂："雪驃老矣，尚能飲酒尋山水，其生平所交文章巨公，不使有一字入其集，其胸中爲何如。"是可概見晉之風格矣。

十二山人詩草一卷　附文稿一卷　原稿本

清安吉撰。吉有《夏時考》，已著録。

是編爲古、今體詩原稿一卷，末附文稿，多文集中所采録者。吉手書於詩草之首，謂："山人自愧不能傚法古昔聖賢，惟讀書不倦。求《毛詩》之古韻，作《韻徵》；辨《尚書》之本篇，述其祖《尚書讀法》；表彰《夏小正》，闢秦《月令》、新莽《周官》，著《夏時考》。孜孜經學、字學，而獨不愛吟詩。偶一爲之，自乾隆戊戌至嘉慶己巳，三十年中，僅得詩百餘首，非其所好可知也。哀詞、象贊亦附其中，同爲韻語也。山人不工詩，而長於辨韻，謂今體用今韻，古體用古韻，故其古詩皆不拘今韻。然無世俗叶韻之陋習，叶其所不可叶，通其所不可通，山人不爲也。"按：吉所覽天下名山頗多，自謂詩稿或存或軼，卷中所録，畧見其蹤跡所至。後世讀古詩者，又可究討其所用古韻耳。

篠綠館吟稿二卷　孫氏玉鑑堂藏原稿本

清周曔撰。曔字篠綠，號掄仙，諸生。既不得志，棄爲詩。晚乃與僧人往來，有妻子不受養，終於佛寺中。《縣志・文苑》有傳。

是書爲古、今體詩，同縣鄒弢《三借廬筆記》謂"未經刊行於世"。卷首録弁薛湘所爲《篠綠詩鈔序》，稱其弟子華堯衢諸生，道光七年丁亥案。録稿成帙，囑族人本壎攜至都，將乞弁言刊之。末行又註：本壎已於粵西付梓。然則斯編曾有刊本耶？但卷中於題上有刻硃色小圈，或硃色選字，殆未梓全稿，而選刻其一部分乎？故所録湘作，曰《詩鈔序》也。而湘稱其詩"多枯槁抑塞語，然有法度，異於世之外藻飾而内淺薄者"。又謂："倪元鎮以亮節伏一世，爲有元人物冠，聞其風者率遺榮利、外形骸以爲高。曔隱遁世外，殆亦慕其風者。"是可見推重之至矣。

蘭巖詩鈔四卷　翠屏山房詞草一卷　縣圖書館繕寫本

清安全撰。全字二勛，號蘭巖。璹曾孫，國子生。乾嘉時人。

是編卷一曰《吳門紀遊詩》，卷二曰《容與草》，卷三曰《秋崖草》，卷四曰《冰雪草》，都四卷。末附《翠屏山房詞草》一卷。前後無序跋，據何本繕出，無考。惟卷四《冰雪草》，有十二山人自序。按：吉自號十二山人，並以名其詩文集，而何以全亦以是爲別號乎？附記之，留待考徵。又考：《膠山安氏詩補編》全小傳稱所著有《經笥樓詩草》，而他著不與焉。是編所錄，獨《經笥樓詩草》則又不與。此漏彼闕，俱無稽考。

弟禾吟草一卷　縣圖書館繕寫本

清華萼撰。萼字香樵，號麗旭，乾嘉時人。世居鵝湖之濱。爲人恂恂退讓，性恬曠，足跡不入城市。閒居好吟詠，又寫山水花鳥，超然絶畦町。同縣孫爾準謂："聆其言謖謖然，若喬柯振風，有塵外遠致焉。"[1]

是編爲古、今體詩，都百二十八首。同縣萬柳谿邊後人尤鶴沼，稱其"行年老大，猶日孜孜，必有自適其適者。而以'弟禾'名編，其謙退爲何如"云。是編所據繕鈔之原稿，藏鵝湖華氏。

消閒草一卷　清嘉慶辛未原刊本

清秦若暘撰。若暘字旭昇，號逸谿，國子生。乾嘉間人，性恬淡，好吟詠，不慕榮利。居邑東北白擔山麓之水渠，其室曰"半山草堂"，同縣錢福煒題其壁，有"卜築山分半，迴環渠占全。屏開雲外嶺，人坐鏡中天"之句。而安吉又稱若暘"領畧林泉山水之清暉，秋月春花之佳景"焉。

是書爲古、今體詩，其子玠輯錄刊行，吉及華守謨並爲之序。卷中有同縣顧光旭、秦瀛輩題識，語極推重。而附錄《楊逢春題贈詩》云："風雅紹家傳，格兼唐宋賢。閒情太傅句，逸興放翁篇。"是可以見其詩格矣。

自娛草一卷　續草一卷　清嘉慶丙子原刊本

清秦玠撰。玠字建封，號半俗，若暘子，嘉慶間人。玠少承家學，能詩，所作守法律，絶時趨。鄉居韜晦，有乃父風焉。

是書皆古、今體詩，其及門諸人爲之刊行，錢邵霖爲之序。説者稱其詩"有絶似唐韻，有逼肖蘇詩"。而顧光旭又亟賞之，曰"超渾"，曰"清渾"云。

況梅齋詩草一卷　京江遊草一卷　清咸豐甲寅原刊本

清楊紹基撰。紹基字桂巖，諸生。嘉慶元年丙辰歲案。少孤，刻苦力學，嘗受業同縣孫爾準之門。爲人真摯灑落，詩文軼宕有奇氣。官蘇州府學教授、丹徒訓導，士多造就。惜厄於科名，未竟其用。《縣志·文苑》有傳。

是書皆古、今體詩。同縣侯桐爲之序，稱其著述"輒隨興所之，獨抒心得，而自合古大家

[1]　引文據上海古籍出版社《清代詩文集匯編》四九七《泰雲堂文集》第9頁校改。

之風範。惜其文多散佚，而詩之高脫絕俗，則似乎其文，而又似乎其人”。是可見推重之至矣。

楞香賸鈔一卷　　縣圖書館繕寫本

清秦大光撰。大光字麗中，嘉慶二年丁巳舉人。少年文名籍甚，歷官睢州知州，有政聲。秦瀛重修《縣志》，獨大光資贊劃。《縣志·文苑》附兄大受傳。

是編皆古、今體詩，首尾無序跋。縣圖書館據秦氏所藏舊鈔本轉錄之。

漆漁詩存四卷　　縣圖書館繕寫本

清秦琦撰。琦更名琳，字漆漁，嘉慶九年甲子順天舉人。知范縣，會教匪李文成滋事，東明、長垣間，寇盜充斥，邑戒嚴，琳籌畫儲備，夜宿堞樓，匝月不解帶，武弁藉端需索，琳裁抑之。聞母訃，代者未至，琳寢苫從事，卒賴安堵。事具《縣志·宦望傳》。

是編爲古、今體詩，都四卷，前後無序跋。有無刻本，無考。據何本繕出，亦未備註。其卷三《吳吟合草》，所錄《梁谿櫂歌》一百首、《惠山竹枝詞》一百首、《芙蓉湖曲》十首，自景物以及風土人情，廣爲搜訪，極事摹寫。又卷四《燕吟合草》，所錄《燕山詠古詩》一百首，感慨揮灑，考古頗博，二者堪備史氏考徵。惟孫爾準《泰雲堂集》，載有《秦漆漁吳吟合草序》，則是編卷三所錄者，殆有單本行世歟。特記之，以備徵訪。

拜石山房集四卷　　清道光己丑南城曾氏同岑五家詩鈔精刊本

清顧翰撰。翰字兼塘，又作簡塘，嘉慶十五年庚午舉人。知含山、涇等縣。祖奎光，父敏恒，皆負文章盛名。翰少承家學，詩才清絕，人品狷潔如其詩。儀徵阮元嘗謂：“余與兼塘兄弟，久爲莫逆。”其名望震動天下，當世推重，可以想見。咸豐庚申之變，翰時主講東林書院，其躬被傷而歿。《縣志·文苑》有傳。

是集爲南城曾燠所輯《同岑五家詩鈔》之一，刊行時，翰尚存。燠仰五子才華，用纂其詩，翰雖登賢書，出爲縣宰，而燠嘗爲之歎惜，謂未稱其才。譚獻亦稱兼塘“先生偃蹇乙科，沉淪下僚，卒以簡書中吏議，憔悴於晚歲，僅而得歸，竟死於寇，有識哀之”[1]。而《羣雅集》又稱翰“古詩瀏漓渾脫，近體清麗娟然”云。

二柳村莊梅花百絕一卷　　舊刻本

清華文模撰。文模字仲修，又字瘦吟，號適園，諸生，嘉慶十六年辛未歲案。資州州吏目。性雅逸，好吟詠，所居鵝湖之二柳村莊，無塵市喧。因偕兄文彬，集朋輩結吟社，頗知名於時。

是書爲詠梅花七絕詩百首，故名。文模於嘉慶二十六年辛巳春，植梅屋旁，因有感而

---

① 引文據上海古籍出版社《續修四庫全書》第 1726 冊《拜石山房詞·譚序》第 109 頁校改。

作。自梅之種類、形態，以及佈植、灌護、折供、嚼蹈，甚至掃葬、憶怨、夢哭，無一不詠，而以梅癡、梅悟爲終結。殆所以抒其懷抱歟。

閑吟處詩鈔六卷　　清道光乙未原刊本

清華文桂撰。文桂字季直，一字子同，國子生，議敘從九，嘉道間人。性醇篤，事親孝，弱冠習時藝，應試數不售。然自謂抱卓越才，可操必得券，絕無退志。既而病咯血，畏塵囂，父命弗問功名事，因棄去，自號竹里閑人。其九世祖西樓隱居求志，長洲文徵明、祝允明於筆札敘舊，雅相推重。而文桂既以閑人自號，乃名其所居曰"閑吟處"，以詩遣岑寂。又善鼓琴，蓄古琴甚夥，旁通琵琶，著譜行於世。時鵝湖結"二柳吟社"，文桂與兄文采曾爲主盟。嗣從朋儕勸，赴京銓選，卒於寓所。

是書爲古、今體詩，自嘉慶己亥，至道光甲午，編次爲六卷。長洲陳蔭庭、韋光黻、同縣侯桐並爲之序。按：是書又有道光壬辰刊本，爲四卷，時文桂尚存。故是本卷五爲壬辰、癸巳之作，卷六爲甲午之作，蓋文桂詩盡於此矣。

左之詩草六卷　　縣圖書館據鵝湖華氏藏原稿繕寫本

清華宜撰。宜字左之。父白，隱於詩畫。宜承家學，詩文夙有名。爲制舉業，屢試不售。而家貧親老，需事養，遂賴筆耕自給。弟有，友愛無間，既歿，哭之以詩，悱惻動人，士林傳誦之。

是書卷一、二爲古體詩，卷三至卷五爲今體詩，卷六爲外集，按鵝湖華氏所藏原稿繕出。卷首所錄原序，有張爾旦稱其"五言淡逸，多見道語；七言亦能鍊色選聲，不趨時尚；古詩樂府，駸駸入室，將一鳴其高山流水之音矣"。常熟翁同福亦謂："觀其所作，獨能沖淡夷猶，不失溫厚和平之旨，且屢屢以安分知命爲言，此非觀道之久，養氣之深，實有得於中，其能及此耶。"綜觀所序，則其詩其人，俱可知矣。

亦人詩草一卷　　縣圖書館據鵝湖華氏藏原稿繕寫本

清華有撰。有字右之，號亦人。父白，兄宜，並工詩。有既相從其間，所詣亦深。於是父子兄弟更唱迭和，一門風雅，爲時稱頌。年二十七卒，聞者惜之。

是編爲古、今體詩，據其未刻稿本繕出者。卷尾自識謂："畧將去年、今春所作攙和，錄呈秋蘋大叔教正，並博味初、次谷二兄一粲。"殆所錄諸稿以就正者。按：秋蘋，文彬號，味初、次谷無考。

慎思草堂吟稿一卷　　邑城斜橋龔氏捐贈家藏舊寫本

清龔汝直撰。汝直字際園，州目，嘉慶間人。爲邑城龔氏開族之祖。

是書爲古、今體詩，都四十五首，無刻本行世。舊爲其裔志遠字海澄，性誠摯，爲報館記室。所藏寫本也。

聽鶴山房吟稿一卷　　邑城斜橋龔氏捐贈家藏舊寫本

　　清龔桐撰。桐字蔭嘉，號小梧，諸生。嘉慶四年己未歲案。嘉慶十八年癸酉順天鄉試，挑取謄錄，議敍州吏目，分發雲南，補路南州吏目，居官以廉潔著。道光十二年壬辰解組歸，卒年八十矣。父汝直，爲人方正，士皆推重之。桐濡家學，性方嚴，治家有法度，子孫篤守家法，世承弗替。《縣志·耆碩》有傳。

　　是書爲未刻稿本，其裔志遠家藏之。分五、七言古詩；五、七言律詩；五、七言絕句，彙爲一卷。眉端錄同縣顧翰語，稱其“神似東野”。卷首又載同縣薛玉堂識語，謂：“足下以有用之才，宜善爲儲待，勿以一藝自囿。昌黎云：‘餘事作詩人’，幸有味乎其言。”可見桐之才爲士林所稱說，豈僅以詩爲重耶！

壺園集四卷　　清道光己丑南城曾氏同岑五家詩鈔精刊本

　　清徐寶善撰。寶善，原名三寶，字廉峰，又作蓮峰。嗣出繼同族後，占歙籍。嘉慶二十五年庚辰進士，選庶常，授編修，改監察御史。上疏言事切實，仍授編修。道光十四年甲午，典試浙江，十八年戊戌，分校會試。工詩文詞，與顧翰、顧翃、趙函、楊蘷生齊名，號同岑五子。父鑅慶，《縣志·流寓》附從祖德宗傳，寶善附。《道光續志》鑅慶入《文苑傳》，寶善亦附焉。

　　是集爲南城曾燠所輯《同岑五家詩鈔》之四。原序謂：“廉峰以著作之才，得與清華之選。餘則簿書鞅掌，冷笈飄蕭。”蓋稱寶善名足以副其實，而才又足以當其用焉。

思誤齋詩鈔二卷[①]　　清光緒庚子原刊本

　　清章簡撰。簡原名程，字芝楣，道光元年辛巳舉人。自少家貧，而勤於學，苦無書，厥後得館秦蕙田故第，讀其所藏書幾遍，故博雅冠一時。工辭賦駢體，妙筆札，兼善弈，遊公卿間，往往以弈掩其文名。《縣志·文苑》有傳。

　　是書爲古、今體詩，都二卷，其孫鈞刊行於世。同縣秦寶珉爲之序，謂其“以能詩、善弈聞，上計輒傾長安貴人。顧累舉不第，卒老於諸侯賓，而詩則多可傳者”云[②]。

真松閣集二卷　　清道光己丑南城曾氏同岑五家詩鈔精刊本

　　清楊蘷生撰。蘷生有《勉園掌錄》，已著錄。

　　是集爲南城曾燠所輯《同岑五家詩鈔》之五，而亦歎惜蘷生爲“簿書鞅掌，冷笈飄蕭”者耳。

金粟菴集二卷　　清光緒己丑南城曾氏同岑五家詩鈔精刊本

　　清顧翃撰。翃有《道光無錫金匱縣續志》，已著錄。

是集爲南城曾燠所輯《同岑五家詩鈔》之三，燠所歎爲"縹囊事業，並有千秋"者。按：《勤斯堂詩彙編》所錄《金粟菴殘詩草》，卷末附其館甥江夏王積懋跋，稱翃平生著作等身，嘗自定爲《金粟菴集》，盡付一炬，屬哲嗣珠川昆季搜集遺稿，而不可得。其族孫森書亦謂翃自編《金粟菴集》，被兵後，稿失。但考是集刊於道光己丑，時翃尚存。從其自編之稿選錄，抑或翃自編是本，無可稽考。而燠輯錄於《同岑五家詩》中，俾學者獲睹翃壯年所作，斯亦可感也已。惟《勤斯堂詩彙編》付刊在光緒丙申，時殆未見是集歟。故附刊翃小傳行蹤，與是集所錄，亦有出入。附著於此，留待考徵。

樂潛堂集二卷　清道光己丑南城曾氏同岑五家詩鈔精刊本

清趙函撰。函字元止，號艮甫，諸生。原籍震澤，既僑寓於錫之邑城，與顧翰、顧翃相友善。時楊夒生、徐寶善以姻世舊好，往來顧氏，函故工詩，而交遊其間，遂益以文采著聲稱，並與同岑五子之目。事具《縣志·流寓傳》。

是集爲南城曾燠所輯《同岑五家詩鈔》之一。燠謂："毗陵擅五湖之腴表，攬三江之雄奇，惟土厚而水深，故地靈而人傑。五家之作，或才華飆舉，鏗響於華鐘；或詞旨淵深，寓情於錦瑟。掇其藻采，則溫李之後身；論其精能，亦韓蘇之宗子。雖弦匏各奏，而均響於律；雖江漢異流，而同趨於海。昔郭景純云：'及爾臭味，異苔同岑。'信乎氣類之孚，自成馨逸；性情之契，克泯差池。"是可見其推重五子，並所輯之旨矣。

城西草堂詩集四卷　清咸豐戊午秦氏家刊本

清秦緗武撰。緗武字省吾，國子生。父瀛，以古學峻行爲東南人士望。緗武官江西知縣，前後權十餘縣事。兩任彭澤，著有聲稱，彭澤人愛慕之，爲傳循吏。事跡見《縣志·宦望傳》。

是書爲秦氏家刻流傳。同縣顧翃爲之序，謂："吾邑自前明華子潛、鄒顯吉而後，稱詩者多，而門才之盛，莫如秦氏。入本朝，蒼峴山人始以詩受知聖祖，數傳而小峴少司寇，以詩古文鏗耀於乾嘉之間。哲嗣省吾爲江西循吏二十餘年，以政事發聞，雅不欲以詩自見。今觀其詩，清蒼雅健，風格若王孟韋柳，蓋受詩法於少司寇，而出以和平恬愉，不大聲色。由是知君之爲善政，爲循吏，得於性情者深也。"然則讀緗武詩者，亦知其淵源之所自矣。

寶素齋詩鈔二卷　鄒氏家刊本

清鄒鳴鶴撰。鳴鶴有《道南淵源錄》，已著錄。

是書皆古、今體詩，其子覲皋校刊行世。卷首目錄曰：卷一《公車集》、卷二《豫遊集》、卷三《河上集》、卷四《返汴集》、卷五《戊己集》、卷六《滄桑集》、卷七《三至集》、卷八《轉漕集》、卷九《赴召集》、卷十《粵西集》，附錄《絕命詞》二首，前後無序跋。書中卷十無詩，於卷九終結後，別行書附錄四首，而所附錄者爲《壬子生辰避喧西鄉甥家感賦》，又與目錄所列卷十《粵西集》無關。至其《絕命詞》，即附於此四首之後。則其卷十之詩，殆僅有其目乎？既爲其子校刊，何以目錄所列，與書中不符？姑記之，以備考徵。

經雅堂遺稿三卷　　清光緒庚辰華氏刊本

　　清孫慧良撰。慧良字袥琴，諸生。道光六年丙戌歲案。幼穎悟，讀書十數行下，於漢魏以降，詩學源流，罔不探討有得。時震澤趙函流寓邑城，以詩鳴當世，慧良竊倣之，幾駕乎其上。性故滑稽，好狎侮人，人畏之弗敢近。慧良乃慨然出遊，初依其從叔爾準於閩，爾準愛其才，而弗任以事。慧良乃不樂，遊汴，遊燕，以記室爲諸侯上客，然囊盡罄，貧如故。繼乃憔悴敗喪而卒。

　　是書爲古、今體詩，其甥同縣華翼綸編次，刊行於世。集中所録曰《餘生草》，爲老年之作；曰《篋中草》，爲早年之作；曰《汴遊草》，爲中年所作，都三卷。按：《餘生草》者，慧良於同治四年，自燕京憔悴南歸，時邑經兵燹，室廬盡燬，所作多滄桑之感。《篋中草》者，慧良客居蕩口鎮華氏，時年甫弱冠，所作篇什，未曾拾襲，厥後在華氏敗篋中得之。《汴遊草》者，爲客汴梁，代同縣鄒綸所作，翼綸搜羅得之云。

豫遊小草四卷　　邑城映山河侯氏捐贈舊藏原稿本

　　清鄭繼善撰。繼善字承家，諸生。道光九年己丑歲案。自少天姿穎敏，從同縣侯桐治舉子業，兼習詞章，爲桐所激賞。既躋南闈，復從桐遊京師，刻自鏃厲，學益進。應京兆試，五薦俱不售。自是橐筆遊豫，爲諸侯上客。曾主昆陽書院講席廿有餘載，文風蔚起，諸士造就者尤多。

　　是書爲繼善遊豫所作，故名。自道光十四年甲午，迄同治六年丁卯，其間三十有四年，按年編次，都四卷。卷端朋儕題詩十餘家，俱極推服。而同縣周劼識語，謂：“清詞麗句，正雅居宗。不規規以尺寸自合，而風格調度，逼肖中晚唐。惜浮沉冷幕，淹滯閒曹，或者天將老其材以待用，和聲鳴盛，猶可於是集卜之。”則繼善詩及其身世，可概見焉。按：此稿舊爲邑人侯祖述所藏。而侯學愈《續梁谿詩鈔》，繼善之詩漏未收録。

筆花書屋詩鈔二卷　　清同治三年原刊本

　　清嵇文駿撰。文駿字步雲，號春原，道光十二年壬辰順天舉人。璜孫。父承犖，知東昌府事，廉峻有聲，齮齕於官，恚憤卒。文駿貧時，以國子生橐筆出遊，當道薦主濟南書院講席，以俊秀主講，前此所僅見也。文駿學行兼粹，士林仰之。既而登賢書，七上春官，不第，大挑教職，以士子挽留不應選。主講其席越三十年，而執筆門下者多掇高第，致通顯。既卒，門人請於書院建祠奉祀。

　　是書爲古、今體詩，分上、下二卷，其子有慶編次刊行。朱蔭培、洪洞、董文煥所爲山東濟南書院之祠堂記，附刊於簡端焉。

靈蘭館律賦一卷　　秦氏繕寫評註原本

　　清王禮甲撰。禮甲字晴耕，道光十五年乙未貢生。工詞賦，性落拓不羈，論談善詼諧，聞者絕倒，士林輒傳其故事焉。《縣志·文苑》附父焜傳。

是編爲秦氏某選録，都十有四首。其門人秦樹爲之評註，蓋衣缽之傳本也，而無刻本行世。按：《縣志》藝文門載，禮甲著有《靈蘭館詩鈔》，今無傳本。

飛香圃詩集四卷　　安氏家刻本

清安詩撰。詩字芝慶，號仲依，道光十二年癸巳進士。官吏科給事中。明安希范裔孫，與同縣秦瀛、陽湖劉嗣綰、莊眉叔諸名輩相友善，倡和往還，一時稱盛。《縣志·文苑》附章簡傳。侯氏《續梁谿詩鈔·詩小傳》未及之。

是書爲古、今體詩四卷，前後無序跋，刊行年月亦無考。

水竹軒詩鈔六卷　　民國十六年倣宋鉛印精校本

清秦焕撰。焕有《梓里録》，已著録。焕居恒輒喜爲詩，興至行吟，不自雕斲，而自成篇什。

是編爲其手定詩稿，曰《摩燕集》、《漳濱集》、《洹上集》、《梁苑集》、《衛源集》、《句曲集》等六卷，藏於家。其子同培字于卿，諸生，光緒二十二年丙申科案。梓行，以廣流傳。同縣裘可桴爲之序。其孫毓鎏復跋於後曰：“先大父自定詩稿，藏之家塾。于卿七叔懼歲遠年湮，遺稿散佚，謀付剞劂，以垂久遠，命毓鎏爲之跋。毓鎏侍先大父之日淺，未能窺見高深，於先大父之詩，更不敢贊一詞。惟讀《哀江頭》諸篇，足徵當日太平軍草芥人民，失道寡助，宜其致敗。至於綱常名教，本隨時勢爲變遷，此一時，彼一時，不能强古今人而一致也。毓鎏行能無似，不足以顯揚先人，惟信仰革命事業，始終不渝，憂患飽更，幾瀕於死，三握邑篆，建樹毫無，惟不敢行一不義之事，取一不義之財，則尤兢兢焉秉先大父之遺教也”云。

碧梧桐館詩存一卷　　民國二十一年倣宋鉛印精校本

清秦炳文撰。炳文，原名燿，字誼亭，一號研雲，道光二十年庚子舉人。大挑二等，選吳江教諭，擢國子監學正，授户部主事。工繪事，耆古，精鑒賞，又富收藏。縱覽東南佳山水，輒爲之圖。既官京曹，當世士大夫咸樂與交遊，而畫詣益進，求者庭履常滿。朝鮮使臣入貢，欲得其縑素以歸。世之藝苑紀載，往往推重炳文畫焉。尤寄情詩酒，觴詠流連，老而彌篤。治家嚴肅，一門孝謹，説者稱其有萬石家風。《縣志·文苑》附大父永年傳。

是書爲其孫潛編録，鑴行於世。以四子廷璧字皖卿。所爲詩，曰《皖卿詩存》，附諸簡後。南海關賡麟爲之序。其族侄瑞玠復爲之跋曰：“族父誼亭公，生當嘉道間，以名孝廉司鐸松陵，改官户部。工詩，善畫，而詩名爲畫所掩。遺集久未刊行，晚作亦多散佚，所存僅百六十首。顔曰《碧梧桐館詩存》，蓋因公王父雪舫先生有《雙梧桐館詩鈔》，而以名其詩，用彰勿替。今雪舫先生之詩不傳，而公之詩幸有後賢善爲繼述，九原當堪少慰。公生平廣交遊，於同邑詞人沈晴庚先生尤深相契，晴庚先生贈公詩云：‘王盧並傑無餘子，淮海論交第一人。’足見其交誼之深矣。公少子皖卿先生爲晴庚先生壻，又少從受業，既承庭訓，兼善師資，學有淵源，故雖不自命爲詩人，而偶有吟詠，深得温柔敦厚之旨。性孝友，童時刲臂愈母疾；父晚病中風，口喑，動止不良，衣不解帶者兩載。易中衣，進溺器，悉躬親之。事兄嫂亦恭謹唯諸，如事父母。内行篤摯若此，是又不獨其詩之可傳也已。”然則炳文父子之知名，殆匪偶然也。

東里草堂詩草一卷　　縣圖書館繕寫本

清朱壽清撰。壽清字萍香，諸生。道光十三年癸巳科案。家貧，賴舌耕自給，性剛正不阿。

是編爲古、今體詩，前後無序跋，無刻本行世。據何本繕出，無考。

張南湖詩詞存一卷　　民國七年鉛印本

清張應蘭撰。應蘭原名蘭階，字佩之，一字南湖，道光二十三年癸卯舉人，候選知縣。幼慧，深於情，好爲艷體詩及儷偶文字。中年盡棄所作，治樸學。邑之賢豪長者，多樂與之交遊。論談時事，慷慨激昂，英氣奇絶。嘗客河南某守所，意氣不相中，作絶交書遺之，傳誦京洛。咸豐間，洪楊軍進迫畿輔，刑部郎中何桂清以兵備道赴天津軍營，奇應蘭才，請與偕。已而臨清危，檄應蘭往，偵虛實，遂死於兵。事具《縣志·忠節傳》。

是書爲其外孫女夫張鑑刊行，同縣錢基博序之，謂“南湖所著，清雄雋拔，不作囁嚅語，大率類其爲人”云。

旅懷小草一卷　　民國十年鉛印本

清張應蘭撰。應蘭有《張南湖詩詞存》，已著録。

是書詩一卷，補遺文三首附於末，張鑑所刊行者。同縣秦銘光序之，謂：“銘光小時，聞大父葚風公談往事，每忘倦，而尤樂聞諸先執之遺聞軼事，至今思之，尚約畧可記也。南湖張公與大父夙好，慷慨尚意氣，尤工詩。洪楊事起，邑之縉紳先生以死事聞者，公最烈。大父述當時事，輒嘻吁道之，故聞之較稔，顧以不獲一睹其詩爲憾。歲丁巳，牧叟張君梓公詩見贈，全詩無多，而大父之名凡再見。回憶曩時，想見其爲人。今年秋，牧叟續得張公《旅懷小草》，以公與大父契，亟相示，兼以序言屬。銘光不文，何敢序公詩，謹以童時習聞於大父者，畧述一二以歸諸牧叟”云。

醉墨軒詩鈔四卷　　邑人孫寰鏡捐贈舊藏錢啓臺手寫本

清張步瀛撰。步瀛字蓮洲，道光二十四年甲辰副貢。工詩賦及制舉文，爲邑名師。治經，通曆算，嘗謂有清經學直接漢，唐宋以後所不逮；算學直接三代，又漢唐所不逮也。晚年專心六書，病畢沅《釋名疏證》闕畧，因作重箋，又爲釋名求音，未竟而卒。《縣志·文苑》有傳。

是書爲古、今體詩，按年編次，起道光七年丁亥，訖十七年丁酉，都四卷。同縣顧翰跋語，謂：“昧如諫果，芬若幽蘭，與近時作手、馳騁詞壇者迥別，此不遇於時者之所爲也。然無寥落不遇之感，而有儃然自得之樂，非真有所得，能若是乎！”又曰：“先生古文經説、詩賦箋牘,遺稿尚多,以俟後人有力者再行續刻"。云云。然則是編殆有刻本乎。

悔餘吟社詩詞稿一卷　　縣圖書館繕寫本

清華汝楫撰。汝楫字惕菴,諸生。道光三十年庚戌歲案。幕遊燕、豫、齊、皖,爲諸侯上客。後官浙江補用鹽大使。

是書爲其所著之詩詞稿,無刊本。縣圖書館據其稿本繕出,但侯氏《續梁谿詩鈔》又稱"汝楫著《悔餘吟草》四卷",並存之,以備徵訪。

杏林吟草一卷　　附詞草　　縣圖書館繕寫本

清朱錦英撰。錦英字瘦梅,道光間人。世居邑之鵝湖。工吟詠,兼善岐黃,有蕭然世外意。

是編爲古、今體詩,卷末附詞,無刻本。縣圖書館據其家藏稿本繕出。其同里華文模稱"氣息清曠,非黏滯者可比"。

古杼秋館詩草三卷　　著者手書影印本

清侯楨撰。楨有《禹貢古今註通釋》,已著錄。

是編爲楨手書真跡。卷端有同縣秦昌煜、顧曾煦、含山張爕承等跋語及題詩,皆墨跡。又有何桂瀛及勳題詩,亦墨跡,勳未列姓,及桂瀛籍貫俱無考。舊爲侯氏珍藏本,民國四年,其外孫吳日永徵訪得之,遂影印行世。從孫侯學愈序之,謂:"先生生當仁廟,於時芙蓉山館、辟疆園之風尚熾,學者羣焉景附,競以妃青麗白爲工,詩亦不宗飛卿,即宗玉谿。獨先生受古文義法於梅郎中曾亮,所爲詩,胎漢魏,武晉宋,徑高岑,階杜陵,頑艷擷昌谷,艱澀緬山谷,人以'二谷'稱之。一洗世俗浮麗側艷之習,不爲風氣轉移,品誼概可見矣。"而顧曾煦題語,又謂"楨近體亦復入唐人奧窔,非時人所能及"云。

微雲樓詩集五卷　　清光緒戊子原刊本

清秦昌焯撰。昌焯字雪樵,國子生,道光間人。居恒講究敦厚忠孝,循循無所軼。但生有足疾,早歲即棄舉子業,而致力於詩,說者稱其"幽雅秀絕處,往往非人所及"。

是書爲古、今體詩,其子瓘編次之,爲五卷。其族弟焕爲之序,稱其詩"氣清神遠,有高世之風。至於抒寫性情,一往而深,則尤使人孝弟之心,油然自生"云。

微雲山館詩集一卷　　縣圖書館繕寫本

清秦喬章撰。喬章字補崗,道咸間人。信陽州楊家塘巡檢。工八分書,能詩。

是編爲古、今體詩。其宗人某以侯學愈《續梁谿詩鈔》采錄百不及一,故復擇尤錄之,以質風人云。

怡雲草堂詩存一卷　附詞鈔一卷　民國十七年鉛印本

清蔣大鏞撰。大鏞有《隨軺日記》，已著録。

是書古、今體詩一卷，附詞一卷。其詩編次可分爲三：首爲思親懷舊所作，次爲隨使高麗所作，次爲隨軺吉林所作。同縣許同莘爲之序，稱其詩“和平溫厚，抒情性，道得失，蓋庶幾風人之遺。由是知達於政事者，必長於詩，匪獨義理之相通，乃情性之無二”云①。

旅遊小草四卷　清光緒丙子原刊本

清華振撰。振字芸谷，亦作雲閣，道咸間人。少負不羈才，於書無所不覽，擅詩古文辭。累試不售，遊幕大梁，以性介特，所之多不合，振泊如也。而跌宕奇逸之氣，輒發之以詩，懷才不遇，君子惜之。

是編爲古、今體詩，自道光三十年庚戌，至光緒二年丙子，皆因地因人，言事言情之作。共得詩二百七十首，編次爲四卷，振手定本也。其門人同縣林祖述字少筠，同治七年戊辰進士。爲之序，謂振“既不置身通顯，爲朝廷興利除弊，銘勳鐘鼎，而陶寫羈緒，繼韻風騷，烏知不傳諸後世，垂爲不朽”云。按：此本爲同縣侯鴻鑑得之燕京，贈縣圖書館庋藏，與邑人士共鑒之。

妙香居小草一卷　民國四年鉛印本

清孫顯撰。顯字勗三，諸生。咸豐三年癸丑歲案。擅詩、書、畫三絶，兼通六壬遁甲。襟懷沖淡，志趣高遠，嘗應試南闈，以風雨不入院，時人尚之。《縣志》謂借浙省試。並存之，以待考徵。閒居，往往以枯筆作山水，隨意揮灑，林巒雲水，盤鬱飛動，藝苑稱爲神品。《縣志·藝術》有傳。

是書爲古、今體詩，附詞一闋，於咸豐庚申前後辟亂鄉居之作。卒後三十年，其子思贊字仲襄，諸生，光緒十八年壬辰歲案。有學行，清季任無錫勸學所總董，入民國，任無錫縣視學，有聲於時。刊行於世。其館甥姚霨字月度，光緒十五年己丑恩科舉人。爲之序，稱：“尺幅才簡，信口閒吟，亦足見流水鳴琴，翛然出塵之致。”族弟揆均又稱“最傾倒者，如《遥村》云‘夜火亂明星’；《牛尾山望湖》云‘湖光生晚寒’，此二語雖唐人絶倒處，不是過”云。

拂珊吟一卷　縣圖書館繕寫本

清陳蒉之撰。蒉之字春谷，自號梁谿釣徒，咸豐九年己未舉人。生有奇氣，學問人品，卓絶一時。事母以孝聞。平居不求聞達，著書自娱，值兵燹亂離，稿多散佚，僅存《即鴻子》暨《得静軒古賦詩詞》，都若干卷，俱未梓行。

是編亦無刻本。自識“自道光十三年癸巳，至咸豐十年庚申，删存古、今體詩三百餘首”。則卷中所録者，其未登賢書前所著爲多耳。

---

① 引文據上海古籍出版社《清代詩文集匯編》六二八《怡雲草堂詩存·序》第 555 頁校。

檉竹齋詩鈔無卷數　縣圖書館繕寫本

清蔡濬撰。濬字燮堂，號夢芙，諸生。咸豐九年己未歲案。少孤，從同縣王恩綬遊，刻苦如成人。及冠，文采清麗，爲顧翰所賞。嗣客戎幕，補彰德府經歷。授徒自給，及門稱盛。性好繪事，人物花鳥，點染如生。年未五十，卒於官。

是編皆古、今體詩，詞鈔附於後，首尾無序跋。縣圖書館據其稿本繕出。

谷盦燹賸二卷　補遺一卷　續集一卷　清光緒間家刻本

清張鴻猷撰。鴻猷字辰遠，號筱亭，咸豐十年庚申恩貢生。侯氏《續梁谿詩鈔·鴻猷小傳》稱國子生，誤。就職直隸州州判。能詩，所交多海內賢俊，而與同縣錢勗、施建烈、秦緗業輩，尤稱莫逆。後更離亂，家業落，曠然絕不措意，可以想見其沖抱焉。

是書分《寓漕集》、《更生集》二卷，又《補遺》一卷，《續集》一卷。燹賸者，咸豐兵燹所賸詩也，其孫曾慰刊行之。同縣楊模爲之序，謂："風格遒緊，出入坡谷間。"而華衛芳又追懷往事，以識於其尾。

孟和詩草二卷　清光緒己丑聚珍本

清范鈞撰。鈞字孟和，諸生。同治四年乙丑補行庚申科案。自少志行卓偉，壯務抑縮，布衣敗屨，非其義，雖絲毫不敢犯。性夷簡，有展禽風，豪於飲。與同縣秦寶璣、張乃勳以詩、古文辭相切磋，楊模所目爲勾吳三君子者。阨塞凋落，未竟厥志，殆三人相同。光緒初，秦緗業重修《縣志》，鈞任分纂焉。

是書爲古、今體詩，分上、下二卷。模爲歎息梓行，同縣秦寶珉爲之序。

自怡軒詩詞存三卷　民國二十一年鉛印本

清顧荃撰。荃字春巖，諸生。同治五年丙寅並行元年壬戌歲案。明顧憲成九世孫。父鳳仞，咸豐二年壬子進士。荃既食廩餼，累試秋闈，不售。與修《安徽通志》，以訓導用。時鳳仞方家居，病痱，荃事之，無須臾離，不復以功名仕進爲念。先是值咸豐庚申，荃既奉親辟亂，而復劍列祖遺象於背，懷憲成闈卷墨跡，極造次顛沛，固守不敢放。居恒沖和恬退，與物無忤，而足不履長吏之庭。邑令知其賢，往往屏騶從，造廬諮詢，荃知無不言，言輒報可，以是里之豪暴嚴憚之。其所負鄉望蓋如此。

是書爲所存詩詞稿，其子寶珏、字蘊生，諸生，光緒二十四年戊戌歲案。寶琛字彬生，民國初江蘇省議士。等梓行於世。同縣孫肇圻序之，謂其詩"規唐倣宋，無背於溫柔敦厚之旨"。而嚴毓芬稱其詩餘"沉浸於其先德梁汾舍人《彈指詞》，復上溯梅谿、玉田、白石、草窗諸家，擷其芬馨"云。

達觀樓詩草一卷　民國十三年聚珍本

清顧寬撰。寬字彥夫，諸生。同治七年戊辰歲案。性靜默，操行修明。咸豐庚申，寬奉親辟鄉，怙恃相繼失，兩昆遇亂離散，幾不能自存。乃隻手旅興化，與其地士大夫賦詩酬答，寫憂悴以寄其慨，閱者憫之，而又斂手服其才，時寬尚未冠也。事平歸，始爲學官弟子。授經虹橋同宗家，歷十載未易主，論者稱其誠篤有過人者。

　　是書先由其族孫森書采入《勤斯堂彙編》，別見著錄，至是其子倬倬原名裕昆，字述之，諸生，光緒十九年癸巳科案。清季留學日本，習師範。歸國主辦邑城東林兩等小學堂，著有聲譽，既而奉令創辦江蘇省立第三師範學校。入民國，繼任校長閱十稔，培植師資，學風樸肅，聲望著大江南北。復刊單本，以廣流傳。同縣竇鎮、嵇爾霖並爲之序。卷末附刊《風木吟》，極盡《蓼莪》之痛，具見倬至性焉。

霜傑齋詩二卷　補遺一卷　清光緒戊寅原刊本

　　清秦寶瓈撰。寶瓈字潛叔，號姚臣，同治九年庚午副優貢。性至孝，館穀所入，奉親外，不自私，親故有急，多方助之，而自奉則儉約。欲儲金築室，爲二老采蘭侍養之所，未成也。平生檢束，一出儒者，人無間言。弱冠，辟地海上，則肆力於詩。壯歲治科舉業，覃精粹思，迥軼儕輩。光緒之初，山西學使者同縣朱福基同治四年乙丑進士，翰林院編修。延聘襄校文卷。歸，值秦緗業重修《縣志》，寶瓈任分纂。時緗業以道員需次兩浙，而以纂修事委寶瓈，於是廣徵博訪，重加編次，以總其成。無何，合肥張樹聲總制兩廣，羅致四方賢俊，遂聘寶瓈入幕府。而寶瓈以體弱不任風濤，加以嶺南炎蒸暑濕，致疾卒，年甫四十，鄉里惜焉。

　　是編爲手訂古、今體詩，嚴汰約收，得百數十首，按年編次。其行蹤所在，可據以爲考也。既歿，緗業復葺其賸稿，爲《補遺》一卷，武進馮光勛序之，謂："潛叔辟亂居海上，年甫踰冠，既世事一不可問，則畢致力於詩。方其縱情孤往，刻露天骨，有睥睨一代之概，非世所謂窮而後工者也。亂定還鄉里，乃肆力治經史古文，屢試不得志，則橐筆遊晉、齊、燕、豫之郊。嘗陵東嶽，跨太行，絕河、濟、汾、漳，雄關阨塞，越數千里。古昔聖賢豪桀之所經營，風人韻士之所躊躇而詠歎，凡有所得，一寓之於詩，故尤雄放不可束縛。閒出諷喻以吐其寄，而潛叔之詩乃一變矣。逾三年歸，而忽忽不怡。復赴粵督合肥張公之招，粵東故人材藪……而潛叔之意，泊然若無所營，詩亦頹然自放，閒乃一作，初不知俄頃之譽，千百世之名，足以動其豪末也。"[1]所論寶瓈詩，可謂至矣。

吟梅仙館詩詞稿二卷　民國九年鉛印本

　　清蔣汝偁撰。汝偁字毅甫。父大鏞，官奉天府治中，治行具《縣志·宦望傳》。汝偁以國子生七試省闈，未售，泊如也。事親孝，母病，昕夕不離側，雜操作，雖渡溺弗辭。父既卒，營葬盡禮。蓋其弟兄既在官，雅不欲以家庭事分其心也。嘗應山西學政同縣朱福基之聘。同幕某疾亟，去家數千里，欲致其家，則無及，而汝偁獨庀其喪，返其櫬，間關達上海，招其家迎之去。其孝友於家，信義於朋友，儕輩咸斂手推服之。

　　是書爲其子士松字遇春，諸生，光緒十年甲申科案，候選訓導。輯錄詩詞遺稿，刊行於世。同

---

　　① 　引文據上海古籍出版社《清代詩文集彙編》七五〇《霜傑齋詩·序》第635頁校改。

縣陶世鳳、陸士奎字耀星,光緒二十年甲午恩科進士,選庶吉士,改知縣,歷署桐城、宣城、懷寧、鳳陽、蒙城等縣事。並爲之序。其館甥侯鴻鑑又稱:"汝倜平生風義廉潔,名利不足動其懷,富貴不能屈其操,而藹然仁者之言,凜然骨鯁之概,又時時見於字裏行間,足以鍼砭後世競權奪利之徒"云。

紫櫻仙館詩詞草(僅存一卷)　民國十八年鉛印本

清蔣汝倫撰。汝倫字振甫,大鏞季子,國子生。少負英敏才,大鏞精研經學,以所得授汝倫,而汝倫於所讀《毛詩》《左傳》,銓解註釋盈簡端。壎篪唱和,殆其餘事耳。嗣咯血卒,年止二十有四,懷才未成,聞者惜焉。

是編爲其子士棟輯録遺稿,刊行於世。同縣侯鴻鑑爲之序。

雙桂軒詩稿一卷　原稿本

清鄧登瀛撰。登瀛字筱洲,號秋泉,別號槐蔭,國子生,同光間人。援例入貲得縣丞,署鄞縣鄞江巡檢,清泉場鹽大使。父炳綱,官平羅、燉煌等知縣,所至有聲。

是編皆近體詩,卷末附詩餘,爲未加詮次之稿本也。

靜妙山房遺集三卷　清光緒庚寅新建夏氏校刊本

清錢鈞伯撰。鈞伯,原名名振,字訥蓮,諸生。同治十三年甲戌歲案。援例入貲得知縣,加同知銜。少負才,隨父誦清官嶺南,讀書窮夜不輟,尤嗜治史部書,嘗謂:"《通鑑》紀古今治亂得失,《通考》備歷代典章制度,能熟復二書,庶幾可謂有用之學。"稠人廣座,每發一言,無不厭人之意,至議論天下事,又往往中節。既困名場,銳氣漸減,乃肆力於詩,於是,抑鬱牢愁盡發之焉。

是書爲其自定稿,都二卷,末附補遺一卷,其妻兄新建夏敬中梓行於世。葉潛爲之序,稱"其懷古諸什,平心論事,喜怒無偏……若夫感時嫉事,慷慨悲歌,則又婉而多諷"云[1]。

心禪室詩稿三卷　縣圖書館繕寫本

清余一鼇撰。一鼇字成之,號心禪,同光間人,候選通判。家富藏書,意表彰文獻,搜求鄉先輩遺著尤勤。與同縣顧翰有雅故,顧氏與楊芳燦、英燦、揆昆弟爲姻通世好,而楊氏又爲一鼇外家,故於顧楊之學,篤好不厭,染濡者彌深。同縣丁紹儀所輯《清詞綜補續編》,以垂老無成,乃付一鼇,蓋珍護叢殘,意尤倍至。所校刊行世者:顧氏則有《辟疆園遺集》、《雙谿集》、《拜石山房詞》,楊氏則有《楊蓉裳先生年譜》、《真松閣詞》,又欲纂輯楊氏《花萼集》,未成而卒。

是編爲其所著之詩詞。卷一曰《心禪詩稿》,始自同治九年庚午,迄十三年甲戌;卷二曰《心禪吟草》,始自光緒十一年乙酉,迄十八年辛卯,俱按年編次;卷三曰《憐香詞》。都三卷,

---

[1]　引文據上海古籍出版社《清代詩文集匯編》七七二《靜妙山房遺集·序》第 182 頁校改。

無刻本行世。

劍霜龕吟稿四卷　附録一卷　清宣統元年鉛印精校本

　　清秦寶鑑撰。寶鑑字懋昭，諸生。光緒二十八年壬寅科案。性聰敏，喜讀書，少時即流覽經史百家言，而能會通大義。及長，偶事制舉，而專肆力於詩詞。然負有大志，憤國勢之不張，民德之不齊，輒思研求新學，冀盡匹夫興亡之責。而懷才早世，聞者惜焉。

　　是編爲其平生所作詩詞稿。其宗人銘博序之，謂其"憂民撥亂之誠，鬱而爲偃蹇無聊之志，因有遺世絶俗之思，故其詩詞清絶，而多哀感之作"云。

寄漚詩鈔四卷　附詞一卷　民國十年縣圖書館倣宋精校本

　　清劉繼增撰。繼增有《忍草菴志》，已著録。

　　是編爲其子書勳任縣圖書館館長時刊行。常熟俞鍾穎序之，謂："寄漚栖遲九龍接翠之區，吐納二泉噴玉之潔，驅毫欲活，摛藻俱馨，雖天生斯才，未竟其用，而淵懷沖抱，其詩存，則其人有不可磨滅者。吾知他日《梁谿詩鈔》繼續編輯，必將揀金之腴，采玉之潤，有足傳寄漚於不朽"云。

篁韻盦詩稿六卷　清光緒丙午聚珍本

　　清顧森書撰。森書有《師二雲居畫贅》，已著録。

　　是書爲其手訂詩稿。曰《昭蘇小草》，自咸豐十年庚申冬，迄同治十二年癸酉春所作，時屆喪亂，流轉江淮，歸里如再生矣。曰《淹楚旅吟》，自光緒元年乙亥秋，至四年戊寅歲杪所留稿。按：於癸酉夏遭父喪，乙亥秋服闋，是後始作楚遊耳。曰《轉蓬類稿》，自光緒五年己卯，以及庚辰、辛巳，至壬午半年所作，其間南浮湘水，北上燕京，湖海大觀，俱見諸詩。曰《瞻岵初編》，自壬午秋，入皖撫賓幕後所作，皖爲其父服官地也。曰《止甌敀草》，合壬、癸、甲年所作，紀其蹤跡所在。曰《望雲飛稿》，以留皖有年，而白雲親舍暌隔在遥，用多思親之作。編次爲六卷，同縣秦敦世爲之序。

頌菴詩稿一卷　民國七年縣圖書館聚珍本

　　清高翃撰。翃字仲安，亦作頌菴。兄翔，光緒十九年癸巳恩科舉人。翃自幼穎悟，能詩，與同縣侯鴻鑑、丁福保友善，懷才未布，早卒。

　　是書爲所遺詩稿，鴻鑑所藏，乃爲删定，印行於世。簡端有同縣丁永鑄序，福保識語，顧曾望及鴻鑑誄詞、祭文，多嘆惜悼痛之詞。

醉花陰軒詩鈔一卷　附文一卷　民國十年鉛印本

　　清侯星聯撰。星聯字維良，號辰奎。自少聰慧，能詞章，而氣概豪邁，不可一世。既肄業天津北洋大學堂，光緒庚子之變，散學南歸。無何，復考取京師譯學館，畢業，派赴英國留學，習法政、理財兩科，得學士位。遊歷全歐，以疾卒於瑞士。學成而未爲世用，聞者惜焉。

是書皆古、今體詩，附文六首。其婦守節撫孤，不忍其夫之歿世無稱，遂輯録付梓。德清俞陛雲字階青，光緒戊戌進士，廷試第三，授翰林院編修。爲之序，稱其詩"清婉温厚，佳處頗似宋賢，覽其遺篇，想見其人，有粹然閒雅之志。爲甄録若干首，非特存其人，而慰其婦，更冀其孤之克自樹立，繼父之志以昌其門。雖一卷殘詩，固侯氏傳家之集"云。

晚紅軒賸稿二卷　民國十二年著者手寫影印本

民國秦岐農撰。歧農名寶瓚，晚年以字行。有《遺篋録》、《古泉圖釋》，已著録。

是書手輯五十以後古、今體詩，以小行楷精寫，影印行於世。自序之曰："嘗讀漁洋山人《感舊集》，因見斯時作者之多，顧其詩未必皆可讀，而其人未必盡知名。由是知詩固不足以傳人，而傳者要別有在。若僅以詩傳，則其詩定非凡響，而其聲譽亦早已籠蓋當世，一代祇有數人，蓋難乎難矣。夫黄鐘大吕之音，世不多作，其他候蟲時鳥，自鳴自已，世不能禁其不鳴。僕年老矣，五十以前諸稿，强半散佚，後來之作，亦復無多，彙而録之，都爲二卷，付之石印，以比候蟲時鳥云爾。"其自述云云，雖多虛懷之辭，然斯編要非所以爲岐農重歟？

小緑天盦詩詞草五卷　民國八年聚珍本

民國寶鎮撰。鎮有《名儒言行録》，已著録。

是書卷一至卷四，爲古、今體詩，考卷中所書歲月，自清同治癸酉，至民國初元，集五十年所作，編次爲四卷，詞一卷爲附。同縣陸紹雲爲之序，稱"先生弱冠應童子試，爲邑侯傅蘭槎先生拔取第一人。工書，善詩，名噪一邑。一時欽慕者，罔弗指爲鳳閣通才，玉堂清品"云。

萬樹梨花館詩稿六卷　民國十八年鉛印精校本

民國范廷銓撰。廷銓字衡伯，清諸生。光緒六年庚辰科案。五試秋闈，三薦未售。文名籍甚，執贄者日衆，悉心教授，俾各成材而去。中歲南浮江湘，北走燕趙，與當世賢豪獵纓挾轂、角逐壇坫者二十年。既不得志，歸老湖山，又二十年。雖有憤鬱之懷，然浩然不爲物所累。説者謂其沖襟雅量，爲致壽之原。

是書爲年届七十手定本，都六卷。卷首刊有江陰章宗祚、同縣楊壽柟、鄧楫、錢海岳諸家之序，所稱多褒揚。獨侯鴻鑑謂其"往遊漢皋，所遊名勝古蹟，一一記之於詩，山川助其氣概，景物溉其胸懷，所爲詩，無不氣象崢嶸，光輝發越。又往遊北都，飽吸泰岱、津沽、春明之古蹟勝景，一一載之於詩。歸隱後，汲水灌花，伸紙揮毫，俱可於詩中見其襟懷"。則於廷銓生平所至，該備親切，後之覽者，自可考廷銓詩矣。

南湖集四卷　民國十三年鉛印倣宋精校本

民國廉泉撰。泉字惠清，又字惠卿，自號南湖居士，清光緒二十年甲午舉人。應禮闈試,報罷,援例入貲爲户部郎中。工詩,有豪氣,勇於任事,嘗曰"吾不爲,谁爲之者"。與其室吴芝瑛並好蓄書。既自傷見遺於世,乃築小萬柳堂於上海之曹家渡,並別建南湖精舍於杭州之西湖,偕芝瑛閒居賦詩,以見其志。武强賀濤稱其"蟬蜕垢穢,蕩滌煩酲,若列禦寇、莊周之所稱道,非皆有激於中而託以逃者耶!雖無所遇合,然未嘗少自暇逸,殆韓愈所謂'汲汲若不可及'者"。

是書合《南湖東遊草》之甲寅、民國三年。乙卯、丙辰爲第一卷;丁巳、民國六年。戊午、己未爲第二卷;《招花集》及《潭柘紀遊詩》,在燕京西七十里,古有龍潭、柘林,有寺曰潭柘,泉曾養痾於此。並《蒭淞留影集》中之五十一首,爲第三卷,此皆有單本行世者。又《拈花集》未刻之本,並自壬戌民國十一年。至甲子八月,都一百八十二首,爲第四卷,統名之曰《南湖集》。其至友孫道毅爲之編訂,梓行於世。芝瑛書於《東遊草》總目後云:"南湖四度東遊之作,每默誦一過,輒有哀動於中而不能自已者。雖賓朋酬燕之篇,山水登臨之賦,極佳麗之文,寓悲涼之概。余獨怪南湖年來遺世之想日高,而憂時之憤愈烈,不能於國内有所展布,獨遨遊瀛海,與彼邦所稱懿貴耆碩,上下其議論,以詩酒相往還。南湖之隱,豈如是也!寒厓先生題詞曰'坐隅忽作無聲哭',悲乎,抑何能將南湖之心大寫真如是!"又書於五度東遊之作總目後云:"詩窮方工,曩不之信,今讀此詩,堅苦悲鬱,其獨到之處,有踰三閭大夫澤畔吟也!南湖自呼'世外人'久矣,奈何顚頷踽踽若不可終日如是。"夫泉之襟懷,盡發之詩,覽芝瑛斯語,髣髴可得之矣。

夢還集一卷　　民國十七年李蘧廬楷書影印本

民國廉泉撰。泉有《南湖集》,已著録。

是書記甲子民國十三年。殘臘,迄戊辰民國十七年。六月,存詩一百九十六首,名曰《夢還集》。其寄芝瑛詩,有"夢裏還鄉聞鼓鼙"之句也。

寒厓集四卷　　民國十三年鉛印倣宋精校本

民國孫道毅撰。道毅,原名揆均,字叔方,清光緒二十年甲午優貢,本科鄉試中式舉人。應禮闈試,報罷,援例入貲爲内閣中書,既而大挑知縣。與武進吴敬恒、同縣廉泉、俞復、高翔、丁寶書、福保兄弟數輩善,每日夕,必聚於市間茶舍名"春源"者,雜談訓詁詞章,而以漢滿不平等,鼓吹革命事爲歸,至嚚甚,輒引鄰座驚怪。時江陰南菁書院爲東南講學所著,道毅又嘗偕春源茶話諸人,應選入南菁,究經史,務實學,上下古今,攻討不厭。中國自甲午喪師,國勢日蹙,士大夫罔不憤發,咸知國事非可以考據記誦了之。而道毅亦於壬寅,與敬恒東渡赴日本,治西學。不二月,乃有上海吴慕良、寶慶蔡鍔等,欲以自資入成城軍校,公使蔡鈞持例格不與送,而道毅遂偕敬恒率同寓少長二十餘人,同造使署堅請,至夜半不肯休,鈞因嗾日政府以妨害治安之罪,罪道毅、敬恒,兩人捕至東京獄,流逐返國。而道毅慨然乃易今名,示有任重天下意也。入民國,軍閥輾轉秉政,而道毅憤鬱莫如何。迨十七年,曾一任江陰縣長,以廉敏著。自幼能詩,而與泉爲姻故,平生各以詩相切磋,既復自傷抱任重之志,未能支大廈之傾，用輒以詩發之。而敬恒則謂道毅與泉“名德碩望，清才閎學，僅僅使以詩集與後人相見，在國家爲大不幸”①，説者韙焉。

　　是書爲古、今體詩，泉編輯之，名《寒厓集》。寒厓者，道毅自號。在孤山放鶴亭後，石壁陡絶，曰“歲寒厓”，道毅喜得其地，營生壙其下，因以自號。泉編録其詩，遂以名集。其詩按年編次，起自丁未，光緒三十三年。訖乎辛酉，民國十一年。都四卷，敬恒爲之序。

環谿草堂詩稿八卷　民國十六年鉛印本

　　民國侯學愈撰。學愈有《尊賢祠考畧》，已著録。

　　是書輯録六十以前所爲古、今體詩，都一千一十四首，各卷所列，以年月編次。同縣楊志濂爲之序，曰：“孟東野，唐之工詩者也，昌黎謂之不平之鳴。梅舜俞，宋之工詩者也，廬陵謂其窮而後工。然則詩固窮者，藉以鳴其不平者耶！戢盦詩自言‘取法袁簡齋太史’，然太史當全盛，早登科，入玉堂，出宰大邑，以詩酒主東南壇坫者數十年。戢盦累舉孝廉不第，入貲以教職待銓。會丁滄桑之變，抱道抗節，守正不阿，日以表彰忠孝，扶植綱常爲己任。而情辭肫摯，才思縱橫，如集中惓念故君，愴懷師友，悼亡哭弟，弔古傷今諸作，纏綿悱惻，得風人遺旨。其他古體長篇，尤有浩氣流行，獨往獨來之概。使得遭際明時，出其汲古之藴，以潤色鴻業，上追商周魯頌之作者，下與當世學士文人，發揚詞藻，蔚成一代鉅製，詎不甚偉。乃徒以詩見志，同於東野之鳴其不平，舜俞之窮而後工，此固昌黎、廬陵所深惜。而余尋繹君詩，則尤痛心於吾道之窮，攄其千古不平之氣，此又豈小倉山房所有者耶。”然則學愈詩，其源流得失，蓋於此矣。

吟鷗水榭詩稿四卷　民國二十三年鉛印本

　　民國侯學愈撰。學愈有《尊賢祠考畧》，已著録。

　　是書所録古、今體詩三百六十四首，其編次之法，與《環谿草堂詩稿》同。簡首自題四絶句云：“編得俚句四卷成，雕蟲事業可憐生。靦顔手付麻沙木，一任千秋月旦明。”“平生低首倉山叟，絶代風流是我師。度出金針傳妙解，性靈以外更無詩。”“無端根觸總傷時，杜牧罪言畧似之。吹皺一池春水綠，干卿底事淚如絲。”“憑他覆瓿與燒薪，敝帚千金卻自珍。去日苦多來日少，枉拋心力作詞人。”讀之，則其詩其人，當有以自得之矣。

庸隱廬詩存二卷　民國十六年鉛印本

　　民國張文藻撰。文藻字子惠，清光緒二十三年丁酉副貢。嘗七試秋闈，未售，其艱厄如此。平生不樂阿附，以教讀爲生涯。嘗歷大江南北及京津間，譽著壇坫。工詩，自謂弱冠始事吟詠，四十年無所間，力求不矜才，不使氣，悉出自然。雖嘗一登塞外，非無感時撫事之慨，然不露劍拔弩張之態，斯可概見其性情焉。

---

　　①　引文據中華書局 1924 年版《寒厓集·吳敬恒序》第 12 頁校改。

是書爲年届週甲，乃輯其塞外浪吟，以及歷年存稿，而自名之曰《覆瓿吟》者，並梓行之，總名之曰《庸隱廬詩存》。淮安季逢元稱"欲覘其人品誼之邪正，性情之厚薄，悉可於是見之。所謂詩如其人，而又始終一轍者"云。

慨翁詩録一卷　民國三十五年精寫影印巾箱本

民國孫保圻撰。保圻字審懿，號希俠，晚年自號慨翁，清諸生。光緒二十一年乙未歲案。自少有志用世，辛亥革命，無錫光復，秦毓鎏樹赤幟，而保圻實與其事，惟極罕表襮。中年可求仕進，乃終不願得一官。晚年雖窮，身陷寇中，卒不稍降志，蓋其襟懷操履，有屹然不可奪者。

是編爲所著古、今體詩，其門人同縣孫伯亮手書影印，以行於世。保圻存詩有四百餘首，其姊聟、番禺葉恭綽選采約三之一，並跋於後，謂"希俠雖流離困躓，日遭所親之譏笑，而不之悔改，是豈尋常人之所能及。今誦其詩，猶可想見其爲人"云。

楊楚孫先生詩集三卷　民國三十六年精寫影印巾箱本

民國楊壽枏撰。壽枏字少雲，號楚孫，又號蘅意，清諸生。光緒二十七年辛丑歲案。擅詩，弱冠應童子府試——毗陵竹枝詞，獲冠軍，詩名籍甚。清季東渡留學，曾與三島詩人結社唱酬，又爲同社所推重。歸國，從事新聞事業。入民國，創新無錫報社，殆傾其力以主持之。既以報人自居，雖有所發揮，然其抱負終不獲有所展布焉。

是書皆古、今體詩，其門人同縣孫伯亮搜羅遺作，得詩二百二十首，編次爲三卷，手自繕寫，爲之影印，以廣流傳。同縣孫肇圻爲之序，稱："壽枏天才，高人一等，不傍門户，不拘繩墨，興之所至，筆亦隨之，故歌行尤勝。梁谿多詩人，近數十年來，無與抗手焉。"推重之如此。

蕭心劍氣樓詩存一卷　民國十九年聚珍本

今人孫肇圻撰。肇圻字北謜，號頌陀，清宣統元年己酉拔貢。殿試列二等，引見歸部，以提法司經歷，分發山東補用。入民國，曾任本縣設立之師範講習所所長。時民國肇造，地方教育亟謀推廣，而師資頗感闕乏，肇圻忠心規劃，畢力造就之，以應所需。江蘇省議會於時召集，而肇圻又膺選爲省議士，持正議，侃侃論談，輒動其座。省長韓國鈞器其才，保送以縣知事試用。肇圻感世變日亟，乃浩然無用世意。客黃海，以詩酒自娛，淋漓跌宕，無一語及當世。然有時伸紙作宋元人山水，題詩詞補空，往往抒憤鬱，露抱負。懷才未用，論者惜焉。

是書爲肇圻手定本，曰《蕭心劍氣樓詩存》。同縣嚴毓芬、錢基博並爲之序。

漁隱詩鈔續編二卷　著者手定待梓本

今人曹允文撰。允文字慕虞，號夢漁、漁隱。世居邑東北鄉之查家橋鎮，以醫傳家，有隱德。允文方弱冠，以諸生清光緒二十二年丙申科案。肄業京師大學堂，習史地科，有聲士林。

清季,常州府中學堂建立於郡城,校長屠元博延攬郡中知名之士充教習,允文亦禮聘之。入民國,又任京師女子師範大學講席,教授文史地科,蓋學有專長,乃益有所闡發,聲光於以炯然。自是有登進之機,而允文無心宦途,仍以舊業爲主。既歷幽燕,復越嶺嶠,覽山川之幽勝,與其賢豪隱逸者交遊,而所懷遂沖和靜淡,所爲詩歌,乃古秀雍容有風致。厥後雖置身部曹,而薄書鞅掌,蓋亦非其志也。抗戰軍興,允文由金陵入贛湘,淹遲醴陵,而武漢復陷,番禺道阻,遂轉由浙贛路抵金華,繞道永嘉,浮海歸歙浦,時閱一年。兄弟妻子離散,且當寇氛猖狂於黃海之日,其賢助作古於江北,時允文雖痛山河破碎,室家散亡,而堅持其舊業,以待乾坤之大定。説者稱其"恂恂端靜,不動聲氣,有古之隱君子風"焉。

是書輯録自戊寅民國二十七年。至戊子,民國三十七年。其所作古、今體詩,按年編次,都二卷,名《漁隱詩鈔續編》。允文手訂稿本,交其子曾祐爲之梓行者也。先是以丁丑以前所爲詩,删爲一卷,與其妹慎予曾任京師女子師範教員,著聲譽。《病梅菴詩》兩卷,季弟成章詩一卷,彙刻爲《花萼集》,故以續編名焉。同縣孫肇圻序之,稱:"先生弱冠時,以第一人遊庠,文名噪甚,但不溺於科舉文字,養親課弟外,以吟詠自娛。十六歲時,已從劉石香先生學詩,早具根柢,故能抒寫性靈,不依傍門户,而自具法度。梁谿多詩人,一時無與抗手"云。

別集類卷二

文選註考異一卷　清光緒丙申武進盛氏常州先哲遺書本

宋尤袤撰。袤有《遂初堂書目》,已著録。

按:《文選》有李善註本,有五臣註本。兩本字句,間有不同。袤專據善本,五臣異字,別爲考異一卷,而不加論定,俟讀者自得之。袤爲池州倉使,議刻《文選》,池守袁説友助之貲,閱一歲有半而後成,時淳熙辛丑也。常熟瞿氏鐵琴銅劍樓藏有此宋本,武進盛氏彙刻《常州先哲遺書》,即據其書影鈔而采録之耳。

杜詩分類集註二十三卷　明刊本

明邵寶集註,過棟參箋。寶有《泉齋簡端録》,已著録。棟字邦直,號汝器,又號最木,嘉靖十五年丙申貢生,謁選,授臨川縣丞,以練達著。年老,乞休歸。事親孝,藏書又富,優遊桑野,輒攜數帙隨。曾舉鄉飲,辭未赴,鄉之人以是高之。

是書爲杜詩分類註本,前後無序跋。所註每詩先述一章之大指,次及賦詩之時期,以見所以賦此之由;然後博采羣書,以盡其箋,而極其釋。裨益學者,厥功豈淺耶。

王右丞詩集註十卷　孫氏玉鑑堂藏明刊本

明顧起經撰。起經字長濟,更字元緯,爲其從父可學後。浸淫墳典,從可學宦京師,嚴嵩知其才,要置直廬,屬爲應制之文,起經迻巡謝不能,去。事跡具《縣志·文苑傳》。

是書爲孫氏玉鑑堂所藏明顧氏祇洹館刊本,未見。其主人祖烈題記,稱:"是集箋註詳備,足爲右丞詩集功臣。清初趙殿成鈔襲顧註,詭易己名,雕板行世,頗傳海内。而顧本反杳然無聞,書之傳否,亦有幸有不幸歟。"又謂此本"楮墨精好,書腦及天地寬大,裝潢古雅"云。按:是書清《四庫全書·集部別集類》存目。

辟疆園杜詩註解十七卷　清初原刊本

明顧宸撰。宸字修遠,崇禎十二年己卯舉人。操文場選柄數十年,每辟疆園新本出,一懸書林,不脛而遍海内。爲詩文豐蔚典贍,當世士林稱頌焉。事具《縣志·文苑傳》。

是書爲杜詩五、七律註本,都五言律十二卷,七言律五卷。卷首列杜氏年譜,以資稽考。同縣黃家舒爲之序,稱宸"博極羣書,沉酣風雅。其爲是註也,經之以史,緯之以譜,核之比物連類之典,而以温厚和平之性情,出以慧心,斷以獨見,疑者析,謬者芟,淺者深,斷者屬,牽合支離、顛倒破碎者有所是正"。而李贊元又稱之曰:"自有此詩,未有此註;既有此註,乃益信此詩之無一字無來歷,無一句無安頓,無一首無章法紀律。……竊怪讀子美之詩者,自唐而五代,而宋,而元,而明,何遂無一人能細闡其意義,詳疏其段落,博稽其使事之幽奧,確見其寫興之深微。至今及千年,得修遠而子美之面目始復生,精神始大焕發也。"①綜觀所序,則宸之註,可知當日儒林推重之至矣。

選詩補注一卷　邑人曹銓捐贈原稿本

明曹巖撰。巖字梅洲,自號西圃兩峰。出處事跡無考。

是書從《文選》中所錄之詩,分漢、魏、晉、宋四代,各采數家,家各錄數首,於原註外,再與註解,故云補註,蓋其攻治選詩所得之稿本也。未經刊行於世。

全唐七言律詩注一卷　邑人曹銓捐贈原稿本

明曹巖撰。巖有《選詩補注》,已著錄。

是書輯録唐人七言律詩都二十七家,各加箋釋,蓋治唐人七律詩所得之稿本也。未經刊行於世。

宋孫仲益内簡尺牘箋增訂十卷　清乾隆丁卯寫刊本

清蔡焯、蔡龍孫增輯。焯字敦復,諸生。乾隆元年丙辰歲案。龍孫字初篁,亦乾隆間人。兩人家富藏書,讀書好古,風尚爲時所稱。

是書爲宋孫覿撰。覿字仲益,蘭陵人,大觀三年己丑進士。五歲爲蘇軾所器。靖康間,嘗以文字得罪廢。所著《鴻慶集》已佚。尺牘十卷,其門人李祖堯編註,尚留緒餘,爲世所

---

① 據《清代詩文集匯編》〇九一《信心齋稿·辟疆園杜詩註序》第 125 頁校改。

重。明中葉曾再三刊行於世。至乾隆間，焯、龍孫得明刊本，就原註增訂校刊行世。同縣浦起龍爲之序。

楚三閭大夫賦箋七篇　清康熙壬寅精校本

清王邦采撰。邦采有《讀書隨記》，已著録。

是書爲《離騷》、《九歌》、《天問》、《九章》、《遠遊》、《卜居》、《漁父》註本。惟屈原精神之凝聚，學問之歸宿，胥於《離騷》發之，外此則皆其散見之文。故邦采之箋《離騷》，視他篇賅博。所采王逸、洪興祖、朱熹、徐焕龍、林雲銘、朱翼六家之説，羅列於前，而以己見附録於後。所箋他篇，則雖有采諸他家者，然重加芟録，參以己見，具書正文之後，概不備載所采者姓氏。自序之，謂“諸家評註，其於三閭大夫意指所在，尚多紕謬弗安。……今年秋鍵關養疴，從弟侄輩之請，爰取而訂之。……予今者不敢信兹編毫無遺憾，竊自謂頗費苦衷，學者能熟玩而神會焉，則《遠遊》、《天問》諸篇，自可迎刃而解”[1]云。

吴淵穎先生集箋十二卷　清康熙辛丑精刊本

清王邦采、王繩曾撰。邦采有《讀書隨記》，已著録。繩曾字武沂，雍正八年庚戌進士。少受學於舅氏秦道然，講主敬之學，墨守繩尺，言動必於禮。年五十餘，始登第，官揚州府教授。既歸，主講東林書院。尤能造就後學，及門如顧奎光、秦朝釪，並以品學著。《縣志·儒林》有傳。

是書爲吴淵穎詩集註本。按：淵穎先生名萊，元末人，其文雄深卓絶，頗類先秦兩漢間作者。其詩才氣縱横，與覃思冶煉者迥殊，王士禎論詩絶句，所謂“淵穎歌行，格盡奇者”。所選七言古詩，録淵穎詩頗多，可知推崇之深。及門之士，以其經義玄深，而文辭貞敏也，私謚曰“淵穎先生”。邦采、繩曾同箋是編，搜采經傳子史雜部書，所引該博，是資學者觸發云。

晁具茨先生詩集箋十五卷　三槐堂精刊巾箱本

清王邦采撰。邦采有《讀書隨記》，已著録。

是書爲宋晁具茨先生詩註本。卷首未載邦采名，跋尾註“亮圃書於一卷一勺之間”。而亮圃是否邦采别號，亦無可稽考。惟“一卷一勺”，確爲王氏世有齋名。在邑城小河上王宅。又縣圖書館《鄉賢著述書目》，及孫氏玉鑑堂藏《鄉賢著述目録》，俱稱是書爲邦采所撰耳。所箋搜羅富，考索勤，其跋語所謂“讀者庶可藉以尋其義之所在”云爾。孫氏《玉鑑堂題記》稱“是書爲康熙雕刻巾箱本，流傳頗少，書估有去其書跋，僞充宋元槧者，此事曾聞諸江陰繆荃蓀”云。

讀杜心解六卷　清雍正甲辰浦氏靜寄東軒本

清浦起龍撰。起龍有《乾隆無錫縣志》，已著録。

---

[1]　引文據上海書店 1994 年影印出版《叢書集成續編》第 98 册第 85 頁校改。

　　是書爲唐杜甫詩註本,總爲六卷。而卷首分上、下二册,不入卷數;卷一分子卷六;卷二分子卷三;卷三分子卷六;卷四分子卷二;卷五分子卷五;卷六分子卷二,實二十六卷也。《四庫全書》爲之存目。其《提要》論列,似多貶辭。而起龍自謂:"一生迂謹,癖嗜讀書,歲月既多,謬成簡帙。前所著《讀杜心解》,一時評驚,未窺子美藩籬,不期上達宸聰,御選《唐宋詩醇》,竟叨采録。螢光爝火,得依日月之華。自顧何人,際此隆遇。"①《上云貴制軍尹書》,載《不是集》中。蓋起龍是編,與《史通通釋》,擬於高宗東巡,一並在惠山接駕時進呈者②。而《四庫提要》謂"好學深思之士,而不善用所長者",是可見著述之非易易矣。

南唐二主詞箋一卷　補遺一卷　民國七年縣圖書館石印本

　　清劉繼增校箋。繼增有《忍草菴志》,已著録。

　　是書有明萬曆間常熟吕氏刻本。康熙間,有邑人侯文燦字蔚霽,諸生,康熙元年壬寅歲案。刻名家詞十種本,繼增盡得之。厥後復得汲古閣舊鈔本,校其異同,而爲之箋。凡校箋皆雙行夾寫。其原有校箋者,單行則仍之,雙行則冠"原註"二字。別爲補遺,以附於後。同縣徐彦寬爲之跋,稱"石香先生此箋,緝蠹甚劬,於鴛鴦寺大師父子,極爲有功。雕版早就,遲未印行,旋歸道山。哲嗣書勳因檢舊藏當日紅印樣本,重付鑄鉛。誠先生遺著之卓然可傳者"。則是箋之爲學者所重,可概見焉。

陽春集一卷　清光緒甲午原刊硃印本

　　清劉繼增校評。繼增有《忍草菴志》,已著録。

　　是編爲南唐馮延巳所著。繼增得舊鈔本於常熟之書賈,卷首有嘉祐戊戌陳世修序。原無目録,依次補之,凡詞一百一十九闋。嗣後復得邑人侯文燦所刻《名家詞集》本,校註異同,別附補遺,刊行於世。自謂"南唐君臣無足取,第爲倚聲家別集之始,沿波討源,終不可廢。故於箋校二主詞竟,連類及之"云。

別集類卷三

盤洲文集八十卷　上海涵芬樓影印宋刊本

　　宋洪适撰。适有《隸釋》,已著録。

　　是書爲上海涵芬樓所藏宋槧孤本,影印流傳。海鹽張元濟《校勘記》稱:今世傳本,並從此出。清《四庫全書》著録者,爲毛氏汲古閣所藏,從宋刻影寫之本,其《提要》所稱'末卷拾

---

　①　據鳳凰出版傳媒 2011 年版《無錫文庫》第四輯第九十册《上雲貴制軍尹書》第 277 頁校。

　②　此處記述有誤,詳見本書《史通通釋》尾注。

遺'云云,殆與此本相同,所謂古本之僅存者矣。按:适以詞科起家,工於儷偶,然於金石之學,頗爲留意,如集中《跋歐書皇甫府君碑》、《跋歐書丹州刺史碑》、《跋歐書唐瑾碑》諸篇,皆能援據舊刻,訂《北史》、《唐書》之謬。即隋唐碑誌,亦多辨正異聞。至其內外之制,記、序、誌、傳之文,以及表、啓、疏、狀諸篇,《四庫提要》稱其"尚存元祐之法度,尤南宋之錚錚者"。又云此編"足與《宋史》參稽,是又不僅取其文詞之工"。凡所論列,益以有裨後世考證家焉。

華豫菴先生集一卷　　清宣統辛亥聚珍本

　　明華啓直撰。啓直字禮成,號豫菴,嘉靖四十一年壬戌進士。補順天教授,丕振士風,御史薦爲道德文章第一。後累官至四川布政司參政。同縣顧憲成官銓曹,時有讒啓直者,冢宰召憲成問曰:"子之鄉有華某者,何如人耶?"憲成曰:"君子人也。"曰:"何以不理於人口?"憲成曰:"世好圓,華某以方;世好飾,華某以樸;世好佞,華某以直;世好繁,華某以簡。既與世相左,世安得不與華某相左。"宰曰:"如此,洵乎其爲君子也。"官刑部主事時,力護海瑞。官貴州副使時,撫諭苗民。事具《縣志·宦望傳》。

　　是書於清雍正初,其玄孫爾行培元編輯,向無刻本。至宣統辛亥,其九世族孫鴻模梓行。卷端有五世族孫希閔題辭,稱"讀《涇皐藏稿》,得所爲公傳,亟稱公節行高卓,不愧古君子。讀公遺集,穆然以靜,沖然以和,不大聲色而義理自勝。於國計民生惓惓焉,而尤篤於宗姻師友。其文如是,則公之爲人益可知"云。

胡蓮渠文集無卷數　　劉氏寄漚書巢捐贈舊藏精寫本

　　明胡滐撰。滐字原荆,號蓮渠,嘉靖四十四年乙丑進士。知永豐縣,移安福,擢御史。萬曆初,建言觸帝怒,斥爲民。事具《縣志·忠節傳》,《明史》附陳吾德傳。

　　是書序記十首,傳錄七首,題跋六首,募疏二首,分類編錄,前後無序跋。寄漚書巢舊藏此本,根據何本繕出,無考。按:《縣志》藝文門載有《采真堂集》,胡滐著。然其書已無傳本,與是編有無出入,無可考徵矣。

涇皐藏稿二十二卷

　　明顧憲成撰。憲成有《四書講義》,已著錄。

　　是書集其平生所著書、疏、記、序、傳、志諸文,詳加删訂,手自編次,都二十二卷。清《四庫全書》著錄之。其門人同縣馬世奇原序,稱:"吾邑自明興二百餘年,久爲東南鄒魯。讀《文莊集》,詞約而理該,令人作天根月窟之思;讀《忠憲集》,旨潔而味深,令人作金聲玉色之思。而先生兼有其美,於文莊不忝爲後海,於忠憲亦不忝爲先河。山水英靈,鍾諸先生,猶夫二室九峯之鍾乎故程朱"云。

焉文堂集十卷　　附詩一卷　　縣圖書館據斗山辛氏尚志室藏原槧繕寫本

　　明黃家舒撰。家舒字漢臣,諸生。萬曆四十六年戊午科案。馬世奇弟子,以文章氣節自砥礦。天啓時，與同縣華時亨字仲通，高攀龍弟子，《縣志·隱逸》有傳。等結文會，號曰"聽社"，其名與"幾社"、"復社"遥相應和。崇禎甲申之變，世奇既以完節聞，而家舒以母在，幅巾野服，依東林故墟，謝絶交遊。郡邑大夫式廬造請，扃扉辟匿。《縣志·隱逸》有傳。《康熙志》入文苑傳，《嘉慶志》則入隱逸傳，《光緒志》從其例。

　　是書文十卷，詩一卷，其門人馬翀字雲翎，世奇孫，壬玉子。有異才，康熙十一年壬子舉人，《縣志·文苑》有傳。梓行之。按：家舒以布衣負士林望，一時著述家爭丐一言爲弁，故每一文出，傳誦矜賞，而家舒夷然不屑，用名其集曰"焉文"。同縣秦松齡爲之序。

十峰文集一卷　　縣圖書館繕寫本

　　明錢肅潤撰。肅潤有《十峰詩選》，已著録。

　　是書原目二十有九首，而周氏《梁谿文鈔》著録者，都十有六首，爲兹編所未收録者。卷中有當時文學之士識語。卷首冠以同縣張夏所撰傳，而無序跋。縣圖書館據何家藏本繕録，無考。

高彙占先生遺集六卷　　縣圖書館繕寫本

　　明高世泰撰。世泰有《三楚文獻録》，已著録。

　　是集爲其裔孫汝琳字印川，清光緒二十年甲午副貢，直隸州州判。據《高氏家譜》、《東林書院志》所載世泰遺文著録之，釐訂爲六卷。而世泰生平著作之可考見者，殆彙於此矣。同縣錢基博書於簡端，謂："集中講學之作，主於明理；記事之作，主於傳信，不復以詞采爲工。然有物之言，篤實切明，雖字句間涉俚俗，固不以弇陋譏也。先生之學，近守忠憲，遠宗朱子，而尤以朱子《大學》格物補傳，爲聖賢切實要領工夫。蓋力學躬行，不欲以文章自炫暴，而文章之傳不傳，初無與於先生輕重。而二三百年來，以遺文滅没，而後生小子，至不能舉其名姓者，往往有焉，遑論先生之學乎。然則吾人所賴以學先生者，舍遺文奚所究心焉？"蓋世泰無遺集流傳，三百年後，始由汝琳輯録斯編，以窺見一斑耳。

自問稿無卷數　　縣圖書館繕寫本

　　明秦汧撰。汧字吉生，崇禎十六年癸未進士，授兵部職方司主事。高攀龍外孫。汧於十二年己卯，登賢書；父欽翼，亦中式順天舉人。邑中父子同年捷鄉闈，明代無二。甲申之變，汧竄身披荆榛，跣足南走，得生還。自是隱居惠麓，既而就邑城盛氏後樂園地，築池上草堂，徜徉終老焉。

　　是編縣圖書館據何本繕出，無考。而又別藏稿本一種，秦毓鈞贈。按：原藏寫本，所録文四十四首，而稿本所録文三十一首，盡爲寫本所收，殆後世別録汧文以藏者。寫本中並録當世名人識語，頗多推重。同縣秦松齡稱其"沈酣先秦及古註疏之文，發爲文辭，幽古雄勁，無一筆類近人。所爲記，與柳州相頡頏"。邵緒廣又稱"用筆高古處，與《檀弓》、《考工記》相上下"云。《錫金歷朝書目考》載汧所著，尚有《書經箋》、《杜詩註》、《問己什》，俱不傳。《縣志·藝文》沂是編亦未著録。

安大令文集無卷數　原稿本

明安廣居撰。廣居字無曠，崇禎六年癸酉順天舉人。十六年癸未會試，賜特用出身，應得縣令，自免歸。父希范，以侃侃當世聞，既削籍歸，講學東林，尤與高攀龍善，故廣居攀龍壻也。方攀龍赴止水死，家禍且不測，廣居力護持之。甲申春，京師陷，慟哭乞死，及秋卒。《縣志·儒林》附父傳。

是編皆書啟類，始自崇禎七年甲戌，訖十一年戊寅，殆其後人鈔存集中書類之本。首列復趙君一簡，論希范入鄉賢祠事，謂：“確守庭訓，生前不欲友朋濫舉鄉飲，歿後不欲子孫濫進鄉賢，人貴自勵，夤緣干進，所不爲也。”則廣居道義，自可見其淵源矣。

秋水文集二卷　舊寫本

清嚴繩孫撰。繩孫有《康熙無錫縣志》，已著録。

是書爲舊寫本。出自何家所藏，無考。侯鴻鑑輯入《錫山先哲叢刊》中，以廣其傳。所録秀水朱彝尊原序，謂：“錫山之泉，居水品第二。……其人多簡秀自好，所爲詩文，每以真意取勝，無淩厲叫囂之習，信夫山水之足以益人情性也。處士嚴蓀友生於其鄉，以工詩聞，書畫兼臻其妙。來遊京師，公卿薦紳，爭爲矜譽。予特愛其古文辭，澹然而平，盎然而和，雍容紆裕而不迫，庶幾可入古人之域，視世之鏤琢字句以眩人耳目者遠矣。蓀友聞予言，欿然不足。既而曰：‘子曷爲我序之。’曰：‘子之以秋水名集也，何所取諸？取諸有源也歟！……石激之而鳴，風盪之而怒，……水豈有意爲奇變哉。決之不得不趨，鼓之不得不作，亦隨所遇而已。’文之有源者，無畔於經，無窒於理，本乎自得，抒中心所欲言，固不在襲古人以求同，離古人以自異也。蓀友其可與言文也矣。”①所序云云，是可見推服之旨焉。按：彝尊、繩孫以布衣與選博學鴻詞，繩孫卒，復爲銘其墓云。

蒼峴山人文集六卷　清嘉慶丁巳原刊本

清秦松齡撰。松齡有《毛詩日箋》，已著録。

是書以文體編次。其玄孫瀛梓行於世，而序諸簡端，曰：“瀛年二十餘，先大夫手先高祖宮諭公文稿授瀛，瀛受而藏之。今已三十餘年，公之文稿猶藏篋中，而先大夫之歿久矣。今年夏，出而讀焉，因與吳君彙中共事校讎，而付之梓。公少入翰林，既而罷歸，又以膺薦入制科，學問精洽，見推於當時鉅公。蓋公於講學，則交睢州湯文正公；於詩，則交王新城尚書；於古文辭，則交長洲汪鈍翁，慈谿姜西溟兩先生。所著《毛詩日箋》及詩集，早有刻本傳世，

---

① 引文據武漢大學出版社 1997 年電子版《文淵閣四庫全書》（427/4941）《曝書亭集》卷三十七第 8—9 頁校改。

而文稿至今始刻,先大夫志也。"①然則是書有刻本,自瀛始。

拙存堂文集六卷　　民國三年梁谿蔣氏重刊本

清蔣衡撰。衡有《拙存堂題跋》,已著録。

是書以文體分類,編次爲六卷。初刻於乾隆,再刻於道光,幾經桑海,流傳漸稀。至民國之初,其七世孫同超字萬里。獲斯集於巴陵方氏,遂謀重鋟,以廣流布。録傳狀,並乾隆初刊時諸家序文於卷首,附録有關先世記載於卷末。吳江柳棄疾爲之序,稱:"湘颿先生以名父之子,淵源家學。師事王崑繩氏,爲勺亭再傳弟子,復與望谿有雅,素得餍聞其緒論,故其文沈實警爽,幾幾乎方駕桐城。而揮灑自如,絶無滯跡,一出於至情至性,則易堂諸子之遺"云。

類谷居文稿無卷數　　縣圖書館繕寫本

清諸洛撰。洛字杏程,號類谷,諸生。雍正九年辛亥科案。少學古文於秦道然、顧棟高,既而得交同縣徐流方,得桐城方氏義法,文益進。流方故師事方苞者,嘗遊京師,名著公卿間。乾隆五十六年辛亥,重遊泮水。《縣志·文苑》有傳。

是書皆古文辭,以文體彙録成編。但傳表、誌銘、序跋、書牘又多錯雜無序,殆未加詮次,抑後人傳鈔竄亂歟?稿中如《秦淩滄詩序》、《工部主事吳君傳》、《國子監祭酒復初顧先生墓表》諸文,皆有關當世文獻。而同縣秦蕙田尤稱《吳君傳》"有本末,有體裁,有氣脈,真史筆"云。

澹園文集五卷　　縣圖書館繕寫本

清華玉淳撰。玉淳字師道,號澹園,諸生。雍正十一年癸丑歲案。爲學窮研經史,務究根柢。顧棟高著《春秋大事表》,輒資玉淳商訂之。浦起龍《讀杜心解》成,玉淳亦致書,多所辨正。曾欲撰述八書,以補《三通》所未備,未成而歿。其古文亦有義法,不苟作。事跡具《縣志·文苑傳》。

是編原無刻本,而首尾完具,無卷數,常熟俞鍾鑾得舊鈔本於書賈,識語稱爲海内孤本也。集中所録,有答顧復初先生柬,都八通,皆商榷訂論《春秋大事表》事。與浦二田教授書,亦據地理志,以示《讀杜心解》所箋之誤。簡端有嘉慶時寶山李保泰序,稱其文"原本歐曾家法,涵茹經訓,考訂詳核,一洗俗學空疏之陋"云。按:《縣志·藝文》載是書十一卷,而鍾鑾所得鈔本,未分卷數,常熟宗汝剛既於俞氏處見之,乃次爲五卷,與俞氏共寶之。厥後邑人劉繼增寓書求之,遂以爲歸。縣圖書館即據其本重行繕出,而後得傳於地方焉。

---

① 引文據北京出版社 2000 年版《四庫未收書輯刊》五輯二十八册《蒼峴山人文集》第 2 頁校改。

芙蓉山館志序存稿一卷　清光緒丁亥聚珍本

清楊芳燦撰。芳燦有《伏羌紀事詩》，已著錄。

是書爲其纂修《四川通志》時，所撰各門之序例，文集中所未錄者。其從外孫同縣余一鼇既藏斯稿，恐遭散佚，遂爲排印，以垂久遠。卷中所錄，於《四川通志》各門序例外，復有《南谿縣志》序例若干篇。一鼇題記，謂"公纂修《四川通志》，於時各州縣並有修志之舉，以公爲宗匠，皆就正焉。藏公手稿一卷，旁行註改，斟酌盡善，彙而訂之，附其宗譜以存"云。

十二山人文集十二卷　縣圖書館據北鄉方邨橋方寶儉堂藏舊刊本繕寫

清安吉撰。吉有《夏時考》，已著錄。

是書就文章體類編次，都十二卷，子念祖刊行之。莒縣呂榮爲之序，稱"考證以精確勝，辨論以奇闢勝，記敘傳誌以超邁勝，雜説詩歌以恣肆奧衍勝"云。

玉山閣古文選四卷　清道光庚寅重刊本

清徐鑠慶撰。鑠慶有《玉山閣詩選》，已著錄。

是書皆古文辭，爲選定本。前後無序跋。卷三所錄書啓，多講究民隱利病，山川形勢之作。其文清婉流轉，樸雅無華藻，氣息與宋人爲近云。

鐵山情響一卷　情籟一卷　嘉慶時刊本

清陳伯瑒撰。伯瑒字宗器，號鐵山野耆，乾嘉間人。居鴻山左之南盛巷，平生講究正心修身之學，而以忠信不欺爲本。與同縣安吉善，吉稱其克己頗至。

是書《情響》所錄者文，《情籟》間附詩。雖爲刊本，似少詮次。自跋云："大凡動人易而入人深者，莫先乎言，莫切乎情，未有言出而不應，情至而不感者。所著亦不過如風之響，如鳥之鳴，如男女之寫情，瑣細鄙陋，不足浼大人君子之目，竊惟於初學子弟，庶可感發其好學深思之一二"云。

世忠堂文集六卷　清同治癸亥原刊本

清鄒鳴鶴撰。鳴鶴有《道南淵源錄》，已著錄。

是書爲其子覲颺、覲儀、覲宸等輯錄所爲文六卷，刊行於世。卷首附錄諸家題跋，多其同年生。同郡洪符孫稱是編"可以考其廉惠寬平之政，可以鑑其深知民隱之微，要爲其至性實學，所結而成之治譜，是貫之以真而無乎不通"云。按：卷六附列《汴梁守城紀畧》，事屬大河決口，所關頗巨，文章爲其餘事。既刊單本行世，似不復采入文集中矣。

留雲仙館文鈔二卷　附詞一卷　縣圖書館繕寫本

清秦樹撰。樹字右青，號硯樵，諸生。道光九年己丑歲案。大受子。同縣王禮甲以文采知名，樹受業其門，禮甲器賞之。

是書文二卷，駢、散文俱録之，末附詩餘一卷。首尾無序跋，縣圖書館據秦氏家藏鈔本轉録之。

飛香圃文集四卷　　縣圖書館繕寫本

清安詩撰。詩有《飛香圃詩集》，已著録。

是書所録皆文，分體類編次，都四卷。前後無序跋。而《縣志·文苑傳》稱詩"館侍郎秦瀛家，詩文得瀛法"云。按：此集曾否刊行，無考。縣圖書館據何本繕寫，亦未註明。

澹菴文存二卷　　縣圖書館精寫本

清朱蔭培撰。蔭培字熙芝，號澹菴，諸生。道光十八年戊戌科案。應江南鄉試，不售，即棄去。囊筆負米，默默不自得。學爲古文辭，快其議論。及質上元梅曾亮，始識宗派。遂取前作悉火之，閉户覃思，不苟作。與同縣侯楨善，以文章道義相切磋，雖羈窶，自樂也。《縣志·文苑》附杜友韋傳。

是編爲所存之文稿，無刻本。簡首録有梅曾亮、何紹基、朱琦、殷壽彭、秦廣彤諸家之識語。而潘曾瑩爲之序，稱"理正氣清，嚴於義法，於近代作者，震川、望谿爲近。而闡揚忠孝，扶植人倫，尤惓惓"云。

青琅玕館遺稿三卷　　清光緒乙未刊本

清顧濟撰。濟字作舟，諸生。道光二十四年甲辰科案。五試南北闈，俱未售。咸豐間，東南軍事亟，當路需才，濟乃上書曾國藩於南昌軍次，國藩器之，遂羅致幕下。旋參皖南軍事，論功保安徽同知。

是書文一卷，又詩詞各一卷。桐城方昌翰爲之序，稱："其文質而簡，言淺而意深；其詩詞發乎情，肖乎物，稱心而出，絶無纖佻靡曼之音。"其子森書跋於尾，謂"先府君碩行清操，自有聲聞之壽，奚藉遺編以傳。然心血所寄，實在於此。況其間寓書故舊之辭，皆可爲垂誡子孫之訓。深懼日久散佚，用付剞劂以藏於家，期於先澤綿延，慎守弗墜"云。

醉墨軒遺文一卷　　縣圖書館繕寫本

清張步瀛撰。步瀛有《醉墨軒詩鈔》，已著録。

是編文十有九首，前後無序跋。縣圖書館據何本繕録，無考。

古杼秋館遺稿　文二卷　補遺一卷　詩一卷　　民國四年增訂重印本

清侯楨撰。楨有《禹貢古今註通釋》，已著録。

是書爲其從孫復曾字蔭庭，國子生。所藏未刊本稿。同治十二年癸酉，其甥吴景堂初以聚珍印行。至光緒二十三年丁酉，景堂季弟鎧字俊夫。乃校其訛奪，鋟諸貞木，於是楨之書流布少廣。迨民國四年，鎧子日永上海聖約翰大學畢業，例授文學士。又增訂遺文五首，乃爲重印流傳。其同年摯友秦緗業原序,謂:"道光己亥、庚子間,薄遊京師,識上元梅郎中伯言先生,間以所作就正,始知古文義法。蓋先生故姚氏之晚年高弟也。姚氏之門,尚有陳侍郎石士、管孝廉異之,先後逝世,而梅先生乃獨得姚氏之傳。時若朱侍御伯韓、余户部小坡、邵舍人位西、陳上舍藝叔、曾閣學滌生、王户部少鶴、馮刑部魯川,皆好爲古文,而必以伯言爲歸,毋少踰桐城矩矱。吾邑則有張君端甫、侯君子勤先後著録稱弟子。二君初亦濡染乾嘉時習,及從梅先生遊,乃盡棄其平日所爲詩若文,而別有心得焉。余亦與相砥礪,毅然以斯文自任。……梅先生既先卒,伯韓、位西同時殉難,小坡、藝叔諸君亦無一在者,惟曾公名位日高,勳業日隆,卒戡定東南之亂,俾吾吴民復安袵席,而子勤已不及見矣。……子勤秉梅先生之教,文固宗桐城,詩亦在義山、山谷之間,去乾嘉時習遠矣。"①則楨之書,其源流得失,可於斯序得之。

恰好處文存二卷　　縣圖書館繕寫本

清秦芝清撰。芝清字梅修,諸生。咸豐元年辛亥科案。既以附貢生選訓導,居邑之東鄉水渠,其學以儒學爲歸。

是書皆散文,都二卷,名曰《恰好處文存》。雖註明撰著時年代,然尚未加詮次,蓋自集其所留之稿以彙存之耳。其自序,謂:"東坡嘗言:'文無定質,如行雲流水,常行於所當行,止於所不可不止。'又曰:'辭,達而已矣,辭至於達,文不可勝用矣。'某少不知學,四十後,始學爲文,又苦乏師資,無從質正,奉此語爲師。"又曰:"予年近五十,始讀理學書,自期力踐躬行,不涉口耳,故不敢妄有論説。張子云:學者有所得,且記之,常改之。改一字,即進一字也。"其所言如此,則知其所學之歸,及行文之有所自矣。

青萍軒文録二卷　　附詩録一卷　　清光緒壬午刊本

清薛福保撰。福保字季懷,諸生。咸豐六年丙辰歲案。咸豐庚申之變,福保舉家避亂寶應,兄弟數人,益以讀書求志相砥鏃。而福保年最幼,天才英發,識署往往過諸兄。尤與福成互論聖賢微言奥旨,古今治亂得失要最,有不合,必斷斷辨難。同治四年,福成既佐幕曾國藩於淮上軍次,詢以江北交遊中有佳士乎,曰:"有弟福保,學識嶢然特出,所知殆無其儔。"國藩曰:"可與俱來。"福成乃挈福保入。時閻敬銘巡撫山東,從國藩求士,國藩知敬銘與其父湘同年捷禮闈,有雅故,乃薦福保往。既而敬銘移疾歸,薦布政使丁寶楨代己職,並薦福保掌箋奏。而寶楨之任,目擊捻勢頗熾,亟圖削平,福保居幕,力爲畫策,於是得駕馭諸客將法,賴以定其亂。嗣以太監安得海出都門,巨艦聯綴,蔽津沽,遵海而南,聲威烜赫。寶楨聞之,怒且甚,未幾,越山東境,乃馳騎發兵追之還。左右相顧驚愕以爲危,獨福保預爲佈置,悉心審計,密且果,而得海竟伏誅。天下既交口稱頌,而復詔褒寶楨忠於國,故寶楨深服福保膽識,跨越尋常萬萬。嘗密疏薦福保學博行高,器署冠時,可屬大事。詔徵赴部引見,

---

① 引文據鳳凰出版傳媒 2012 年版《無錫文庫》第四輯第八十八册《虹橋老屋遺稿·文二·古杼秋館遺稿敘》第 169—170 頁校改。

以同知直隸州分發浙江。光緒丙子，寶楨擢四川總督，鋭意興革，所施商吏多不便，嗾言官掊款嚴劾之，致鐫職，暫權總督事。乃復貽書福保，請入蜀，資佐理。福保既至，揆情揣勢，乃力爲旋轉，亡何，寶楨復職矣。嘗曰：“吾數日不見季懷，遂不聞讜論，賢者儻不宜遠耶！”其爲寶楨傾心折節，不能須臾離如此。庚辰，應詔求賢，仍以福保居首。明年，福保以知府留四川，將應吏部檄入都，順道返里，以疾卒，年四十有二，論者惜之。

是編福保既卒，福成痛惜其才未及大用，乃爲序以刊行。蓋其時國蕃求賢之法，一以文爲之的，故其幕府獨多魁閎環偉能文之士。福保既隨福成入，於以講明途徑，而爲之益勉。又從敬銘遊，飫聞束躬宰物切實之論，而識益精，文亦日益進。福成稱爲“瑰閎幽澹，高辭微旨，修然塵壒之外”。而又嗟嘆“其所韞之發於文者，百不逮一，而天驟奪之年”。且曰亦所以“憂吾道之孤，不僅骨肉之私悲”云爾①。

竢實齋文稿二卷　　清光緒戊子刊本

清秦寶瓚撰。寶瓚有《霜傑齋詩》，已著録。

寶瓚既工詩，復致力於古文辭。其族祖緗業稱寶瓚詩文皆成家，惜年未四十以歿，於是綜理其文，得二十八篇，遂付之梓，顔曰《竢實齋文稿》。其摯友楊模序之曰：“嗟乎！君之學問文章，豈盡於此而已哉。潛叔……爲古文，尤閎博超健，年近四十，則漸入於沖夷，然不欲以文自名，嘗謂模曰：‘人傳文者，偉也；文傳人者，細也。’故其文不多作，偶一涉筆，則排脱畦徑，獨抒胸臆，未嘗少覬倖於世人一日之知，而卒乃益可貴焉。……夫以潛叔之學識，令天假之年，復昌其遇，將一意著述，浸淫而入深微幽渺之域，其精進正未可量。顧乃僅止於是，此則天實爲之，而非潛叔所能知。然其行誼，一家一邑無間言，即世之賢士大夫亦多知之者。區區之文，當不足爲潛叔重，苟即文以求之觀者，固得其庶幾焉。”②如皋陳國璋又稱其“治經有根而不涉於腐，論事有識而不鄰於刻。稱引學術，誘進朋類，油然藹然有引人於道之思。年歲不永，大業中阻，然其德性之純粹，與學之堅定爲可識也”③。士林之所稱寶瓚者如是，斯則以文傳人者歟，抑以人傳文者歟！

畀盦集七卷　　民國二十一年寫宋體字石印精校本

清鄧濂撰。濂字似周，號石瞿，又號畀盦，諸生。同治十三年甲戌科案。嗣以廩貢生候銓訓導。弱冠已知名。時同縣秦緗業治古文，講義法，主持壇坫，穩然爲東南文獻所寄，濂爲緗業弟子，爲人倜儻有奇氣，與裘廷梁、秦寶瓚、寶瑢昆弟數輩，以文章道義相切磋。而緗業喜宏獎，善賞音，作《梁谿七子咏》，期不墮邑之學統，故與濂同遊者皆與焉。濂工駢儷，並能

---

①　所引薛福成語據上海古籍出版社 2002 年版《續修四庫全書》第 1562 册第 79、163 頁校。

②　引文據上海古籍出版社《清代詩文集匯編》七五〇《竢實齋文稿·序》第 681 頁校改。

③　引文據上海古籍出版社《清代詩文集匯編》七五〇《竢實齋文稿·跋》第 713 頁校。

古文，緗業所稱"似周富才藻，出語早驚衆。……起衰忽有志，華實妙能綜"者①。濂既負才名，遊幕吳越江漢間，公卿皆賓禮之。家貧，奔走憂患，自傷無經濟才，著述叢殘，多未寫定，脱復奄忽，志委奐蟬，引爲一生之大恨。

是書前四卷，爲杭縣諸氏甥以仁編次，同縣廉泉得之，益以《遺詩補》一卷，謀傳世未果而泉卒。泉方病危，乃以寫定之草，付託裘可桴。廷梁晚年自號。可桴乃與常熟宗子戴、同縣丁福保復益以《遺詩續補》二卷。文皆散佚，泉搜求之，得十篇，可桴復增五篇，别爲卷，附於末。零篇斷墨，搜羅不易，可桴遂爲序之以梓焉。

硯香文集七卷　邑城涂氏家藏原稿本

清涂廉鍔撰。廉鍔字硯香，光緒二年丙子恩科進士，授翰林院檢討，充國史館協修。事親孝。咸豐庚申之變，奉父間關渡江淮，踘濟泗，凍餒交迫之餘，雖手齻足繭，終以安親爲志。時同縣侯絢其孫鴻鑑云：絢字云厓，典獄山東臬司署中，有廉名，保薦以知縣用，辭不就。嗣以軍功，保運同銜，封贈三代，以示優異。典獄山東臬司署中，與廉鍔世有雅故，遂邀入。廉鍔既得舍館，而事親之暇，輒治文史無所間。絢命子士環、字象五。從子士珏字裳孫。相與切磋。廉鍔幼故聰慧，讀書過目成誦，至是好學深思，而文章亦益進。事平，奉親歸，乃以所學應試，果登科。逮官京師，律己嚴，卓犖不羣，所交多一時俊秀，尤與吳縣徐炳烈字紹圃，廉鍔丙子同年生，絢館甥也。友善，而文名籍甚。晚年主講東林書院，後進多造就而知名者。

是書爲其子幼香所藏原稿，未經梓行，縣圖書館無藏本，故未獲見。但據邑人侯鴻鑑謂，曾展讀其書，分類編輯，曰言論、文牘、疏註、傳贊、敘言、書翰、雜著，都七卷。並録示錢塘陳季彤序言，謂"不佞既欽其人之忠信誠篤，又佩其文之精金寶燦，所謂言行一致，足以模範於後生小子者非淺鮮"云。

蘭言居遺稿三卷　民國二十二年鉛印本

清榮光世撰。光世字詠叔，號樾堂②，光緒二年丙子恩科進士。授工部都水司主事。澹於榮利，而事親孝，既受職，以母春秋高，告歸省親，經歲不赴部，杜門侍養，愛慕如孺子。時兄光宇執家政，事無鉅細，必稟白而行。既卒，師友戚族皆慟哭。同縣華鴻模復引其師榮汝楫之詞曰："内行可質聖賢，外言無間兄弟，儒林孝友，斯人合有千秋。"而爲之傳。則光世爲人，概可知已。《縣志·孝友》有傳。

是書爲其子培彦字子俊，國子生，性恬淡，有父風。編輯遺稿，梓行於世。同縣錢基博爲之序。

---

①　引文據鳳凰出版傳媒 2012 年版《無錫文庫》第四輯第八十八册《虹橋老屋遺稿·詩五·梁谿七子詠》第 252 頁校改。

②　原稿爲"字樾堂，號詠叔"，據江蘇古籍出版社 1991 年版《中國地方志集成·光緒無錫金匱縣志》卷二十四第 36 頁校改。

惜分陰齋遺稿二卷　民國二十三年倣宋鉛印本

清張彥昭撰。彥昭字笠臣，光緒十一年乙酉舉人。由大挑官如皋教諭，嗣以知縣需次湖北，遭逢世變，棄官歸，自是不復有用世志矣。秉鐸如皋，嚴立教規，士林感奮。

是書爲其遺著，女浣芬適同縣榮氏，嘗以私資創辦榮氏女學於邑城，著有聲譽。梓行之。太倉唐文治稱其"究心經世之學，爲文務關國計民生，而不競競於文藝之短長"。平生不自收拾，既歿，家人檢其遺稿，僅得十餘篇，皆卓犖可存，而尤以上資政院二議，爲足以救今日之病源。於此見君雖屏居山野，而閭閻之疾苦，民生之利害，國家之安危，未嘗一日去諸懷也。晚歲，歷遊秦鄂，考其風俗之變遷，惜詩文稿今都無存者。然吉光片羽，已足焰耀於人世云。

戩寒齋文鈔一卷　繕寫本

清秦堅撰。堅字叔固，號畏礀，光緒十四年戊子舉人。三試春闈，得三薦，不第，遂不屑屑於詞章記誦之功。慨焉於禮教之衰替，因好治《儀禮》學，欲倣其先世味經窩之築，集同志窮經其中，以復五子談經之會，味經窩者，秦蕙田治經之室，舊有五子談經會。而未果也。與其族兄寶瓛、同縣楊模，並以文章有聲。其族祖緗業《梁谿七子咏》所稱"叔固吾宗秀，詞賦傳祖庭。慨焉禮教衰，恒思繩味經"者①。時緗業已被聘重修《杭州府志》，乃延堅任分纂，而緗業未果行，遂卒。無何，堅亦卒。享壽不永，鄉里惜之。

是書錄其平生所爲文二十首，又有目無文者一，原藏於家，而未梓也。然堅之文行，於斯編亦可窺見一斑焉。

寄漚文鈔二卷　民國十一年縣圖書館倣宋鉛印本

清劉繼增撰。繼增有《忍草菴志》，已著錄。

是書與《詩鈔》並時由縣圖書館校刊印行。同縣俞復清光緒二十年甲午舉人，民國元年任無錫縣民政長，十六年再任無錫縣長，以公正廉明著。工書，邑城光復門、西成門及圖書館額，皆復書。爲之序，謂卷中所錄"文三十六，當係先生手自輯。……其引證故實，必條貫縷析，詳述其源流派別，不苟爲空言。其《書巢記》所云'好讀書，家貧不能具，輒借讀之，讀已即還'。蓋其博覽而且能精取，自其年少時已然。積學既富，故左右逢源，一涉筆，即如泉之自然充沛耳。學人之文，樸實詳該，寧與浮弄聲調者同日語哉！……彼淺見者惡足以知之"云②。

蟄盦文存二卷　清宣統辛亥鉛印本

清楊模撰。模有《錫金四哲事實彙存》，已著錄。按：模早歲嘗客兩廣總督張樹聲幕，著書甚鉅。厥後任北洋武備學堂教習，成書極盛，然罕見流傳。

---

① 引文據鳳凰出版傳媒 2012 年版《無錫文庫》第四輯第八十八冊《虹橋老屋遺稿·詩五·梁谿七子詠》第 252 頁校改。

② 引文據鳳凰出版傳媒 2012 年版《無錫文庫》第四輯第九十五冊《寄漚文鈔·序》第 465 頁校改。

是書多纂輯三十以後之作。自謂:"壯年時,勤嫻駢語,既復馳驟古文,組織之餘,時加薰炙,積三十餘年,篇幅日富,歲增月溢,大致完成,足備匡居循誦。"然綜觀所輯,實多闡揚潛德,並有關當代掌故得失之林,匪以文字鳴於世者。卷上第二首《編纂國民讀本說帖所條列要義》,內除適用君主時代者外,餘皆具有卓識,堪樹國民根本。卷末所附《七洲洋賦》,模以是登拔萃,亦以是可以見其文章經濟焉。

存敬畏齋文草一卷　縣圖書館繕寫本

清顧森書撰。森書有《師二雲居畫贅》,已著録。

是書録其所爲散文,都三十有六首,爲未刻稿本也。曾希文識語稱"理樸而氣茂,語澹而旨遠,綜而能簡,約而彌肆。蓋瓣香歸方,神明而變化之者"云。此本縣圖書館據邑城百歲坊巷顧氏家藏稿繕出。

篁韻盦駢文稿一卷　縣圖書館繕寫本

清顧森書撰。森書有《師二雲居畫贅》,已著録。

是書爲駢文,首尾無序跋。爲邑城百歲坊巷顧氏家藏稿,縣圖書館據以繕録。厥後有聚珍本行世。

次皙次齋遺文一卷　民國八年鉛印本

民國孫振烈撰。振烈有《次皙次齋年譜》,已著録。

是編爲詩、古文辭。其子肇圻、省圻、康圻[①]等編次刊行。其外甥同縣錢基博爲之序,曰"昔賢論紀文達公,謂'世人所見狹,偶有一得,輒自矜創獲,而不知皆古人所已言,或爲其所以闕。公胸有千秋,故不輕著書,而惟以著書之心,自託於小説稗官之列,所著《閲微草堂筆記》七種,中多見道之言,傳者誦爲美談'。今主人肥遯樂道,仕隱之跡若殊,然其胸有千秋,不輕著書,正何必讓紀公獨擅佳話也耶! 讀主人書者,當勿以鄙言爲刺謬"云。

删亭文集二卷　續集二卷　民國二十四年聚珍精校本

民國周同愈撰。同愈有《重譯中等東洋史》,已著録。

是書爲其手訂本。吳昌碩稱其"文辭古拙,用筆簡潔,如空山老樹,孤秀自馨"。吳增祺又謂"蒼古盤鬱處,直入昌黎之室"。二者雖皆獎飾之詞,然殆未爲過譽。而同愈亦自謂"於退之破空而來,以突取勢之法,致力頗深"。其自信亦頗篤,但於邊幅過狹之由,言之有故,殆又頗具自知之明者歟。按:是書初刊於清光緒三十三年。至民國三年,又手訂續集,未刊而卒。逮二十四年,其子厚坤清宣統三年由清華大學考取留美學生,入麻省理工大學,習造船工程,得

---

① 據北京圖書館出版社 1998 年版《北京圖書館藏珍本年譜叢刊》第 180 册《次皙次齋主人年譜》第 55 頁補。

碩士學位。始合梓之。

傳叟文録一卷　民國三十七年傚宋鉛印本

民國錢福炯撰。福炯字祖耆，清諸生。同治七年戊辰歲案。光緒戊子應秋闈，主試者擬元，副主者謂光響不足，竟未與。性剛，不善標榜聲華。既卒，唐文治銘其墓，稱其“濟衆也，知仁勇皆全；而其立教也，則維以孝爲本”。

是書其子基博、基厚校録遺著，抱之付梓。其孫鍾漢跋於尾，謂“事里巷尋常，而語不離經，理能析微”云。

小緑天盦文稿二卷　民國八年聚珍本

民國寶鎮撰。鎮有《名儒言行録》，已著録。

是書裒集所爲文，釐爲上、下二卷。卷上以傳畧序記爲多，卷下以題跋爲多。同縣杜學謙爲之序，謂“大者纂述舊聞，道揚風節，蓋多依乎古君子立言之指；即題識書畫，亦能標示心得，鑒別精審”云。

滌塵文集無卷數　縣圖書館繕寫本

民國秦國璋撰。國璋有《寄暢園志》，已著録。

是編賦二首、經解三首、論一首、牋啓三首、考四首、序跋十三首、傳狀三首、哀誄三首，無分卷數，首尾無序跋，蓋未經梓行者。縣圖書館據邑城大河上秦氏宮保尚書第所藏稿本繕録之。

別集類卷四

容春堂前集二十卷　後集十四卷　續集十八卷　別集九卷　前集清初舊刊本，後集、續集、別集縣圖書館精寫本

明邵寶撰。寶有《泉齋簡端録》，已著録。

是書爲寶平生所撰詩文，清《四庫全書》著録之。長沙李東陽作《信難》一篇以贈，稱其集“出入經史，搜羅傳記，該括情事，摹寫景物，以極其所欲言，而無冗字長語，辛苦不怡之色，若欲進於古之人”者[1]。按：寶舉鄉試，出李東陽之門，故詩文矩度，皆宗法東陽。東陽於其詩文，亦極推獎，且以歐陽修之知蘇軾爲比，其相契如此。惟東陽所見祇《前集》，其《後集》、《續集》、《別集》，未及睹也。《四庫提要》稱：“統觀四集，其文邊幅少狹，而高簡有法，要

---

[1]　據武漢大學出版社 1997 年電子版《文淵閣四庫全書》(421/4818)《榮春堂集》第 5 頁校。

無愧於醇正之目。《明史‧儒林傳》稱'其文典重和雅,而原本經術,粹然一出於正'。……其詩清和澹泊,尤能抒寫性靈"云。

具茨集五卷　補遺一卷　文集八卷　附錄一卷　遺稿一卷　縣圖書館據清四庫全書繕寫本

明王立道撰。立道字懋中,嘉靖十四年乙未進士。官翰林院編修。有羸疾,鍵戶讀書,不事交謁。爲詩文博贍婉切。《縣志‧文苑》附父表傳。

是書邑中竟無傳本,縣圖書館據清《四庫》所著錄者繕出。其《提要》載:"原目列《詩集》五卷、《文集》七卷、《附錄》一卷。今《詩集》之末復載《補遺》,附錄二十餘首;《文集》七卷之後,亦增論、表等十餘篇,爲一卷,載於《附錄》之前;而《附錄》後,又別載《遺稿》一卷。蓋其後人掇拾續刊,零星增入,故書與目不相應耳"云云。然據是本所次,《文集》爲八卷,殆以卷七後之補遺、論、表等十餘篇,即次爲第八卷,故書中所載,亦無《補遺》。而《四庫》著錄,既載《文集》八卷,復載《補遺》一卷,殆更定其次時之誤。惟是本前後無序跋,何時梓行,無可考徵。而《四庫提要》稱:"其詩雖微嫌婉弱,而沖融淡宕,不爲奇險之語,猶有中唐錢、劉之遺。文則縱橫自喜,頗於眉山爲近"云。

始青閣稿二十二卷　明天啓辛酉原刊本

明鄒迪光撰。迪光有《愚公谷乘》,已著錄。

是書爲輯錄其詩文,都二十二卷。自序謂:"方余之有事於著述也,詩學曹、劉,文學司馬遷,而十不得五六。已而詩學少陵,文學漆園,而十不得三四。已而又非所好,棄去之,詩學李義山,文學蘇長公,而十不得二三。……近且悉置諸氏不問,而專與己週旋矣。……諸曹、劉、司馬、少陵、漆園、義山、長公,耳目口鼻,盡已忘卻,覺己之是而人之非矣。……我逾諸氏乎? 諸氏逾我乎? 不能自辨,而須人辨之,此是集之所由出也。"①其自道詩文之潛進者如此,是亦可考其源流得失之所在矣。

天全堂集四卷　清乾隆辛丑重刊本

明安希范撰。希范有《葬錄》,已著錄。

是書卷一至卷三皆古文辭,卷四爲古、今體詩,卷末附錄墓銘傳誌,並以高攀龍《祭告楊時文》,一並采錄。按:東林書院東有道南祠,祀宋楊時,初以羅從彥、胡珵、喻樗、尤袤、李祥、蔣重珍、邵寶七人爲配。天啓時,黨禍作,詔毀天下書院,而東林居其首,道南祠則未及。攀龍遂以顧憲成、允成、錢一本、薛玄臺、劉元珍及希范衪祀,世稱東林六君子。其孫璿編輯,六世孫經傳校錄之。迨清乾隆己亥,其裔孫吉重梓行世,北平翁方綱爲之序。時方綱典試江南,而吉登賢書,能表章幽光,闡揚先世撰述,故序中所稱"君子之澤,必昌其子孫"云。

---

① 據北京出版社 1997 年版《四庫禁毀書叢刊》集部第 103 冊《始青閣稿‧自敘》第 144 頁校改。

心遠堂集二十卷　　邑城王氏家藏繕寫本

明王永積撰。永積有《錫山景物畧》，已著録。

是書文十四卷，詩六卷，末附詩餘四闋，都二十卷。前後無序跋。清《四庫》存目，卷數相符。舊板既燬，書亦鮮傳本，其裔孫鑾、字百噭。勒、字克循。素字守其。等搜訪之，悉浙江圖書館藏舊刊本，遂據以繕録，藏之於家。今鑾方重録全部，贈縣圖書館焉。

邯山先生遺稿八卷　　縣圖書館繕寫本

明强恂撰。恂字邯山，崇禎十六年癸未進士。官富陽知縣。去邑西之五牧不一里，有雙廟，爲强氏聚族所居，恂殆世居於此。

是書卷一四言詩，卷二五言古詩，卷三七言古詩，卷四五言律詩，卷五七言律詩，卷六五言絶詩，卷七七言絶詩，卷八文存。前後無序跋。有無刻本，無考。縣圖書館據何本繕出，亦未備註。

蓉洲詩文稿六卷　　舊刻本

清季麒光撰。麒光有《臺灣雜記》，已著録。

是書爲同縣秦毓鈞任縣圖書館館長時，得之海上。其識語稱："此其殘稿也，文自卷一至卷三，詩自卷四至卷六，有近體而無古風，俱非全璧。末附《三國史論》十數則，殆所謂《蓉洲小品》歟？因並存之，以見先輩典型"。云云。蓋麒光所著，故有《蓉洲小品》耳。而是編卷首有蔡其聰序，稱："讀其文，邁往奔放之氣，如天馬行空，不可羈紲；如灌將軍使酒罵座，人爲辟易，咄咄狂奴，故態復爾。若乃《記臺灣》、《記番俗》、《説扇》、《説月》諸作，則又所謂'涵天地民物廣大淵微之理'於其胸中"云。

曉滄集二卷　　邑人丁福保捐贈珍藏舊寫本

清潘果撰。果有《小學提要》，已著録。

是書輯録果所爲詩、文各一卷。舊寫本，原爲邑人丁福保所藏。有無刊本，無考。按：果工詩古文辭，與同縣陸龍岡、華丕光、邵振飛、劉于根、吳岵瞻，稱"九峯六子"。同縣杜詔曾哀六子詩，鏤板行之。今邑中故家，殆無有藏其書者。而是編卷首冠以詔《九峯六子詩序》，稱："六子者，負瑰偉之才，有矯世絶俗之致。所爲詩，體制互異，而各自成家。"並稱果"魄力弘放者也"。又載蔣某題辭云："年來數過梁谿，至必訪潘子師仲。壬寅秋，師仲將北行，余疑其人有真性情，而貌恬淡，恐不諧於世。既讀《曉滄集》，曰：'具此可以行矣。'世未知子，或知詩；既知詩，必不負子。又何必易我性情而改面目焉。"當時朋輩相推服如此。考：果雍正元年癸卯恩科順天舉人，復聯捷登甲科。壬寅者，必其前一歲，殆其時將應試北上歟。

小峴山人詩文集三十五卷　　清嘉慶丁丑城西草堂原刊本

清秦瀛撰。瀛有《康熙己未詞科録》，已著録。

　　是書所輯,古、今體詩二十六卷,古文辭六卷,續集二卷,補編一卷,皆瀛手自寫定。清《續文獻通考》著録之。其門人烏程淩鳴喈爲之序,曰:"吾師少司寇秦遂菴先生,以詩文名垂四十年。海内誦其詩文,每録而刻之。先生顧欿然不自足,今年七十有五,始自編次目録。……先生詩始宗盛唐,繼氾濫於蘇、陸諸家,渾渾浩浩,無所不有,而要歸於性情敦厚,風格高逈。其文出入韓、歐,大約於震川爲近,而義法簡嚴,則得之望谿方氏。先生研窮經史,學術既正,而又仕宦數十年,多歷事變,舉凡立身行己之方,謀國治民之術,俱見之於其文。湘陰周半帆錫溥、桐城胡雒君虔嘗曰:'先生詩文,一代大家之詩文也。'兩君並深於學,世之讀先生詩文者,當必以兩君爲知言。"①然則瀛之書,其源流得失,殆可從斯序得之。

蓉莊遺稿二卷　民國八年勤斯堂鉛印精校本

　　清顧鈺撰。鈺字式度,號蓉莊,乾隆五十二年丁未進士。選翰林院庶吉士,改禮部主事,擢吏部郎中,授福建道監察御史,卒於官。會試以第一人貢於廷,迨試卷進呈,高宗覽賞之,曰:"元氣渾淪,可謂得人矣。"讀書力持義利之辨,心究治亂之幾,以挺正抗直,泊然寡營著京師。既踐諫垣,以無負耳目喉舌之職爲自期。時和珅方攬朝柄,勢熾張,欲招致之,而鈺不一詣,鄉里故老多樂道其節。《縣志·宦望》有傳。

　　是書爲其族孫典書搜羅而得之稿,遂梓行於世。森書跋之,謂"公詩文集八卷,自更寇亂,求之久而無所獲。今叔弟典書得公此册,郵寄來皖,署檢曰《顧侍御詩文稿》,鈐有'西林'二字印章,爰考族兄建叔《孟晉齋詩》,有酬和明府吳西林成棟諸作,然則是册也,意必吳氏西林就建叔選録,鈐此印而藏之者,乃越數十祀而後歸吾家。雖爲枯簡斷編,而非靈爽式憑,護持於烽火風霖之地,亦何由流轉而不失其傳歟! 而況篤學之心,敦本之意,論事之識,拔俗之操,即此枯簡斷編中,已可大見,非特法語微言,堪爲世道人心所維繫"云。

尚絅堂集五十六卷　清同治己巳重刊本

　　清劉嗣綰撰。嗣綰字醇甫,號芙初,嘉慶十三年戊辰會試第一,廷試改庶吉士,散館授編修。原籍陽湖,寓邑城之錦樹里,自少穎異,識量過人,早歲遊京師,已知名。性疏懶,落落寡合,掄元時,年且五十矣。以不工小楷,未獲奉使衡文。論者謂嗣綰生平,窮而達,達而窮者。《縣志·流寓》有傳。

　　是書古、今體詩五十二卷,詞二卷,駢文二卷,都五十六卷。以其郡中舊居之"尚絅堂"爲名,志所自也。嘉慶丁卯,先有手定詩四十二卷,通籍後,復得詩十二卷,皆按年編次。至道光丙戌,其子延和並以詞二卷,文二卷,合梓行世。後經兵燹,板燬。迨同治己巳,其孫曾撰重刊之,即今本。卷首載法式善原序,稱其詩"少作明艷之篇居多,肄業太學以後則沈博矣,放浪江湖以後則排奡矣,茲則清邃駿邁,以快屬之筆,達幽隱之思"云②。

---

　　①　引文據上海古籍出版社 2002 年版《續修四庫全書》第 1464 册《小峴山人詩文集·淩鳴喈序》第 508 頁校改。

　　②　引文據上海古籍出版社 2002 年版《續修四庫全書》第 1485 册《尚絅堂集·敘》第 107 頁校改。

紅棠閣詩文鈔十三卷　　清光緒丁亥聚珍本

清王芝林撰。芝林字人月，號仲挺，又號莎村，嘉慶十八年癸酉拔貢。以親老不赴廷試。大父穎鋭，能文章，與同縣顧光旭善。光旭過其大父所，論翰墨，芝林必從旁觀聽，光旭亟賞之，因執贄請業，遂得指歸。工詩、古文辭，尤以小篆、八分、楷、草有聲士林。《縣志》列傳《藝術》焉。

是書卷一至卷七，爲古、今體詩，餘爲古文辭，都十三卷。《詩鈔》中載《哭顧晴沙師》二律，於春風實録中，又寓問字之感。《文鈔》中所録序記傳畧，亦多感懷故舊，闡揚幽潛之作。而自序其詩，謂："株守鄉廬，未馳騁於四方，凡天下名山大川，目不覽而足不歷，知交零落，無讌集之唱酬。昔楊蓉裳先生語余曰：'年將老矣，宜保守才華，使殘月如新月。'斯真有才有學者之言。余無學無才，言所欲言，則亦適成其爲山林迂老之鄙言。"既乃自序其文，則又謂"文之不工，無異乎詩，亦何足存？特是因人因事之作，又未忍使之泯没不存"云爾。

六有齋詩文集三卷　　舊寫本

清施建烈撰。建烈有《紀無錫縣城失守克復本末》，已著録。

是編別録其所著詩文稿，都三卷。未經梓行。前後無序跋，卷首附録同縣凌學放所爲傳。按：建烈博學通才，曠放不羈，好爲駭異之行。佐李鴻章戎幕，鴻章絶優容之。而避財若浼，鴻章尤敬禮之。子承堅，早殤，自是沈酣於酒，以寄其慨，因寫所著詩文集若干卷，名曰《獨翁集》，以志喪明之痛。其徒嘉定廖氏得而藏之，乃爲所佚。後二十餘年，其從子承基又別得其詩文稿，編録之，爲三卷，即斯本。蓋皆建烈自輯之稿所未收者，其生平傑作多不與。邑人君子，莫不惜焉。

荔雨軒詩文集十一卷　　清光緒初年華氏原刊本

清華翼綸撰。翼綸字贊卿，號篘秋，道光二十四年甲辰順天舉人。自少卓犖不羈，慨然有當世之志。咸豐初，同縣鄒鳴鶴巡撫廣西，知翼綸才，邀之往。既至，投効經畧，策慮多當。選永新知縣，精察吏事，宿獄一掃絶。嗣以落職歸，後辦團防復官，然以精力衰，無復用世志矣。爲人伉直，敢任事。居鄉非公事，未嘗入城。里黨有事，無鉅細，翼綸處分之，皆各得其意去。性劬學，雖老益孜孜無倦，所爲文及詩、畫，皆磊落有奇氣。同縣秦緗業尤賞之，謂非今之世所有。既卒，薛福成爲之傳，稱爲"才氣雄邁，偉然近古豪傑士也"。

是書詩集三卷，文集六卷，又續集二卷。自序其詩，謂："自壯至老，歷歷可數，不編年而隱寓編年意，無絲毫文飾，存其實焉而已。"同縣緗業序其文，謂："論辨原本諸子，折衷宋儒，其理奥以精，其文閎而肆矣。紀粤中山水，忘軍行之險，極探討之勝，筆意亦雅近柳州。所爲諸將傳，皆得之身歷目擊，足爲史氏張本，而搴神寓慨，酷似太史公。至善道家常，不嫌瑣屑，則又伯仲歸熙甫，蓋熙甫本得之史遷也。……名之曰《荔雨軒文集》，荔雨軒者，君所居書室也，有記存集中"①云。

---

① 　引文據上海古籍出版社《清代詩文集匯編》六五二《荔雨軒文集·序》第57頁校改。

孫仰晦先生文集六卷　附詩一卷　清同治辛未聚珍本

清孫希朱撰。希朱有《身範》，已著録。

是書文六卷，詩一卷。其門人薛鎰字寶千，《縣志·孝友》希朱傳附，稱鎰篤行之士。編次刊行，同縣余治爲之序。

行素軒詩文存二卷　華氏家刊本

清華蘅芳撰。蘅芳有《行素軒算稿》，已著録。

是書爲其所著之詩文。前後無序跋。所録文存，多譯述諸籍之自序，及其他名著之弁言，足備考證之資。又古、今體詩八十五首，内古體詩多感慨噴薄之作，似可見其才氣橫溢焉。

張端甫遺稿二卷　縣圖書館繕寫本

清張岳駿撰。岳駿字端甫，諸生。《錫金遊庠録》無考。少工詞章，雅喜側艷。後以廩貢赴京師，從上元梅曾亮遊，得古文義法。自是悉變其所爲，數年學益進。然竟輘柯殁於旅舍。享年未永，聞者惜之。事具《縣志·文苑傳》。

是書上卷古、今體詩四十二首，下卷文三首，所有少作並徇人之詞，蓋焚棄畧盡矣。其至友同縣侯楨、秦緗業編次梓行。曾亮爲之序，謂："以生之才而可見者止此，人不可以無年也，乃如是夫！"[1]其言外之慟，髣髴可得之云。按：是編梓行後，事經滄桑，板本凋落。同縣吳日永復以聚珍印行，藉廣流傳。縣圖書館藏本殆據侯、秦二氏初刻本繕具之。

沈晴庚詩文集六卷　民國二十年秦氏鉛印本

清沈鎣撰。鎣原名烈，字秋白，晴庚其自號，諸生。道光十二年壬辰歲案。家貧力學，工詩賦，兼精八法。曾客袁浦萬氏，喜從仁和龔自珍、元和戈載、吳江郭麐遊，遂工倚聲。性孝，父喜揮霍，必曲意承順，或甚怒，必長跪，俟怒解，乃起。值庚申之變，急歸，挈眷屬避鄉，連喪妻女，憂傷得疾，卒。無子。光緒初，秦緗業重修《縣志》，既立傳文苑，復别爲小傳以詳其畧。

是書爲其外曾孫秦岱源後易名潛。編次其遺稿，曰《吹劍集》、《淮陰乞食草》、《雞肋集》、《留漚吟館詞草》、《懷舊録》、《谿南日劄》，都六卷，付之剞劂，以廣流傳。同縣范廷銓序其詩詞，稱其"才氣飛騰，聲情激越。詩則出入唐宋，時多流露性真之言；詞則步武蘇辛，特具慷慨悲歌之氣"。尤桐序其《懷舊録》，稱："録中所懷舊雨凡四十有七人。其籍隸吾錫者，猶晉陳壽之作《益都耆舊傳》，其不籍隸吾錫者，猶魏韋氏之作《四海耆舊傳》。"許國鳳序其《谿南日劄》，稱："於邑中掌故，搜剔尤精，大足以徵文考獻，小足以淑性怡情，無語不雋，無字不

---

[1]　引文據上海古籍出版社 2002 年版《續修四庫全書》第 1514 册《柏梘山房全集》卷七第 11 頁《張端甫文稿序》校。

雅。"陶世鳳總序之,則謂:"沈先生所作,自有千秋百世之久遠,絶不意身後之稿,亦多散佚,而所遺數種,幸刻於其外曾孫秦岱源之手也。"諸家之稱頌如此,則鑒之遺著,得以流布,豈偶然哉! 按:鑒所爲詞,元和江標讀而好之,遂爲梓行,所謂《留漚吟館詞存》者也。是編所録《吹劍集》並《雞肋集》,又名《七二青芙蓉館詩》,縣圖書館據其原稿,繕有單本。

蛟河散人詩文稿一卷　邑城映山河侯氏家藏清光緒初年本

　　清侯晟撰。晟字紀之,自號蛟河散人。晟世居映山河,河舊名蛟河,故以自號。籍宛平,道光五年乙酉順天舉人。大挑二等,授沭陽教諭,務整飭學風,嘗謂士生一世,不爲循吏,斷不可爲俗吏,廣文無所措施,然可務外乎! 學者蕭然翕服。嗣以江蘇巡撫陸建瀛保薦,以知縣用,分發浙江。值江寧告陷,晟論事侃侃,巡撫黃宗漢深器之,檄署建德及安吉事,所至俱有治聲。咸豐戊午,充浙江鄉試同考官,得士皆知名。嘆曰:"仕宦由廣文而縣令,而司馬,而分校,向所自命爲良吏者驗之。今而邑士民無怨言,而有歌思,抱負畧見一斑,差堪自慰。知足不辱,知止不殆,盍歸休乎。"撤棘後,請追差歸,自無復有問世旨矣。其進退有度如此。《縣志·耆碩》有傳。

　　是書爲其所著詩文稿,縣圖書館無藏本,僅其家藏有原刊本,蓋鮮流傳。卷中所録《建德記事》、《安吉記事》二首,皆作宰時實録。如建德假命案之查實,嚴處當事人及書役。咸豐乙卯大水,乃便服詣大堂,慰語災民散歸,而免滋鬧。隨時延見紳耆,詢問利弊,無敢以私爲干。赴鄉驗勘,不帶隨從人員,以省供應需索之累。如安吉鄉民索賑,與舊任鬧事,關閉大堂,絶飲食者竟日,遂致去職。晟乃邀請生監耆民十人,曉以利害,鄉民環而聽者不下二千人,各唯唯聽命,化大爲小,保全甚大,而此案遂結。綜觀犖犖所列,殆無慚良吏者歟。

冷紅館賸稿四卷　補遺二卷　詞一卷　民國九年聚珍本

　　清秦臻撰。臻字茞風,咸豐八年戊午順天舉人。咸豐軍興,合肥李鴻章督師上海,餉糈窘匱,幕僚平湖倪某字哉軒。薦臻材望著,堪勝任,鴻章檄任之。嗣蘇州、無錫相繼克復,設善後局於縣城,遂改委臻辦善後事宜。時縣令措施,悉以臻歸。而臻以籌餉功,累保知縣,加運同銜,掄選到班,親故勸備引見,而臻性恬退,未果也。晚年嘗主講東林書院,多所成就。臻力學有得,早歲已知名,陝西學政沈桂芬延聘入幕,襄校文卷。既又客直隷學政程庭桂幕,多所倚重,時尚未登賢書也。少嘗學佛,自號味禪。既壯,性好金石,羅致周秦以降古泉,及兩漢、六朝碑本,蓄之盈篋,摩挲鑒賞,考訂源流,殆無虛日。事親孝,母沈氏病歿於適溧陽史氏女金陵寓所,臻迎柩歸,經黃天蕩,風浪搏天,舟將覆,臻叩頭注禱,風忽反,送舟入棲霞口,舟既入,風仍轉如前,舟人咸謂至誠所感也。平生喜吟詠,嘗手訂《冷紅館吟稿》八卷,《文稿》二卷,《詞稿》一卷,付上海文明書局印行。會走電,稿盡焚,聞者靡不惜之。

　　是書皆其手訂本所散棄,精到之作,殆無有存者,故曰《賸稿》。其子寶瓚、敦世、孫銘光就篋中所遺,編次成帙,以聚珍印行於世。湘潭袁思永序之,謂其詩"邃於禪理,淵然以清,大都伏處邱園,孤伸寡和,博綜百氏,浩瀚自恣"。又稱其所爲古今體諸篇,"於昌谷、飛卿、東坡、劍南爲近。而尤愛其《梁谿絶句》、《晚晴絶句》諸篇，曲盡澗阿之樂，善自寫其生平"
云。然則斯編也，雖非臻精品，亦可窺見一斑矣。

半讀齋賸稿二卷　　縣圖書館繕寫本

清榮汝楫撰。汝楫字作舟，世居邑西鄉之榮巷鎮。咸豐十一年辛酉拔貢。就職教諭。
工制舉文，及門多造就，一時稱名師。

是書古、今體詩一卷，文一卷。其從子棣輝編録，同縣錢基博爲之詮次，稱其詩"清超拔
俗，而甚有致。文亦條達疏暢，無艱難勞苦，氣竭語盡之態，要自有不可幾者"云。

可桴文存七卷　　附詩六卷　　民國三十五年鉛印精校本

民國裘可桴撰。可桴原名廷梁，字葆良，別字可桴。入民國，以別字行，原名廢不用。
清光緒十一年乙酉舉人。未冠，從同縣龔履純遊，治經術、性理、考據學，而得其指歸。履純
故精數理，及漢儒、宋人説，而尤服膺顧、高之理學者。少長治古文辭，謂歸、方不足學，乃精
究三禮、周秦諸子、史、漢書。時同縣秦緗業以古文名當世，喜宏獎，見可桴作，激賞之。《梁
谿七子咏》所稱"葆良醇乎醇，……千萬卷儲腹"者也①。而可桴進乃究心西洋各國致治之
道，及我聖哲創造文明之大，以力倡新學，與桐城吳汝綸、侯官嚴復、新會梁啓超相響應。抱
國恥日增之痛，懷大廈將傾之懼，欲轉移漢後二千年崇文學輕工程之習。謂我國文字艱深，
非全民所能讀，欲灌輸全民以新知識，必先改革文字，因集邑中志同道合諸士，創辦《白話
報》，期全民得閲覽，爲當世倡。邑人士競尚新學之風，實肇始於此。嗣邑城竢實學堂、東林
學堂、三等學堂相繼開設，可桴力贊助。清光緒三十年甲辰，邑城毀學事具《錫金學校重興紀
事》中。後，設錫金學務處，大吏檄可桴任總董。可桴既之任，乃於事之因革，必精詳考核，遠
法異國，近徵鄰邦，力求洽輿情、切實際而後已。辛亥革命軍起，驅邑宰，衆以可桴負重望，
公推長縣政，凡三數月掛冠去。曰性不習官，强必僨事，舉俞復自代，己則襆被走海上，賃廡
以居，遂以可桴爲名，示不復預時事。然遇地方公益事，如創建圖書館、闢公園，仍力助之以
使其成。可桴於學，既無所不窺，而尤好獎掖後進。邑人士有造請，而指示諄諄，必誠必贊。
嘗謂："輓近社會，惟不能袪私，私之至，必趨於欲利，利之習既熾，則服官者必貪，經商者必
姦，務農者必吝，治學者必僻。"其所見之大，所論之明切，概如此。既慨學術之不切實用
也，因作《國粹論》萬餘言，以愓俗學之無裨於民族，言論丰采，隱然動朝野。迨日寇侵陵，
京滬淪陷，乃復大肆其淫威，奴役吾人民，勢如虎狼，不可密邇。可桴睹聞所及，憤慨莫如
何。既而曰："中日事必解決，而我中國必不亡。"民國三十二年十二月日，卒於滬寓，年八
十有七。

是書爲可桴手訂本。武進吳敬恒序之，謂"先生制行之卓越，治學之淵博，稱之爲現代
之'文中子'，推崇或尚未至，決非過當。蓋自有史以來，凡有變革，皆必有先知先覺，隱爲天

---

① 引文據鳳凰出版傳媒 2012 年版《無錫文庫》第四輯第八十八册《虹橋老屋遺稿》詩五第 252 頁《梁
谿七子咏》校改。

下倡,而後變革以起。今日我所覺知者,有孔子之大同,附益以《可桴文存》,或將與《戴記·禮運大同章》,並作最大變革之先知先覺,或其爲淑世之瑰寶。……即以言文,其生平著述宏富,十百倍於今之《文存》。先生以爲《文存》以外之文,皆近於韓子起八代之衰,未能卓立宗旨,故概以束諸高閣,僅取今之《文存》,獨抒胸臆者,許與世人相見。在淺士藐忽視之,以爲無多崇論宏議,且舉題贈短簡,亦屢雜其中,而不知此正先生於作止語默,飲食起居,一舉一動,反復致意於世人,止望人類自今以往,人人能倚重於形下之器,而形上之道,反能使之麗於形而確存。……淺近言之,先生以爲科學工藝之外,吾人將可無餘事。推崇科工,今世人士亦多有能隨聲附和者,惟無先生《文存》之堅決信仰,反覆述説,多方取譬而喻。篇近三百,字達十五萬,字字以形下成器,勉人於不疲。此吾所以謂‘以《可桴文存》,附益《戴記·禮運大同章》,必並爲千萬年淑世之瑰寶,得最大變革,以達於大同’。……較之文中子之《中論》,謂可上接《論語》、《春秋》,仍盤旋於小康之中,大不相侔”云云①。是可見當世推崇之旨矣。

大浮山房詩文鈔六卷　民國二十年鉛印精校本

民國秦敦世撰。敦世原名寶瑨,字湘臣(湘丞),晚號大浮老人,清光緒十一年乙酉舉人。自少穎異,未冠已知名,尤以詩爲秦緗業所激賞,其《梁谿七子咏》所稱“杜詩而韓筆,力欲追古人”者②。生有至性,母病目幾盲,敦世清晨起,必舐之,數月竟復明。既登賢書,例授工部虞衡司郎中,工部既裁,改官吏部考功司郎中。自是服官京曹十年,絶不履朝貴門,所交皆通儒碩彥,所遊在勝地名蹟,蕭然塵外,而耆古博雅,又精熟歷朝掌故。民國肇建,教育部設歷史博物館,延敦世爲主任。所羅古器千百,博稽考訂,鑒定真膺,標識燦然,識者服其博洽。嗣清史館聘充協修,而敦世慨然曰:“置身史職,古柱下史也。纂紀一代政治得失,在乎是矣。”遂諾焉。

是書手輯平生所爲詩四卷,文二卷,其妻弟上元宗舜年序其詩,稱其“意度聲采之壯盛,得之早歲,天固縱之使大,而中歲困於生事,意緒寥落,故存詩止此”。又謂:“集中辛亥後,多歌筵投贈之什,悽鬱蒼涼,如同漸離之筑。玉谿生云‘楚雨含情俱有託’,正爲湘丞言之,讀者毋失其旨趣也。”桐城葉玉麟序其文,謂:“其《大浮墓表》,則記通議公孝行,並執弟子禮甚恭,風義犖犖使人敬。其《續修秦氏宗譜序》,記先世賢達代興,溯源淮海,閲宋、元、明而大昌於清,歷順、康、雍、乾、嘉五朝,兄弟鼎甲,祖孫十詞林,歎世澤之遠。又若《錫山秦氏文鈔序》,記寄暢園雙樟,爲隋唐古物,虹橋老屋合二十九代先像,使人興故家喬木之思焉。”綜觀敦世所輯録之文,不僅有關一家之故實,戚舊之文行,實爲邑之文獻,堪備考證之資。至其文之雅潔秀偉,疏宕有致,殆猶餘事耳。

---

① 引文據無錫裘翼經堂 1946 年鉛印本《可桴文存·吳敬恒序》校改。
② 引文據鳳凰出版傳媒 2012 年版《無錫文庫》第四輯第八十八册《虹橋老屋遺稿》詩五第 252 頁《梁谿七子咏》校改。

殘本靭菴詩文稿無卷數　　墨跡原稿本

民國鄧楫撰。楫字傳若，號靭菴。父乃溥，工詩詞，兼擅書畫，名噪甚，官隨州、沔陽州同知，有政聲。楫行次，生未百日，即喪其母，稍長，從舅氏江陰繆荃蓀遊，好學深思，有父風。性純厚，工詞章，擅書，兼長目錄學。厥後隨父之鄂，客張之洞幕。之洞器其才，保薦以道員用。尋丁父艱，杜門不面客，服闋，教授鄉里，造就者尤多。入民國，嘗囊筆遊浙東，雖名傾當世，而不習俯仰，遂怏怏歸。閒居喜畫蘭，具灑落神韻之妙，蓋淵源家學者爲深也。貧而多病，無所展布，論者惜之。

是編爲同縣許同藺得諸古書攤上，送縣圖書館庋藏。卷中存古、今體詩若干首，多投贈酬應之作；散文二首，爲其考妣行述，漫漶蠹蝕之餘，僅窺見楫所著之一斑耳。其卒後數年，抗戰軍興，邑之城廂，悉遭寇火，其未火者無一免於劫掠。文獻凋殘，悼歎莫極。楫所著詩文稿，得與世人相見者止此，飄零街市，誰與顧及，幸爲同藺得之也。

庸隱廬詩文存三卷　　民國二十七年鉛印本

民國張文藻撰。文藻有《庸隱廬詩存》，已著錄。

是書爲其門人唐宗郭裒集存稿，梓行於世。同縣楊鍾珏爲之序。

別集類卷五

龜山集四十二卷　　清初刊本

宋楊時撰。時有《龜山先生語錄》，已著錄。

是書凡書、奏、表、劄、講義各一卷，辨二卷，經解、史論各一卷，語錄四卷，答問、策問各一卷，書七卷，啓、記、序、跋各一卷，雜著一卷，哀辭祭文一卷，狀述一卷，志銘八卷，詩五卷，都四十二卷。按：清《四庫全書》著錄之本，其《提要》稱“舊板散佚，明弘治壬戌將樂知縣李熙重刊，併爲十六卷。後常州東林書院刊本，分爲三十六卷。宜興刊本，又併爲三十五卷。萬曆辛卯，將樂知縣林熙春重刊，定爲四十二卷。此本爲順治庚寅時裔孫令聞所刊，其卷帙一仍熙春之舊”云云。今縣圖書館藏本卷數，與此相符，雖各卷編次署有出入，而所刻字式尚有古意，厥爲清初刊本無疑也。

梁谿全集一百八十卷　　附錄六卷　　清康雍間刊本

宋李綱撰。綱有《靖康傳信錄》，已著錄。

是書賦四卷，詩二十八卷，雜文一百三十八卷，而以《靖康傳信錄》三卷，《建炎進退志》四卷，《建炎時政記》三卷，俱編入集中，又以年譜、行狀之類六卷附焉。清《四庫全書》著錄之籍，所載卷數、門類，與此本相符。惟晁公武《讀書志》，則作一百五十卷；陳振孫《書錄解題》，則作一百二十卷，二家所錄，與此本均不符，則此本殆非宋本之舊。《四庫提要》謂"蓋後人續以詩文合編，互有分併"耳。綱人品經濟，炳蔚史册，千古共仰之。故《四庫提要》又稱其詩文"雄深雅健，磊落光明，非尋常文士所及。徒以喜談佛理，故南宋諸儒不肯稱之。然如顏真卿精忠勁節，與日月爭光，故不能以書《西京多寶塔碑》，作《撫州麻姑壇記》，遂減其文章之價也"云云。所論雖自有識，然綱之功業，自足千秋，非僅以文章名世也。

梁谿遺稿二卷　清光緒間盛氏常州先哲遺書本

宋尤袤撰。袤有《遂初堂書目》，已著録。

是編卷一詩，卷二文，清《四庫全書》著録之。按：袤所著有《遂初小稿》六十卷，《内外制》二十卷，見《宋史》本傳。有《梁谿集》五十卷，見陳振孫《書録解題》。《文獻通考》即據陳氏書著録之。明《文淵閣書目》即未著録，可見明初已佚。逮清康熙中，其十八世孫長洲尤侗因衰輯遺著，得詩四十七首，文二十六首，釐爲二卷，秀水朱彝尊爲之序，殆即此本。所存止百之一。百餘年後，人罔知慎守，板又散亡。道光初，其二十三世孫興詩於先澤就湮，盡然心傷，爰亟重鐫，以貽久遠。武進盛氏刻常州先哲遺書，即采取此本。《四庫提要》稱："方回嘗作袤詩跋，稱'中興以來，言詩必曰尤、楊、范、陸。誠齋時出奇峭，放翁善爲悲壯，公與石湖冠冕佩玉，端莊婉雅'。則袤在當時，本與楊萬里、陸遊、范成大並駕齊驅。今三家之集皆有完本，而袤集獨湮没不存。……然即今所存諸詩觀之，殘章斷簡，尚足與三家抗行。以少見珍，彌增寶惜"云。

殘本聽雪集七卷　舊寫本

元王寔撰。寔字安節，號聽雪，舉明經。至正初，以辟召官臨江同知，有惠政。博學工詩。子師道，號敬德，明洪武中，以明經仕都官員外。孫亨，字仲理，洪武中，舉秀才，以刑部郎擢四川按察司簽事，在任殉職。《縣志·忠節》有傳，傳首附見寔焉。

是書爲舊寫本，存卷五、六，卷十一至十五，凡七卷。卷五爲雜著，餘皆詩。邑人楊壽枬留意地方文獻，其同年生傅增湘以此本歸之。增湘亦由其友日人田中自東京郵至者。按：是集爲寔六世孫宥編次，宥爲亨之孫。卷末附《通判尹璠復華梅心簡》稱"宥爲賢子孫能守"，則是集編次，殆其時歟。又稱"安節先生大名在宇宙，不可泯滅"。而卷六末又有"崇禎四年仲春十二世孫以敬拜録"一行，則寔必有聲於時，子孫信能世守，此本或即崇禎初繕寫之耳。殘簡飄零，世之人殆鮮知有是編者。今增湘以其友日人所贈者歸壽枬，壽枬則以歸縣圖書館庋藏，俾與世之人相見。物罕見珍，彌足貴重，而歸自海外，尤誇至寶。增湘跋之，亦謂："顧氏《元詩選》三集，所録至三百家，癸集所補又二千餘家，而安節之集不與焉。以秀野之博攬窮搜，而兹集竟未遑寓目，其流傳之罕秘可知矣。然則此卷雖寥寥殘編，又寧不足珍耶！"[1]按：《縣志》藝文門載，寔所著又有《雲峯樵唱》[2]，一名《東吴小稿》。而增湘考證，謂

---

① 引文據上海古籍出版社1989年版傅增湘《藏園羣書題記》第822頁校改。

② 原稿爲"靈峰樵唱"，據江蘇古籍出版社1991年版《中國地方志集成·光緒無錫金匱縣志》第654頁校改。

《東吳小稿》，疑別刻單行，逮宥編次，必已合輯於《聽雪集》中。又，師道所著有《尋雲子集》三卷，亨所著有《秋林集》，俱佚。

清閟閣集十二卷　清光緒乙未武進盛氏常州先哲遺書本

元倪瓚撰。瓚有《倪隱君集》，已著録。

是書名《清閟閣集》，清《四庫全書》著録之。其《提要》謂"明天順間，宜興蹇朝陽有刻本。至萬曆中，其八世孫珵等復爲彙刊，凡十五卷。歲久漫漶，惟毛晉所刊《十元人集》本行世。國朝康熙癸巳，上海曹培廉重爲編定，校勘付梓，多所增補。……蹇刻原非足本，故培廉更爲搜輯也。凡詩八卷，雜文二卷。外紀二卷，上卷列遺事、傳、銘，並贈答弔輓之作；下卷專載諸家品題詩、畫語。毛晉嘗刊《雲林遺事》，於集外別行，培廉裒爲一編，瓚之始末，備列無遺"云云。武進盛宣懷、江陰繆荃孫、陽湖汪洵等，念郡志藝文所著録者，自經兵燹，遺編散佚，桑梓足徵，後學之責，爰商榷考訂，搜輯往代遺編數十種，題曰《常州先哲遺書》。所録瓚《清閟閣集》，即《四庫》所著録之本。爲識梗概，以備考鑑。

王天遊集十卷　清光緒初年據道光原刊重梓本

明王達撰。達字達善，號耐軒。苦志問學，究極羣書，金華宋濂甚器之。達負才卓越，淵源精微之學洪武中，舉明經，爲本縣訓導，遷大同府學，入爲國子助教。永樂初，擢翰林編修，預修《高祖實録》，進侍讀學士，充編纂總裁，有盛名，與解縉、王偁、王璲輩號"東南五子"。事具《縣志·文苑傳》。

是書卷一至卷六曰《詩古文辭》，卷七曰《景仰撮書》，卷八曰《雜説》。卷九至卷十曰《筆疇》，其門人翟厚重爲增補編次之本。卷末附録曰《天遊碎金》。清康熙間，其裔孫穎鋭因達遺著散佚，乃搜得雜著數種，梓行於世。同縣鄒一桂題記，謂："晉人稱謝太傅文曰'碎金'，因取以弁其端。"乾隆壬寅，其裔孫某得秀水朱氏曝書亭藏明正統庚申翟厚所編刊本。道光辛丑，其十五世孫芝林重刊，乃以《天遊碎金》附於後。是本即據道光本所重梓者。卷首載厚《後序》，謂："先生著作甚多，已載山陽門人王孚序中。惜所采者，如《諸子辨》及館閣鉅製，咸未見録。"然則斯編爲厚所重定者，非孚之舊本矣。清《四庫全書》爲之存目。集中所録《景仰撮書》及《筆疇》，俱有別本行世，《四庫全書》又於子部雜家類俱爲之存目。今縣圖書館無藏斯單本，故不別予著録焉。

五峯遺稿二十四卷　縣圖書館繕寫本

明秦夔撰。夔字廷韶，號中齋，天順四年庚辰進士。授南京兵部主事，歷郎中，出知武昌、建昌兩府，所至有殊績，一時頌其神明。歷遷江西右布政使，致仕歸。事具《縣志·名宦傳》。

是書卷一至卷十二爲古、今體詩；卷十三詞；卷十四至卷二十一爲古文辭；卷二十二雜著；卷二十三附録詩；卷二十四附録文，都二十四卷。縣圖書館據何家藏本繕録，無考。卷首載同縣邵寶序，稱其詩“馳騖中唐，久之得其風格。既而讀杜，時取而出之。復參諸蘇、黄以下數家，故所就如此”①。按：藥致仕歸，築草堂於龍山第五峯下，故以名其書云。

皇華集類編十卷　　清光緒丁丑華氏自怡小築重刊本

明華察撰。察有《華學士集》，已著録。

是書當嘉靖己亥，察出使朝鮮時所作。時皇太子誕生，詔諭朝鮮，簡察使往。至境，宣佈威德，國王率世子郊迎數十里，還復郊送如前儀。贈遺珍寶，悉不受。王乃疏謝，稱察文學操履，風動夷服。於是世宗益知察之爲人矣。綜其所作，釐爲十卷。卷一至卷七，皆古、今體詩，分體編次，各以類從；卷八詞；卷九、卷十，箴銘、記序、書啓及雜文。嘉靖中，初刊於朝鮮，流播中外，爲世所稱。歷歲既久，遂鮮傳本。迨清光緒初，其裔孫登瀛、步瀛、錫錡先後訪求，遂獲舊本，爰付重梓，得廣流傳。又考：是書清《四庫全書》並未收采，而登瀛等跋語，謂《四庫》收録云云，殆爲懸揣之詞。附記於此，以備考證。

孫宗伯集十卷　　邑人許修直捐贈明崇禎原刊初印本

明孫繼皋撰。繼皋字以德，號柏潭，萬曆二年甲戌進士第一。除翰林院修撰，遷少詹事，拜禮部右侍郎，改吏部左侍郎。時譴臺臣二十三人。繼皋奏言：“人材難得，言路至重，今一例廢黜，尤駭觀聽。”不報。方閣部水火，國本廢置，繼皋列款疏陳。會孝安皇太后梓宮發引，帝稱疾不送，又上疏極諫，謂：“陛下即艱於步，猶可扶掖而行，奈何即一時之安，以虧大體，而蒙天下萬世之譏議哉！”章上，帝大不懌，會有論者，遂乞骸骨歸，卒，贈禮部尚書。事具《明史》，附盧洪春傳，及《縣志·宦望傳》。

是書凡雜文九卷，詩一卷，名《宗伯集》，從所贈官也。宜興陳一教、會稽劉毅、雪川沈淙爲之梓行。第二卷末，有其子源文跋語，稱其父“生平不敢自居於名，以故諫草都焚，篋中只存辭疏十八。……（其留中者）惜無從覓稿。即其他著述，亦多不存。若今所刻碑、銘、誌、傳之文，亦源文雜得之其子若孫，暨朽緘敗扇，與行於世者”云②。按：是編清《四庫全書》著録之，《提要》稱“繼皋之時，士習佻而文體亦弊。……繼皋詩文獨雍容恬雅，有承平臺閣之遺風，亦可謂不移於俗”云。

顧端文公遺書五十九卷　　清光緒丁丑涇里顧氏重刊本

明顧憲成撰。憲成有《四書講義》，已著録。按：憲成晚年有十書之刻。嗣其曾孫貞觀乃彙刻遺書。清《四庫全書》存目者，殆即貞觀彙刻本。

是書首爲《小心齋劄記》十八卷，次《東林會約》一卷，次《東林商語》一卷，次《虞山商語》

---

① 據上海古籍出版社 2002 年版《續修四庫全書》第 1330 册《五峰遺稿·邵寶序》第 161 頁校改。

② 引文據鳳凰出版傳媒 2011.8 版《無錫文庫》第四輯第八十二册《孫宗伯集》卷二第 76—77 頁《源文跋》校改。

一卷,次《仁文商語》一卷,次《南嶽商語》一卷,次《經正堂商語》一卷,次《志矩堂商語》一卷,次《當下繹》一卷,次《證性編》六卷,次《還經録》一卷,次《自反録》一卷,次《涇皋藏稿》二十二卷。與《四庫》存目之本,間有出入,而編次先後,亦有異同。光緒初重梓,何人彙刻,首尾無識語,無可稽考。末附年譜四卷,爲其孫樞所述,曾孫貞觀訂補,別具史部著録。

小辨齋偶存八卷　清光緒丙申武進盛氏常州先哲遺書本

明顧允成撰。允成字季時,號涇凡,萬曆十四年丙戌進士。官禮部主事,謫光州州判。當廷試對策,即陳内寵將盛,羣小將逞,語侵貴妃,乃抑置末第。平生重故舊交誼,其童卯受業師辛丑年貧甚,允成輒饋贈慰問。性耿介,與叔兄憲成以節自勵。自光州歸田,講學東林,兄弟並負重望。事跡具《明史》本傳及《縣志·儒林傳》。

是書爲武進盛氏彙刻《常州先哲遺書》本。首爲策,次爲疏,次爲劄記,次爲説義,次爲書簡,次爲雜文,次爲詩,卷末附録《明史·列傳》、《縣志·儒林傳》、臨川湯顯祖《小辨齋記》、沈洵題語等。盛氏所據采輯者爲萬曆刊本,與清《四庫》著録所載附録不同,但《四庫提要》所稱"允成文皆論詩講學之語,書簡居十之九,直抒胸臆,不事修飾。詩爲《擊壤集》派,亦不入格。然大節凜然,其對策、奏疏,皆真氣流溢,發於忠愛之忱。其不朽千古者,固在此不在彼"云。

高子遺書十二卷　附録一卷　年譜一卷　清光緒丙子東林書院重刊本

明高攀龍撰。攀龍有《周易正義》,已著録。

是書爲其門人嘉善陳龍正編定,從子世泰訂正,都十有二卷,卷末附録碑誌、行狀、祭文,並以其門人華允誠所輯年譜殿焉。清《四庫全書》著録之。初有明刻本,龍正爲之序,今鮮流傳。東林圖書館藏有明刻本,爲邑人丁福保轉讓者。日寇侵佔,此本散佚。至清康熙二十九年重刊,長洲汪琬、昆山徐秉義、同縣秦松齡並爲之序,傳本既稀,板亦無存。光緒二年,東林書院重刊,即據其本以付梓也。《四庫提要》稱:"其講學之語,類多切近篤實,闡發周密。詩意沖淡,文格清遒,亦均無明末纖詭之習。蓋攀龍雖亦聚徒講學,不免漸染於風尚,然嚴氣正性,卓然自立,實非標榜門户之流。故立朝大節,不愧古人;發爲文章,亦不事詞藻,而品格自高。此真之所以異於僞歟!"而琬亦稱:"少而聞先生之風,壯而誦先生之書,慨然想見其爲人。煜煜乎若日星之麗天也,浩浩乎若江河之行地也,峩峩乎若嵩岱之與兩間並峙也。"承學之士,其覽考焉。

高子別集八卷　民國二十五年太倉陸氏刊本

明高攀龍撰。攀龍有《周易孔義》,已著録。

是書所輯多爲攀龍所著之未刻稿。與陳龍正所輯本頗有出入。太倉唐文治序之,謂:"高忠憲未刻稿八卷,吾師沈子封先生得自河南書肆。文治以幾亭先生刻本校之,其中間有出入,大抵幾亭本詳於論學,而此本則多關朝政。不審當時幾亭先生未見此本歟,抑爲其所芰薐歟？原書無序跋，遂不可考。”又謂“《高子別集》原名《高子未刻稿》。余作序後，越十餘年，遷居無錫，得晤忠憲公裔孫映川君，亦藏有未刻稿，互相校對，頗多出入。因僭擬映川君所藏本爲續集，而以是編爲別集。甲子歲太倉陸君勤之創設理學社，捐款先將是編付梓”云①。

堵文忠公全集十卷　　清道光戊申堵氏靜日軒重刊本

明堵胤錫撰。胤錫字仲緘，崇禎十年丁丑進士。原籍宜興，後徙居無錫，以錫籍登科。泰昌時，應童子試，縣府俱著録，而院試黜。馬世奇見其落卷，激賞之，胤錫因執弟子禮。三年，學大進。家貧，賴筆耕爲生，然跌宕自喜，遇酒酣，輒意氣噴薄，慨然負用世志。崇禎甲申正月，至南都，謁史可法、袁繼咸，共以國士見許，委監軍長沙。福王即位，授湖廣按察副使，提督學政，而會講於武昌學宮，以深究理學、砥礪名節勗諸生，然訓兵講武，未輟也。乙酉五月，南都潰，唐王即位於福州，胤錫巡撫廣東。丙戌九月，閩都潰，永明王即位於肇慶，胤錫官兵部侍郎，總督軍務。既陛尚書，圖恢復常德、辰州，不獲，乃拔劍欲自刎，左右急抱之，胤錫釋劍大哭，諸將亦哭，三軍皆哭，咸請効死，乃率衆剋日出戰，戰三日，竟盡復焉。嗣復衡州，復湘潭，所向皆克。厥後，擢吏部尚書，兼兵部尚書，總督諸營，圖恢復江楚。時清兵數以書至，談和議，胤錫峻拒之。既復以天時人事之説進，胤錫哭拒之。而胤錫督師六年，時與大敵角，勞悴萬狀。值馬吉翔、李元允用事，凡有奏請，動見掣肘，諸營多觀望不進，展布益難，遂發憤嘔血卒，時己丑十一月二十六日，厥爲清順治六年。其馳驅王事，浩然以氣節著於世者，備載奏議中。《明史》有傳。《縣志·忠節》有傳。

是書爲其所著之稿，類録之爲十卷，別以年譜一卷附於後，道光間其後裔重鐫本。壽陽祁寯藻序之，謂“古來有真識量者，有真氣節。識量氣節，成於磨練，覽《文忠集》而得其道也。跡其年譜所載，家素貧乏，而發憤自雄，謂非天之磨練斯人耶？斯人也，斯文也，氣節之真也！識量之真也！然則胤錫氣節堅貞，震鑠天地，千古皆仰之，固不必以文字爲重”云。按：《縣志》藝文門漏未著録。

寒香館遺稿十卷　　民國五年辛氏孝友堂聚珍本

明辛陞撰。陞字玘書，號克羽，諸生。天啓元年辛酉科案。初從顧憲成遊，講實學，尚氣節，憲成歎爲可教。厥後復受業於與泆號白餘，萬曆三十四年丙午舉人。之門。與泆，憲成從子也，善規訓獎借，相期特深，使子菜、杲等深交之。時涇里文會盛，陞於孝廉茂才、宿學名流中，往往名出其上，至大會東林，又輒列前茅，東林諸賢以是深器之。陞既以文章有聲，所交多賢豪俊秀，於菜兄弟外，尤與同縣胡之竤、錢振先、字其若，崇禎四年辛未進士，歷官金華知府。弘光間，辟地湖州，清兵至，投苕谿死。《縣志·忠節》有傳。徐調元、鄭應皋字允生，清順治四年丁亥進士。數輩友善。之竤、振先既登科，而謂陞曰：“劉蕡下第，我輩羞死。”調元知金華，應皋除

---

①　引文均據鳳凰出版傳媒 2012 年版《無錫文庫》第四輯第八十五冊《高子別集·序》第 337、338 頁校。

建德,嘗先後備車乘招之往,不赴。應皋復以子陵山水之高潔,邀之遊,陞乃登臨眺覽而去。崇禎甲申,明社既墟,陞自號逋人,不再應試。清順治四年丁亥,江蘇學使者蘇銓字次公,交河人,崇禎十年丁丑進士。徵之起,檄三下,陞力辭之不赴。南冠閉戶,以飲酒著述自怡,不用當世年號,但記甲子而已。出則野服荷鋤,栽梅種竹,顛倒於場圃間。雖窮餓瀕危,一若忘其憂戚者。目睹故國泯淪,及忠憤之士慷慨就義,輒筆之於書,其激切涕零之懷,盡然悼歎之痛,於楮墨間,髣髴可得之也。卒,遺命以明諸生服爲殮。

　　是書爲其所遺之稿,其子五調字聖俞,號子調,性好學,抱負不凡而困於場屋,無所成就卒。手錄之,藏於家。歷時且三百年,無刻本流傳。入民國,其九世孫孝達、十世孫幹,爲之編次,成十卷,以陞隱居之室爲名,曰《寒香館遺稿》。臨川李瑞清、衡陽曾熙並書其端,同縣錢基博爲之序。自是始有傳本,而陞之名姓乃得見於世。天下賢士大夫讀其書,多賦詩以歌頌之。而杭縣吳士鑑稱:"所著《懟言》五十餘則,於晚明弊政,痛切言之,豈僅杜牧《罪言》之比,直陸士衡《辨亡論》也。弘光後能作此文者,殆無第二人。"如皋冒廣生又稱"陞以一諸生,遭際鼎革,而能抱道自重,歲寒後凋,則所謂能從好先生江陰李應昇被逮,過業師吳鍾巒家,鍾巒慰之,應昇乃以好先生目鍾巒。引此以稱陞之能從顧憲成也。者"云。

抱犢山房集六卷　　清同治初年長沙重刊本

　　清嵇永仁撰。永仁字留山,號匡侯,別號抱犢山農。先世常熟人,父廷用,明季官中書舍人,僑居白下。永仁少遊無錫,樂其山水,因奉父家焉。補蘇州府學生。懷經世材,慷慨有大節,東南賢豪咸斂衽推服之。福建總督范承謨延至幕府。康熙十三年,耿精忠幽承謨別室,脅永仁降,不屈,因錮之獄。既而聞承謨被害,遂自經死。事具《縣志·流寓傳》。

　　是集爲其子曾筠搜輯遺著,編次梓行。《四庫全書》著錄之。曾筠初於雍正中,欲求永仁遺稿,久之,有同縣陸棡在福州林能任處,有殘詩截句,錄以寄示,謂"此身若遂沈淪死,留與寒家子弟看"。曾筠捧讀號慟,復欲求全稿,乃親至閩,於博士潘宗趾家,盡得所著。曰《吉吉吟》,曰《百苦吟》,爲獄中與承謨及同難諸人唱和詩;曰《和淚譜》,則爲同難諸人所作小傳,即集中前三卷也;第四卷曰《葭秋集》,第五卷曰《竹林集》,乃其舊刻;第六卷附錄同難會稽王龍光、華亭沈天成二人之詩文,復以填詞附焉;並以誥敕及諭祭文弁於卷首。按:永仁以諸生佐幕,尚未授官,而抗節殞身,《四庫提要》稱其"爭光日月"矣。所爲詩文皆當時實錄,獄中無筆墨,以炭畫四壁,閩人重其節義,錄而傳之,得存於世。而筠跋語謂"潘博士者,林能任館甥,蓋能任垂歿,而轉以付託者。追述往事,悲痛之懷,於字裏行間,髣髴可掬之"云。

安孟公遺稿無卷數　　原稿本

　　清安璿撰。璿有《罨畫樓集》,已著錄。

　　是書爲原稿未加詮次之本。所存諸題記,關於金石文獻之作,皆有裨考證。卷末有《六十自敘》一首,所載其父廣居,於崇禎甲申殉節,璿時年十有六。越四十四年,則屆六十,自

慨"爲人俎肉醢飫之餘，祇存皮骨，天人交迫之軀，而竟忽扵於鄉"云云，則順、康之際，世事
人情之刻，可概見矣。按：顧氏《梁谿詩鈔》璿小傳稱："手輯《先賢語録》、《高子遺書小補》、
《天全堂集》，而其稿中亦載有關於劉本孺、仔孺兄弟事，謂'仔翁可誦言行，不大表章，皆從
來著述家疏漏之過。考其家乘，爲篤行君子，瞻禮遺容，爲峩然道範。輯《先賢語録》，至可
慨歎'。"則璿有《先賢語録》之輯，可謂信而有徵，其書佚而無傳。附記於此，以備徵訪。

醉經堂集二十卷　　縣圖書館鈔本

　　清王鑑撰。鑑有《瞻橋小志》，已著録。

　　是書分經解、論辨、序跋、傳狀、書啓、雜記，編次爲二十卷。同縣華希閔爲之序，稱其文
"神明於規矩之中，乃能行乎其所當行，止乎其所當止，莫可測其規矩之跡。至醞釀經史，推
波助瀾，又其餘事"。又謂："讀集中《義門何先生遺集序》，觸緒分來，有侯芭問字之感。"而
長洲沈德潛亦稱"鑑特立獨行，當世豪傑之士，所爲古文，足以不朽"云。

鐵莊集十一卷　　清光緒乙未曹氏樂善堂聚珍本

　　清陸楣撰。楣字紫宸，亦作子宸，號鐵莊。幼孤露，讀書雞棲豚柵旁。性奇穎，自力於
學，而不治舉業，喜古代諸大家文章，遂工古文辭。年四十，名尚不出閭巷。同縣朱旂字大
占，康熙二十三年甲子順天舉人，父早卒，旂跬步不違母側，故不常與計偕。甲戌母遣之行，抵京考授中書，
遽歸，母卒，不勝喪，亦卒。《縣志·孝友》有傳。見楣所作，延譽於其座師秦松齡，因得縱觀秦氏藏
書，而文益進。時同縣黃瑚、劉齊以古文知名，而儒林遂以楣與之並稱爲三家。自是北走燕
趙，南踰閩嶠，名動公卿間。事具《縣志·文苑傳》。

　　是書原無刻本。光緒中，有曹櫨字棫卿，諸生，光緒七年辛巳科案，世爲名醫。先世出陸氏，櫨
九世祖鈁，高攀龍門人，楣大父也。楣父渭，渭弟洙，櫨八世祖，以醫名家，師曹氏，無子，遂從師氏爲姓。目
睹先澤蕩然，乃搜羅各傳鈔之本，彙録之，得《文集》八卷、《縣志》藝文門作六卷。《疏快軒詩》二
卷、是本無軒字，《縣志·藝文》所載有軒字，茲從其名，但《縣志》作一卷。《詩餘》一卷，共十一卷，梓
以行世。同縣劉繼增謂是編"因急欲成書，無暇論定體例，中間雜以駢文，如重刻，當別出
之，……庶幾盡善"云①

延綠閣集十二卷　　清光緒丙申吉水官廨重刊本

　　清華希閔撰。希閔有《金匱縣志》，已著録。

　　是書卷一經説，卷二講義，卷三史論，卷四、卷五對策，卷六至卷八序記，卷九書議，卷十
傳誌，卷十一雜著，卷十二古、今體詩。同縣嵇曾筠原序，稱："華子之篤於經也，其爲説苞括
旁魄，搜擇融貫。如刀發铏，轇轕立解；如磁引針，纖隱畢露。……誠所謂不苟同，亦不苟異
者也。……爲碑、銘、序、記，皆登作者之堂。嘗欲删成《宋史》，作《宋史質疑》一編問世，人

---

　　① 引文據上海古籍出版社。《清代詩文集匯編》一七六《鐵莊全集序》第 3 頁校改。

尤服其精識。余不概論，論其説經之大者”云①。按：是書原刊本，世鮮流布。其裔孫文匯字海初，同治十二年癸酉舉人，知瑞金、吉水縣事。官吉水知縣，復重梓之，以廣流傳。

不是集六卷　　邑人丁福保捐贈寧我齋藏稿本

清浦起龍撰。起龍有《乾隆無錫縣志》，已著録。

是書有無刻本，無可考徵。縣圖書館所藏稿本，有“雲輪閣莘孫”等朱印，爲邑人丁福保所捐贈者。全書分六卷，曰：卷一書，卷二詩，卷三序、記，卷四雜著，《知又説》、《萬里程》、呈、《禁山録》、疏。卷五傳、啓、讚、引、題跋，卷六墓誌、祭文。前後無序跋，其族裔霖稱“讀公所著《讀杜心解》、《古文眉詮》、《史通通釋》、《不是集》，莫不別開生面，發人所未發，又非炫異矜奇，而適得廬山真面”云。

釀蜜集四卷　　清光緒辛丑浦氏靜寄東軒原刊本

清浦起龍撰。起龍有《乾隆無錫縣志》，已著録。

是書多辨説經史異同得失，學術派別，山川源流，以及名物典章，聲音訓詁等發凡之作，於考據義理，皆有裨益。原爲未刻稿本也。其五世孫錫齡持原稿於兵火之餘，斷爛訛敓，幾不可讀，用董理編次爲四卷，刊行之，以廣傳布。長洲陳開驥序之，謂：“先生博聞多識，綜貫古今，於考據致精微，於誼理宗純正。……溯是書命名之旨，則先生之於學，猶蜂之於華，擷菁英，去糟粕，醖釀既深厚，然後吐而爲蜜。其勤篤如此”云②。

犢山類稿十三卷　　清光緒甲申重刊本

清周鎬撰。鎬有《北固山遊記》，已著録。

是書文六卷，古、今體詩四卷，《課易存商》一卷，讀書雜記一卷，隨筆雜記一卷。初有刻本，後經兵燹，板燬。至光緒甲申，國史館采訪各縣自康熙以來賢人君子事跡及遺書，邑人士僉以鎬循聲卓然，宜並《類稿》上之。其同里榮汝楫集合同志，爲之重刊，以廣流傳。桐城姚瑩銘其墓，稱“一時名公卿咸重其詩古文辭。及爲吏，政聲大著，乃反爲所掩”。蓋鎬本以詩古文辭知名於時者。而太平戚學標原序，謂其學“本源深邃，究極天人，與夫古今治亂得失，具見於《課易》、讀書及隨筆雜記。而所謂經爲之體，史爲之用，又實通之以時務，故其爲言諳物理，合人情，深切著明，可見於事，非徒喋喋以口舌勝人者”云③。

雙梧桐館集二十六卷　　清嘉慶乙丑原刊本

清楊揩撰。揩有《菊谿節相除邪紀畧》，已著録。

---

①　據北京出版社 2000 年版《四庫未收書輯刊》九輯十七册《延緑閣集》第 584—585 頁校改。
②　據鳳凰出版傳媒 2011 年版《無錫文庫》第四輯第九十册《釀蜜集·序》第 378 頁校。
③　據哈佛大學漢和圖書館藏圖書數字化版《犢山類稿·戚學標敍》第 745—746 頁校。

是書爲揩手定本,其弟芳燦爲之序。而周氏《梁谿文鈔》載揩《自序》一文,曰:"少壯時,銳意科名,區區小慧,半耗於帖括間。十赴省試,不遇,乃捐金爲千夫長。昔相如以貲爲郎,子雲疲於執戟,彼以此始,吾以此終,悲夫! 早知窮達有命,捐棄故技,更受要道,其所成就,寧第止是! 兹春秋五十有五矣,兩子先後歿,一孫尚稺齒,寂寂身後事概可知。丁敬禮云:'文之佳惡者自知之,後世誰相知定吾文者耶。'斯肝膈之苦言,合古今而一慟。爰搜篋衍所積,汰存什之四,區爲如干卷。狂象埋牙,時而發視;饞熊舐掌,輒復自甘。結習難忘,人禽奚判矣。"①讀斯序,則揩之身世,可概見焉。

芙蓉山館全集二十卷　清光緒辛卯聚珍重印本

清楊芳燦撰。芳燦有《伏羌紀事詩》,已著録。

是書據晚年手定關中本重印之,以廣流傳。同縣劉繼增爲之序。按:芳燦所著詩文,初刊者爲《真率齋初稿》,原序青浦王昶、同縣顧敏恒作。續刻者爲《芙蓉山館詩稿》,序爲法式善作。所謂甘肅刊本也;迨主講關中書院而復刊者,即以前兩本删併之,並益以續得,名《芙蓉山館集》,所謂關中刊本也。兹編所輯,一依關中定本,無少移易,惟《文鈔》原未分卷,兹釐爲八卷,綜名《全集》,其兩本删落者不與焉。而同縣余一鰲謂"於洪楊事平,搜訪其先後所刊之三本,尚各獲其一"。並謂"所得關中刊本,爲阮元某之藏本"云。今聞余氏藏書,已易其主,經斯亂後,文字凋殘,不知所謂先後刊本三種,尚有愛惜者以珍藏之乎?

泰雲堂集二十五卷　邑人許同莘捐贈家藏道光間福建原刊本

清孫爾準撰。爾準字平叔,嘉慶十年乙丑進士。父永清,巡撫廣西。爾準童髫隨侍官舍,讀書一目十行,舉止端重,器局英亮。年三十,作《自壽詞》云:"但說文章能報國,恐蒼蒼未盡生才意。"②蓋其不屑以文人自居,於此見矣。既通籍翰林,凡院中制詞、典册,悉以委爾準。時雖處承明,而好究心朝章國政,務經世之學。及出知汀州,累擢閩浙總督,擁節旄十餘載,章奏文檄,皆自屬草。遇事可否是非,一言立剖,施之軍國,靡不洞中窾會。其簿牘枹鼓間,雖從容鎮靜,而酷暑嚴寒,往往籌筆徹宵,鬚鬢爲之頓白。有勸以愛惜精神者,曰:"我受國恩,此身豈尚爲我有耶!"以瘁卒於官,贈太子太師,謚文靖。事跡具《縣志·宦望傳》。

是書《文集》二卷,《駢體文集》二卷,《詩集》十八卷,《詞集》三卷,首尾無序跋。初刊於閩中,迨光緒間,復有聚珍本行世。卷末附録福州陳壽祺所爲《墓誌銘》,謂爾準"天性孝友,規摹閎達。知人明,而用之能盡其才;任事勇,而行之不知其勘。……有黃次公抉摘之神,而不矜趙張;有寇子翼文武之畧,而不學孫吳"者③。蓋爾準固匪以詩文名於世,然其駢、散

---

① 引文據鳳凰出版傳媒 2011 年版《無錫文庫》第四輯第七十二册《梁谿文鈔·雙梧桐館集自序》第304 年校改。

② 引文據上海古籍出版社 2002 年版《續修四庫全書》第 1495 册《泰雲堂集》第 641 頁校改。

③ 引文據上海古籍出版社 2002 年版《續修四庫全書》第 1495 册《泰雲堂集》第 657 頁校改。

文集所載闡揚潛幽諸作，殊有裨後世徵文考獻之資。詩集以地、以事分類編次。考其平生所歷，則可鑒其志事之所在，要其集自足爲世所重云。

尊小學齋集十卷　清光緒癸末蘇州刊本

清余治撰。治有《學堂日記》，已著錄。

是書文六卷，詩詞二卷，家訓一卷，其門人薛景清編校；末附年譜一卷，門人吳師澄編次，都十卷。德清俞樾謂："集中有上當道書，反復千言，爲中國相承之正教，劝捍衛候遮之力，蓋即孟子距楊墨、韓子闢佛之意。"而同縣過人遠字逸愚，諸生，咸豐元年辛亥科案，九試秋闈不第。爲之序，謂治"生逢劫運，水旱刀兵，迭慘於目，不憚向世家富室告哀，其自蘇常以歷浙西，奔走轉輸，幾於股屈無胈，脛禿無毛，而欲法鍾離、萊陽子之助養其民。嘻，可謂難矣！然觀夫靖盜沙洲，消變未萌，其相機斷事，正非老嫗悦人，但噢咻已也……先生之文，皆直抒胸臆，糅雜複沓，以苦口發其慈心，務使婦人孺子當下即解，不規規於古人之法，而得其法外意"云[1]。蓋治之勤勤焉，欣欣焉，一以黜邪崇正、化民成俗爲歸，於集中自可考鑑。

燹餘遺稿四卷　清宣統辛亥聚珍本

清寶承焯撰。承焯字俊三，道光十五年乙未恩貢。就職直隸州州判，以團防功，加運同衘。居恒言動俱肅，接物溫和，凡邑中興學校、辦善舉、賑災歉、修橋梁，皆引爲己任。黌宮破損，倡議捐修，邑人士僉謀廣設東林書院課額，增膏火、集賓與公車、決科等費，承焯皆力贊之。而又董辦同仁、恒善、育嬰、普濟諸堂，爲時久，地方多稱誦之焉。《縣志·行義》有傳。

是書爲承焯所遺稿，其孫鎮搜輯刊行。同縣陶世鳳序之，曰"憶幼時聞寶氏俊三先生籌晷閎深，文學豪邁。咸豐間，在籍辦團防以衛地方，竟以身殉，大名不朽，固非必藉文字而傳也。先生有詩古文稿四卷，盡燼於兵燹。先生之孫鎮，竭數十年心力，陸續訪鈔得若干卷，名曰《燹餘遺稿》，急欲刊行。世鳳固素慕其人，欲讀其文而未得者，茲郵寄屬序，又何敢辭。嗟嗟斯文，當此時而得讀之，俯仰蒼茫，不勝治亂興亡之感"云。

虹橋老屋遺稿九卷　清光緒己丑原刊本

清秦緗業撰。緗業有《續資治通鑑長編拾補》，已著錄。

是書爲其平生著述所留稿，分類編次，清《續文獻通考》著錄之。稿中如海防、保甲諸議，及《策應越南並上李傅相書》等篇，皆規畫時勢，有所條陳，足裨當世。而不能見用，論者惜之。其他微言大義，收關風教正多，殆非僅以古文名於世者。詩澹蕩灑落，湘鄉楊昌濬謂"得湖山清淑之氣，故矢口即成天籟"云[2]。

① 引文據上海古籍出版社《清代詩文集匯編》六三三《尊小學齋文集·序》第53頁校改。
② 據鳳凰出版傳媒2012年版《無錫文庫》第四輯第八十八册《虹橋老屋遺稿·敘》第144頁校。

庸盦全集十種四十七卷　清光緒丁亥原刊本

清薛福成撰。福成有《浙東籌防録》，已著録。

是書文編四種，凡十四卷。多經世要務，當代掌故得失之林，非僅以文辭名者。蓋當道咸之交，士大夫不務實學極矣。獨曾國藩講求有用之學，闡發修己治人平天下之道，以躬行爲先。福成相從既有年，幕府又皆一時英儁，朝夕切劘論思，久乃自具本末。遵義黎世昌謂福成"佐治久，聞見出於人人，紀述論著，亦且獨多，不屑爲無本之學。辭筆醇雅有法度，不規規於桐城論文，而氣息與己固、潁濱爲近，讀是編者當自得之"云①。

《出使奏疏》二卷。係出使海外公牘之專屬疏稿。福成佐曾、李幕府，所裁奏牘，均爲代作。迨出使海外，列京卿，有奏事之責，使職所及，輒奏陳之。服膺曾國藩宗賈誼、陸贄、蘇軾三家之體，就當日奏牘之式，運以古文峻潔之氣，而爲六七百年來奏疏獨調。用倣其法，以治己疏，爲古文之一體，甄録爲二卷。然皆有關邊疆要務，足以資治國聞者覽考，不僅爲古文一體云爾。

《出使公牘》十卷。於奏疏外，裒集各種有關國計民生者，編次而成。按：福成出使海外，綜其所務犖犖大者，如交涉滇緬界務，添設南洋各埠領事，辦理教案善後，删除寓越華民身税，義國交還中華書院産業，皆於公牘中得見其事源流，及交涉始末。而尤以滇緬界務最紛繁，交涉亦最久。不僅治邊務者以資覽考，並以見我東方古國使臣折衝海外，以維護國際地位之風節云。

《出使日記》六卷，福成自訂；《出使日記續刻》十卷，其子瑩中編録。清《續文獻通考》著録之。按：福成簡授出使海外大臣，在光緒十五年四月，旋值伯兄福辰喪，並請假掃墓。復以英、德、法時疫正盛，詔准明正起程。故是書自光緒十六年正月十一日由上海啓行爲始，至二十年五月二十八日抵上海爲止，始末完具，排日纂事，備書聞見。凡瀛環之形勢，西學之源流，以及各國政事、風俗所趨，軍械、建築更新，往往隨事所述，裨益中國。而辦理交涉，摘舊牘之大凡，稽所事之委折，隨筆纂録，與公牘相發明。自謂："中西通好，本係創舉，非絜四千年之史事，觀九萬里之全勢，無以通其變而應其機。"又謂："奉使之餘，據所親歷，筆之於書。或采新聞，或稽舊牘，或抒胸臆之議，或備掌故之遺。"②綜觀福成所纂，蓋於郭嵩燾、曾紀澤《出使日記》外，别創一格焉。

《籌洋芻議》、《浙東籌防録》二種，先刊單本行世，别爲著録，不贅焉。

寶學堂存稿二卷　附詩文稿一卷　民國九年鉛印本

清陶黼昇撰。黼昇字蓉初，號雲組，咸豐十年庚申恩貢。同縣寶鎮所爲《黼昇傳》，稱同治五年補廩，逾十年得恩貢。鎮爲黼昇弟子，所傳必確。而《縣志·選舉表》所載則不同，兹從《縣志》爲準。選授豐縣教諭，後兼署碭山教諭。豐縣鳳鳴書院頹廢久，黼昇以所得廉俸、贄金，修葺之。尤

---

①　引文據上海古籍出版社 2002 年版《續修四庫全書》第 1562 册《庸庵文編》第 6—7 頁校改。

②　據上海古籍出版社 2002 年版《續修四庫全書》第 0578 册《出使英法義比四國日記·咨文》第 389 頁校改。

隆重於祀孔典禮，謂：“豐於古爲宋地，孟子曾居此，實理學之祖。”殷殷以爲教，豐人士於是始知學。平生好治濂、洛、關、閩學，布衣疏食，淡泊自甘。應試南闈，八薦未售，而絶不介意。嘗謂爲學須尋孔、顔樂處，此樂非静無以得之。輒效半日静坐，半日讀書，爲治學之功。光緒二十一年乙未，由豐告歸，主講東林書院。時士大夫倡興學，咸主東林改設學堂，而黼昇既主講其間，遂力促其成。民國十一年，東林書院改設學堂。二十週乃於依庸堂之西，特建屋三楹，邑人裘可桴顔曰“陶齋”，唐文治爲之記。彌留時，顧其子世鳳曰：“不許作哀啟，不必畫神像，自問不欺之學尚可信。”則其學其識可概見焉。

　　是編爲所存之稿，曰《學詩日記》，曰《讀書隨筆》，都二卷。末附古、今體詩四首，文七首。其從孫守恒編摩繕録，奉爲至寶，慮有散佚，遂刊行之，以廣傳佈。太倉唐文治爲之序，謂“世之人欲研求修齊治平之學，默察世道人心之本原，以期明體達用者，微斯人，其誰與歸”云。

丹桂書屋賸稿一卷　　清光緒戊申聚珍本

　　清錢福煒撰。福煒字葵蓀，同治六年丁卯舉人。官長洲教諭。早慧，工文，蜚聲庠序。爲人廉幹有爲，如表節義、解爭訟、埋骼胔、修橋路、葺宗祠、修宗譜，靡不處以實心，持以實力，爲鄉黨所重。

　　是書文九首，賦二首，古、今體詩九十八首，詞七首，其子湜章、字西林，諸生，光緒十五年己亥科案。基烈字楠庭。刊行之。

四槐寄廬類稿七卷　　縣圖書館繕寫本

　　清孫鼎烈撰。鼎烈有《永寧山崑從紀程》，已著録。

　　是書其子藩圻字屏東，光緒二十八年壬寅補行庚子、辛丑恩正併科舉人。官内閣中書。用姚鼐、李兆洛選文之例，編次其遺文，曰論説文、序跋類、書啓類、家廟志、誦芬録、房從署傳、雜著述，都七卷。序目謂其父“生經亂離，久勞在外，公卿大夫夙知其文。而嚴謼自守，未嘗以炫於華貴之門。心之所衷，意之所趨，發而爲聲，跡於兹編”[1]。江陰繆荃孫序之，又稱其“文辭簡質，無所摹倣，若未嘗有意爲文者。然釋經考禮，伸古通今，不涉迂拘。記事立論，窮源盡委，不立間架，信其筆之所至，而理無不足，事無不具。是古人之文，非今人之文”云[2]。

嚴廉訪遺稿十卷　　民國十二年聚珍倣宋本

　　清嚴金清撰。金清有《閑閑草堂奏對年譜合編》，已著録。

　　是書爲其族子懋功編次。所録公牘，皆陳臬關中，備兵榆塞之作。書牘亦以秦中辦營務，署臬司，任鹽法榆林各道時所作爲多。今體詩多紀地、紀事，而又有感時之作。年譜一

---

①　引文據上海古籍出版社《清代詩文集彙編》七四七《四槐寄廬類稿·序目》第444頁校。
②　引文據上海古籍出版社《清代詩文集彙編》七四七《四槐寄廬類稿·序》第441頁校改。

卷,與奏對合編,已先刊行,別見著録。其宗人毓芬序之,謂:"廉使自束髮從戎,至於老耄,崎嶇蹭蹬,幾與兵事相終始。浙、閩、關、隴以及遼瀋、青海,戈壁萬里之外,莫不有屯戍遺蹟,禽渠犂穴,勳業爛然。凡見於官書及私家記載者,僅指可數也。……(而其)德澤在人,治行報最,又古循良之選也。名將可傳,循吏可傳,廉使之有聲於時,或更歷數十百年,而世人猶知有廉使其人者,固在此而不在彼。如僅僅於文字間求之,使後之人讀其遺稿,或疑廉使徒以空文傳世,是買櫝而還其珠"云①。

復菴遺集二十四卷　民國十年鉛印本

清許珏撰。珏有《論語要畧》,已著録。

是書爲其生平著述,都二十四卷。珏既究悉民生之禍在鴉片,力主禁煙,方舒民禍,故自詣闕上書封章入告,以至削牘投贈之言,大率必論議及此,斯集中涉禁煙者十之五六之由。《奏議》三卷,其關於外交者,如倡言聯俄、美以防未來,請美國調停日俄之戰,俾各移師離東省境地,以全中立主權,而免遭秦毒,俱卓有所見,發當世所未道。《出使公牘》一卷,多譯咨義國要政、章則、考畧,以資鏡鑑。《佐輈牘存》二卷,起光緒癸巳十月,迄乙未八月,係參贊楊儒駐美時稿本。儒知人善任,凡所行文,一以聽珏。當時得失,可以考鑑。餘爲《禁煙牘存》六卷,文四卷,詩二卷,書札二卷,《家書節鈔》一卷。同縣秦敦世序之,稱其"慷慨指陳,動關國本,正人心而息邪説,尤能言人所不敢言,……而望重天下"②。其從子同莘又謂:"先伯父生平雅不欲以文人自命。……謂人當愛惜精神,留爲致君澤民之用。……故所爲文辭,類和平樂易,不規規於宗派格律。"③二者所論,可謂得其概要矣。

所録書札,按年編次,與集中所載《公牘》,《佐輈牘存》相發明,可以考當代掌故,並可考其出處大節。又《家書節鈔》教子弟以希聖、希賢之旨,殆尤無愧於古君子云。

復菴先生集十卷　民國十五年許氏倣宋鉛印精校本

清許珏撰。珏有《論語要畧》,已著録。

是書爲其子同范、字文伯,光緒二十年甲午副貢,出使俄國奏派隨員。同藺、字仲威,諸生,光緒十九年癸巳科案,候補中書科中書。同萊、字叔娛,國子生。同華字季昌,中書科中書。既編其遺集行世,慮卷帙繁,未能廣布,乃倩其門人陶世鳳重加校訂,編次爲十卷。世鳳跋之,謂:"世鳳年弱冠,受業於復菴先生。既而先生應辟,歷海內外,薦擢使職。世鳳官部曹,先生先後入都,上書言外交、禁煙諸要政,世鳳輒過從,朝夕親炙,如受業門下時。一日觀荷十刹海返,先生曰:'吾平生有兩大願,一禁煙,一禁礮。'世鳳曰:'先生禁煙之旨,聞之稔矣,敢問禁礮之説。'先生曰:'造礮始於中國元世祖,征印度,遺礮於其地。西人因而習之,今日礮存羅馬博物院。槍礮之與鴉片,其戕賊民命,爲禍家國一也。'是時先生方草《禁煙芻議》,世鳳進曰:

---

① 據鳳凰出版傳媒 2012 年版《無錫文庫》第四輯第九十一册《嚴廉訪遺稿·序》第 500 頁校改。
② 引文據鳳凰出版傳媒 2012 年版《無錫文庫》第四輯第九十五册《復庵遺集·序》第 161 頁校。
③ 據鳳凰出版傳媒 2012 年版《無錫文庫》第四輯第九十五册《復庵遺集·跋二》第 394 頁校改。

'先生盍草議禁礮乎?'先生笑曰:'吾侪鴉片禁絕,乃議禁礮耳。'嗟乎,造物好生,而不能使地無毒卉,人泯殺機。先生手無斧柯,乃欲大聲疾呼,以彌天地之憾,此其志量何如哉!"①而唐文治序之,則謂:"先生邃於高顧之學,博通時務,於經世治國之畧,元元本本,殫見洽聞,卓然爲明體達用之君子。"②二者所論如此,則其學其識,斯可知矣。

慎齋詩草二卷　附録三種　清同治戊辰刊本

清包理撰。理字曉堂,同治四年乙丑歲貢。世居邑東北之東湖塘鎮。家居授徒,勤於訓迪,數十年如一日。

是編首爲《湖塘小草》,皆近體詩;次爲《焚餘草》,古、今體詩俱録之。"焚餘草"者,以所作詩稿悉焚去,後撿得同縣侯楨所閲本,尚未焚,故名。附録《病起瑣言》,所紀顧鳳刔、姚熙績論文語,而加以闡發,及論古近體詩,足資學者治詩、古文辭之鏡鑑。《書塾課談》十一條,皆諄諄啓迪,語多心得云。

竇曉湘先生集七卷　附曇花吟一卷　清宣統辛亥鉛印本

清竇士鏞撰。士鏞字曉湘,號警凡,同治十二年癸酉舉人。早歲工制舉文,而天姿英亮,汲古工深,一時耆宿以才士目之。既三上春官,不第,乃北走燕郊,南遊甌越,公卿士夫爭禮之。至老始設絳帳於家,弟子著籍者數百輩,彬彬稱大師焉。而士鏞故富藏書,終日不釋卷,於學無所不窺,大而朝章、國故、兵制、河漕、鹽鐵、茶馬,小而壬遁、風水、醫卜、星命之學,莫不通曉。但中年三賦悼亡,感懷悽楚。晚歲煢獨孤身,棲遲於荒煙老屋中,蒼涼寂寞,頹然窮儒。然論者皆稱爲鴻才碩學,文獻所歸焉。

是書爲《讀東華録》一卷,《澹遠軒文集》二卷,《綺雲樓詩草》二卷,《附録》一卷,《歷朝文學史》一卷,而以其室杜氏之《曇花吟》一卷殿焉。其門人華袞、曹銓、丁寶書等爲之編次,曰《曉湘先生集》,茲列之如左。

《讀東華録》一卷,就王先謙增補之《東華録》,論列各朝政治之得失盛衰,並其勳業之偉大、人文之彪炳。而書其概要,曰"嚴信則治,寬弛則替"。斯二語足裨後世覽考清史者之助。又以先謙所輯者極該備,無所增益,而德宗一朝,則付闕如,用就國事之較鉅者,備載其實,以補王書之闕。世之人但知有朱壽朋之增補,而不知有士鏞之加輯。覽考學人,其徵乎斯。

《澹遠軒文集》二卷,皆駢、散文。同縣顧信成爲之序,語多推重。其門人華袞又稱先生"於舉業之外,沉酣古籍,詞章古文,研鍊尤深。……著有駢文、古文一二百篇,顧以征車四出,不自收藏,頗多散佚,所存祇數十篇,訂爲二卷,先生自題曰《澹遠軒文集》……名篇鉅製,堪垂不朽。至文章之體要……上溯淵源,精窺秘奧,深合乎古之作者。所謂氣息淵懿,

---

① 引文據文海出版社《近代中國史料叢刊正編》第二十三輯《復菴先生集》第 513 頁校改。

② 引文據文海出版社《近代中國史料叢刊正編》第二十三輯《復菴先生集》第 1 頁校。

風骨高騫，奄有其勝，知文君子，必有以辨之”云①。

《綺雲樓詩草》分上、下二卷，皆古、今體詩。上卷起咸豐庚申，迄同治甲子，多少作，名《中露吟》，每於烽火之中，時多亂離之慨。下卷祇記自同治甲戌起。按：是年同縣楊楫鄉闈卷，磨勘被議，士鏞正赴禮闈，途次得信，賦詩飛慰，其詩編録卷首，堪資覽考。以下則無年月可考，而晚年題贈酬答諸作爲多。所録《恭題徐蘭畦太岳丈梅花雪月圖小照五古一首》，奇折有致，蘭畦名澂，因言事落職，志書尚未備載，而士鏞附識梗概，足備史氏考徵。至其中年詩篇，則付闕如。又録楹聯、詩餘，亦多佳構也。卷末載門人華袞題七律十有二首，吞聲飲泣，語語涕零，具見立雪受恩之感。袞又序於卷首，稱“先生跌宕騷苑，垂教及門，醖釀數十年，獨有心得。故少作喜西崑艷體，以工麗之詞，寫纏綿之致。中年論交湖海……又瓣香高青邱、吳梅邨諸體，清詞麗句，獨步一時。晚歲慕漁洋山人，風流蘊藉，屏去雕飾，專以風致聲韻爲工。……自少壯以迄晚歲，體凡三變，又能各極其妙。然則是編也，匪特爲先生不朽之盛業，而名賢撰述，亦足增志乘之光”云②。

《歷朝文學史》一卷，分五篇論列。第一《志文字原始》，第二《志經》，第三《敘史》，第四《敘子》，第五《敘集》。各篇所論，皆具有本末。並以應治圖籍，臚列陳之，俾承學之士，可得其綱領而資覽考。其自序卷首，謂“天下一切，莫備於文學，而學必由文字始，故以文字爲發端。立綱紀，厚風俗，使薄海內外之人，相協而不相離，可强而不可弱者，莫備於經。上下古今成敗得失之道，一覽瞭然，得所依據，莫善於史。凡人情事理，以至農工商賈，雖世變日新，有百變而不能出其範圍者，莫詳於子。從古碩德通才，奇謀偉畧，以至文人學士，亦各有著作以抒所見，悉載於集。兹擇其恒見而切要者録之，間附末議，雖所見寡陋，然竊謂會而通之，有益於學，大致已備”云。時當讓清之季，科舉廢，新學興，學者輒以故籍爲不足讀，獨士鏞特發此作，可謂暮鼓晨鐘，足資警醒耳。

附録《曇花吟》一卷，爲其室杜敬撰，見閨秀類著録，不贅焉。

二知齋遺稿三卷　民國三十五年鉛印本

清孫贊堯撰。贊堯字有卿，光緒元年乙亥舉人，授沭陽教諭。性和緩，遇事喜持其平。而秉鐸沭陽踰十年，凡所施設，必救其弊，補其闕，咸足以激勵彼邦學子之修其文行。嘗引前賢所云“修其文者，學爲舉業；修其行者，學爲聖賢”二語以勗諸生。

是書所輯，遺言措意，殆可見其爲人之梗概。按：縣圖書館所藏，原爲繕寫本。迨民國三十五年，其子家復字飈香，有學行，而温厚篤實尤爲儕輩所推服。梓行於世，同縣錢基博爲之序。

潛皖偶録十一卷　清宣統己酉鉛印本

民國錢麟書撰。麟書字子瑞，又字史才，清光緒十五年己丑恩科舉人。有志經世，究討治亂得失之道。嘗署理績谿知縣，辦理安徽稅務，有廉名。

---

① 引文據上海古籍出版社《清代詩文集匯編》七五三《澹遠軒文集·序》第528—529頁校改。
② 引文據上海古籍出版社《清代詩文集匯編》七五三《綺雲樓詩草·序》第565—566頁校改。

　　是書在安徽稅務任所刊行。書中卷十一所錄籌議各表，如整頓房捐、鋪捐、丁漕加捐、蕪湖米釐加捐、鹽斤加價、牙捐、酒捐之類，皆欲革除流弊，以圖更新，而裕歲收，是亦可以概見麟書之經濟。至追錄雜說、經史以及酬應諸舊作，益足以徵麟書之學，匪尋常科名中人所可比擬也。

訥盦叢稿十二卷　民國元年聚珍本

　　民國顧鳴鳳撰。鳴鳳有《勤補拙齋漫録》，已著録。

　　是書爲其手定稿。曰《文存》四卷，凡傳、銘、贊、序、策論、課藝之類隸焉；曰《人物志》一卷，凡泰西之名王、將相、鉅儒、碩學之類隸焉；曰《詩存》一卷，凡紀事、感時、贈答、諫賀之類隸焉；曰《著作譚》一卷，爲顧氏著述目録，上自三國，下迄遜清，凡所著經、史、子、集之類隸焉；曰《類牘》一卷，凡任各縣典史及南潯司時，所有咨移、申詳、文告，及往來牋啓隸焉；曰《漫録》一卷，别見史部著録。自出生至四十歲，按年紀事，實爲譜録耳；曰《隨筆》二卷，凡山川舊蹟、文獻軼聞，綴拾成篇者屬之；曰《聯語》一卷，凡長官、師友以及戚黨、交誼，所致輓聯皆屬之。都十二卷，總名之曰《訥盦叢稿》。烏程潘琳書爲之序，稱其“治人律己，學綜歐亞，政事文章之美，洵能超軼凡近，卓然成家”。同縣華袞字子才，諸生，光緒六年庚辰歲案。又稱“名篇鉅製，著作等身”。二者所論，殆皆非虛譽也。

硯雲齋遺稿三卷　民國二十五年倣宋精校本

　　民國嚴毓芬撰。毓芬有《無錫縣立圖書館書目》，已著録。

　　是書散文五十八篇，駢文十三篇，詩一百十七首，駢語一百二十九聯，編次爲三卷。同縣鄧以模字範鎮，宣統元年己酉恩貢。序其詩，稱毓芬“溫柔敦厚，深於詩而不以詩名。樂道安貧，不慕榮利，有白樂天、陶靖節遺風。亦文苑，亦逸民，具徵子陵先生之流澤孔長，而足以遠紹前徽”。楊壽枏序其駢文，謂毓芬“力謝穠華，自成馨逸。其氣格如白雲孤飛，奇花獨笑；其詞采如新采欲滴，軟紅可接。在詩家爲雅音，在畫苑爲逸品”。而錢基博序其文，又謂：“堯欽之爲駢文，不矜瑰瑋，而拓體淵雅。往往遒變，抑揚抗墜，動與古會。”同縣楊味雲先生嘗序而亟稱之，謂：“於綺藻豐縟之中，存簡質清剛之制者也。吾獨耆其散文，選言有序，不刻意爲奇字奧句，而清曠自怡，亦時有感激頓挫之辭，以陶寫胸中壘塊，逸趣橫生，深入廬陵之室，斯足以極一時之能焉。吾邑在讓清乾嘉之會，可謂儒雅繼踵。楊蓉裳宗尚六朝，斯藻密而慮週；秦小峴指歸八家，乃辭清而指顯。既其身文，且亦國華，而各擅所能，莫與相尚，齊足並馳，咸以相驂。未有散體與麗辭兼美，綺文偕清裁駢能，佩實銜華如我堯欽者。”所論亦至矣哉。

三借廬賸稿五卷　民國三年鉛印精校本

　　民國鄒弢撰。弢字翰飛，性好飲，故自號酒丐，世居邑東南泰伯鄉之后宅鎮，諸生。清光緒元年乙亥科案。早歲負才名，光緒己丑秋闈，錢唐諸可寶司分校，得卷激賞，拔薦之。而主試者以次藝有“天方回紇”字樣,斥不與,可實力爭之,不許。迨拆黏,則爲發,固名下士也。爲之惋惜者數日。而發先後十試秋闈,竟未售。曾遊齊燕、湘楚,凡公卿豪貴,以及五方遊士,無不欲丐一言爲重。後客上海,爲報館記室,所著詩文,偶一披露,士林輒爭相吟誦。論者稱其學貫中西,才輕李杜焉。時發雖以文章益有聲,然家貧,飲酒如故,抑鬱牢騷,尤鮮所合。晚年退歸田里,以疾卒於家。

是書詩二卷,駢文一卷,詞一卷,尺牘一卷,名《三借廬賸稿》。卷首所錄諸家題辭,語多推重。同縣秦緗業謂:“吾鄉自芙蓉山人而後,駢儷名手,幾無替人,得君始可繼軌。”吳縣汪芑謂:“才如蘇海,筆豔江花,非茂先之散珠,即太沖之橫錦。文壇、詩壇、詞壇,可以獨樹一幟。”可實又有識語,謂:“得生謝狀,詞藻沈博,吐屬雅雋,愈信爲讀書而不拘流俗者。一昨贄文來謁,瀏覽之餘,重惜其落落寡合,遇胡嗇而文胡豐耶。賢尚勉旃,葆兹靈明,益自砥礪。”[①]三者所論,亦可以概見發之文行矣。按:是書於光緒乙未,發校文於湖南學使署中,學政元和江標頗推服,乃點定其詩、詞、駢文七卷,擬爲梓行。無何,標任滿返家中,不戒於火,其稿全燼。嗣由朋儕搜羅得此,故名《賸稿》云。

懸瓢軒叢稿三卷　　民國二十三年鉛印精校本

民國許栻撰。栻字少宣,清諸生。光緒十三年丁亥科案。早歲工制藝文,蜚聲黌序,兼精疇人家言。與同縣顧棟臣、字眉良,光緒二十三年丁酉副貢,選學部員外郎。孫思贊、張文藻數輩交遊,有所論列,輒爲推服。文童以課藝切磋,動邀獎勉,定得失焉。科舉既廢,邑中興學,得風氣之先。栻主任竢實、東林兩校講席,士林爭仰之。入民國,爲邑令尹掾屬,掌學務有年。爲政重實際,尚安定,以保持固有之善爲主,輿論翕然。

是書卷一駢散文,卷二近體詩,卷三楹帖。同縣沈壽桐字西苑,諸生。爲之序,曰:“先生初不以文章自命,今讀其懸瓢軒詩文,顯豁清醒,機神洋溢,不求工而自工,聯語尤多精絕。每能信手拈來,恰到好處,翻平淡爲警策,化陳腐爲新奇,別開生面,妙造自然,此非性靈之爲而誰爲乎!”其宗人國鳳稱栻“爲文峻潔有法。詩則清麗芊綿,絕似元人學唐。聯語則勝場獨擅,故錄存爲多”云。

雲在山房類稿十五種　　民國十七年聚珍藍色精校本

今人楊壽枏撰。壽枏原名壽栬,字味雲,清光緒辛卯順天舉人,授内閣中書。究心經世之業,又精計學,從世父宗濂榷鹽長蘆,旋官農商部章京,度支部參議,兼任清理財政處總辦。以勤敏受知長官,簡隨使節參贊,遍歷歐美各邦、南洋羣島,洞悉中外强弱盛衰之道。編輯政書凡十種,咨送憲政編查館,以備采用。《趨庭隅錄》云:家藏稿於庚申冬京寓失慎已燼,僅存提要五首入文集。入民國,揚歷京外,官山東財政廳長,考績第一,以是最知名。嗣任財政部次長,代理部務,聲績雖炳,而厄於時勢,未竟厥施,君子惜焉。

---

① 三家題詞據上海古籍出版社《清代詩文集匯編》七七三《三借廬集·羣賢評語》第1頁校。

是書總目，首爲《思沖齋文鈔》，次爲《思沖齋文補鈔》，次爲《思沖齋文別鈔》，次爲《思沖齋駢體文鈔》，次爲《思沖齋駢體文補鈔》，次爲《思沖齋詩鈔》，次爲《思沖齋詩補鈔》，次爲《鉢社偶存》，次爲《鴛摩館詞鈔》，次爲《鴛摩館詞補鈔》，次爲《藏盦幸草》，次爲《雲邁詩話》，次爲《雲邁漫録》，次爲《覺花寮雜記》，次爲《貫華叢録》，都十五種。而《思沖齋文別鈔》所言犖犖大者，如《籲立憲以宣民氣》、《辦預算以制國用》、《裁冗濫以覈名實》，俱深切著明，有裨當世。同縣錢基博序之，謂：“博通今古，條析事理，期可見諸施行。有鄉先輩薛叔耘氏之風。”常熟孫雄序之，謂：“楊君於學無所不通，而雅不欲以文藝自見。然倚馬萬言，著述宏富，儕輩咸斂手推服之。”又謂“稿中《雲邁漫録》，體似張文端《聰訓齋語》。《覺花寮雜記》又與薛叔耘《庸菴筆記》相似。所言均有關於世道人心，非以誇博物、廣異聞”云。

附　　録

孫宗伯尺牘一卷　清光緒壬寅據陽湖陸彦和家鈔本印行

明孫繼皋撰。繼皋有《孫宗伯集》，已著録。

是書爲集中第五卷，其九世孫達均據陽湖陸彦和家鈔本，用聚珍版印行於世。按：《繼皋詩文集》自咸豐兵燹，版片盡失，遂鮮傳本。其裔孫其業字梅菴，諸生，同治八年己巳科案，工書。在吳門書肆購得殘帙，闕第四、五、六三卷，而卷首目録完備，遂印行之，以爲重。既復得斯本，又印行之。達均識語謂“尺牘文凡一百二首，與原目卷五尺牘編次前後悉合，前九十七首，的是第五卷之文，全卷僅闕三首，後五首則原目列入第六卷者。雖與原目尺牘文三百首，尚不及半，而第五卷之尺牘所闕者，不過三首”云。

浦二田尺牘二卷　上海文瑞樓石印本

清浦起龍撰。起龍有《乾隆無錫縣志》，已著録。

是書爲《不是集》中所載書翰，其裔孫鑑庭輯録刊行，以廣流傳。江寧吳廷錫爲之序，稱：“二田先生以雍正間耆儒，講學吳門，成就極衆。其風流文采，秀絕寰區。觀於往來文札，皆諄諄以著書立説相勸勉，而絕無干禄倖進之思。《毛詩》所謂考槃碩人，‘獨寐寤言……獨寐寤歌’者，先生之行，與先生之文，殆均無愧矣”云。

芙蓉山館尺牘十七卷　縣圖書館繕寫本

清楊芳燦撰。芳燦有《伏羌紀事詩》，已著録。

是書爲同縣劉繼曾編輯，釐爲十六卷，又編年目録一卷，以列卷首。其例言謂：“先生詩文，手自訂刻，行世已久。惟尺牘僅於文集中刊列二十五首，餘藏於家，或爲人傳鈔，向無刻本。兵燹後，……抛散殆盡。經先生從外孫余成之一鼇苦心搜羅十餘年，得先生手書草稿二百二十一首，又得先生外甥顧夢湘明府筠鈔本二册，四百十九首，内去與前草稿同者四十五首，文集同者二首，計三百七十二首。又從郡中湯穀原軾處，假得鈔本一册，校與前鈔本同，其不同者止四首。最後於夢湘明府裔孫顧伯裕舒處，得家藏鈔本二册，計九十七首，又墨跡十二首。連已列文集之二十五首，通計七百三十一首。惟諸稿不分年時，前後錯列，今詳審文義，按照年譜編次成書，爲十六卷。因作編年目錄一卷，附於簡端。庶閲者沿流溯源，可考見先生一生涉歷、交際、遇合之方。第散珠委地，從頭穿綴，不無先後微差，要於大致不相懸耳。"①然則繼增留心地方文獻之志，於斯編殆可見其梗概矣。

芸香閣尺一書二卷　　山東刊版巾箱本

清朱蔭培撰。蔭培有《澹葊文存》，已著録。

是編爲尺書，皆客幕濟南時所作。蔭培於箋札，原不留稿。幕友山陰平心安默存之，得什之一。乘蔭培應試南旋，私付剞劂，得以行世。卷一所録《與侯子勤楨》謂"前函所勉者，爲著書立説而言，非博取功名之計。玉堂金馬，石室名山，分兩途，有後先"。時楨初登賢書，究心舉子業，而蔭培謂學問經術，不在此中討取，以力追古人勉之，闇闇致言，窺見切磋之誠。卷二又録《與子勤書》，謂"世之立言者，非有補於古，即有濟於今，釋經以見經世之心，非爲經生家言"。時楨方以所註《禹貢》相質，著作等身，果不負蔭培所勉者。各卷所列標題，僅有姓氏，而名籍仕履，皆未備註，致無可稽考，覽者止可於翰墨間展玩之耳。

剪燭録二卷　　四川刊本

清龔禮撰。禮字少蓮，出處事跡無考。

是書所録，皆與當代官吏書翰。按：禮究心經世學，翰中所述，多關治亂得失之道；所與諸家，皆道光間名人。而禮服官四川，亦且二十年，當世亦推爲卓異之吏耳。惟邑中龔氏，多出城中斜橋，據其家乘所載，不見禮名。附記之，以待後之人考證。

海棠秋館尺牘無卷數　　原稿本

清裘廷楨撰。廷楨字瘦生，原名贊治，國子生。光緒間人，署歸安主薄，齟齬去。喜吟詠，落拓不羈，偶繪蘭竹亦工。晚年家益貧，課徒自給，尋悒鬱卒。

是書爲原稿本，蓋猶未編次也。

雲藹書札無卷數　　民國三十二年鉛印精校本

今人楊壽枏撰。壽枏有《雲在山房類稿》，已著録。

是編爲與人書札，以時代先後編次之。按：壽枏理財政策，重制節謹度，綜核名實，反對濫發債票、鈔票。而民六以後，自傷政見與時枘鑿，絶口不談財政。迨民十一冬，内閣改組，財長内定，而壽枏謁告南歸。民十二夏，財長缺席，當局勸駕，而壽枏堅臥不出。事載《趨庭隅録》。書札所録，如《與李伯芝書》、《覆議員某君書》，頗可窺見民國財政變遷之梗概，蓋當世

---

① 據鳳凰出版傳媒 2011 年版《無錫文庫》第四輯第九十四册《芙蓉山館尺牘·例言》校改。

掌故得失之林也。又按：壽枏於清季登科筮仕，入民國，兩任財政部次長。而至民六復辟，又任度支部侍郎，人呼之曰"復辟派"。然壽枏自謂"耿耿此心，不能無舊國舊君之感"。事載《趨庭隅録》。如《與王芙伯書》、《上黎總統書》，亦可見其志氣。至《覆許靜山丈書》，痛述清室覆亡，評論袁氏權詐，可徵三十年來，喪亂頻仍，人心不古，殆當日有以種其因也。

總集類卷一

荆南倡和詩集一卷　　縣圖書館據清四庫著録精寫本

　　元周砥、馬治同撰。砥字履道，吳人，寓居無錫，與宜興馬治善，因客荆谿。荆谿饒崖谷泉石，二人窮幽極邃，鏦金擊石，氣志不少挫。宜興富人慕之者，漸爲具招砥，砥心惡之，貽書別治，遁去。歸吳，與高啟、楊基遊，書畫益工。已又去，客會稽，卒於兵。清《四庫提要》云：從張士誠，死於兵。《縣志·流寓》有傳。馬治字孝常，善詩，能書，舉茂才。亦善高啟。入明，知内邱縣，遷建昌同知。嘗客無錫，子桓仲遂定居。《縣志·流寓》附砥傳。《明史》列傳《文苑》。

　　是書當至正間，砥遭離亂，客治家，治館砥於荆谿之南，隨事倡和，積詩一卷，遂以名編。二人各録一帙，遂昌鄭元祐爲之序，二人亦各自有序。厥後治以此集付啟，啟復以與吕敏，字志學，能詩，世以吕山人稱之，《縣志·文苑》有傳。有啟後序。敏後仍以歸諸馬氏。成化間，鄉人李氏爲之付梓。清《四庫》著録之，其《提要》稱"砥以吟詠擅長。……其撰是集，正元末喪亂之際，感時傷事，尤情致纏綿。治詩稍遜於砥，而雋句絡繹，工力亦差能相敵"云。此本絕少流傳，縣圖書館據清《四庫》著録者鈔録一帙，俾邑之人窺見其梗概焉。按：砥終於元末，自應列於元。治爲明人，而《四庫提要》謂其詩在元所作，尚可謂之元詩，故以編爲元。但《縣志》以砥列明，似可改正之。

三華集十八卷　　上海商務書館影印四庫全書珍本

　　明錢子正及弟子義、侄仲益合刻詩。子正《緑苔軒集》六卷，子義《種菊菴集》四卷，仲益《錦樹集》八卷。清《四庫全書》著録之。而子正《緑苔軒集》，别見著録。子義以字行。仲益名允昇，以字行，洪武中，舉明經，爲本縣訓導，事跡具《縣志·文苑傳》。而子正、子義於仲益傳中，並附志以詩名。《三華集》者，三人皆錢氏英華，初各自爲集，族子公善、公治於正統中，合刻之，故名。而《錦樹集》按：顧氏《梁谿詩鈔·錢仲益小傳》謂"錦樹山人集，余得嚴中允繩孫手書本，什襲珍之，可補志傳之闕"云。前有正統二年魏驥蕭山人，官太常寺少卿。序，謂仲益"當元季，以進士擅名於時，及作縣華亭，以學推之政事，至今有遺愛存焉"①。稱頌之如此。而

----

①　據武漢大學出版社1997年電子版《文淵閣四庫全書（433/5062）·三華集》第四册第1頁校。

《縣志·文苑傳》列仲益於明，所著仕履，不及元代，自康熙志以及乾隆嘉慶志，所載俱同。並存之，以待後之考證。《四庫全書提要》稱是本爲罕覯之笈，今得影印行世，地方文獻賴以未湮，斯亦幸矣。

錫山遺響十卷　　縣圖書館據武進董氏誦芬室所藏寫本精鈔本

明莫息纂輯。息字善誠，號冰泉，又號雲樓子，弘治十二年己未進士，官南京工部主事。初，廷對在二甲，忽忽不得意，既遂除工部。息儀度明秀，負才不羈，士林仰望之。《縣志·藝術》附父懸傳。

是書采録漢唐至明初時邑獻之詩篇，編次爲十卷，在弘治間梓行。而兩千年一邑之文運故實，概備於是。《天一閣書目》載有其書，武進董氏誦芬室寫本，即據天一閣散出之弘治刊本繕録者。書後載息自跋，謂："邑儒士翟公厚公厚名厚。父宏，永樂中舉明經，能詩。厚亦世其業。《縣志·文苑》附父宏傳、潘繼芳繼芳亦作季芳，名緒，號玉林，《縣志·隱逸》附秦旭傳。相繼哀集。……（余）僭加裁定，凡十卷，目爲《錫山遺響》。"①按：《縣志·藝文》載：《錫山遺響》，翟厚著；《續錫山遺響》，莫息著。高氏《錫金歷朝書目考》所載亦同。然讀息之跋語，則"錫山遺響"之目，尚爲息所論定，可徵並無正續二書也。年遠代湮，是編流傳漸稀，邑之故家，竟無藏本。幸有董氏寫本，得據以繕録，則邑之考文獻者，庶幾有所徵焉。

梅花百詠一卷　　明萬曆間寫刻本

明王達撰。達有《王天遊集》，已著録。

是書哀輯當年師友倡和之作。按：《王天遊集》所刊山陽王孚原序，稱"《天遊小稿》、《梅花百詠》、《古今孝子贊》俱已梓行"，則是編當時已有單本行世。今《王氏家譜》復附刊之，得益廣流傳。其自序云："中峯禪師以扁舟孤笠往來湖海間，友白鷗而樂雲水，人皆慕之。翰林馮海粟渡江，以《梅花百詠》示師，師談笑間，不踰日而盡答，然未之見也。洪武戊辰四月望日，余與曾公恕、俞公海，宿於東林之精舍，主僧實公出示所謂'百詠'者，披覽之餘，余甚樂焉，於是和而成集。夫師以文章德業振天下，余何敢繼踵。要之風月無主者也，人皆可以取之；梅花無情者也，人皆可以詠之。誰獨許於師，而不許於我耶？但不見馮詩爲恨耳。然則曾、俞二公，力學嗜古者也。今日之會，又安知異日不爲佳話乎！"觀斯序，則所謂"梅花百詠"者，其淵源概可知矣。

百花鼓吹五卷　　梅花鼓吹二卷　　明萬曆戊申原刊本

明王化醇纂輯。化醇字和甫，號應峯，又自號九松居士，諸生。按：邵氏《錫山遊庠録》，萬曆三十年前無考，惟學署有萬曆十六年戊子所載化醇名。據其族裔鑾所考：化醇年十六爲學官弟子，時嘉靖四十年辛酉也。事親孝，父望道疾，不解帶者數旬，鬚髮盡白。《縣志·孝友》附父傳。

---

①　引文據鳳凰出版傳媒 2012 年版《無錫文庫》第四輯第七十三冊《錫山遺響·跋》校改。

是書曰《百花鼓吹》，皆雜采唐人詠花之詩；曰《梅花鼓吹》，則但采宋、元及明人之詩，以唐人詠梅之作，已載入《百花鼓吹》故也。惟化醇斯作，自謂讀其先世達所爲《梅花百詠詩》，乃忻然不思釋手，因遍搜諸名家唱和之什，都七百有奇，彙爲一帙，並以唐人詠百花者合之，故名其書曰《百花鼓吹》、《梅花鼓吹》。同縣嚴一鵬爲之序，清《四庫全書》爲之存目。

二倪詩集一卷　明隆慶間盛明百家詩原刊本

明倪峻、倪敬撰。峻字克明，一字維嶽，號靜寄道人，洪武二十三年庚午舉人。官兵科都給事中，時文帝好佛，峻極諫忤旨，遣使占城，浮海垂十二年。孫名敬，字汝敬，號月樓，正統十三年戊辰進士。官河南道御史，抗疏言事，致謫，尋起用，以都督府都事①，從安遠侯柳溥西征，師還卒。《明史》有傳。兩人文章節概，後先齊名，《縣志》俱列傳《忠節》。

是集爲同縣俞憲纂輯《盛明百家詩》所著錄。憲識語稱峻、敬祖孫“故有集，峻有《靜寄軒詩集》，敬有《月樓詩集》。邵文莊公序其首。詩雖無奇，頗軼常調，彙而刻之，俾傳廣遠”云②。

二俞詩集二卷　明隆慶間盛明百家詩原刊本

明俞泰、俞暉撰。泰字國昌，號正齋，弘治十五年壬戌進士，歷官至山東左參政。致政還，闢園市南，隱居芳洲書屋二十年，卒。事跡具《縣志·文苑傳》。弟暉，字國光，號九思，又號小泉居士。生有異質，十歲能對客賦詩，不憙舉子業，而於詞賦、字學，旁及篆刻諸家，治之勤且劬。弱冠遘疾，淹綿歲月卒，年甫二十有七。既卒之三十年，詔旌儒士。憲其子也，憲纂《盛明百家詩》，遂以其先人之詩著錄之焉。憲識泰詩，稱：“先從父正齋先生，……平生喜詩篇，遺有《芳洲漫興》二卷，藏於家，今刻五十餘首。姚山人曰：‘詩中多佳句妙思，前輩風流，自可見矣。’”③又識暉詩，則曰：“先君子九思先生，……平生詩篇，隨意口占，未嘗命稿。憲既搜輯散逸，梓詩一卷，以識不忘”云④。

二浦詩集一卷　明隆慶庚午盛明百家詩原刊本

明浦瑾、浦應麒撰。瑾字文玉，號檜岩，正德十年辛巳進士，官麗水知縣。一日鄰家火熾甚，將及廬，父柩在殯，瑾呼天叩頭，血流被地，鄰屋皆燬，而瑾室獨存。其友邵寶亟稱之。《縣志》列傳《孝友》。子應麒，字道徵，號後岩，嘉靖十年壬辰進士，授翰林院編修，右春坊贊善。與同縣俞憲結社，爲碧山吟社友。《縣志》列傳《宦望》。

是集爲憲纂輯《盛明百家詩》所著錄。憲識語稱“二公詩久覓不得，今得而彙刻焉，可以備吾錫一代之典故”云⑤。

---

①　原文無“都事”二字，據中華書局 1974 年版《明史》卷一百六十二第 4416 頁校補。

②　引文據齊魯書社 1997 年版《四庫全書存目叢書》集部三〇七第 21 頁校。

③　引文據齊魯書社 1997 年版《四庫全書存目叢書》集部三〇五第 306 頁校。

④　引文據齊魯書社 1997 年版《四庫全書存目叢書》集部三〇五第 312 頁校改。

⑤　引文據齊魯書社 1997 年版《四庫全書存目叢書》集部三〇七第 542 頁校。

殘本盛明百家詩前後編　明隆慶間原刊本

　　明俞憲纂輯。憲字汝成，自號是堂山人，嘉靖十七年戊戌進士。除刑部主事，歷官至湖廣按察使，乞歸，聲績昭炳。事具《縣志·文苑傳》。憲性好讀書，工詩。

　　是書其甄綜有明一代之詩，録而刻之，曰《盛明百家詩前編》，既又續刻《後編》。縣圖書館藏前、後編殘本。雖闕佚漫漶，幸邑獻遺著，尚多存者。所采以廣博爲貴，不務刻削，統及存歿，雖子弟之作，亦所收録。蓋恐浩漫散佚，後無稽考，乃采編彙存，以備一代故實。每人各綴小傳，籍見出處事跡。自謂間敘情款，實亦無關意義。綜覽其全，可以觀一代文明之運矣。武進薛應旂爲之序，極推重。清《四庫全書》爲之存目，其《提要》備論得失，兹不復贅。

俞二子集一卷　續俞伯子集一卷　續俞仲子集一卷　明隆慶間盛明百家詩原刊本

　　明俞淵、俞沂撰。淵字希顏，憲冢子。沂字希曾，憲仲子。憲纂《盛明百家詩》，遂輯録二子所爲詩而識於端，曰："余素爲科目所苦，雅不欲其急功名、趨利禄。凡余遊歷仕路二十年，未嘗以二子隨。間有便歸，亦未嘗一程其課業。嘉靖三十八年己未，既已弛擔，跧伏園居，二子日侍左右，乃因得見其所作詩，各若干篇，蓋有志而未就者。頃方搜鍥我明諸集，因並損木，誘掖其進，俟他日果有可傳者，當削此以就彼云。"又曰："長子淵素業儒，雖屢蹶場屋，而課程之暇，輒事吟詠。予喜其不羈也，嘗爲刻詩篇以誘其進。越數年，則專意課程，無事篇翰矣。豈其急於進取而忘性情之學若是耶！因録其吟稿，刻置後編，名曰《續俞伯子集》。"而以沂詩亦刻置後編，曰《續俞仲子集》。綜觀其書，雖殘片斷縑，識語漫漶，然二子皆負不羈才，可概見焉。

類選苑詩秀句十二卷　邑人丁福保捐贈萬曆原刊本

　　明顧起綸選輯。起綸字元言，號九華，別字更生，爲從父可賢後，國子生。總角時，同縣邵寶有國器之目。性好讀書，工詩、古文辭，王漁洋所稱"詩好官卑顧九華"者也。事跡具《縣志·文苑傳》。

　　是書采輯六代三唐詩句之最秀者，自天文至雜詠，分類詮次，都十二卷。自謂"閉户之暇，就枕把帙，披閱伏玩，漫爲隨筆，特鈔句秀而可誦者僅若干，是何寥寥"云。按：是編《縣志》藝文門未與著録，殆係刊本絕少流傳歟。邑人丁福保得斯本，識語稱爲海内孤本耳。

瓣香集十六卷　清乾隆癸未原刊本

　　清許英纂輯。英字海如，雍正間人。能詩，尤篤好館閣體。

　　是書選録鄉會歲科試及塾課擬作之五律詩，分治道、天文、時令、地理、山川、朝省、農桑、禮儀、音樂、經籍、性情、文學、武功、仕進、人品、書畫、宮室、衣服、器物、珍寶、動物、植物、食物，凡二十有三門，而以雜詩終，都十六卷，得詩幾八百首。當時五言近體之菁華，殆薈萃一編，爲制舉業者之鏡鑑，故名《瓣香集》。然究心聲律者得之，亦自可得其途徑。英輯録之,未梓行,其子璵續成先志,以刊行於世。同縣吳培源乾隆二年丁巳進士,官遂安知縣。爲之序,謂:"揚子不云乎,能觀千劍者即曉劍,能讀千賦者即曉賦。然則欲學爲詩,其安可以渺見寡聞也明甚。是集薈萃諸家名選,披沙揀金,聚狐存腋,問途者奉爲瓣香,以應作人之化,則其爲功於世,豈淺鮮"云。

積書巖宋詩選二十五卷　　孫氏玉鑑堂藏本

清顧貞觀選輯。貞觀有《涇皋淵源録》,已著録。

是書爲孫氏玉鑑堂所藏,未見,不知何時刊本。其主人祖烈題記,謂:"所選寬於正變,嚴於雅俗,網羅該包,爲宋詩之淵藪。上追三百篇温柔敦厚之旨,尤能爲世之津梁者。集中有硃筆圈點,眉目朗析,不知係何人手筆。"按:是書爲《四庫全書》所存目,而《縣志·藝文》則未載。

今詞初集二卷　　邑人丁福保捐贈光緒丁酉同縣雲浪山房重刊本

清顧貞觀選輯。貞觀有《涇皋淵源録》,已著録。

是書與長白成德同選,采集當時名流篇什,獨樹一幟。按:貞觀與秀水朱彝尊、宜興陳維崧有詞家三絶之稱,既與成德持論相同,遂合選是書,名曰《今詞初集》。《縣志》未與著録,蓋其康熙刊本,殊鮮流傳歟。同縣張鑒於秦氏微雲草堂,得睹藏本,乃重刊之,以廣其布。卷首有會稽魯超原序、遂安毛際可識語。

宋詩類選二十四卷　　清康熙間原刊本

清王史鑑選輯。史鑑有《瞻橋小志》,已著録。

是書倣梁《昭明文選》、唐《藝文類聚》、《初學記》諸書,所采詩皆以類從爲體。因選宋詩之五、七言律,及絶句之佳者,亦以類爲收,次爲二十四卷。所選用之書,除各家專集外,凡諸家選本,都十有七種,而所引夾註之書,都百有二十四種。凡各家源流,及其詩評,無不博稽詳采,備載其實,以資讀者參考。自謂:"才非虞卿,性喜著述。家多宋人文集及諸家選本,自束髮以來,手所鈔撰,又益以義門何先生所藏,旁搜精擇,輯成是書。爲力頗勤,用心亦苦。同人謂詳載評論,實從來未有,宜先問世。因付剞劂,公諸海內。"則史鑑輯録之勤,並其梓行之旨,可概見焉。

唐詩彈叩集十二卷　　續集三卷　　清康熙甲申原刊本

清杜詔選輯。詔有《讀史論畧》,已著録。

是書詔與秀水杜庭珠字詒穀,尚書臻之子。同編。唐詩選,惟明高棅《品彙》稱大觀,然詳初盛,而畧中晚,中晚則詳貞元以前,而畧元和以後。詔乃選輯元和及唐末諸家之作,次爲十二卷,以補高氏所遺,名曰《彈叩》。嗣以斯編,自元和迄後唐百六七十年,僅得三十有七家,恐未足以盡風氣之變,復繼得七十有六家,次爲三卷,名曰《彈叩續集》。綜計正、續所録,得詩一千八百六十餘篇。諸家各繫小傳,考證訓釋,具見明確。其例言謂:"《品彙》以渾成含蓄爲宗,是選以才調風情爲主。鴻濛既鑿,風氣斯開,作者既各踵事增華,讀者寧能膠柱鼓瑟? 惟放其才情之所至,而馴造乎神韻之自然。則此編者未必非初盛之階梯,而《品彙》之鼓吹也。"①其選輯之用心如此。《四庫全書》爲之存目。

金詩選四卷　舊寫刊本

清顧奎光選輯。奎光有《春秋隨筆》,已著録。

是編既選元詩,復取《中州集》持擇之,合《遺山集》及房祺《河汾遺老詩》,輯爲四卷。著者事跡從畧,但取姓名、爵里,載之卷首,以備考證。爲人一百二十有三,爲詩五百四十有八首,以宇文虛中冠於首,而以元好問爲終。自謂"宇文虛中宋黃門侍郎,以奉使見留,仕金爲翰林學士承旨。元好問世稱遺山先生,興定三年進士,官翰林知制誥,金亡,不仕。元詩雖開自遺山,然未嘗仕元,故以殿焉。宋、明詩皆有選刻,獨金、元無之,其間罕有統屬,學者爲憾。故纂輯此選,所以繼往開來,備學者覽考,而究其得失"云。

元詩選七卷　清乾隆辛未寫刊本

清顧奎光選輯。奎光有《春秋隨筆》,已著録。

是編體例《金詩選》所自出,據顧氏秀野草堂所輯《元詩三集》,約取務精,得一百九十六家,詩五百四十八首,釐爲七卷。蓋秀野倣自元好問《中州集》,以備史料。而奎光意主於詩,其自序謂:"元詩吾家俠君先生所甄録,三百餘家,搜羅最博,然意在廣收,未遑持擇。余自晉陽旋里,授經陶氏,閒取閱之,旁涉諸家定本,遇所會意,輒爲點抹,昆謀、昆穀二子二者皆陶氏子,昆謀名翰,昆穀名玉禾。因釐爲七卷。謂宋、明詩皆有選刻,金、元獨少,因參附評語,付之剞劂,以公同好。蓋作詩者流覽古今,觀其高下升降之異同,與氣格風會之變態,而歸本性情以定其趨。……而博觀約取,取其與唐人合者,以救宋季之弊,並可少省披檢之勞也。"②然則學者欲觀自宋至明之詩,於金、元兩朝,豈可遺棄。此奎光所以有金、元詩選之刻,於是不特可得宋、金、元、明詩之會通,復可因其詩而覘世變焉。按:金、元詩選《縣志》藝文門俱未載。

梁谿詩鈔五十八卷　清宣統辛亥重刊本

清顧光旭選輯。光旭有《響泉年譜》,已著録。

是書上自東漢,下迄清乾隆之季,凡邑之鴻才博學、老生羣彥,其一謳一吟之有關風教者,窮搜博采,甄詩萬有餘首,纂輯之,都五十八卷。其間爲時二千餘年,爲人千一百家。其時代先後,爵里姓氏,出處梗概,皆具列之,足備史氏考徵焉。而秀水錢載禮部左侍郎,恩予原

---

① 　引文據齊魯書社 1997 年版《四庫全書存目叢書》集部四〇六第 3 頁校改。

② 　據鳳凰出版傳媒 2011 年版《無錫文庫》第四輯第七十二册《元詩選序》第 261 頁校改。

品休致。光旭禮闈同年生。序之,謂:"(光旭)往與從兄明經斗光,搜訪者久。既官蜀,書來,謂購詩不易,且城南黃君正衡亦購之也。歲丙申,光旭歸自蜀,明經寫稿初定。而越日,黃君以大帙至,曰:'某之爲此,奔走山岨水涯,或得之野廟村寺、壞壁敗簏,不記寒暑。'於是乃合兩家所輯,加以增删,勘之史册、地志、總集、專集,取例於元遺山《中州集》、朱竹垞《明詩綜》,上遵御定《國朝別裁》之義。大要以詩傳人,而亦以人傳詩,忠孝節廉、丈夫女子、韋布寒餓,一事之合輒録之。"又謂:"君之用心與力之勤,非必詩傳而人傳,人傳而詩益傳,蓋望後之讀者有以感發焉耳。"[1]然則我無錫故爲東南弦誦之區,欲徵兹邦漢唐以來之文獻,則是編其可闕哉!

荆圃唱和集十六卷　　邑人許修直捐贈清嘉慶己未甘肅原刊本

清楊芳燦纂輯。芳燦有《伏羌紀事詩》,已著録。

是書初爲芳燦、揆兄弟唱和之作,後有芳燦朋從輩與焉。而芳燦爲之序,曰:"乾隆五十一年丙午冬,余以伏羌令上計入都,荔裳時官中書舍人。正臘回甘,荔裳乞假偕出,春明途次,間有唱和之作。嗣余奉檄之任,荔裳兩至官舍,雖相聚不久,而聚輒有詩。靈武射堂前有隙地,植紫荆數本,枝葉繁茂,荔裳爲題楣額曰'荆圃公餘詞歗',頗饒真趣。戊申之冬,荔裳以補官北上,至辛亥臘月,從嘉勇公出師廓爾喀,道經西寧,始復一晤。荔裳從此馳驅軍旅,迄未少休,而余一官靈武,十年不調。幸邊城事簡,不廢吟詠。既得武威郭進士楷主書院講席,復有侯生士驥、周生爲漢、陸生芝田先後從遊,分題選韻,月凡三集,所得詩詞輒録藏弄之。時兒子承憲亦能把筆矣。迨己未夏五,荔裳来任甘藩,余援例改官部郎,尚未謁選,夜闌剪燭,每譚往事,忽忽如夢。時老友黃君菊領,亦同在官署,以二十年之别,歡然道故,相與慶唱,復得詩詞如干首。結習所存,不思棄置,爰綜前後所作,付之剞劂,共詩十卷,詞六卷,仍題曰《荆圃唱和集》,識其始也。"覽讀斯序,則可考見是編之要旨,並其公餘歌歗之趣矣。按:縣圖書館藏本,爲邑人許修直捐贈。其題識云:"無錫楊蓉裳先生昆季《荆圃唱和集》,嘉慶間刻於甘肅,外間流傳絶少,板早燬滅。余成之先生搜羅楊氏文墨數十年,竟未覓得。十年前,在燕京,無意中購到,恐再散失,急贈圖書館,以備徵文考獻者之助。"兹並著之,俾邑之人知是編之流傳地方,殆匪偶然。

丁氏喬梓集二卷　　鄒導源手寫本

清丁芳洲與子彦和合鈔詩。芳洲《廉讓堂詩稿》一卷,彦和《怡石齋詩稿》一卷。總目曰《丁氏喬梓集》。芳洲字仲漁,又字步青,乾隆四十八年癸卯舉人,知番禺縣,以廉敏著,説者稱有古循吏風。兄瀛洲,官萬載知縣;弟閬洲,官循化同知,並有聲於時。丁氏數世,克敦友愛。瀛洲去萬載,虧公帑數千金,芳洲與閬洲釀金償之。《縣志·宦望》附父尹志傳。彦和字暢之,國子生,擅駢體文,爲林則徐所激賞,居其幕最久。咸豐庚申,全家皆歿,《縣志·文苑》有傳。

　　是書爲同縣鄒導源字蓉槎，諸生，嘉慶十六年辛未歲案。博學工文，《縣志·文苑》有傳。手錄本。編次爲二卷，愛讀之不釋。識語稱"芳洲詩清麗峭拔，吾邑自吳蘦仙後，無能及者。彥和本其家學，如花始開，如月初照，有情之什，往復千新，極纏綿之致"云。

辟疆園遺集十卷　　清光緒壬辰聚珍重印本

　　清顧敏恒及弟敦愉、敬恂、颺憲合刻詩。敏恒《笠舫詩稿》六卷，敦愉《霭雲草》一卷，敬恂《筠谿詩草》二卷，颺憲《幽蘭草》一卷。同縣楊掄及英燦於乾隆六十年乙卯，初刻於蜀中，總目曰《辟疆園遺集》。敏恒字立方，一字笠舫，乾隆五十二年丁未進士。自知不習吏事，願就教職，踰年得蘇州府教授。父奎光，官桑植知縣，卒任所。敏恒奉喪歸，宦橐蕭然，家計日落，而嗜學不倦，布衣疏食，處之晏如。事具《縣志·文苑傳》。敦愉字學和，國子生。少工文，詩雄厚。稍長，治制舉學，一藝出，老宿皆斂手。同縣楊芳燦宰伏羌，延主朱圉書院講席，邊陲人士皆服其年少學醇。擬應試京兆，不果，遘疾卒，年二十有六。敬恂字斐瞻，乾隆五十四年己酉拔貢。弱冠工詞章，記問淹博，與季弟颺憲同補博士弟子員，聲華籍甚，江蘇學政彭元瑞有"顧氏昆弟皆異才"之歎。朝考入都，一時名流傾耳盛名，爭相識面，未及與試卒。颺憲字傳爰，諸生。乾隆四十六年辛丑歲案。乾隆癸卯秋闈，已擬魁，因三場違式斥，主試者深惜之。而颺憲無得失意，學益攻苦，尤邃經義，研習不休，致疾卒，年二十有二。自敦愉兄弟三人，並附《縣志》敏恒傳。

　　是書經咸豐兵燹，邑中遂無傳本。光緒甲申，同縣余一鼇得諸福州，亟謀重刊，而邑之學者獲覽考焉。

錫山秦氏詩鈔十卷　　清道光己亥原刊本

　　清秦彬纂輯。彬字復初，國子生。乾隆間人，爲人渾厚篤實。留心采輯先世遺詩十餘年，彙鈔成帙。卒，年三十有五。

　　是書輯錄秦氏自宋至清初之詩，都二百三十餘家，以人存詩，或以詩存人。彬欲刻之未果。其族昆弟殿楒、殿楝、殿模更就原稿增補，並以彬遺詩輯入，而付諸梓。同縣顧臯字晴芬，嘉慶六年辛酉進士第一人，授修撰。累掌文衡，官至户部左侍郎，居官以清介著。引疾歸，閉户蕭然，當道罕見其面。《縣志·文苑》有傳。爲之序。卷首載彬弁言，謂："吾家詩學，發源宋淮海公，清麗高古，直入鮑謝。明成化初，貞靖公創碧山吟社，數百年來，家自爲詩，如《五峯》、《滁煩》、《檇林》、《鳳山》諸稿，久著前代。入我朝，《蒼峴》、《泉南》、《味經窩》諸集，大都名臣孝子、端人正士之作，不僅以詩傳，……。寒瘁之士，不能梓行者，輒又消磨於裹鹽覆醬、煙煤蠹粉之間，重可惜也。因欲彙集吾宗遺詩，備一家之掌故。乙酉夏，得族祖元爽先生鑅所輯《家集纂》，因檢邑前輩顧晴沙觀察《梁谿詩鈔》所選秦氏詩，合而錄之，已得十之三四。不揣愚陋，加意搜羅，自始遷祖端五公，以及近今通族之作，無論貴賤，凡有吟詠，輒按時代，以次編錄。更采史傳，省、郡、縣志、《秦氏金石錄》等書，繫以小傳，出處梗概，亦畧見焉。卷帙浩繁，付梓非易，因選輯若干卷，冠以始祖淮海公一卷，題曰《錫山秦氏詩鈔》。循繹披校，慨然於六七百年間，風雅祖述，前薪後火，息息相續，我祖宗之音容笑貌，亦復慨然如聞，儼然如見。願吾族之讀是集者，仰先世德澤之深，涵泳悠長而各勉焉。庶無負前人忠孝之旨，詩教之源云爾。"然則是編也，一家之掌故，亦一邑文獻之所關也。

膠山安氏詩集無卷數　　清乾隆癸丑安氏原刊本

清安吉纂輯。吉有《六書韻徵》，已著錄。

是書彙錄明安國、安如山、安希範、安紹芳、安廣居、安廣譽、安廣生、安廷諤，清安駿命、安璿，並附長洲安夏、安期等六世，凡十二人之作，目曰《膠山安氏詩》。按：國字民泰，號桂坡，贈員外郎。如山字子靜，號膠峯，嘉靖八年己丑進士，《縣志·宦望》有傳。希範有《葬錄》，已著錄。紹芳字懋卿，國子生，《縣志·文苑》有傳。廣居有《安大令文集》，已著錄。廣譽字无咎，號退菴，希範子，《縣志·文苑》有傳。廣生字无傾，號簡菴，希範季子，《縣志·文苑》附廣譽傳。廷諤字正言，號太玉，希範從父。駿命字聽之，號瀟湘，廷諤子。璿有《罨畫樓集》，已著錄。夏字大己，諸生，《縣志·文苑》附廣譽傳。期字亦生，希範曾孫，贅甪直。卷首列國以下世系圖，藉可考見其源流。自記之，謂"世德清芬之繫也，所錄雖一姓之作，而文章氣節，實有關地方文獻"云。

華氏金粟嶺詩存一卷　　清光緒己卯聚珍本

清華斌纂輯。斌，乾隆間人，事跡無考。

是書爲其先世元華幼武，明華悰韡、華察、華仲亨、華叔陽、華師召、華緝，清華封、華作霖，並附明閨秀華桂樹之詩，編次爲一卷，總目曰《華氏金粟嶺詩存》。按：幼武有《華氏黃楊集》，已著錄。悰韡有《慮得集》，已著錄。察有《華學士集》，已著錄。仲亨字起光，號芝臺，國子生，官中書舍人，察仲子。叔陽字起龍，號玄谷，隆慶二年戊辰進士，授禮部主事。師召字公保，號心谷，諸生，案名無考。復入太學，授詹事府主簿，察孫。緝字稚明，諸生。案名無考。封字錦仙，諸生。順治十四年丁酉歲案。作霖字沛然，諸生。案名無考。桂樹字丹儀，適孫原忠，察孫女。斌輯其先世遺詩，以永先澤，未及梓行。厥後其族裔登瀛、字淩洲。錫琦字玉亭。據斌稿本，重加詮次，汰其專刻之複，補其初編之闕，仍以察別墅之名，目其書曰《金粟嶺》。同縣楊殿奎爲之序。

二柳村莊吟社詩選一卷　　縣圖書館據南延錢氏藏原刻繕寫本

清華文彬、華文模選輯。文彬字伯雅，號秋坪，亦作秋蘋，又作秋蘋，國子生。弟文模，有《二柳村莊梅花百絕》，已著錄。兄弟所居在鵝湖之二柳村莊，僻靜無塵市囂，因倣唐宋人遺趣，集朋輩結詩社，即以其村爲名。論者稱其"蕭然有物外意焉"。

是書爲文彬、文模選錄詩社之作，望江張立本字培巷，貢生，任金匱訓導，以廉介著。《縣志·名宦》有傳。爲之序。

慧川園集三卷　附湖上紀遊詩一卷　清同光間原刊本

清唐棟、唐文瀾、唐汝翼父子祖孫三世彙刻詩。棟字任齋,汝翼祖。文瀾字湛菴,汝翼父。兩世俱耕讀有隱德。汝翼有《天下郡縣水利志》,已著錄。

是書爲汝翼輯錄其祖棟《樹滋堂遺草》一卷,父文瀾《丙辰編》一卷,而以己所著《問月閣草》一卷爲附。其所居曰慧川園,遂以名編。時偕烏程淩鳴喈、同縣劉嗣綰、安詩輩,泛遊蠡湖,得《湖上紀遊詩》一卷,復以冠於卷首,鳴喈爲之序。

膠山安氏詩補編二卷　清嘉慶丁丑原刊本

清安念祖纂輯。念祖有《古韻溯源》,已著錄。

是書因吉所輯《膠山安氏詩集》,而復采各人所著之未收詩章,及增輯其所未著錄各家,都十一人,並以吉所著爲殿焉。又照選家體例,各人俱著小傳,以資稽考,是又堪補吉所未備者。自謂:"彙十世清芬於一編,徵吾家世德淵源,餘韻綿長也。"按:是編自明安宇至吉,凡十世,所著錄者都二十四人。

錫山孫氏詩存四卷　清道光壬寅原刊本

清孫棟、孫道梁、孫重勗、孫文潮合刻詩。棟《蓉濱草》一卷,道梁《素杼齋稿》一卷,重勗《谿西吟草》一卷,文潮《金粟齋草》一卷,同縣安念祖詮次梓行。按:棟字伊重,康熙四十七年戊子副貢。性好施,不求人知,提躬方嚴,裁物以禮。道梁以字行,貢士。重勗字曉邨。文潮字棲巖,棟孫,道梁猶子,重勗其兄也。追懷先澤,彙錄一家前哲所著,刊行於世,以廣傳布。念祖以父吉爲孫氏所出,乃爲校讎,並以文潮詩殿之,名曰《錫山孫氏詩存》。

宋元明詩約鈔二卷　清同治乙丑重印本

清華矞臣選輯。矞臣字仲庚,號絅齋,諸生。道光二十七年丁未歲案。幼失怙,而姿穎悟。大母周氏,能詩,著有《佩蕙吟稿》,縣圖書館無藏本,刊行否無考。矞臣遂爲周氏所鍾愛,八歲即授詩,自是能吟詠。爲人沉靜寡言,而慎於交遊。説者稱其有粹然儒者氣。咸豐庚申遇亂,妻顧氏並幼女皆以身殉。

是書選刻宋、元、明詩三百首,分上、下二卷。蘇、常各郡邑翻刻頗多,一時風行,士林多愛讀,蓋取其簡約也。陽湖學官朱梓與矞臣素昧生平,而喜此書,既抵任,值郡試,遍訪矞臣,欲一見,嗣悉遇難狀,嗟悼久之,爰述其行誼,附刊重印本卷端。

勤斯堂詩彙編九卷　清光緒丙申原刊本

清顧應春、顧翃、顧嶸、顧淳、顧寬、顧寅清、顧紹成、顧楨、顧植彙刻詩。應春《南岡詩鈔》一卷、翃《金粟菴殘詩草》一卷、嶸《竹素園詩鈔》一卷、淳《覆瓿吟》一卷,附《佇素齋詞》二闋、寬《達觀樓遺草》一卷、寅清《雲根樓詩稿》一卷、紹成《味菜軒遺詩》一卷、楨《聽泉山房詩鈔》一卷、植《孟晉齋詩鈔》一卷,附《詞鈔》二十六闋,彙編之爲九卷。按:應春字晴岡,號南

岡,諸生。乾隆四十四年己亥科案。博習經訓,不爲名利所絓。父熙,誠樸樂善,而應春善繼
之。《縣志·耆碩》附父傳。翃有《無錫金匱續志》,已著録。嶸,原名翱,字蓮陂,諸生。嘉慶
十三年戊辰歲案。工制舉文,而歷試南北闈,未遇。遊大梁,當路爭迎致之。咸豐庚申,烽火
熾,嶸赴地以殉。淳字震盂,號枕漁,諸生。嘉慶二十五年庚辰歲案。爲文不競時,既餼學宮,
而十試秋闈,未遇。性孝友,晨昏定省,風雨寒暑無所間,歡待諸弟,意尤雍睦。咸豐庚申,
徙鄉,受創卒。寬《達觀樓詩草》有單本,已著録。寅清字秩卿,號香華,諸生。嘉慶二十年乙
亥科案。治經史,以敦行篤實爲本。三薦秋闈,不售。家故貧,授徒自給。壯歲,遊越中,既
而又歷大河南北,文譽流衍,而接人以誠,律己以謹,未嘗高自標樹,人多以嚴行義方稱道
焉。咸豐兵燹,著述遭劫殆盡。其從孫玉衡搜得斯稿,蓋少壯之作。紹成字仲蘇,光緒六年
庚辰進士,授堂邑知縣。先是選縣尹,發山左,值河患,紹成奉使,救溢振乏,論功晉階州牧。
始權堂邑篆,以儒術敦民俗,居半載,訟牒清閒,有古循吏風。是詩爲亂時羈旅官次酬應之
作,殆非所以爲紹成重也。楨字子幹,號貞木,國子生。祖鈺,父宗沆,皆介立有清操。楨弱
冠遊京師,承祖暨父執所誘掖,出遊齊豫,西度隴,所之有聲。道光丁酉,入選而黜,既而除
韓莊閘官,任九年,好行其德,遇歲饑,施糜以食餓者,復予之錢,使瘞暴骨用。咸豐間,以平
寇亂,晉知縣,歷禹城、郯城、恩縣。而郯城、恩縣皆當戎馬攻蹂,而楨繕守禦,輯流移,資用
孔繁,而以儉約自飭,民咸感其德。已而除掖縣令,未及之官,以勞瘁隕命。喪歸,經韓莊,
耆老集河干,致奠泣下。卷中所録詩,多少壯未仕時作,其他不可得矣。植字建叔,號直木,
國子生。未成童,與邑中知名士歌詩酬唱,顧翰、顧翃兄弟亟賞之。爲文下筆千言,不苟就
有司繩尺,困童子試有年。旋入都,肄業成均,出而幕遊燕齊間,有聲於時。嗣以典史分發
山左,爲當道所器重。四十後,除城武尉,貧而樂善,秩微而尚靜潔,門庭蕭然,擁鉛槧如經
生。嗣晉階縣丞,任十五年,卒於官。所著《孟晉齋詩》,篇帙甚富,中經離亂,惟此僅存。考
其年,自道光癸未迄辛丑,爲十二齡至三十之作。迨光緒丙子,其宗人森書夷考己族,家學
遞嬗,累葉有文才,乃搜獲遺著,都九種,彙爲編次,刊行流傳,以勤斯堂名編,曰"皆洞陽公
一脈相傳之裔,溯所自出,數典而不敢忘"云。

錫山龔氏遺詩二卷　　民國十年聚珍本

　　清龔惺、龔鈐彙刻詩。惺《南樓詩草》一卷,附瑣録十則;鈐《留雲閣詩草》一卷。總目曰
《錫山龔氏遺詩》。惺字心逸,績學不遇,家貧,訓蒙以給,志潔行介,鄉里推重之。鈐字葆
賢,號聘之,諸生。同治五年丙寅科案。惺曾孫,好學有行,工疇人術,嘗與同縣楊昌礽測繪《錫
金輿地全圖》,分藏之。厥後秦緗業纂修《縣志》,所載輿圖,實即據此。
　　是書爲鈐子穀成編次刊行,同縣侯學愈、鄧楫、陶世鳳並爲之序。

清詞綜補四十卷　　西谿余氏捐贈舊藏光緒癸未福州原刊本

　　清丁紹儀纂輯。紹儀有《東瀛識畧》,已著録。
　　是書補青浦王昶《清詞綜》所未收之零章單闋,並未及采録者,故曰《清詞綜補》。按:昶

所輯録之《清詞綜》，都四十八卷，後其從孫紹成字繹如，貢生。又輯其未收録之小集，並朋從之所未與者二三十家，都八卷，至嘉慶初元止。自是至光緒之初，其間八十餘年，未有續輯，紹儀乃窮搜博采，共得一千三百餘家，彙纂之，都四十卷，以踵王氏之後。自稱"或以人存，或以詞存，或以所詠之事存，或以調僻而存，苟無疵纇，即應甄録，以待後人簡擇。……於當代詞人，存殁莫由諳悉，曷敢臆斷，爰倣黄氏例，一併編列"①。則紹儀搜羅之勤，用心之篤，可概見焉。又考：是書刻於福州，邑中絶少流傳云。

清詞綜補續編十七卷　　縣圖書館據西谿余氏所藏原稿繕寫本

清丁紹儀纂輯。紹儀有《東瀛識畧》，已著録。

是書繼續《清詞綜補》之作，故曰續編，爲未刻稿。卷首録紹儀致其表甥董季友翰云："愚僅留右目一綫之光，日内漸漸腫蔽，恐成雙瞽。前輯《詞綜補》，已刻四十卷，尚有八卷，因病未校。續編十七卷，均未及寫正付刊。自同治以來，連方外、閨秀，尚有二十三卷未經編就，總計有八十卷之多。洊經水火之餘，今又厄愚以病，不容卒業，豈一千八九百詞人姓名，造物必欲令其泯没無傳？忌嫉若斯，吁可異哉！倘成之按：余一鼇字成之。肯來，愚當將叢殘各稿，一併付交。俟伊回錫，與江浙詞人踵輯成書，愚在九原，亦復無憾矣。成之處，以目矇不克另函，望將鄙意轉達。"然則斯編爲紹儀已垂雙瞽之作，又未梓行。故余一鼇識語所謂"海内衹有此本，如何不珍，如何不惜"者。惟所述自同治以來，連方外、閨秀，尚有二十三卷，則其稿殆散佚矣夫。

一家詩詞鈔無卷數　　清光緒庚子倣宋寫刻本

清滕元鑑及子學濂、橦膚彙刻詩詞鈔。元鑑《傳鐙賸稿》，爲古、今體詩十有六首；學濂《棠雲館殘稿》十絶；橦膚《虚白舫詩删存》、《虚白舫詩焚餘》，皆古、今體詩，而以文鈔爲附。彙録成帙，因名曰《一家詩詞鈔》。元鑑字仲廉，從同縣張步瀛遊，步瀛工詩，而於元鑑亦稱其可學，謂之曰："昔趙仲白贈曾茶山詩云：'咄咄逼人門弟子，劍南已是一傳鐙。'吾今且傳鐙於子矣。"所稱説之如此。學濂字志周，諸生，同治四年乙丑補行咸豐十年庚申科案。元鑑子。橦膚，原名彤繡，字木仁，自號契潛，元鑑次子，好吟詠。茸一室，四面皆明窗，植碧梧翠竹，風雨驟至，則葉葉皆鳴，髣髴置身萬木深山中，自具佳趣，顏曰"虚白自在之舫"，故人又以"虚白先生"號之。年且五十，棄家遠遊，所攜有一石一琴、宋搨蘭亭、宋刻陶集、大小荷葉硯，爲客中五友。

是書爲橦膚輯自壬午光緒八年。至庚子光緒二十六年。之删存之詩，又壬午至辛丑，爲焚餘之詩三十六首，而以詞一闋並文鈔殿焉。乃以其父兄遺編冠諸卷首，故名《一家詩詞鈔》。吴昌碩題其端，稱："《傳鐙》、《棠雲》二稿，雖吉光片羽，亦徵家學淵源，自成一家。"而吴門馮應圖又題橦膚詩，謂"會心别有深微處，不在尋常楮墨間"，蓋俱非諛詞也。

---

① 據上海古籍出版社 2002 年版《續修四庫全書》第 1732 册《國朝詞綜補·例言》第 2—4 頁校改。

清朝論詩絕句一卷　古今文藝叢書本

清蔣士超選輯。士超字萬里，南社社友，光宣時人。其先世《拙存堂集》，桑田滄海，絕少流傳。士超搜得遺編，重刊行世。

是編搜采清人論詩之作，以絕句爲歸，足備藝林覽考。

古詩選四卷　上海廣益書局通行本

清王國棟選輯。國棟字樹三，出處事跡無考。

是書自虞廷賡歌以迄魏晉六朝，凡書策所經見者，彙而録之，次爲四卷，名《古詩選》。同縣錢瓚爲之序。

二嚴先生詩二卷　民國十二年聚珍本

清嚴文波、嚴文沅合刻詩。文波《聊自娱齋詩草》一卷，文沅《拙宜書屋詩存》一卷，目曰《二嚴先生詩》。文波字星渚，光宣間人。性好詩，狀貌言動，樸野真摯，所居邨落環匝，煙雲杳靄，無闤闠喧闐之擾，意態閒適，胸次高曠。文沅字芷馨，文波同祖弟。性好菊，芒鞋短褐，躞蹀菊圃間，往來灌溉，意自得。

是書爲兩人合刻詩。同縣汪仁壽仁壽以字行，質樸無華，擅篆隸。書其端，其宗人毓芬爲之序，稱文波詩“凡性情之所寄，景物之所觸，發之於詩，殆如泉之酓沸上湧而不能自已”。稱文沅詩“嶔奇兀傲，澤古頗深”云。

隱鴻雜著四卷　清光緒壬寅聚珍本

清陶思勗、顧沐潤夫婦彙刻之詩文録。思勗字淑惠，性好讀書，不求工於詩。其夫沐潤，字振新，光緒二十三年丁酉拔貢。究心經世有用學，而於詩古文辭，不甚措意。思勗既卒之五年，而沐潤亦卒。陶廷枋彙録其遺著，次爲四卷，並序而刊行之。廷枋，思勗弟也。

續梁谿詩鈔二十四卷　民國九年鉛印本

民國侯學愈纂輯。學愈有《尊賢祠考畧》，已著録。

是書自清乾隆之際，至民國之初，凡邑獻詩章，彙録成帙，目曰《續梁谿詩鈔》。按：顧光旭《梁谿詩鈔》，刊於清乾隆之季，其後則無賡續。學愈搜集遺著，依據顧書體例，續爲編次。自傷生當末造，潦倒偃蹇，百無一成，家鮮藏書，助鮮同志。然殫力探討，閲時六載，而得作者五百四十八家，爲詩則四千三百餘首，卷分二十有四，其間先後達一百四十餘年。雖自抱滄海遺珠之感，而其羅致之功，可概見焉。惟作者先後，間有倒置，小傳引證，亦有未確，要亦不足爲斯編病耳。同縣鄧枏序之，謂：“存六朝之文獻，萃一邑之精英，佩實銜華，牖啓來哲。……庶足以挽將墜之斯文，與述作之盛舉，有造於後學者甚大。”①然則學愈自謂“以詩

①　引文據鳳凰出版傳媒 2012 年版《無錫文庫》第四輯第七十三冊《續梁谿詩鈔·序三》校改。

存人，或以人存詩之意，讀是編者固自得之。而地方文獻，於是亦可繼顧書而備覽考焉"。

翦淞留影集無卷數　　民國七年倣宋鉛印本

民國吳芝瑛纂輯。芝瑛，廉泉室，桐城吳寶三女。寶三與兄汝綸，並以古文辭有聲於時。而芝瑛濡染家學，故亦能文，並擅書，名聞中外。然不苟作，人有得其寸縑者，詫以爲寶。性義俠，紹興秋瑾以革命受誅，芝瑛慷慨尚義，偕泉葬諸西湖，雖當道所忌，不顧也。既而復建風雨亭於秋墓，秋瑾臨刑時有"秋風秋雨愁殺人"詩句。並於所居湖濱之南湖精舍中，築悲秋閣，以志永感。

是書纂集主賓四十有九人雅集唱和之作，名《翦淞留影集》。翦淞者，所居閣名。泉、芝瑛既偕隱於小萬柳堂，復樓其東曰"帆影"，堂之上曰"西樓"，兩樓鉤連處爲"翦淞閣"，芝瑛謂閣不過丈餘，方夕陽始落，紅霞彌空，倒印入水，似水中別有一天。自是朋好登臨，輒多唱和。彙錄之，得詩三百十五首。自謂："追思曩遊，倐焉陳迹，检校留墨，盡然悲膺。祭酒之墓木已拱，詩人之夕陽猶是。而乘時之彥，遐世之蹤，以逮落落佳人，翩翩公子，靡不各露面目，具吐胸懷。"蓋其集中所錄，如邵松年已作古，徐世昌、傅增湘得時則駕，鄭孝胥、嚴復、沈曾植、陳三立、馮煦輩皆隱遯於野，袁克文、克權兄弟名世翩翩，餘亦自具風格，所謂各吐其胸懷云。

桐江釣臺集十二卷　　續集二卷　　民國十年鉛印本

民國嚴懋功纂輯。懋功有《清代徵獻類編》，已著錄。

是書輯錄歌頌漢嚴光隱居於桐江釣臺之詩文，編次成帙。按：光字子陵，史稱少有高名，與光武同遊學，及光武即位，光乃變名姓，隱身不見，耕於富春山，年八十終於家。凡史志所載，歌詠所傳，輒稱峻節孤標，實開東京二百年砥德礪行之風，有功名教，殆匪淺鮮。懋功流覽載籍，追懷祖德，凡有歌詠光釣臺遺蹟，暨傳、贊、論、記，輒爲繕錄，先後得詩文自劉宋至近代，幾千數百篇，作者姓名，乃至八百五十有奇。自書敘例以弁其首，謂："非敢借先生以諷世，亦藉抒平生景仰祖德之志，俾後之讀是編者之知所勸耳。"其纂輯之意如此。

總集類卷二

唐宋六家文畧十二卷　　邑人許同莘捐贈家藏明萬曆原刊本

明蔡瀛選輯。瀛字少山，嘉靖二十二年癸卯舉人。遊武進唐順之門，於文得師法，同門者皆推服之。

是書取昌黎、河東、廬陵、眉山父子、金陵、南豐凡六家，所采記、序、碑、誌、書、疏、論、策之文凡若干篇，目曰《六家文畧》。各家采收之題目，順之纂次之。瀛乃依次輯其文，其子歟甫既與斯勞，並刊行於世。瀛自謂"閱時十有三年而後成編，歷兩世而後成書"。其勤篤可想見焉。順之子鶴徵序其淵源，刊於卷首。

文府滑稽十二卷　明萬曆己酉原刊本

明鄒迪光選輯。迪光有《愚公谷乘》，已著録。

是書選録周秦以迄唐宋人之詼諧寓言之文，故名《文府滑稽》。分文部、説部二類，都十二卷。自謂"置之帳内，用以破夢、解酲、蠲煩、釋悶已耳"[1]。清《四庫全書‧總集類》爲之存目。

辟疆園宋文選三十卷　清順治間原刊本

明顧宸選輯。宸有《辟疆園杜詩註》，已著録。

是書所輯録之宋文，皆《東萊文鑑》所未及。觀陽李贊元爲之梓行，而復爲之序，稱是選"可謂獨當其難矣，遠不具論，即就宋言宋。以宋人選唐文者，莫博於《英華》；以宋人選宋文者，莫核於《文鑑》……顧子是選……非大雅不收，非正宗不取，而又盡删詞賦排偶與應酬場屋之體。即歐、曾、蘇、王六大家，亦以專行置之。領雋標鮮，拔幽采隱，俱出人耳目之表，使觀者不知尚有宋三百年之文，而以爲從來未見之奇書也。蓋博如《英華》，而簡嚴過之；核如《文鑑》，而奇逸過之。以視二編，不知者謂鼎足三分，知者謂後來居上"[2]。其爲推崇如此。

錫山文集二十卷　清道光壬寅鵝湖華氏重輯本

清王史直纂輯。史直又名直，字子擎，康熙時人。好學能文，究心掌故，事跡具《縣志‧文苑傳》。

是書爲輯録邑獻自漢以迄明末之著述，皆有關徵文考獻之資。按：史直以無錫志書，自元末至清康熙時，雖五經修輯，而人物尚有闕遺。至儒林著作，亦有漏畧，幽光潛德，必多湮没弗彰。故於志書外，別自爲書，名曰《錫山文獻》。分爲二集，《獻》以載已往之人物，《文》以録邑人之詩文。自謂："在新舊志之前，凡所遺漏者，廣搜而增入之；在新舊志之後，當爲續修者，亦訪求而增補之。"乃編纂未竟而卒，其弟鑑續成之。迨道光時，鵝湖華氏於瞻橋王氏，得其家藏舊本，則《獻集》若干卷，朽蠹畧盡，《文集》亦多殘闕。華湛恩乃重爲編次，自漢迄明，分邑賢、宰官、流寓，都百有七家，所録者皆文，其已載於《縣志》者不重列。湛恩謂"此集之作，本爲《縣志》闕漏計也"。又考《瞻橋小志》載鑑《續輯例言》，謂："亡兄子擎有《錫山文集》，自東漢以來迄於本朝，凡邑人詩文或載於專集，或見於選本，皆欲分類搜采，都爲一集。予繼續遺編，以成亡兄未竟之緒。"則原本所采必及清康熙時之作，且詩亦並收。今此本無詩，所采亦僅至明末，蓋湛恩重輯者止此。武進李兆洛爲之序。至史直、鑑兄弟所輯録

---

① 引文據齊魯書社 1997 年版《四庫全書存目叢書》集部三二二第 335 頁校改。

② 據《清代詩文集匯編》〇九一《信心齋稿‧辟疆園宋文選序》第 126 頁校改。

者,不克窺其本末。若《獻集》,則更無蠹殘之餘可見矣。

古文眉詮七十九卷　清乾隆甲子三吳書院原刊本

清浦起龍撰。起龍有《無錫縣志》,已著録。

是書輯録自春秋、兩漢、蕭梁以迄於唐、宋,而至於元代之作者之文,都八百有六篇。論次以詮於眉端,題曰《古文眉詮》。自書緣起,稱"戊申爲綴筆之始,甲寅爲彙鈔之始,己未爲定稿之始,辛酉爲開雕之始,又三易歲而刻成,計從事於此,十有七年。所得一二,詮於簡之額,猶眉之著於面"云。按:所書戊申者雍正六年,辛酉者乾隆六年,又三年而刻成,則閱時十七年,而是編方告成功。是可見其致力之勤篤。考其定稿開雕時,司教於蘇,此所以爲三吳書院刊本耳。

古文一隅三卷　海虞龐氏寫刊本

清朱宗洛選輯。宗洛字紹川,號巽齋,乾隆二十五年庚辰進士。授天鎮知縣,甫下車,緝獲廣昌縣越獄積匪於西南山谷中,窮治窩黨,境内肅然。聽訟不踰三日,悉論報,可息者令自和解。性耿介坦白,研精《易》學,卒於官。所著《易經觀玩篇》,《四庫全書》存目,今鮮傳本。《縣志·宦望》有傳。

是書自春秋、秦漢、魏晉以及唐宋,選録文四十有六首,編次爲三卷,詳加評隲,名之曰《一隅》。道光間,常熟龐氏梓行之。宗洛故嘗館於龐氏耳。大堃序之,稱"宋吕東萊《古文關鍵》,謝疊山《文章軌範》,明歸震川《文章指南》,僅舉作古文之法,此則兼示作時文之法。學者試舉一反三,可悟古文時文,殊塗同歸之旨"云。

七家文鈔七卷　孫氏玉鑑堂藏本

清薛玉堂選輯。玉堂字又洲,號畫水,乾隆六十年乙卯恩科進士。善書能文,與武進李兆洛、張惠言、陽湖惲敬、陸繼輅輩友善。歷官慶陽知府,以疾歸,載書數千卷,閉關卻掃,足跡不入城市。事具《縣志·文苑傳》。

是書選輯方苞、劉大櫆、姚鼐、朱仕琇、彭績、惲敬、張惠言七家之文爲一集,目曰《七家文鈔》。繼輅爲之序,稱:"自望谿方氏别裁諸僞體,一傳爲劉海峯,再傳爲姚惜抱。桐城一大縣耳,而有三君子接踵輝映其間,可謂盛矣。……朱梅崖所處僻遠,彭秋士年少,心孤口衆,徒能自守而已,有志之士所爲慨息也。……而子居、皋文,齒猶未也,乃皆不幸溘逝,遺書雖盛行於世,學者猶未能傾心宗仰。每與薛玉堂畫水言之,相顧浩歎。畫水因出其向所點定二子之文,又吳德旋仲倫所選梅崖、秋士文各十餘篇,益以桐城三集,以命繼輅,俾擇其尤雅者,都爲一編。……聊以便兩家子弟誦習云爾,非謂文之止於七家,與七家之文之盡於是編也。"[1]然則是書源流,及其所輯之旨,可概見焉。此本爲孫氏玉鑑堂所藏,何年刊行,

---

[1]　據上海古籍出版社 2002 年版《續修四庫全書》第 1497 册《崇百藥齋續集卷三》第 81 頁校改。

未見。《縣志·藝文》未著録。

梁谿文鈔四十卷　民國三年聚珍本

清周有壬纂輯。有壬有《錫金考乘》，已著録。

是書搜采漢晉以來鄉先賢遺文九百餘首，倣《嚴陵集》、《中州集》、《成都文類》、《吳郡文粹》諸書體例，輯成《梁谿文鈔》。殆皆有關掌故之作，足裨後世考鑑，並以垂地方文獻於久遠也。原稿爲七十八卷，又附録二卷，爲生存著述。有壬瘁五十餘年心力，而後成編。洪楊軍興，未及鑴板，而有壬亦歿。洎乎清季，同縣侯學愈乃得斯稿於其族侄秉鈞字菊潭，諸生，光緒三年丁丑歲案。父復曾既喪，哀毀卒。光緒壬辰，詔旌孝子，附祀學宮孝弟祠。家，遂爲重録，體例一遵成規。凡原稿有目無文，有人無文者，爲之廣搜博訪，賡續補正。無可搜考者，則存目註佚。釐爲四十卷，民國三年刊行於世。

錫山秦氏文鈔十二卷　民國十九年詠烈堂鉛印本

民國秦毓鈞纂輯。毓鈞有《無錫縣立圖書館善本書目》，已著録。

是書纂輯自宋歷元、明、清四代，都百有二十餘人之遺著。倣其族祖彬所輯《詩鈔》體例，人各繫以小傳，廣徵博引，藉見出處梗概。一家文獻所繫，亦一邑徵文考獻之資。江陰夏孫桐序之，謂：“子興氏論殷之盛衰，曰：‘故家遺俗，猶有存者。’又曰：‘所謂故國者，非有喬木之謂也，有世臣之謂。’此故家大族之有繫於世道人心也。世運循環，文質遞嬗，盈虛消息，不期而然，要自有不可變者以維持其間。古所謂‘士食舊德’，今所謂‘保存國粹’，家之粹，即國之粹也。秦氏人才之盛，世澤之長，既表望於家國。平甫之輯是編，守先待後，近以勉一家之繼美，遠以存斯文之墜緒，其所關至大。”同縣裘可桴復爲之序，謂：“秦氏於無錫，世爲士大夫，以文鳴者尤夥。平甫輯其一族之文，自北宋迄清季，曰《錫山秦氏文鈔》，示余囑爲序。余乃慨然懸想未來之世，他書倘爲亡佚，而此幸存，則又不僅爲秦氏之珠玉也已。”然則毓鈞之纂輯是編，爲保存一家之粹乎，殆亦不僅爲一姓之珠玉也。

梁谿文續鈔　民國三年聚珍本

民國侯學愈纂輯。學愈有《尊賢祠考畧》，已著録。

是書采輯咸同以來邑先哲遺著之有關風教掌故之作。按：周有壬所纂《梁谿文鈔》，至清之嘉道爲止。學愈繼復搜采，倣周鈔體例，編訂續鈔。惟周鈔間録駢儷，以其人以此專家，無散文別見；兹鈔不録駢儷，以一體制。全稿由同縣許珏、杜學謙字子擕，清光緒二年丙子舉人，品孤標，負邑望，官上海教諭，有聲於時，陞知縣。鑒定之。學愈自序，謂“余既重訂周佩安先生《梁谿文鈔》，鑴板行世，竊以咸同以來，人才輩出，不可無所裒輯，以竟其緒。……乃徵集遺文，公其去取。凡甄録五十四家，得文一百二十餘首，名之曰《梁谿文續鈔》，以附於原編之次。而後吾邑自漢迄今，宏篇偉製，搜羅大備。……有關於學術人心者，豈淺鮮哉”云[1]。

---

[1]　引文據鳳凰出版傳媒 2012 年版《無錫文庫》第四輯第七十三册《梁谿文續鈔·敘》校改。

考獻之士，其徵乎斯。

詩文評類

國雅品一卷　　歷代詩話續編本

　　明顧起綸纂輯。起綸有《類選苑詩秀句》，已著録。按：起綸所著，有《國雅》二十卷，《續國雅》四十卷，清《四庫全書》爲之存目。

　　是書就所著《國雅》中，上自洪武，下迄嘉隆，復選若干名家，分《士品》、《閨品》、《仙品》、《釋品》、《雜品》五目，名曰《國雅品》。明刊本絶鮮流播。邑人丁福保輯《歷代詩話續編》，乃采入之，以廣流傳。卷首刊有起綸弁言，卷尾有同縣姚咨跋語。

詩學指南八卷　　孫氏玉鑑堂藏本

　　清顧龍振纂輯。是書爲孫氏玉鑑堂所藏，未見爲何本。其主人祖烈題記，謂"斯編以古來作詩之説，彙粹一編，爲學詩者準繩。龍振邑志不載"。考浦起龍之序，謂"顧君苓窗版行其手最叢話曰《詩學指南》者，問序於僂叟。苓窗爲涇陽之裔，其家景行、梁汾、中以諸舊人，皆詩老也，濡染緒論，以出是編"云云。考《錫金遊庠録》載：龍振於雍正十一年癸丑歲案遊於庠，於其姓名下，註"更名掄元，庚午舉人"。按：庚午爲乾隆十五年，《縣志》選舉門，是科舉人，其名未載，而副貢則有掄元之名。可徵龍振更名掄元，乾隆庚午副貢，《遊庠録》所註"庚午舉人"者誤。又考：《縣志》選舉門副貢所載，掄元爲錫籍，《遊庠録》所載，龍振爲金籍，殆《縣志》所載者誤。斯可補正祖烈所題記者。而起龍序中所稱景行者，景文之字；梁汾者，其弟貞觀之號；中以者，仁垣之字，仁垣，景文子也。三人學行，具著《縣志·文苑傳》。而藝文門是編未載。

聽秋聲館詞話二十卷　　清同治乙巳福州原刊本

　　清丁紹儀撰。紹儀有《東瀛識畧》，已著録。

　　是書裒録聞見所及詞人之作，而辨論其得失。其館甥胡鑑字衡齋。跋於尾，謂兹編"實足範圍後學，補《詞綜》之闕；博覽詳稽，正《詞律》之訛。……網羅散佚，考遺聞於唐宋元明；采擷菁英，搜軼事於東西南朔。詩人之辭麗以則，均有指歸；春秋之義婉而明，可通比興。哀絲豪竹，中年自寫其胸懷；豔語清詞，大旨必原於風雅。倘謂閒情撥觸，詎其然乎，須知託興遥深，是之取爾。"①覽斯跋語，則可以得兹編之旨矣。

────────────

①　據上海古籍出版社 2002 年版《續修四庫全書》第 1734 册第 212 頁校改。

詞曲類卷一

秋水詞二卷　縣圖書館繕寫本

清嚴繩孫撰。繩孫有《無錫縣志》，已著録。

是編輯録所爲詞二卷，縣圖書館據後刻單本繕録弆藏，其初刻本已鮮流傳。惟據何家藏本繕出，亦未備註。民國初元，曾有湘中某氏，不遠千里而來，手録一編而去。邑人侯鴻鑑經董縣圖書館，曾據同縣丁福保舊藏《秋水詩》鈔本八卷，與是編合刊之，曰《秋水集》，亦既廣布於遠近矣。先是盧陵聶先字晉人。輯録《名家詞鈔》，爲所采收，縣圖書館亦藏有此本，其識語稱"詞本以艷情麗質爲宗，而出語天然藴藉，始號作手。才如《秋水》，可謂穠纖合度，潑墨淋漓，足稱當代大家"云①。

微雲詞一卷　盧陵聶氏名家詞鈔本

清秦松齡撰。松齡有《毛詩日箋》，已著録。

是編爲盧陵聶先輯録《名家詞鈔》所采收。所録顧有孝字茂倫。寄贈詩云："南國無雙士，東山第一流。"又稱松齡"風高林下，所製詩詞，膾炙騷壇，直可步武鶯花，蘇黃並駕"云②。其爲推重也如此。

滄江草一卷　盧陵聶氏名家詞鈔采收未梓

清華長發撰。長發字商原，明諸生。崇禎十六年癸未歲案。工詩詞，與同縣秦沅、字湘侯，與寧都魏禧交，爲時名士。《縣志》附長發傳。顧祖禹善。祖禹纂《方輿紀要》，長發、沅輒參校。而長發尤工行草書，與同縣孫竑禾、高世泰、嚴繩孫齊名，邑人所稱"孫高嚴華"者也。事具《縣志·文苑傳》。

是編世鮮傳本。盧陵聶先輯録《名家詞鈔》，曾爲采收，而未付梓，其凡例謂："人各一集，便於單本獨行，不妨隨到隨梓，隨時隨地，皆可刷印問世。"③而兹輯竟未刊行。故目録雖列之，而竟無其文。迨江陰繆氏纂輯常州詞録，以《清詞綜補》、《昭代詞選》、《聽秋聲館詞話》所采收者彙録之，俾後之人猶得窺見長發所著之一斑耳。按：《縣志》藝文門載長發所著有《滄江百一詩》，今亦無傳本。

---

① 引文據上海古籍出版社 2002 年版《續修四庫全書》第 1721 册第 286 頁校。
② 引文據上海古籍出版社 2002 年版《續修四庫全書》第 1722 册第 26 頁校改。
③ 引文據上海古籍出版社 2002 年版《續修四庫全書》第 1721 册第 143 頁校改。

澹雪詞一卷　雨花詞一卷　陳氏孤雲軒繕寫本

清顧岱撰。岱字商若，號輿山，又號止菴，順治十五年戊戌進士。平居博極羣書，而於古文、碑銘、奏議、詩歌諸體，罔不究心。累官至贛州同知，位明三藩抗節邊隅，閩粵楚兵火相接，岱隨機應變，倉卒左右之，雖督撫、提鎮皆得專殺，而岱悉力拯救，多所全活。遷知袁州府事，丁艱歸。起補杭州府，罷歸。蓋其才氣卓越，智算有超人者。《縣志·宦望》爲之傳。

是書詞二卷，陳乃乾事跡出處無考。繕録，王蘊章校勘，以贈縣圖書館弆藏者。而乃乾識稱："《雨花詞》從抱經樓藏舊鈔本録出。"縣圖書館所藏盧陵聶氏《名家詞鈔》，茲編《澹雪詞》亦爲采收，識語稱"才氣縱横，詞章絢爛，兼以細心老手出之。其精到處，使人驚心動魄，永嘆沉吟，而不能置，真是絶妙好詞"云①。按：《縣志》藝文門是編未載。

畫餘譜一卷　盧陵聶氏名家詞鈔本

清華胥撰。胥原名庶徵，字叔用，號羲逸，亦作希逸。善畫人物，與惲壽平花卉、王翬山水，並稱秀麗艷逸。《縣志·藝術》爲之傳。

是編單本，絶鮮流傳。而盧陵聶氏所輯《名家詞鈔》，乃爲采收。寧都魏禧謂："畫餘者，華子羲逸之詩餘也。羲逸工畫，若曰：'吾以畫之餘力爲之。'……予嘗見所繪人物，閒麗婉雅，宜其於詩餘，輒學而輒工也。"②禧所稱如此，則可徵當時士夫之推重矣。按：《縣志》藝文門是編未載。

影樹樓詞一卷　盧陵聶氏名家詞鈔本

清陳大成撰。大成字集生，性孝友，家貧。雅好客，尤與同縣嚴繩孫友善。繩孫工詩詞，而大成所作亦豪宕感激，士林歎爲妙絶古今。《縣志·文苑》有傳。

是編所録詞一卷，盧陵聶氏所輯《名家詞鈔》，乃爲采收，顧有孝稱其詞"意致深遠，如皎月入懷，明珠在握"云③。按：《縣志》藝文門載有《陳集生詩集》，今無傳本，是編則未載。

彈指詞三卷　清光緒戊子重刊本

清顧貞觀撰。貞觀有《涇皋淵源録》，已著録。

是書輯録所爲詞，都三卷。初爲其門人同縣杜詔梓行，後屢有刊本，板皆燬。迨光緒初，其族裔西山重刊之，以廣流傳。此本卷首有詔原序，並乾隆間刊行時之諸洛序。而茲光緒重刊，則同縣秦賡彤爲之序。按：貞觀與納蘭成德，並以善填詞名世。納蘭所著，《四庫全書》采録之，而是編爲儒林所推重，則未采收，不解何故也。

---

①　引文據上海古籍出版社 2002 年版《續修四庫全書》第 1722 册第 131 頁校。
②　引文據上海古籍出版社 2002 年版《續修四庫全書》第 1721 册第 503 頁校改。
③　引文據上海古籍出版社 2002 年版《續修四庫全書》第 1722 册第 55 頁校。

陶邨詞一卷　盧陵聶氏名家詞鈔本

清王允持撰。允持字簡在,康熙二十四年乙丑進士。博極羣籍,出其餘技,選調譜聲,絕無雕琢之習。選知縣,以母老歸,篤於孝行。事具《縣志·孝友傳》。

是編爲盧陵聶氏輯録《名家詞鈔》所采,宜興陳維崧謂其"有清真之秀麗,運白石之典雅,用梅谿之琢鍊,運君特之工緻"云①。按:《縣志》藝文門是編未載。

詞家玉律十六卷　著者手書墨跡本

清王一元撰。一元字畹仙,又字逸其,自號江左詞人,康熙四十一年癸未進士。授靈臺知縣,擢靜寧州知州。客京師,以工大小令有聲。《縣志·文苑》爲之傳。

是編即客居京師時所作。前列自序,謂以詞名上達兩宮,蓋所以書其榮遇也。所輯計小令五卷、中詞四卷、長調七卷,都十六卷。論者謂其釐正詞律,精審週詳,後有誤編一目,皆字數誤算,未及更正者,蓋猶爲未定之稿耳。惟綜覽兹編,悉用楷書,首尾不苟,三百年來,遺墨完好,可謂希世秘笈矣。

芙蓉舫歲寒詠物詞一卷　梅花百詠本

清王一元撰。一元有《詞家玉律》,已著録。

是編爲其留滯都門,客窗歲寒之作。新安汪灝字紫滄。爲之序而刊行,同縣孫爾準繼之。厥後其裔孫芝林搜得之,附刊家譜中,藉再流傳。

蕉雨堂課餘偶草一卷　梅花百詠本

清王一元撰。一元有《詞家玉律》,已著録。

是編詞七闋,七言近體詩四首。海陵陳企登跋之,稱:"擅大江東去之豪雄,又得楊柳曉風之綿婉,詞家雙璧,君已兼之。"而同縣季麟光跋其詩,則曰:"此畹仙客居海陵近草也。郵寄詩文,目不賞給,即此婉麗蒼涼,何異柳州中山諸作。予年友中州李霞嵐,每歎畹仙爲奇才,期以遠到,三復斯語,信非久困菰蘆者。"然則一元詩詞,此雖一斑,識者謂可知其所以有聲於時焉。其何事客居海陵,及其客居年月,俱無考。按:一元既以詞知名,且獲榮遇,同縣孫爾準亦曾刊行其著述,然《縣志》藝文門竟無記載,可見搜采之匪易易也。

籜仙詞稿五卷　清光緒壬午聚珍本

清吳寶書撰。寶書字松崖,一字籜仙,國子生。工詩,並擅長短句。《縣志·文苑》有傳。

是編爲其所存詞稿。其子汝渤字匊青②,諸生,道光二年壬午科案,金山縣訓導。重修《光緒

---

① 引文據上海古籍出版社 2002 年版《續修四庫全書》第 1722 冊第 236 頁校改。

② 據《吳氏大統宗譜》(錫譜)光緒丙戌年(1886)第十三次主修吳匊青條補。

志》，汝渤爲收掌。得之敗簏中，錢塘袁枚題跋，同縣秦大光敘言，冠諸卷首，完好無凋殘，乃爲付梓，以廣流傳。按：汝渤識語稱，其父著述甚富，僅存《桐華樓詩詞稿》四十卷，王夢樓、許穆堂、趙味辛諸老輩皆有敘言。咸豐庚申，片紙無存云云。而厥後偶得斯編稿本，洵爲幸事。枚跋語謂："詞家以周柳爲正宗，以蘇辛爲變調，猶之作駢體文者，重徐庾燕許，不重歐蘇也。作者具牽霞曳雪之思，寵柳嬌重之態，昔人稱'張叔夏風調纏綿，宮商協應，幾與白石老仙相鼓吹矣'。吾於《籜仙詞稿》亦云。"其爲推重如此。

春草軒詩餘四卷　縣圖書館繕寫本

清楊掄撰。掄有《春草軒詩存》，已著錄。

是編爲詩餘，曰《小蓬萊山館詞》二卷，《紅豆村人詞》二卷，都四卷。有同縣孫爾準、顧皋，及其從弟揩、芳燦等十一人題詞，冠於簡端。縣圖書館據邑城西谿余氏所藏未刻稿鈔錄之。

聽雨小樓詞稿二卷　清光緒辛卯邑城余氏西谿草堂聚珍本

清楊英燦撰。英燦有《綠雲吟館詩稿》，已著錄。

是書爲其所著詞稿全本。卷首有自識語，其外孫余一鼇得之，倩同縣丁紹儀選定，乃跋之曰："外祖蘿裳公《聽雨小樓詞稿》，一鼇幼時，見有鈔本。慈親諭云，尚有顧兼堂、蘭厓兩表丈選定擬刻之本，則未經見。咸豐庚申，外氏藏書，並手錄稿本，悉付兵燹。一鼇流離三年，孑身歸來，片紙無復存矣。同治甲戌，謹堂舅氏歿於保陽，旅櫬南歸，詢知外祖詞稿尚存，亟索觀之，則全本也，公手書自識語，冠於其端。每思授梓，病多意懶，因循未果，茲以聚珍付印百本，以資流傳。一鼇昔年抱願，欲將方叔公《春草軒》、蘊山公《雙梧桐館》、蓉裳公《芙蓉山館》、荔裳公《桐華吟館》各詩詞，並此外祖詞稿，裒刻爲《楊氏花萼集》。頻年多病，蒲柳先零，今者犬馬之齒，已五十有五，斯志不克伸矣。所望楊、董、強、余四姓子弟，後起有人，他日成余未竟之緒，俾先人心血不致湮没。稿本具在，千萬努力，勿令予空言徒託，於四姓子弟有深望焉。"按：所稱強姓者，強紹嵩，英燦孫壻；董姓者，董元度、元亮，英燦外曾孫，是編付印，共與校讎者也。

拜石山房詞鈔四卷　清光緒丙子邑城西谿余氏心禪室重刊本

清顧翰撰。翰有《拜石山房集》，已著錄。

是書輯錄所爲詞四卷。原爲道光間刊本，咸豐兵燹而後，邑中故家罕有藏者。同縣余一鼇重刊之，上元蔡宗茂原序，稱"竹垞、迦陵而後，克有嗣音"。是可見當日推重之至矣。

綠秋草堂詞一卷　清嘉慶己卯小倉山房七家詞原刊本

清顧翰撰。翰有《拜石山房集》，已著錄。

是書爲錢塘袁通所選《七家詞》之一。七家者，陽湖劉嗣綰芙初、錢塘袁通蘭邨、無錫顧翰簡塘、上元汪度白也、江都汪全德小竹、金匱楊夔生伯夔、六合汪世泰紫珊也。蓋通集朋簪之製，附以己作，名曰《七家詞》，世泰刊行之。海寧楊文蓀爲之序。而通復以輯入《小倉山房全集》焉。

真松閣詞稿六卷　邑人許同藺捐贈舊藏道光間初刊本

清楊夔生撰。夔生有《匏園掌録》，已著録。

是書輯其所爲詞稿六卷，以"真松閣"爲名。石門方廷瑚書於後曰："梁谿多詞人。國朝以來，嚴秋水宫允、顧梁汾舍人所著詞稿，至今膾炙人口。劉芙初太史晚出，受業於楊蓉裳先生之門，得其傳衣，名噪藝苑。伯夔爲先生冢嗣，早歲敦敏嗜學，青緗劬好，殆或過之。生平著述，於詩文外，尤工倚聲，守其家法，更陶冶於唐宋諸名家，而擷其精華，攄以妙筆，江南北蔚然稱大宗矣。余性拙而懶於學，一無所成。伯夔於戊寅己卯間，簡發來直，需次會城。每有吟詠，常督和之。余以家事牽溷，輒負約不果作，伯夔不余責也。又暇日，常以《真松閣詞集》見示，余於詞學，茫乎若迷，或不能句讀，讀未終闋，嗒焉若喪，不能出一言以相往復，伯夔亦不余責也。伯夔由蠡邑丞，擢固安令，鳴琴退食之餘，迺編録舊作如干卷，先以付梓。郵寄屬余，弁以一言。余……嘗謂北宋詞人，不襲南唐之貌，而或失之過剛；南宋則力矯北宋剛勁險率之弊，而常流於纖膩。過猶不及，君子疑之。《真松詞》一册，譬之於文，殆合江鮑庾徐爲一爐之冶，古艷以樹骨，悱惻以寓情，醲郁以鑄詞，抑揚感慨以寄意，掞羣雅而成專家，傳世而行遠，又奚疑哉。……若云弁言，則吾豈敢，其言之不文，與未能傳作者真意所在，伯夔當如昔之不余責也夫。"[①]云云。按：此文雖屬書後，乃冠諸卷首，有硃筆圈點删改，未知出自何手。厥後，邑城西谿余氏有心禪室重刊本，卷首亦載此文云。

過雲精舍詞二卷　清嘉慶己卯小倉山房七家詞本

清楊夔生撰。夔生有《匏園掌録》，已著録。

是編爲錢塘袁通所選《七家詞》之一。按：夔生父芳燦爲袁枚高第弟子，而夔生既擅詩詞，兩家遂以翰墨結契，其淵源具見《匏園掌録》所載《袁祖志序》中，然則夔生斯作，列入《小倉山房七家詞選》者，殆非偶然。

花間小草無卷數　縣圖書館繕寫本

清嵇蓉撰。蓉字杏塘，道光二十三年癸卯舉人，授元和教諭。同縣余一鼇父子受業師。咸豐庚申辟居鄉閭卒。是編爲詞稿，向無刻本。一鼇偶於友人處，得見繕鈔本，因録副以存。縣圖書館即據邑城西谿余氏所藏鈔本繕録之。

---

① 引文據上海古籍出版社 2002 年版《續修四庫全書》第 1726 册第 256 頁校改。

亦云詞一卷　　縣圖書館繕寫本

清余一鼇撰。一鼇有《心禪室詩稿》，已著錄。

是編爲所留詞稿之又一種。自序云："光緒己卯，營蝸廬於無錫城中西谿。庚辰喪愛子，戚戚無聊，遂以填詞自遣。顧心疾日甚，不任思索，得句偶書，藉消永日而已。自辛巳迄壬辰，積凡若干。近見《憶雲詞甲稿序》云：'夫詞者，意內而言外也。意生言，言成聲，聲分調，亦猶春鶊秋蟋，氣至則鳴，不自知其然也。'其言先得我心矣。其《丙稿序》云：'不爲無益之事，何以遣有涯之生。'亦若爲余先道者。嗟乎，余覺夢人也！以夢外人與夢中人同此塵世嚼蠟咀蓼，至無味也。身非木石，心似之矣！桃源何在，安得置身？名詞'亦云'者，意取不足云而云，非謂人云亦云也。"其所以名是編者之意如此。

覺夢詞一卷　　縣圖書館繕寫本

清余一鼇撰。一鼇有《心禪室詩稿》，已著錄。

是編爲所存詞稿之一種。自序之，曰："僕也頻年嬰疾，端憂鮮歡，戚抱西河，似亡若失，遊閩之滬，終難排遣。壬午九秋，小寓吳門，主人新有大故，昕夕所聞，無非商音楚語。每值風雨撼窗，新寒警枕，耿耿中宵，茫茫百感，擁衾翦燭，輒占小詞。旬日間，凡得《菩薩蠻》若干首，因名之曰《覺夢詞》。譬之寒雁唳霜，荒雞叫月，不知其然而然。柳泉居士所云'自鳴天籟，不擇好音'，有由然矣！嗟乎，春歸花落，緬往事以言情，雲散風流，憶墜懽而索句。苟未免有情，亦復誰能遣此。曼吟矩矱，不堪破我愁顏，郢拍巴歌，翼博君開笑口"云爾。

藝雲詞四卷　　清同治丙寅原刊本

清俞敦培撰。敦培有《酒令叢鈔》，已著錄。

是書輯錄詞四卷。儀徵汪寶樹、安平黃蔡爲之梓。王文瑋稱"以清峭之筆，寫幽渺之思。白石玉田，允稱絕唱，作者其得兩先生之薪傳"云。

詞曲類卷二

小忽雷傳奇二卷　　清宣統庚戌暖紅室精刊本

清顧彩撰。彩字天石，順康間人。有異才，尤工詞曲，博古閒情，藝林所重。《縣志·文苑》附父宸傳。

是書卷上二十齣，卷下四十齣。岸堂主人題端，稱"顧子天石傳奇五種，皆未登場，惟《離騷譜》一劇，授之南雅小部，曲終人散，已復經年矣。今《小忽雷傳奇》，清詞麗句，大似《粲花》，而《秋宮》一折，直奪關馬之席。其道茫茫，斯爲絕唱"云。

桃花扇傳奇四卷　清光緒乙未蘭雪堂重刊本

清顧彩撰。彩有《小忽雷傳奇》，已著録。

是書傳明末宏光朝事。以三百年基業，隳於何人，敗於何年，歇於何地，盡情寫出。感慨涕零，亦可懲創人心也。劇名《桃花扇》，都四十齣。於警世易俗，殊有裨補。所謂今之樂，猶古之樂歟。

吟風閣傳奇四集　通行石印本

清楊潮觀撰。潮觀有《左鑑》，已著録。

是書搜采朝野隔閡，國富民貧之情事，製傳奇三十二回，以警惕當世，爲潮觀公餘所作者。按：潮觀知邛州時，於官廨廳事之西，築吟風閣數椽，吏民上壽者，令各種花木一株，取古今可觀感盛事也，遂製樂府數十劇，付梨園歌舞以落其成。錢唐袁枚曾演之金陵隨園，一座傾倒。海昌陳氏稱將"重重積弊，生生道破；心摹神追，寄託遥深，別具一副手眼。……不落前人窠臼，似非尋常隨腔按譜填曲編白可比也"云①。

庶幾堂今樂二十八種　清同治癸酉蘇州刊本

清余治撰。治有《學堂講話》，已著録。

是書搜采近事，被之新聲，用因勢利導之方，寓勸懲之旨，取孟子"王之好樂甚，則齊其庶幾"之意，名曰《庶幾堂今樂》。德清俞樾爲之序。而治復自序之，曰："古樂衰，而後梨園教習之典興。原以傳忠孝節義之奇，使人觀感激發於不自覺，善以勸，惡以懲。殆與《詩》之美刺，《春秋》之筆削無以異，故君子有取焉。賢士大夫主持風教者，固宜默握其權，時與釐定，以爲警瞶覺聾之助，初非徒娛心適志已也。無如沿習既久，本旨漸失，賢士大夫既不暇留心及此，一任優伶子弟，顛倒錯雜於其間，所演者遂多不甚切於懲勸。近世輕狂佻達之徒，又作爲誨淫誨盜諸劇，以悦時流之耳目。……而少年羣傚風流，其他一切導欲增悲，不可爲訓者，且紛然雜出，使觀之者蕩然失魄，以假爲真。而古人立教之意，遂蕩焉無存，風教亦因以大壞。……余不揣淺陋，擬善惡果報新戲數十種，一以王法天理爲主，而通之以俗情，意取勸懲，無當聲律，事期徵信，不涉荒唐。以之化導鄉愚，頗覺親切有味，自知下里巴人，不足當周郎一顧。而彰善癉惡，歷歷分明，觸目驚心，此爲最捷。……庶幾哉，一唱百和，大聲疾呼。其於治也，殆庶幾乎！"②則其所爲今樂之旨，庶亦堪以警瞶覺聾矣夫。

---

①　引文據上海古籍出版社 1983 年版胡士瑩校注楊潮觀《吟風閣雜劇》第 245 頁《陳序》校改。

②　引文據杭省同善齋善書局影印蘇州元妙觀得見齋書坊藏版《庶幾堂今樂》第 3—5 頁《自序》校。

叢 書 類

有福讀書堂叢刻四種　　清光緒辛丑儀徵吳氏刊本

清許珏選輯。珏有《論語要畧》,已著錄。

是書就儀徵吳氏《有福讀書堂叢刻》中尤精要者選錄之,曰《治家格言繹義》二卷、《六事箴言》一卷、《公門懲勸錄》二卷、《官紳約》一卷,都四種。按:光緒庚子,兩宮西巡,珏自吳中奔赴,上書言事,奉旨赴粵,辦理要政。時儀徵吳福茨陳臬是邦,乃得讀其叢刻,凡十六種。以其卷帙浩繁,復精選四種,以爲僚佐、與省垣需次者之鑑。自謂此編,“意在厚風俗而培人才。中國受侮,實始自粵,今吳君以此編示之準的,吏之自愛者循是弗失,十年之後,粵中之治,或亦有以收其效者。至國家控御外人,俾就範圍,亦必自粵始”云。

念劬盧叢刻八種　　民國二十年鉛印巾箱本

民國徐彥寬纂輯。彥寬原名泰來,一名士奎,後更其名,字薇生,自號夷吾,後又易曰商隱。爲人恂恂,罔少長,執禮恭。精心劬學,而始於校讎,終於經世。平生憙治子、史、雜部書,深究前代治亂往復之道。每謂司馬、班、范三史,皆出獨裁,而勝於衆修。欲草創清史,別名一家,發凡起例,得如干事。不自暇逸,而神氣以耗,享壽不永,致未成書,聞者惜焉。

是書所鈔輯者皆名賢秘帙佳著,曰清梁巘《評書帖》一卷、清朱洪章《從戎紀畧》一卷、清孫毓汶《遲菴集杜詩》一卷、清譚獻復堂《董子定本》一卷、《復堂詩續》一卷、《復堂日記補錄》一卷、《復堂日記續錄》一卷、《復堂諭子書》一卷。自謂刊布流傳,以盡後學宣闡之責。其摯友同縣錢基博爲之序,並集資刊行之。

雲在山房叢書二十一種　　民國十七年鉛印精校本

今人楊壽枏纂輯。壽枏有《雲在山房類稿》,已著錄。

是編搜集師友著述,及自著小品文字,彙輯成編。其師友所著者曰黃體芳《醉鄉瑣志》、汪曾武《外家紀聞》、徐沅《簪醉雜記》、顧恩瀚《竹素園叢談》、侯毅《洪憲舊聞》、李步青《春秋后妃本事詩》、丁傳靖《明事雜詠》、姚朋圖《扶桑八百吟》、丁傳靖《福慧雙修菴小記》、冒廣生《雲朗小史》、章廷華《論文瑣言》、李放《八旗畫錄》、吳昌綬《吳郡通典》、沈宗畸《便佳簃雜鈔》、楊壽樞《壺公書畫錄》、傅增湘《藏園所見宋本題記》、陸增煒《鴛湖夢影記》、呂鳳女士《和漱玉詞》,都十八種。其自著者,曰《雲薖漫錄》、《貫華叢錄》、《滄粟齋雜記》,都三種。所採多珍聞軼事,勝蹟雅遊,旁及評論詩文,考訂書畫,胥有關風教,並資鑑別之作。又有嗟悼師友凋落,採輯遺著,以寄逝者之痛云爾。

錫山先哲叢刊十一種　民國十一年至二十年倣宋聚珍本

今人侯鴻鑑纂輯。鴻鑑有《病驥旅行記》，已著錄。

是書選刻鄉獻遺著，以廣流傳，共十有一種。按：鴻鑑方縣圖書館創建而後，以爲文獻不足，自古悼歎，乃廣爲搜羅，珍藏館中，期後來有考。至是復輯錄鄉獻垂湮之編，或未刻之稿，梓行於世，目曰《錫山先哲叢刊》。但限於經費，未能一時付梓，計先後出四輯。其第一輯曰：不著撰人姓名《無錫縣志》四卷、按：是編邑人稱爲元王仁輔著。明鄒迪光《愚公谷乘》無卷數、清嚴繩孫《秋水文集》二卷《補遺》一卷、清劉繼增重輯《竹鑪圖詠》四卷《補集》一卷，都四種；其第二輯曰：明浦源《浦舍人詩集》四卷、明王紱《王舍人詩集》五卷、明馬世奇《澹寧居詩集》二卷，都三種；其第三輯曰：明高攀龍《重訂邵文莊公年譜》一卷、清王會汾《樂皋山堂稿》八卷，都二種；其第四輯曰：清許珏《高子遺書節鈔》十一卷、清錢泳《錫山補志稿》無卷數，都二種。所采胥鄉獻名著，不然，幾湮没無傳矣。厥後抗戰軍興，邑城告陷，鴻鑑辟地居海上，而其事亦難繼承，是可慨也。至其集資襄助，並任校讎諸勞者，具載是編各輯中，不贅焉。

附

閨秀卷一

綠梅影樓詩詞存二卷　清光緒戊子刊本

清顧翎撰。翎字羽素，敏恒女，翰姊，同縣楊敏勳室。敏恒既以風雅倡，其子侄翰、筠、蕙生、翃、並擅才藻。翎幼嫻庭訓，亦習爲詩，兼工長短句，族黨傳誦以比謝庭風絮。性愛梅，顏所居曰"綠梅影樓"。作填詞圖徵題，一時名人才媛，應者甚夥。所著詩詞，翰選輯爲序，未及梓行，咸豐庚申兵燹，遂付灰燼。

是書爲所錄別本。曾孫志濂校錄，爲上下二卷，刊行之以垂久遠，金壇馮煦爲之序。

曉霞閣詩鈔一卷　西谿余氏捐贈舊鈔本

清楊鳳祥撰。鳳祥，楊英燦四女，嘉善王洤字濂舫。室。

是書爲邑城西谿余氏鈔錄所藏，眉端有劉繼增硃色註語，卷首又有顧翰手記語。其兄廷錫序之，稱"吐辭韶秀，俊逸之氣，纏綿幽遠，卓然爲閨秀傳作"云。

選雲樓詩鈔一卷　縣圖書館據西谿余氏藏原稿鈔寫本

清楊琬撰。琬字佩貞，楊虁生長女，同縣秦恩霈字子叔。室。

是書爲古、今體詩，都一卷。晉江龔顯曾、陳榮仁並爲之序。縣圖書館據邑城西谿余氏所藏原稿本鈔錄。卷端余一龍識語，謂："此本須重繕付梓，或以活字板印數百本，暫爲傳世。否則單本日久，恐致遺湮。"則無刻本可知矣。

怡安室詩稿一卷　　舊鈔本

清華韞珣撰。韞珣字韻茗，華履長女，秦堯曦字緱卿，道光十七年丁酉拔貢，累官河南開歸陳許兵備道，署理布政使。室。

是書詩一卷，爲舊鈔本，同縣張步瀛爲之序。殆無刻本行世。

吟香室詩草二卷　　續刻一卷　　附刻一卷　　光緒丁酉閩縣董氏家刻本

清楊蘊輝撰。蘊輝字靜貞，楊英燦孫女，謹堂長女，閩縣董敬箴室。沈敏婉淑，能以詩學世其家。早歲復研悅畫理，凡紉箴庶飪諸內職，罔不精美。既歸董氏，事王姑、君舅、君姑，愉愉承色笑；撫子女，慈威兼至，戚黨皆稱道之焉。

是書爲其平生所著述，其子元度、元亮校刊行世。長沙張百熙爲之序，稱："集中《甲申感事》諸篇，誦之懍懍有生氣，豈絺章繪句之徒所能冀其萬一。"而蘊輝自謂"我詩無法度，不欲人傳觀，留以視子孫"云。卷中附刻，多諸家壽文，而蘊輝行誼，亦於是大彰矣。

浣餘集詩詞鈔二卷　　清咸豐辛酉寫刻巾箱本

清周佩蓀撰。佩蓀，周承甲女，華履長室。幼聰穎，喜吟詠。咸豐庚申洪楊軍據邑城，佩蓀赴水死，年已七十有五矣。時若女若孫婦、若外孫女輩，相從以死者又六人。同縣秦賡彤爲文以傳之。

是書詩、詞各一卷，曰《浣餘集》。其孫袞臣、冕臣梓行於世，同縣蔣大鏞爲之序。

望月軒詩詞稿二卷　　縣圖書館寫本

清鄧沈英撰。英字湘芝，鄧元鈺字式如，廣東盈庫大使。室，長洲沈基庶女。幼慧，工吟。

是書詩二百六十餘首，詞二闋，試帖四十餘首。其甥同縣杜學謙序而梓行於世。厥後流傳者少，縣圖書館據邑城侯氏藏本繕錄之。

紉餘小草一卷　　清光緒乙亥鵝湖華氏刊本

清鄒佩蘭撰。佩蘭，華蘅芳室。

是書詩一卷，末附詞八闋。蘅芳梓行之。其翁翼綸序之，稱其"幽怨之情，溢於紙墨，有不忍卒讀"云。

紫藤蘿吟館遺集一卷　　清光緒間華氏家刻本

清章婉儀撰。婉儀字耐卿，章葆恬女，華文匯字海初，同治十二年癸酉科舉人，官瑞金、吉水等知縣。室。性端謹，治家有法，能詩。

是書爲文匯輯其遺稿，得古、今體詩百三十六首，彙爲一卷，顏曰《紫藤蘿吟館遺集》。紫藤蘿者，文匯幼時，植其家延綠閣之池畔，花時繁縟如蓋。婉儀既于歸，愛之而以額其室，因以名其書焉。簡首載諸家序文及題辭，簡末載文匯悼亡詩百首，並諸家祭文及輓聯。文匯序之，稱"殘編斷簡之誦於心，哦於口，書於手，確乎其性情之所流，精神之所屬焉者"云。

緑蕚軒吟草一卷　　民國五年聚珍本

清楊志温撰。志温字幼梅，楊志濂妹，適南清河陳氏。

是書爲詩一卷，末附詞四闋，志濂爲之編次印行。

曇花吟一卷　　清同治辛卯鉛印本

清杜敬撰。敬字景姜，號佩蘭，性愛菊，故又自號菊如。同縣竇士鏞室。杜氏爲邑中名族，敬天資高邁，能詩，而又旁通百家，殆淵源家學者深。卒年僅二十有六。

是書古、今體詩七十有三首，詞九闋，其舅鄧恩錫選定，命女瑜編録，其壻士鏞梓行於世。而恩錫、瑜父女又同爲之序，厥後復附刊於士鏞集焉。

清足居集一卷　　清光緒乙未錢塘諸氏家刊本

清鄧瑜撰。瑜字慧珏，鄧恩錫女，濂姊，錢塘諸可寶繼室。

是書爲古、今體詩，起丙辰，迄乙未，光緒二十一年。編次成帙，可寶梓行之。恩錫題辭，謂其詩"一任天籟，不事敷飾"。元和譚獻爲之序。

澹慮軒詩鈔一卷　　無錫圖書館繕寫本

清諸顧氏撰。氏缺名，邑城虹橋顧徵飛女，東北鄉楊亭諸漪亭室，邵涵初再傳弟子。漪亭喜任俠，馳馬縱酒，不事家人生産。家故饒於資，有田數十頃，財産出入，悉由氏經理，寬儉得中。暇輒喜吟詠，後與脱輻，仰藥死。

是編所録古、今體詩，次爲一卷。卷中未載著作年月，首尾亦無序跋。惟簡端載有縣圖書館館長秦毓鈞識語，謂"氏有絶命詩，哀而不怨，一時傳誦。詩載侯氏《續梁谿詩鈔》"云。

黛吟樓遺稿三卷　　民國十年做鉛印精校本

民國温倩華撰。倩華字佩蕚，同縣過錫邕室。自少穎慧，長習經史，博通有識。祖榮鏞，父雋生，皆鍾愛之。倩華嗜詩詞，受業於錢塘陳蝶仙、同縣鄧楫、嚴毓芬之門，僉列高第。蝶仙之女翠娜，亦酷嗜詩，倩華遂與訂金蘭交，以問學相砥礪，詩筒往復，月必數數至，於是詩境亦益高。間習倚聲，蝶仙亦頗稱許之。旁及繪事，又爲其師胡汀鷺所激賞。一時有聲鄉國，然曇花一現，遽以病歿，年僅二十有六，惜哉！

是書爲其夫壻過錫邕收拾遺稿，編次之，成三卷，而以倩華讀書之"黛吟樓"名焉。同縣曹銓書其簡端，並刊載陳蝶仙所爲小傳，及其子陳遽所製《黛吟樓圖》，又列諸家序文，足裨後世徵考。卷末附録《哀輓集》，具徵儒林閨秀之同聲悲悼。其師嚴毓芬所謂"芳草斜陽依舊，不堪樓外弔詩魂"者也。鄧楫序之，歎爲"進士之不櫛，大家之再生"。而陳蝶仙尤稱"邁德高才，並世罕覯"。則其才其德可概見焉。

病梅盦詩鈔三卷　　民國二十年聚珍本

民國曹敏撰。敏字慎余。自少好韻語，從其兄允文、同文讀，聞誦唐人詩，乃傚之，輒琅琅有音節。稍長，求學於京師譯學館，既而以第一人畢業於北洋女子師範學校。京師女子師範聞其名，禮聘之爲教習。時同縣胡爾霖爲教務長，任事朏摯，於諸教習無所假借，於敏獨推許之。所交多當世賢豪名門淑媛，往還遊勝，輒託諸篇什。民國肇建，敏應長春女學之聘。而爾霖調長北京女子師範，再聘敏任訓育。時校名雖易，而實際悉仍其舊。爾霖鋭意有爲，百圖更始，性耿介，嫉惡如仇，於政府指摘，苟遇失當，必斤斤抗辯，不少屈。卒以不容於當世，悄然負笈去。而敏既以學行著，繼其職，無所更易。後教育部派赴日本考察女子家事教育。歸國，復任女子高等師範、女子師範大學諸講席，譽著當世，門生遍四表。卒以勞瘁致疾，既辭去，遂參禪學。以病作，養疴西湖。疾少痊，復隨其夫壻同縣賴繼光居青島。時繼光供職青島市政局，而敏亦勉任財局職。濱海調養，初甚自得，而以病在臟腑，體過弱，不能用手術，久病，不堪其苦，竟自縊死，聞者痛惜焉。

是編自壬子民國元年。至庚午，都古、今體詩二百六十七首，分三卷，又以書翰三十三通爲殿。敏當年探梅孤山，見疏影橫斜，半爲寒雨剥蝕，遂自號病梅，因名所作曰《病梅盦詩》。既卒，其季弟大文編録諸稿，偕妹秀，用聚珍板印行，以廣流傳。按：卷中所載第一、二卷，先與兄允文、弟成章詩，曾合刻之曰《花萼集》。兹增輯未刊稿爲第三卷，連前《花萼集》中所録者，印單本行世。卷首載諸家題記，及繼光所爲事狀，足裨後世以知人論世之資。淳安邵瑞彭題詩，第二絶云：“樹木樹人原一例，定盦心事費論思。長安桃李春無數，共拜梅花作本師。”信記實也。江夏傅嶽棻跋之，稱“詩筆清深，志和音雅，風格於中唐爲近”云。

閨秀卷二

含煙閣詞一卷　　縣圖書館據玉煙堂舊寫本繕録

清吳堵霞撰。堵霞字綺齋，號蓉湖女士，堵廷棻清順治丁亥進士。女，同縣吳元音室。博通經史，又遊情繪事，凡作花鳥，不用落墨，亦無粉本，隨意點染，俱臻神妙。喜吟詠，又工長短句，一時求詩索畫者户外屨爲滿。

是編所録者爲詞，有舊鈔本。遂安毛某字鶴舫。稱其詩“清麗韶秀，高出晚唐，有煙霞想，無脂粉氣”。而退菴老人姓氏無考。又謂“其詞儁秀，比詩勝十倍”云。

栖香閣詞二卷　　清宣統庚戌聚珍本

清顧文婉撰。文婉字碧汾。顧貞觀姊，同縣考授州佐侯晉室。晉，給諫先春曾孫也。少承家學，覃研聲律，貞觀傚杜甫《同谷七歌》有云：“有姊有姊號能文，長者曹昭次左芬。”長即指文婉，文婉故跌宕文史，昆季自相師友，一門風雅，知名於時。宜興陳其年爲《婦人集》，稱:"無錫顧文婉自號避秦人,詩詞極夥,恒與王仲瑛女士相唱和。"藝林推重之如此。

是編初無刻本。山陽李芝齡督學江西,得文婉詞,擊賞之。郵覓全稿,開雕於南昌節署,以永其傳。板既歸,經兵燹燬焉。逮清季,族裔學愈搜得此本,重付剞劂,以廣流傳。卷端有山陽李文媛原序,文媛,芝齡女弟也。書其梓行淵源,藉見斯編垂世,殆非偶然事耳。

絳雪詞一卷　清光緒戊戌小檀欒室閨秀詞彙刻本

清薛瓊撰。瓊字素儀,李崧繼室。《縣志》雜識門記其行。崧,《縣志》隱逸有傳。子天根,有《爝火録》,已著録。

是書爲南陵徐乃昌所纂録之《小檀欒室閨秀詞彙刻》本。按:瓊所著又有《綠窗小草》、《崧有芥軒詩草》、《縣志·著述》中載之。《夕陽邨詩鈔》,天根有《雲墟小稿》,長洲沈德潛序而合刻之。縣圖書館亦無此藏本。

琴清閣詞一卷　縣圖書館據邑城西谿余氏藏原槧繕寫本

清楊芸撰。芸字蕊淵,楊芳燦女,秦承霈景州知州。室。幼受四聲,時士林稱其:"慧辨琴絲,妙修簫譜,詞風美流,發在片玉冠柳之間。"

是書嘉慶時有刻本,板既燬,遂鮮流傳。逮光緒間,南陵徐乃昌纂輯《閨秀詞》,乃彙刻之,得復行於世。

苣香詞鈔一卷　縣圖書館據邑城西谿余氏藏原槧繕寫本

清顧翎撰。翎有《綠梅影樓詩詞》,已著録。

是書嘉慶時有刻本,板既燬,遂鮮流傳。逮光緒間,南陵徐乃昌纂録《閨秀詞》,乃彙刻之,以廣流傳。

澹香樓詞一卷　清光緒戊戌小檀欒室閨秀詞彙刻本

清葛秀英撰。秀英字玉貞,秦鰲側室,吳縣人。其母夢吞梅花而生,秀英性又愛梅,故以"澹香"名其樓。卒年十九。

是書爲南陵徐乃昌所纂《小檀欒室閨秀詞彙刻》本,有無單本行世,無可稽考。

澹音閣詞一卷　清光緒戊戌小檀欒室閨秀詞彙刻本

清趙友蘭撰。友蘭字佩雲,一字書卿,同縣王某室。工詞,與華簾詞並稱。

是書爲南陵徐乃昌彙刻《閨秀詞》所采輯,有無單本,無考。

蕉窗詞一卷　清光緒乙未錢塘諸氏原刊本

清鄧瑜撰。瑜有《清足居集》,已著録。

是書爲諸氏家刻本。南陵徐乃昌所纂《小檀欒室閨秀詞》,又爲采輯焉。

霞珍詞一卷　清光緒戊戌小檀欒室閨秀詞彙刻本

清繆珠葔撰。珠葔字霞珍，一字稚青，鄧乃溥室，江陰繆玉藻女，編修荃葔從妹。淵源家學，詩詞爲時所稱。

是書爲南陵徐乃昌彙刻閨秀詞所采輯，有無單本無考。

方　　外

洞泉詩鈔一卷　民國十二年榮氏繩武樓校刊本

清榮溓撰。溓字三華，一字洞泉。少孤，多疾，母命入明陽觀爲道士。爲人淳古簡直。善畫，亦能詩，遍遊名山水，所至以詩筒畫笥自隨，落墨人輒珍之。事母孝，得珍玩良藥，悉藏以奉母。母歿，廬墓三年，不復出，邑士大夫共往迎溓，築室錫山之巔以居之。同縣杜詔與溓及釋妙復結世外交，別號九峯三逸，而溓尤以孝義見重。《縣志・釋道》有傳。《國朝耆獻類徵》、《國朝書畫》俱著錄之。

是書爲古、今體詩，同縣凌學放原名霄，字伯昇，諸生，清光緒七年辛巳科案。舊藏其舅氏某手鈔本，益以《梁谿詩鈔》所選，並《雲川閣集》所載倡和之作，彙錄成卷。族裔榮善昌、棣輝兄弟搜得此本，請同縣嚴懋功編次，乃爲刊行，以廣流傳云。

幻菴和尚詩集無卷數　行楷書舊寫本

清釋幻菴撰。幻菴，邑之富安鄉陽山人，少應童試，授徒鄉里。既爲僧，居太湖夫椒山。能詩，多唱和，往來蘇杭邗江間。時歸省母，往往即事成詩。

是編所録皆古、今體詩，用行楷書繕録，無分卷數。卷中所載，似以年代編次。然僅於卷首第一行書名下記“乙未年奇旱異常”，以下署見戊午、癸亥諸年，自癸亥以後，則未見記載。卷中有《新歲省母即事》六首，内第五首自註“母年七十，例蒙皇恩給以黃絹”云云。並有《哭母詩》八首，具見哀思，而俱未詳記年代也。簡端秦毓鈞識語，謂“《萬壽節看燈詩》註‘聖誕在八月十三日’八字，是日爲清高宗誕日，其爲乾隆時人無疑”云。首尾無序跋。侯氏《續梁谿詩鈔》采收其詩。

聽香仙館詩詞鈔二卷　清光緒癸巳刊本

清許巨楫撰。巨楫字少期，幼遭屯蹇，入泰伯廟，爲東院師弟子。潛心誦習，學成，就職龍虎山上清宮提舉。應選入都，供奉内廷。嘗祈雪稱職，權道録司事，以五品階拜誥命，有“賦性循良，持躬恪謹”之褒，贈父母如其官。巨楫乃乞身歸里，主持舊院，修廢舉墜，鄉之人咸稱頌之。能詩，尤喜作長短句。陶然自得，遠近士大夫多樂與往還。

是編爲其手録古、今體詩並詞稿本，蓋存原稿僅十之一，經同縣劉繼增訂定而序之，凡詩、詞各一卷，顏曰《聽香仙館詩詞鈔》。卷首載諸家序文及題辭。同縣華秉鈞字魯堂，光緒十五年己丑恩科舉人。稱：“少期夙與余相契，沈潛穎敏。住持梅里之泰伯廟，祈禱敕勒，具得真傳，遠近恒敬禮之。壬午歲，安硯少期處，爲居停焉。少期喜爲詩，清俊拔俗，蓋有得於山林者多。又自言‘昔遊京師，爲上清宮提舉，顧非性之所樂也，浮海南歸’。而爲詩，挾幽并豪邁之氣，愈駿厲不可當。”秀水許蕭穌又稱其詩“秀韻天成，而逸氣豪情，溢於楮墨。如奏鈞天之樂，一埽人間凡響。迥非服煙火食者所能夢想；又豈尋常方外篆刻雲霞、雕鏤風月所可擬”云。

汗漫紀遊草一卷　還山小草一卷　嶒景留吟館贅草一卷　還山臥月軒詞集一卷　清光緒乙巳刊本

清許巨楫撰。巨楫有《聽香仙館詩詞鈔》，已著錄。

是書爲《聽香仙館詩詞鈔》所刪餘之稿，分《汗漫紀遊草》、《還山小草》、《嶒景留吟館贅草》、《還山臥月軒詞集》四卷。自序之曰：“自壬辰選刻《聽香仙館詩詞鈔》而外，尚有刪餘，復選錄之，各按其時以名編。始於壬申秋應選入都，至丁卯以前，曰《汗漫紀遊草》。差滿回籍，自戊寅至丁酉以前，曰《還山小草》。而犬馬齒已踰六秩矣，厥後所得，又積一編，撫哀病之侵尋，感才思之枯澀，區區雞肋，不忍盡棄，擇其可存者，畧加芟薙。憶東坡《和陶詩》有‘我年六十一，頹景薄嶒山’句，因顏之曰《嶒景留吟館贅草》。至於倚聲之學，爲詩之餘，夙嗜《金荃》、《珠玉》之詞，歷觀《蘭畹》、《花間》之曲，雖心遊目想，移晷忘倦，無如盲人索途，茫無津逮。一時遊戲，稱心爲之，積日累月，遂盈卷帙，併前刪剩，叢錄一編，曰《還山臥月軒詞稿》。將以質諸方聞，大加刪削。而及門諸子，亟請付梓。畧述緣起如是”云。

跋

　　本書寫作於上世紀四十年代外祖任無錫圖書館館長之際，分經、史、子、集四部，每部又分若干類，經部七類，史部九類，子部十類，集部五類，共三十一類，又附閨秀二卷及方外一卷，全書約三十萬字。建國後，外祖因老病辭職，寓居滬上。此稿久存先母篋中，長達數十年。寧一以退休餘年，撿拾舊藏，見其零亂散頁，恐有遺失之虞。遂重新整理，請專人按頁拓裱，分册裝訂，面目煥然一新。又值無錫歷史文獻館於圖書館原址成立，徵集地方文史資料，遂與舍弟定一商定，將此稿奉贈。遙想當年，外祖於此館廣搜地方典籍、先賢著述，分類編訂，工楷繕寫，青燈伏案，孜孜矻矻，於今甲子週星，歷盡滄桑巨變，此稿又以完璧復歸原址，欣慰之餘，特綴數言於後，以誌不忘。

庚寅春日黃寧一恭跋

圖書在版編目(CIP)數據

無錫藝文志長編／辛幹撰；李廣揚點校.—上海：
上海古籍出版社，2015.11
ISBN 978-7-5325-7812-2

Ⅰ.①無… Ⅱ.①辛… ②李… Ⅲ.①藝文志—無錫
市—民國 Ⅳ.①Z812.253.3

中國版本圖書館 CIP 數據核字(2015)第 229983 號

無錫藝文志長編

辛 幹 撰 李廣揚 點校

上海世紀出版股份有限公司
上 海 古 籍 出 版 社　出版
(上海瑞金二路 272 號　郵政編碼 200020)
(1)網址：www.guji.com.cn
(2)E-mail：guji1@guji.com.cn
(3)易文網網址：www.ewen.co
上海世紀出版股份有限公司發行中心發行經銷
浙江臨安曙光印刷有限公司印刷
開本 787×1092　1/16　印張 17.5　插頁 3　字數 383,000
2015 年 11 月第 1 版　2015 年 11 月第 1 次印刷
ISBN 978-7-5325-7812-2
K·2108　定價：68.00 元
如有質量問題,請與承印公司聯繫